22,80

NEUMANN   COSTA BRAVA

Karlheinz Neumann

COSTA BRAVA

Ein Paradies für Sportboote -
Alle Häfen, Buchten, Ankerplätze
und Strände

Verlag Delius, Klasing & Co
Bielefeld-Berlin

Der Autor wie der Verlag übernehmen für
Irrtümer, Fehler oder Weglassungen ausdrücklich
keinerlei Gewährleistung oder Haftung.

ISBN 3-7688-0114-4
mit 78 Plänen, 27 Abbildungen und 15 Skizzen des Verfassers

Einband: Siegfried Berning

© für das deutsche Sprachgebiet bei Delius, Klasing & Co Bielefeld-Berlin
Printed in Germany 1971
Druck: Kunst- und Werbedruck, Bad Oeynhausen-Eidinghausen

Vorwort

Eigentlich beruht dieses Buch auf einem Mißverständnis: hätte ich vorher gewußt, wie viel an dieser an Felsbuchten, Naturhäfen, Ankerplätzen und Fischerhäfen so reichen, landschaftlich faszinierenden Küste zu beschreiben ist, so hätte ich es nicht begonnen.

Wie war es denn geschehen? Drei Jahre wunderbarer, abenteuerreicher Segelzeit zwischen Polarkreis und Afrika (und dem altbekannten Heimatgebiet der Nordseeküste) lagen hinter mir. Dann war ich etwas fahrtenmüde geworden, wollte die tausend Eindrücke absetzen lassen und erinnerte mich der stillen, einsamen Ankerbuchten der Costa Brava. Ich segelte hin — und dann verliebte ich mich in diese Küste.

Natürlich haben wir in Deutschland von der Costa Brava gehört. Doch stets von Badetouristen. Und damit ganz einseitig. Zu der eigentlichen, einsamen Felsküste mit ihren Calas und Schlupfwinkeln kommt ja der Landtourist fast niemals hin, denn dorthin führt keine Straße. Dem Wasserfahrer erschließt sich eine neue Welt:

Felsbucht neben Felsbucht, Inseln, kleine Fjorde, Höhlen, in die man mit dem Boot 100 Meter tief einfahren kann, griechische Ruinen, römische Hafenmolen — aber als Schönstes immer wieder die zahllosen, einsamen Naturhäfen und Ankerplätze. Freundliche, ehrliche, liebenswerte Menschen. Und jener schwer zu beschreibende Zauber, den nur das Mittelmeer bietet. Zwischendurch auch die menschenbrodelnden Touristenorte. Und sehr viele kleine Häfen. Dies alles von einer Gunst für das Sportboot — das Autodachboot, das Trailerboot und die Hochseeyacht — von der wir uns nichts träumen lassen.

Aber sehr genau kennen muß man die Küste, damit sich in ganz küstennaher Fahrt diese Wunderwelt erschließt. Doch geschriebene Information über die Hunderte von Calas, Ankerplätze und Naturhäfen gab es bisher nicht.

So entstand dieses Buch: ein wenig Verwirklichung eines Kindertraumes. Denn vieles war wirklich „Entdeckungsreise an unbekannter Küste". Ein wenig Liebeserklärung an Spanien und seine liebenswerten Menschen. Vor allem aber eine Einladung, es nachzutun. Nur an wenigen Stellen habe ich bisher den Zauber des Mittelmeeres so eindringlich erlebt, wie z. B. des Nachts allein in einer der ganz einsamen, kleinen Felsbuchten an dieser Küste. Eigentlich wollte ich dieses Buch „Die unentdeckte Costa Brava" nennen. Aber mein Verleger meinte, dann traute sich vielleicht keiner hin. Und das wäre unglaublich schade.

An Bord der Bojer-Yacht „Alte Liebe"
Tarragona, Januar 1970
Karlheinz Neumann

Inhaltsverzeichnis*

Die Übersichtspläne stehen auf Seite **11, 51, 97, 127, 185** und **232, 233**

---

*) Die Inhaltsübersicht ist stark gekürzt. Es wird auf das alphabetische Register am Schluß des Buches verwiesen. Besonders die Stichworte Ankerplätze, Calas, Häfen, Höhlen, Inseln, Naturhäfen, Sporttaucher, Standquartier, Traumbuchten, Wanderfahrt und Zelten erschließen das an schönen Plätzen fast unerschöpflich reiche Revier.

II. Abstecher nach Frankreich — Puerto de la Selva bis Collioure

III. Das Revier der Gegensätze — Der Golf von Rosas

IV. Die phantastische Küste — El Estartit bis Palamós

Einführung

A. Eine Urlaubsfahrt zur Costa Brava

Die Costa Brava ist die felsige Mittelmeerküste Spaniens, dort wo die Pyrenäen ans Meer stoßen. Wir Deutschen kennen von ihr meist nur die großen Badebuchten. Die wirkliche Küste ist bei uns vollkommen unbekannt.

Der Name verführt unglücklicherweise dazu, sie für eine „brave", das ist liebe und langweilige Küste anzusehen. In Wahrheit heißt „brava" auf spanisch tapfer oder wild. Und so ist es tatsächlich eine felsig-wilde Urlandschaft, oft gigantisch, stets landschaftlich unglaublich schön, und über lange Strecken vom Lande her unzugänglich, unbesiedelt und vollkommen einsam.

Eines zeichnet die Costa Brava vor allen anderen Seeküsten aus. Sie ist ganz dicht mit kleinen Felsbuchten besetzt. C a l a nennt man die hier. Dieser Reichtum an Schutz gewährenden Buchten macht sie zum idealen Kleinbootrevier am offenen Meer. Einige hundert Calas und etwa 25 kleine, oft sehr idyllische Häfen sind für ein Boot auf Wanderfahrt ebenso einladend wie für einen Booteigner, der im Urlaub ein festes Standquartier an Land hat. Das Ufer ist nirgendwo Privatbesitz. Überall kann der Wasserfahrer an Land. Jede Art Wassersport wird getrieben. Mir aber erscheint es als das Schönste, daß man an einem offenen Meer eine Küste hat, die zum Fahren mit transportierbaren Booten geeignet ist und die dem Eigner eines modernen, kleinen Bootes allen Zauber des Mittelmeeres zugänglich macht.

Wenn auch rund 1000 Kilometer zwischen der deutschen Grenze und dieser Küste liegen, so ist eine Fahrt zur Costa Brava mit einem Trailerboot oder Autodach-Boot wegen der guten Straßen ein v o l l k o m m e n r e a l i s i e r b a r e r M i t t e l m e e r - U r l a u b. Die restlose Ehrlichkeit und Zuverlässigkeit der Spanier erleichtern das Fahren für einen Fremden sehr. Man kann ein Boot auch schon im Frühjahr hinbringen und es erst im Spätherbst zurückfahren.

Was bietet dieses Buch?

In erster Linie Information. Alle Häfen und alle Buchten werden beschrieben. Von allen und von der ganzen Küste sind Pläne gezeichnet. Die Erfahrungen von insgesamt 9 Monaten intensiven Fahrens im Sommer und bis Anfang Dezember und die Ergebnisse zahlloser Gespräche mit den Fischern sind verwertet.

Dieses Buch ist auch für g r o ß e H o c h s e e y a c h t e n geschrieben. Aber es ist darüber hinaus vor allem für m i t t e l g r o ß e und k l e i n e B o o t e bestimmt, die auch in die kleinsten (und damit oft die schönsten) Buchten und Felseinschnitte und Höhlen einlaufen können. Für die Bootseigner also, die ihr Boot in einem normal bemessenen Urlaub auf dem Landwege dorthin bringen. Kurz, auch für das m o d e r n e , t r a n s p o r t a b l e B o o t. Insoweit weicht dies Buch vollkommen von den üblichen Küstenbeschreibungen ab. Dies ist natürlich auch nur für eine Küste sinnvoll, die man mit Kleinbooten guten Gewissens befahren kann.

Das Buch ist für die Wanderfahrt geschrieben, bei der die Crew auf dem Boot wohnt (oder in Zelt und Boot). Es ist ebenso für den Eigner mit festem Standquartier in einem der Küstenorte bestimmt, wobei es bei der Auswahl des rechten Platzes erheblich mithelfen soll. — Daß auch für eine Hochseeyacht alle Information gegeben wird, versteht sich dabei von selbst. — Da die Küste im Frühjahr und Herbst noch viel schöner ist als im Hochsommer, wird die Eignung von Häfen und Buchten auch für das Winterhalbjahr beschrieben.

Können nicht seefeste Boote an der Costa Brava fahren?

Normalerweise taugt eine Seeküste für nicht seefeste Boote rundweg nicht. Die Costa Brava ist eine der ganz wenigen Ausnahmen in europäischen Gewässern. Über einige Fahrtregeln für kleine, nicht seefeste Boote wird noch gesprochen.

Ich kenne sonst in Europa nur noch ein Seegewässer, das ich für Kleinboote tauglich halte: das sind die Schärengewässer in Südnorwegen, Schweden und Finnland. Mit sehr großer Einschränkung vielleicht noch die Bretagne und eventuell einige Wattengewässer der Nordsee. Aber beide sind nur mit sehr großer Kenntnis an spezieller Seemannschaft zu befahren.

Die Eigenart der Costa Brava ist, daß es nahezu überall in kürzester Distanz eine schützende Bucht, einen Felseinschnitt oder einen Hafen gibt, in den man sich einfach zurückzieht, wenn es zu rauh wird!

Weitere sehr günstige Eigenschaften kommen hinzu: fast überall ist das Wasser bis unmittelbar ans Felsufer sehr tief. So gibt es keine Brandung, auch wenn hoher Seegang ist (die Ausnahmen werden genannt). Dann nimmt die hoch ansteigende Felsküste bei stürmischem Wetter fast überall dicht unter dem Ufer den Wind weg. So hat man auch bei Starkwind dicht an der Küste oft nur einen dünungsähnlichen Seegang.

50 Meter von den über Wasser sichtbaren Teilen des Landes ist die Küste klippenfrei (die Ausnahmen lassen sich an den Fingern einer Hand abzählen). Man kann also sehr küstennahe fahren und man soll es tun. Rund 100 Meter Distanz, nicht mehr. Bei ruhigem Wasser kann man auch außerhalb der Buchten oft ganz dicht an das Ufer heran, oft bis 5 Meter. Das sehr klare Wasser läßt Steine oder Klippen früh genug erkennen, und man weicht ihnen einfach aus. — Die Einfahrt in die Buchten, Fjorde und Häfen ist leicht. — Nebel oder schlechte Sicht kommen praktisch nicht vor. — Auch im Winterhalbjahr liegen zwischen Sturmtagen lange Perioden mit gutem, ruhigem Wetter. — Was will man mehr?

Ein kleines, nicht seefestes oder auch offenes Boot kann, wenn es gut geführt wird, an der Costa Brava fahren. Das ist meine Meinung. — Das örtlich-einheimische Boot ist das offene oder halb gedeckte catalanische Fischerboot, etwa 4 Meter lang, gerudert oder mit kleinem Diesel. Die fahren Sommer wie Winter.

Unabdingbare Voraussetzung für ein ortsfremdes kleines oder mittelgroßes Boot ist genaueste Information: Man muß wissen, wo die rund 200 Buchten dieser Küste sind, wie man sie erkennt, wie man in sie einläuft, welchen Schutz sie gewähren, welche Wassertiefe, welchen Ankergrund, welche Art von

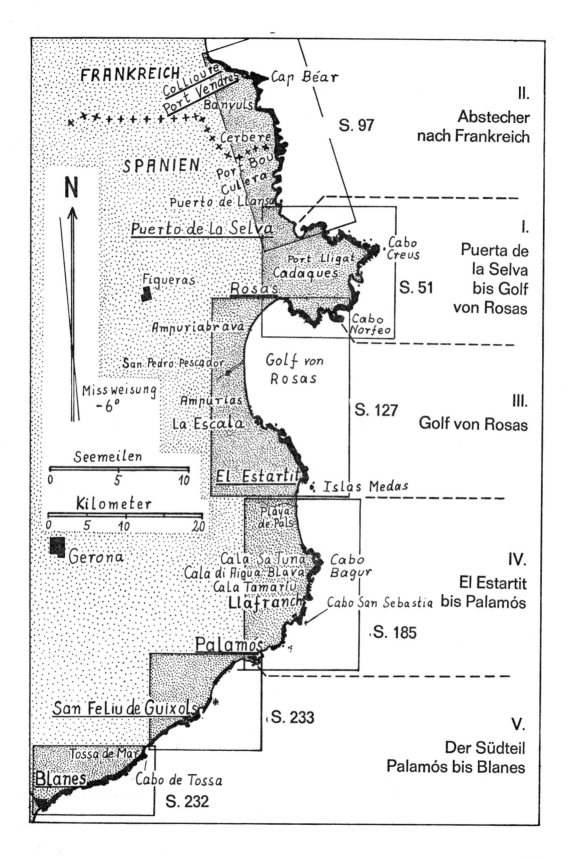

FRANKREICH
Collioure
Port Vendres
Cap Béar
Banyuls
S. 97

II.
Abstecher
nach Frankreich

SPANIEN
Cerbere
Port Bou
Culera
Puerto de Llansa

Puerto de la Selva
Cabo Creus

Port Lligat
Cadaques

Figueras
Rosas

Cabo Norfeo

I.
Puerta de
la Selva
bis Golf
von Rosas
S. 51

N

Ampuriabrava

San Pedro Pescador

Golf von Rosas

Missweisung
-6°

Ampurias
La Escala

III.
Golf von Rosas
S. 127

Seemeilen
0   5   10

El Estartit
Islas Medas

Kilometer
0   5   10   20

Playa de Pals

Gerona

Cala Sa Tuna
Cala di Aigua Blava
Cala Tamariu
Llafranch

Cabo Bagur

Cabo San Sebastia

IV.
El Estartit
bis Palamós
S. 185

Palamos

San Feliu de Guixols

V.
Der Südteil
Palamós bis Blanes
S. 233

Tossa de Mar

Blanes
Cabo de Tossa
S. 232

11

Strand, bewohnt, unbewohnt, Trinkwasser — kurz, man sollte ungefähr das wissen, was die einheimischen Fischer wissen.

Da es geschriebene Informationen dieser Art bisher nicht gibt, habe ich andere Buchpläne zurückgestellt und die Costa Brava beschrieben. Denn warum soll diese für kleine Boote so wunderbar gut geeignete Seeküste nur den einheimischen Booten und den französischen „Kennern" zugänglich sein?

Welches Boot taugt für die Costa Brava?

Jedes vernünftig konstruierte Boot, das seine Besatzung trägt, ohne überladen zu sein, kann in den Sommermonaten an der Costa Brava fahren, wenn es gewissenhaft geführt wird. Es darf klein sein, es darf aber nicht zu wenig Freibord haben. Es sollte (Kajaks ausgenommen) motorisiert sein. Z. B. ist ein füllig gebautes Dingi mit etwas Sprung ein durchaus brauchbares Fahrzeug. — Bei dieser hier auf äußerste Knappheit gebrachten Meinung ist der folgende Text mit allen seinen Hinweisen zu berücksichtigen. Ein paar typische Fahrzeuge für die Costa Brava zeigen die Abbildungen 2, 3 a, b, c, 4, 6, 9 und 18.

Welche Boote taugen nicht? Badeschlauchboote, Rennruderboote, offene Paddelboote, Gleitboote mit wenig Freibord. Rennjollen müssen in geschützten Revieren bleiben.

Mein Dingi, mit dem ich mich monatelang bis in den November hinein dort herumgetrieben habe, ist 2½ Meter lang. Mein großes Boot, auf dem ich wohne und mit dem ich — meist einhand fahrend — in mindest 50 Buchten an der Costa Brava eingelaufen bin und in allen rund 30 Häfen gelegen habe, ist 15 Tonnen schwer und über alles 17 Meter lang. — Leichte Boote, die man auch in die allerkleinsten Buchten fahren kann und die man auf den Strand holen kann, haben mehr von der Costa Brava als schwere, tiefgehende Yachten. Aber für alle, vom Kajak bis zur schweren Mittelmeeryacht, bietet die Costa Brava ideales Fahren und Liegen.

Wanderfahrt oder festes Standquartier?

Fast nirgendwo sonst an den Seeküsten Europas könnte man raten, etwa mit einem ungedeckten Dingi, einer Jolle oder einem Motorflitzer auf Wanderfahrt zu gehen. An der Costa Brava dagegen gibt nicht die Seefähigkeit des Bootes die entscheidende Antwort, sondern Lust und Neigung der Crew. Denn natürlich ist es ein „sportliches" Unternehmen, wenn das Boot klein ist und keine festen Schlafplätze hat. Aber nautisch möglich ist eine Wanderfahrt an der Costa Brava im Rahmen der im einzelnen beschriebenen Bedingungen auch mit einem Kajak, einer Wanderjolle, einem vernünftig konstruierten „Flitzer" oder einem Dingi. Und mit allem was größer ist, schon gar.

Die andere Form, einen Wasserurlaub an dieser Küste zu machen, ist, sich ein festes Standquartier zu besorgen, eine Pension, ein Hotel, vielleicht ein Fischerhaus — (und dazu einen passenden Platz für das Boot) und dann in Tagesfahrten die Küste kennenzulernen. Da ist dann die Wahl eines günstigen Standortes sehr wichtig.

Was „günstig" ist, hängt davon ab, mit welchen Urlaubswünschen man an diese Küste fährt: ob es einem ums Segeln geht oder ums Tauchen, um das Wasserskifahren oder um das Erkunden von Höhlen oder das stille Ankern in wild-einsamen Felsenbuchten. Da die Costa Brava nicht einheitlich ist, sondern unglaublich unterschiedlich nach allen ihren Bedingungen, hilft da nichts, als dieses Buch gründlich durchzulesen und dann seine Wahl zu treffen.

B. Die Küste

Die Länge der Costa Brava (einschließlich ihres französischen Teiles, der Côte Vermeille) ist von Kap zu Kap gefahren, etwa 165 Kilometer. Fährt man alle Buchten, Inseln (und Höhlen) aus, so ergibt sich f a s t d i e d r e i f a c h e L ä n g e. Wegen des großen Reichtums an sehr schönen Plätzen wird selbst ein Vierwochenurlaub für ein Boot auf Wanderfahrt nicht ausreichen, alles Sehenswerte zu sehen. Kurz — die Küste hat genau die rechte Länge für eine Wanderfahrt in einem normal bemessenen Urlaub.

Die beiden Regionen der Costa Brava

Man muß zwei Abschnitte der Costa Brava unterscheiden: Sehr vieles ist an beiden Regionen verschieden. Aber gemeinsam ist ihnen ihr Buchtenreichtum, die außerordentliche landschaftliche Schönheit und die Eignung als Kleinbootrevier.

Die nördliche Costa Brava: Das ist im wesentlichen das Gebiet der Pyrenäenausläufer. Ihr Nordende ist in Frankreich, wo Felsküste den Sandstrand des Golf du Lion ablöst. Für ihr Südende gibt es keine scharfe Grenze. Ich lasse sie etwa bei Kap Bagur enden.

Die südliche Costa Brava: Sie reicht etwa von Kap Bagur bis nach Blanes, dem kleinen Hafen nicht mehr sehr weit von Barcelona.

Nördliche Costa Brava	Südliche Costa Brava
Menschenarm	Menschenreich
Vom Tramontana beeinflußt	Dem Tramontana abgewandt
Starkwind im Sommer von Bedeutung	Starkwind im Sommer ohne Bedeutung
Erfordert mehr Seemannschaft	Erfordert weniger Seemannschaft
Herb und oft karg	Südländischer geprägt
Unglaublich reich an kleinen Buchten	Reich an kleinen und großen Buchten
Gutes Hochsommerrevier	Gutes Revier „am Rande des Sommers"
Kein Massentourismus	Massentourismus
Hotelraum beschränkt	Hotelraum reichlich
Viele Landstraßen	Wenig Landstraßen

Welche Region man vorziehen soll? Das hängt wohl vor allem von der Neigung ab (Einsamkeit oder Geselligkeit), ein klein wenig von der Art des Bootes und ziemlich stark von der Jahreszeit. Im Winterhalbjahr soll man sich eindeutig nicht den Nordteil der Costa Brava wählen. Und im Hochsommer würde ich persönlich den Nordteil der Küste vorziehen.

Ein Boot auf Wanderfahrt an der Costa Brava wird wohl immer die ganze Küstenlänge fahren. Fährt man die Küste nur in einer Richtung ab, dann soll man von Norden nach Süden fahren. Fährt man sie hin und zurück, so soll man (so unlogisch es sich für ein Trailerboot zuerst anhört) nicht im Norden einsetzen, sondern in der Mitte oder gar im Süden.

Die Costa Brava und die Jahreszeit

Vier Zeitabschnitte des Jahres sollte ein Führer einer schweren Yacht ebenso wie ein Kleinbootfahrer unterscheiden. Die hier dafür eingeführten Namen werden auch im späteren Text benutzt.

Der Hochsommer oder die Ferienzeit: Der klimatische Hochsommer und die langen französischen und spanischen Schulferien fallen etwa zusammen. Ich rechne den „Hochsommer" von Ende Juni bis zur ersten Hälfte des Septembers.

„Am Rande des Sommers": Dies sind der Mai und Anfang des Juni sowie die zweite Hälfte des Septembers, der Oktober und an der südlichen Costa Brava noch ein guter Teil des November. Mir gefällt die Küste zu dieser Zeit am allerbesten. Es gibt aber gelegentlich schon recht tüchtige Püster Wind. Besonders im Herbst ist diese temperaturmäßig nach unseren Begriffen noch sommerlich-warme Zeit meteorologisch bereits „Mittelmeerwinter".

Der „Winter": Ab Anfang Dezember wird es ernsthaft frisch, zeitweilig sogar kalt. Es bleibt kalt oder frisch bis weit in den April. Fahren kann man in geschützten Revieren durchschnittlich jeden zweiten Tag im Monat.

Der Hochsommer oder die Ferienzeit

In den 8 bis 10 Wochen der Ferienzeit brodeln die Badeorte von Menschen. Zu Tausenden bummeln, laufen, reden, rennen und rufen sie. Unglaublich ist die Zahl der Autos in den Orten. Die Liebe des Spaniers für Geräusch trifft sich mit der Lebhaftigkeit der vielsprachigen Urlaubsgäste. Es ist „Betrieb". Hat man nichts gegen Menschengewimmel in der Urlaubszeit, so wird es einem gefallen. Ich selber mag es nicht und fliehe dann aus den Touristenorten an die stillen Plätze. Die gibt es in großer Zahl, oft ganz in der Nähe von Touristenzentren. Mit einem Boot kann man dem Trubel leicht entgehen. Ich habe viel Mühe darauf verwandt, die stillen Plätze in den sonst belebten Teilen der Küste auszukundschaften. — Grundsätzlich wird ja der nördliche Teil der Costa Brava weit weniger von Urlaubern besucht. Die Grenze liegt etwa bei Llafranch.

Ein Boot auf Wanderfahrt kann das Urlaubergetriebe nahezu vollkommen vermeiden. Es gibt einsame Buchten genug. In Häfen oder häufig besuchten Ankerbuchten sind für durchreisende Boote auch in der Ferienzeit immer Plätze frei.

Ein Boot mit festem Standquartier wird in der Ferienzeit einen guten Liegeplatz an Steg oder Kaje nur bei äußerst früher Voranmeldung bekommen. (Genaueres im späteren Text). Aber in den meisten Häfen und Buchten ist genug Platz, vor Grundgeschirr zu liegen. An der südlichen Costa Brava kann man im Hochsommer an vielen Stellen das Boot vor gutem Grundgeschirr auch einfach vor den offenen Strand legen. Und a u f dem Strand selbst ist für leichte Boote natürlich überall Platz genug.

14

Sturm gibt es an der südlichen Costa Brava im Hochsommer nicht. Auch Starkwind und schlechtes Wetter sind dann dort fast unbekannt. An der nördlichen Costa Brava ist Tramontana dann selten und überschreitet Starkwindgrade nur in wenigen Fällen. — Mir wäre die südliche Costa Brava für einen Daueraufenthalt im Hochsommer zu warm.

Am Rande des Sommers

Die Grenzen werden recht genau durch die französischen Schulferien gegeben. Sind die Ferien vorbei, ist es wieder überall sehr, sehr schön. Der laute Betrieb ebbt ab (oder hat im Frühjahr noch nicht eingesetzt). Die Spanier in den Küstenorten beginnen wieder ihr eigenes, beschauliches Leben aufzunehmen. Die Lampenfischer fahren aus. Die Bootsleute der Clubs haben wieder Zeit, das Wasser in den Häfen zu beobachten und Schwärme kleiner Fische mit dem Netz einzuschließen und als silberne Beute an Land zu holen.

Könnte ich wählen, so führe ich lieber im Herbst als im Frühjahr. Die Sonne sticht dann nicht mehr so. Das Wasser ist bis in den November zum Baden warm genug. Die Temperatur ist ausgeglichener. Zwar sind die Tage kürzer, und es gibt ein paar Tage mit Starkwind oder Sturm, während im Mai nach der Windstärke schon ruhiges Sommerwetter ist. Dafür ist aber im Frühjahr das Wasser noch kalt (Tabelle folgt). Und die Temperaturunterschiede zwischen dem Sonnenglast des Tages und der kühlen Luft der Nacht sind erheblich.

Über den Spätteil des Jahres will ich noch genauer berichten: Bis Ende Oktober ist nach unseren Begriffen noch voller Sommer. Die Wassertemperatur im Oktober ist 19° C. Dennoch soll man die Kapitel über die einzelnen Orte aufmerksam lesen, wenn man zu festem Standquartier fährt. Manch reiner Touristenort wird mit Ende der Ferienzeit schlagartig zur leeren Totenstadt, in der die Schritte hallen. Sonst aber erlebt man im Oktober die Küste Cataloniens, wie sie eigentlich ist. — Die Zeit der Landtouristen hört etwa Mitte bis Ende Oktober auf, und zwar auch im südlichen Teil der Costa Brava. Dann schließen die Hotels und die meisten Gaststätten. Nur wenige Orte, die ich im späteren Text nennen werde, bleiben auch danach noch belebt und angenehm.

Im November kann der Wassersport durchaus noch weitergehen. Der November bringt meist sogar freundlicheres Wetter als der Oktober. Mindestens in der ersten Hälfte des November kann man noch schwimmen. Etwa an der Hälfte der Tage kann man im Oktober und Mitte November die Mittagsstunden noch mit freiem Oberkörper zubringen. Für die in einem Boot nötige Zusatzwärme morgens und abends reicht eine Propangaslampe meist vollkommen aus. Allerdings sollte in dieser Jahreszeit nur noch die südliche Costa Brava das Fahrtgebiet sein, da der stürmische Tramontana im Nordteil zuviele Hafentage entstehen läßt. Südwärts von Kap Bagur beginnt dann die begünstigte Region. Ich war ein Jahr bis in den späten November und ein zweites Jahr bis Mitte Dezember dort. Auch im November waren es nur wenige Tage, wo ich nicht mit dem Dingi auf Erkundungsfahrt gehen konnte, oft bis in die Dunkelheit hinein (Tageslicht ist etwa von morgens 7 Uhr bis abends 18.30 Uhr).

Mitte oder Ende November bringt meist das Rückseitenwetter eines kräftigen Tiefs den ersten starken Kaltlufteinbruch. Dann wird Spanien bis etwa zum Ebro sturmstark von kalter, unfreundlicher Luft überflutet, und nachts entstehen Temperaturen nahe Null Grad. Danach wird es zwar wieder schön und auch leidlich warm, aber die Kaltlufteinbrüche werden häufiger. Für ein kleines Boot auf Wanderfahrt ist dann wohl die Fahrtenzeit endgültig vorbei.

Ein Boot auf Wanderfahrt sollte im September etwa 4, im Oktober und November etwa 7 Hafentage einkalkulieren (wegen zuviel Wind, starkem Regen oder zuviel Seegang). An der nördlichen Costa Brava an den dem Tramontana ausgesetzten Gebieten vielleicht 2 Tage mehr, an der südlichen Costa Brava vielleicht 2 Tage weniger. Sehr viele Häfen oder Buchten haben aber geschützte „Binnenreviere", in denen man dann trotzdem meist fahren kann. Dies ist örtlich sehr unterschiedlich und wird im folgenden Text ausführlich beschrieben.

An der nördlichen Costa Brava erfordert das Fahren ab September große Aufmerksamkeit wegen des dann häufiger und stärker werdenden Tramontana. Ich will nicht falsch verstanden werden: es ist dort im September und Oktober noch ein sehr gutes Revier mit 20 bis 25 sehr schönen, stillen Tagen im Monat. Aber man muß den französischen Seewetterbericht abhören und bei Tramontanagefahr an einem geschützten Platz bleiben. Ab November ist aber die nördliche Costa Brava auch für voll seefeste Boote kein gutes Gebiet.

Der Winter

Wir Nordländer stellen uns das Mittelmeer im Winter gern als ein Paradies ewigen Sommers vor. Das ist es bei weitem nicht, und schon gar nicht an der ziemlich nördlichen Costa Brava. Es ist oft bewölkt, nicht selten stürmisch, und oft ist unruhige See. An vielen Tagen ist es empfindlich kalt. Selten ist nachts auch mal Frost. Dazwischen aber gibt es viele von jenen herrlichen Tagen mit stiller Luft, blauem Himmel und wärmender Sonne, die so schön sind, wie bei uns ein Spätsommertag.

So ist es keineswegs vollkommen hirnverbrannter Unsinn, im Winter mit einem Boot an die Costa Brava zu fahren — allerdings nicht auf Wanderfahrt, sondern mit festem Standquartier. Die Auswahl des rechten Ortes ist dann äußerst wichtig. Und man muß wissen, daß wohl nur jeder zweite Tag erfrischende, aber schöne Bootsfahrt bringt. Die mir am günstigsten erscheinenden Orte werden genannt.

Für Wanderfahrt mit einem transportablen Boot taugt die Costa Brava im Winter nicht. Es ist zu kalt. Dann muß man viel weiter in den Süden Spaniens fahren. Südlich von Valencia, genau gesprochen, südwärts von Kap Antonio und Kap de la Nao beginnt die auch im Winter temperaturmäßig leidlich geeignete Region. So gute Kleinbootreviere wie die Costa Brava wird man aber dort vergebens suchen.

Eine seegehende Fahrtenyacht kann im Winter an der Costa Brava gut fahren. Doch erfordert ihre Führung große Aufmerksamkeit, unbedingt das Abhören des französischen Seewetterberichtes und möglichst genaue In-

Abb. 1

Abb. 2

Abb. 1   *Ankerbucht an der nördlichen Costa Brava. Es gibt nur ein unbewohntes Fischerhaus in dieser vollkommen einsamen Bucht*

Abb. 2   *Sporttaucher an der nördlichen Costa Brava*

Abb. 3a, b, c   *Sportboote an der Costa Brava. a) Ein kleines, trailerbares Segelboot, vor Anker an der Küste nahe Tossa de Mar. b) Ein schneller Motorflitzer. Das Boot ist im Inneren einer Felsenbucht (der Cala Prona bei El Golfet) in einem Felseinschnitt mit Vorleine und Achterleine „aufgehängt". c) Ein einheimisches, catalanisches Fischerboot. Diese außerordentlich seetüchtigen, offenen oder halbgedeckten Boote haben meist einen kleinen Dieselmotor. Das Lateinerrigg ist selten geworden*

Abb. 4

Abb. 5

Abb. 4   *Ein Trailerboot wird in Puerto de la Selva ins Wasser gebracht. Große Yachten liegen an der Kaje. Im Hintergrund die Pyrenäenberge*

Abb. 5   *Viele kleine und freundliche Fischerhäfen gibt es an der Costa Brava. Hier blickt man von der hohen Felswand, die den Hafen gegen Norden schützt, auf die Mole von Blanes. Es ist Herbstzeit. Im Sommer sind mehr Boote im Wasser*

Abb. 6

Abb. 7

Abb. 6   *Puerto de la Selva. Dieser reizende spanische Fischerhafen ist der beste Ausgangspunkt für alle Unternehmungen an der Costa Brava nördlich von Cabo Creus. Mehrere hundert Sportboote liegen hinter der Mole im geschützten Teil der Bai vor Grundgeschirr oder liegen an den (hier nicht sichtbaren) Stegen des Club Nautico*

Abb. 7   *Eine der einsamen Buchten bei Cabo Creus. Cala d'els Tres Frares. Mein Boot ist mit Leinen an den Felsen rechts und links festgemacht. Ein Buganker sichert zur See. Straßen und Wege allerdings gibt es nicht. Aber über dem Dingi steht an der Felswand links ein meist leeres Übernachtungshäuschen für Fischer*

Abb. 8

Abb. 8   *Die Felseinfahrt zur Cova del Infern. Um in die Bucht zu gelangen, muß man durch den Tunnel passieren. Auch Jollen können hindurch*

Abb. 9 *Collioure.
Der ehemalige
Leuchtturm, der jetzt
als Kirchturm dient.
Man sagt, die Araber
hätten ihn gebaut*

Abb. 10

Abb. 11

Abb. 10   *Die Bai von Collioure. Blick auf den Ort. Links ist der kleine, neu erbaute Hafen. Von dort
folgen nach rechts der Vieux Port mit seinem Fischerstrand, dahinter der Ort mit seinen
winkligen Treppengassen. Dann der Kirchturm, die Kirche und Plage St. Vincent mit der
Mole und der (nicht mehr sichtbaren) Kapelle*

Abb. 11   *Port Vendres. Blick einlaufend in den Nouveau Port, den Platz für Yachten und Boote.
Links sind die Schwimmpontons für kleinere Yachten. Rechts im Bild vor den hohen Häusern
ist die Kaje für größere Sportboote. Dort sind auch die meisten Geschäfte des Ortes*

Abb. 12

Abb. 13

Abb. 14

Abb. 12   Die römische Mole vor Ampurias. Das große, hohe Steinbauwerk in der Mitte des Bildes schützte den heute versandeten antiken Hafen von Süden und Osten. Schlecht zu erkennen ist ganz links hinter den Bäumen die ehemalige Insel, auf der die Griechen vor 2600 Jahren ihre erste Siedlung hatten, die Palaiopolis. Heute ist dort das kleine Dorf San Pedro di Ampurias. — Dahinter folgt die Sandküste des Golf von Rosas. Die hohen Pyrenäenausläufer bei Rosas bilden den Hintergrund

Abb. 13   Ausschnitt aus einem römischen Mosaik aus der römischen Stadt von Ampurias

Abb. 14   Puerto de la Escala. Blick von See auf Einfahrt (rechts) und Hafenmole (links). In der Mitte des Bildes ist auf der Spitze der Hafenmole der dreibeinige Feuerträger. Auf dem Ufer rechts im Bild steht das auffällige Appartementhaus. Solange dieses Appartementhaus und die Hafenmole mit dem Feuerträger nicht in Deckung kommen, ist man von der blinden Klippe vor der Hafenmole mit großem Abstand frei

Abb. 15

Abb. 16

Abb. 15   Die Islas Medas. Blick von der Isla Meda Grande auf die wild zerklüftete Isla Meda Chica. Im Hintergrund der unzugänglich-spitze „Zuckerhut" Islote Mogote

Abb. 16   La Foradada, der Felstunnel unter Cabo Castell

Abb. 17

Abb. 18

Abb. 17   Die „Phantastische Küste". Nahe bei der Cala di Aigua Blava sind die Felsschluchten in der
           Punta del Mut. Man muß nicht davor ankern, wie der schwarze Kajütkreuzer mit seinem
           Schlauchboot es tut. Man kann auch einlaufen in diese tiefen Schluchten, die fast wie Höhlen
           sind

Abb. 18   Cala di Aigua Blava. Eine der Nebenbuchten mit Häusern der Siedlung Fornells

Abb. 19

Abb. 19   Der Hafen Palamós in der Sommerzeit. An der langen Schutzmole links im Bild liegen Yachten jeder Größe vor Buganker. Ganz links mehr im Vordergrund sind Teile des Clubgebäudes zu sehen. Die Schwimmstege des Club Nautico sind ausgelegt. Im Winter ändert sich das Bild

Abb. 20 a   Calella de Palafrugell. Blick vom Wasser auf zwei der drei Buchten westlich von der Huk in der Mitte des Ortes. Es ist ein klippenreiches Revier, aber ein schönes Gebiet für kleine Boote

Abb. 20 b   Blick in den Hafen Blanes, einlaufend von Süden aus. Zahlreiche Sportboote liegen im Sommer vor Grundgeschirr. 165 Meter hoch steht das Castillo de San Juan auf steiler Felswand über dem Ort. Das ist der Beginn der Costa Brava im Süden. — Viele moderne Hochhäuser reihen sich am Strand. Aber im Innern der kleinen Stadt läuft spanisches Leben recht unbeeinflußt vom Tourismus seinen Gang.

Abb. 21

Abb. 22

Abb. 21   *Tossa di Mar. Die Bucht El Codolar vom Wasser gesehen. Dahinter einer der vielen Festungstürme von Tossa di Mar. Rechts das Felsmassiv von Cabo di Tossa*

Abb. 22   *„Der kleinste Hafen der Welt". Blick vom Strand auf die Einfahrt in den reizenden, mikroskopischen Sportboothafen von Cala Canyet*

Abb. 23

Abb. 24

Abb. 23   Fischerleben auf dem Strand von San Feliu de Guixols. Die Sardinenfischer sammeln die Sar-
dinen aus den Netzen. Im Hintergrund auf dem Wasser eines der sehr breiten Sardinenboote.
Auf einer Seite des Bootes liegt das sehr schwere Netz, auf der anderen Seite stehen die Kisten

Abb. 24   Cala di Aigua Xellida, nahe bei Tamariu. Das Bild zeigt die einsame, idyllische Innenbucht
mit der Felshuk, auf der zwei Fischerhäuser stehen. Im Vordergrund das Dingi, mit dem viele
der Erkundungsfahrten an der Costa Brava erfolgten. Die Felsnadel im Vordergrund verdeckt den 1¹/₂-PS-Antrieb. Aber die Riemen als „Reservemotor“ sind zu erkennen.

formation über die Küste. Man lasse sich nicht verleiten, bei Tramontana-Situation auszulaufen. Und man laufe bei Tramontana dicht unter der Küste (ausgenommen die kurzen Strecken, wo Tramontana auflandig ist).

Der Tramontana des Winterhalbjahres ist von einer dem Unkundigen unvorstellbaren Gewalt. Windstärken zwischen 10 und 12 sind keine Seltenheit. In La Escala hat man im letzten November 164 Stundenkilometer Windgeschwindigkeit gemessen. Das wäre Beaufort 13 oder 14. Das Phänomen, daß Wasser und Luft vermischt als weiße Wolke mehrere Meter hoch über das Meer geblasen werden, und zwar über kilometergroße Areale, habe ich das erste Mal in meinem Leben Anfang Dezember von der Hafenmole von Blanes aus gesehen (Beaufort 12). Auf der offenen See ist die Wellenhöhe dann 6 bis 9 Meter; an der Küste, wo der Tramontana ablandig ist, ist unmittelbar am Ufer nur flache Dünung. — Zwischen den Stürmen gibt es wieder genügend lange Schönwetterperioden.

Bei Tramontana oder Tramontana-Gefahr soll man im Hafen bleiben.

Der Witz bei der Mittelmeer-Seefahrt im Winter ist, zu wissen, wann man im Hafen zu bleiben hat. Also Wetterkunde, Seewetterbericht und Barometer. Ich habe mein Schiff zwischen Weihnachten und Anfang März einhand von der Costa Brava nach Alicante gesegelt, alle 30 Häfen auf dieser Strecke besucht und dabei langweiligerweise kein einziges Seeabenteuer erlebt.

Tabelle über das Klima

	mittlere Luft-temperatur	Maximal-temperatur (mittags)	Minimal-temperatur (nachts)	Sonnen-stunden pro Tag	Tage mit Regen pro Monat	Wasser-tem-peratur
			Durchschnittliche			
Januar	9,0	13,5	5,3	4,8	4,8	12,2
Februar	9,5	14,5	6,1	5,8	4,4	12,2
März	11,8	16,1	7,6	5,6	7,3	12,8
April	13,9	18,1	9,7	7,1	7,6	13,3
Mai	16,8	21,2	13,0	8,1	8,2	15,6
Juni	20,6	24,9	16,5	9,3	6,0	18,9
Juli	23,3	27,4	19,6	10,1	3,9	21,1
August	23,1	28,1	20,2	8,8	5,7	22,2
September	20,7	25,4	17,4	6,7	7,4	21,7
Oktober	16,7	21,6	13,6	5,6	8,6	18,9
November	12,4	16,9	9,3	5,0	5,1	15,6
Dezember	9,7	14,6	6,6	4,2	6,1	13,9

C. Spezielle Seemannschaft an der Costa Brava

Die Distanz vom Ufer

Mit Recht gilt bei anderen Seeküsten die Regel, große Distanz zum Ufer zu halten. An der buchtenreichen, wassertiefen Costa Brava kann man dagegen meist dicht am Ufer fahren. **60 bis 100 Meter scheint mir die beste Distanz zu sein. Ausnahmen:** auflandiger Starkwind, ein schweres Schiff, das eine vielleicht nicht ganz zuverlässige Maschine hat und eine schwere Segelyacht ohne Motor. Und natürlich bei Dunkelheit und an den wenigen flachen Stellen.

Nur ganz wenige U n t e r w a s s e r k l i p p e n, die ein Sportboot bis 2 Meter Tiefgang beachten muß, liegen weiter als 50 Meter vom Ufer entfernt. Sie sind im Text mit „Achtung" bezeichnet und im Druck besonders hervorgehoben (oft habe ich auf diese Art auch Klippen angegeben, die weit weniger als 50 Meter vom Ufer entfernt sind). Läuft man also nicht dichter am Ufer als 50 Meter, so braucht man am Tage eigentlich nur auf die wenigen mit „Achtung" bezeichneten Unterwasserhindernisse zu achten.

Es gibt viele wichtige Gründe, so dicht an der Küste zu fahren. Die einheimischen Boote tun es auch. Die kleinen Fischerboote und die großen Touristenvedetten laufen oft nur 10 oder 20 Meter vom Ufer entfernt. (a) Man hat dicht am Ufer meist weniger Seegang. Da das Ufer fast überall steil auf große Tiefe abfällt, gibt es keine Brandung (Ausnahmen werden genannt). (b) Man hat dicht am Felsufer viel weniger Wind; manchmal gar keinen, auch wenn weiter auf See Starkwind ist. (c) Die Navigation ist dann am leichtesten, wenn man von Huk zu Huk navigiert.

Die N a v i g a t i o n ist sehr einfach, wenn man dicht am Ufer fährt. Jede Huk hat ihre typische Form, die in diesem Buch beschrieben wird. Türme, Häuser oder besondere Landschaftsbildungen bestätigen den Schiffsort. Doch genau erkennt man dies eben nur dicht am Ufer. Aus größerer Entfernung wird die Bestimmung des Schiffsortes gleich sehr viel schwerer. Und ein kleines Boot, das darauf angewiesen ist, erforderlichenfalls in Buchten Schutz zu suchen, ist auf genaue Kenntnis seines jeweiligen Standortes unbedingt angewiesen.

Und nicht zuletzt: die überaus große Schönheit dieser wilden Felsenlandschaft ist ja nur von Nahem gut zu erkennen. Der ganze Reiz der Küste wäre verloren, wollte man z. B. in 1 Kilometer Entfernung laufen. All die vielen lockenden Buchten, die oft wunderschönen Durchfahrten zwischen Land und Inseln, das Einfahren in Felshöhlen, die am Wege liegen, fiele weg. 60 bis 100 Meter Distanz von dem, was über Wasser sichtbar ist, sind für die Costa Brava mit diesem Buch an Bord nach meiner Meinung die richtige Entfernung. Hat man normale Seekarten, dann soll man 500 Meter nicht unterschreiten. Dann soll man auch nicht mit einem kleinen Boot zur Costa Brava fahren.

Anlaufen des Ufers und Fahren zwischen Klippeninseln

Fährt man als Ortsfremder d i c h t e r als 50 Meter an das Ufer heran und die Strecke ist nicht ausdrücklich als klippenfrei bezeichnet, dann soll man „Erkundungsfahrt" laufen. Unter „E r k u n d u n g s f a h r t" verstehe ich Fahrt nach Sicht des Grundes. Die Klarheit des Mittelmeerwassers läßt den Grund meist schon ab 8 Meter Tiefe, jedenfalls ab 4 Meter Tiefe erkennen. Dabei spielt einem die Natur meist einen Strich in umgekehrter Richtung, indem der Grund flacher erscheint, als er in Wirklichkeit ist. Oft denkt man, es ist 50 Zentimeter flach und stellt durch Loten mit dem Bootshaken fest, daß es über 3 Meter tief ist.

Bei „Erkundungsfahrt" steht der Schiffsführer auf, so daß er gut über den Bug ins Wasser blicken kann. Bei größeren Booten beauftragt er einen Mitfahrer, auf dem Bug zu stehen, auf flache Klippen zu achten und Kursänderungen zuzuwinken. Natürlich fährt man sehr langsam. Das Ganze ist nach einiger Übung völlig problemlos. Es macht sehr viel Spaß, sich zwischen Klippen oder Klippeninseln hindurchzumogeln. Fast immer sind im Schutze von Klippenketten schöne und gut geschützte Liegeplätze. „Erkundungsfahrt" sollte man auch beim Anlanden in Buchten laufen. Ich habe mir zwar alles mit Sorgfalt angesehen und abgefahren, aber man kennt Druckfehlerteufel. Vielleicht gibt es auch Klippenteufelchen.

Bei grobem Seegang soll man an ungeschützte Ufer nur als Geübter näher als 50 Meter herangehen. Bei ruhigem Wasser und in den Buchten gibt eine Grundberührung, wenn man mal nicht aufgepaßt hat, bei langsamer Fahrt wohl nicht mehr als Kratzer im Lack. Obwohl ich mich nun wirklich lange genug mit meinem Boot und mit dem Dingi in den ufernahesten Zonen herumgetrieben habe (und nicht nur bei stillem Wasser) ist mir dergleichen niemals passiert. Und selbst jener italienische Schiffer, der sein altes Handelsschiff auf der häßlichen Unterwasserklippe vor der Cala de Monjoy gerne versenken wollte, um die Versicherungsprämie zu kassieren, mußte mit Dynamit ein Loch in die Bordwand sprengen, damit sein Schiff wirklich sank (Sporttaucher fanden dies heraus, und mit der Prämie wurde es nichts).

Verhalten bei Starkwind

Für ein kleines Boot muß die Strategie bei Aufkommen von Starkwind absolut klar sein. Sie ist: unverzügliches Einlaufen in den nächsten geschützten Platz, sei es eine Bucht, sei es ein Hafen. Ihre Befolgung ist eine Voraussetzung dafür, eine Seeküste mit einem kleinen, nicht seetüchtigen Boot zu befahren. Im allgemeinen sollte man nicht gegen den Wind und den Seegang laufen, sondern vor dem Wind. Vom Schiffer muß man erwarten, daß er sich vor Antritt der Tagesfahrt einen Überblick verschafft hat, welche Plätze nach Norden und welche nach Süden Schutz bieten. Und natürlich muß er stets vollkommen orientiert sein, an welchem Punkt der Küste sein Fahrzeug steht. Ich bin der Meinung, daß bei der Entscheidung, frühzeitig Schutz anzulaufen, Ehrgeizfragen überhaupt keine Rolle spielen dürfen, außer man ist allein an Bord und nur das eigene Leben steht zur Diskussion. Es ist mir sehr ernst damit, wenn ich sage, daß man das Privileg, mit einem nicht seefesten Boot auf See zu fahren, durch das Unterlassen aller Wagestückchen zu verdienen hat.

Vom Liegen in Buchten

Große Yachten mit erheblichem Tiefgang werden meist frei ankern und die Verbindung zum Land mit dem Dingi herstellen. Ist der Ankergrund nicht Sand, Kies oder Schlick, so muß man darauf achten, daß der Anker nicht auf Steine gelegt wird (man sieht ja fast immer den Grund). Eine Yacht mit starker Winsch kann auch noch auf mittelgroßen Steinen ankern (nur ist die Haltekraft oft schlecht). Nur auf großen Steinen und gewachsenen Klippen sollte man wegen des Risikos, den Anker aufgeben zu müssen, wohl nie ankern. In engen Buchten, zumal wenn sie mit anderen Fahrzeugen schon besetzt ist, kann es sehr nützlich sein, das Schiff durch eine Heckleine zum Fels oder einer Klippe (manchmal sind auch Ringe einzementiert) am Schwoien zu hindern und zusätzlich zu sichern.

Mittelgroße und kleine Boote werden in o f f e n e n Buchten mit dem Bug zur See ankern. Man soll viel Kette oder Leine stecken. Das Heck kann man dicht an den Strand oder die Felswand holen und dort mit einer Heckleine belegen. Oft kann man dann direkt aufs Land übersteigen. Bei offenen Stränden wird man daran denken, daß mittags Seebrise aufkommen kann. — I s t d i e B u c h t g e s c h ü t z t oder liegt das Boot auch mit dem Heck gut zum Seegang, so ist es oft viel günstiger, den Anker über das Heck herauszugeben und den Bug an eine Felswand oder dicht an den Strand zu holen. Meist ist das direkte Übersteigen dann viel leichter zu machen.

Beim Ankern soll man im Mittelmeer immer sehr sorgfältig verfahren. Ich ankere fast nur noch mit Leine wie die Einheimischen, dafür aber mit sehr großer Länge. Wenn ich das Boot verlasse, stets mit 2 Ankern. Draggen oder Danforth-Anker sind für die Ankergründe dieser Küste nach meiner Erfahrung wirksamer als Admiralitäts- oder Stockanker.

Aufhängen zwischen Felsen: eine sehr gute Methode, ein Boot in kleineren Buchten festzumachen ist, es mit zwei oder drei Leinen zwischen den Felsen zu befestigen. „Aufhängen" habe ich es genannt. Abb. 3 b zeigt dies für ein Kleinboot, Abb. 7 für ein großes Fahrzeug.

Aufholen: leichte Boote holt man für die Nacht oder wenn man sie für einen Landgang verläßt, gern auf den Strand. Man ist dann aller Sorgen ledig. Ist das Boot zu schwer, um aus dem Aufholen eine Routinemethode zu machen, so sollte man doch, wenn einigermaßen möglich, Vorsorge treffen, auch ein schwereres Boot „mit Bordmitteln" auf den Strand holen zu können, wenn dies einmal nötig ist. Im Tramontana-Bereich und beim Fahren im Winterhalbjahr hat es schon manchem Boot unruhiges (und vielleicht sogar gefährliches) Liegen im Wasser bei Sturmtagen erspart. Man kann auf diese Weise so vielen Schwierigkeiten auf die eleganteste Weise entgehen, daß aufblasbare Gummirollen und eine Talje mit sehr langer Leine (ein Block am Boot, der andere an einem Baum oder Fels befestigt) bestimmt die Anschaffung lohnen. Auch das einheimische Fischerboot ist ja dafür geschaffen.

Man soll es sich zur unverbrüchlichen Regel machen, bei Booten, die man auf den Strand geholt hat, Vorleine oder Achterleine zuverlässig an einem Baum, Stein oder dem Anker zu belegen. 99 Mal wird man für diese Pedanterie ausgelacht. Und das einhunderste Mal erhält es einem das Boot.

Vom Liegen in Häfen

Die Häfen der Costa Brava sind (wie alle Häfen Spaniens) sehr sauber, sehr freundlich und fast nie von der für Häfen sonst so typischen Unaufgeräumtheit. Auch in ihren Häfen sind die Spanier die Preußen des Mittelmeeres. — Die meisten Häfen sind natürlich nicht als Sportboothäfen gebaut. Viele dienten für die heut meist erloschene Ausfuhr der Rinde der Korkeiche. Die für Handelsschiffe gebauten Häfen haben manchmal im Winterhalbjahr für Sportboote schlechte Eigenschaften. Die als Fischerhäfen gebauten Häfen sind dann oft günstiger.

Zwei Dinge muß man wissen und darf sie nie vergessen. Sie werden nicht bei jeder Hafenbeschreibung erneut erwähnt:

1. Steine an Kajen: Nicht überall, wo einladende Kaje zu sehen ist, ist an der Kaje tiefes Wasser. Sehr oft ist dicht unter Wasser eine Steinschüttung (plausibel, da viele Molen nur Wellenschutz und nicht Anlegeplatz sind). Besonders verdächtig sind l e e r e Kajen. Immer soll man Kajen in fremden Häfen langsam und m i t A u s g u c k i n s W a s s e r anlaufen.

2. Unterwasserstufen: Viele Kajen haben dicht unter Wasser eine 20 bis 30 Zentimeter weit vorspringende Stufe. Sie stammt aus der Handelsschiffzeit, wo über Wasser dicke Fender angebracht waren (und manchmal heute noch angebracht sind). Kajen mit dicken Fendern sind stets verdächtig). Man soll an solchen Kajen nicht längsseit liegen. Diese Unterwasserstufen haben bei unkundigen Booten schon manchen Schaden gestiftet.

Längsseitliegen ist in Mittelmeerhäfen nur in Ausnahmefällen möglich. Hat man sich an das Liegen mit Heckanker und Bug zur Kaje erst einmal gewöhnt, liebt man das Längsseitgehen auch gar nicht mehr. Auch die erwähnte Unterwasserstufe erschwert das Längsseitliegen oft.

Liegen vor Buganker und Heckleinen

Dies ist die im Mittelmeer in Häfen für Sportboote bei weitem häufigste Art, an Kajen oder Stegen festzumachen. Die meisten Yachten und Boote liegen, wie die Überschrift sagt, mit dem Heck an der Kaje und dem Bug zum Wasser. Ich selber (und viele andere Boote auch) liegen u m g e k e h r t mit dem Bug zur Kaje und Anker über das Heck.

Das Liegen „Heckanker und Bug zur Kaje" halte ich aus folgenden Gründen für günstiger: a) Es ist viel leichter, ein Schiff Bug voran in eine enge Lücke hineinzufahren, zumal bei Wind. b) Man liegt mit der Plicht von der belegten Kaje weg zum Hafen hin und hat sein Privatleben, ohne daß einem alle Passanten in den Kochtopf gucken. c) Wenn das Schiff bei starkem Wind und Hafenseegang wirklich mit dem Bug gegen die Kaje gedrückt wird, passiert meist weniger, als wenn das Heck mit Schraube oder Ruder an Kaje oder Steine stößt. d) Das Heck fängt meist weniger Wind als der höhere Bug. Das Boot liegt bei querem Wind besser. — Als Gegeneinwand muß ich anerkennen, daß bei starkem Hafenseegang Bug zum Seegang hin besser ist. Aber fast alle Häfen der Costa Brava sind zu klein, als daß darin ernsthafter Hafenseegang entsteht. Und im Sommer schon gar nicht. Sehr viel hängt natürlich von der Form des Rumpfes ab. — Heckanker (im Winterhalbjahr zwei!) gibt man mit Leine heraus. Auch dies ist ein Vorteil. (s. u.).

Gleichgültig, wie herum man liegt, sind folgende Fragen zu bedenken:

Ankern mit Kette oder Leine? Nachdem ich beides genügend lange probiert habe, ankere ich nur noch mit Leine. Der Hauptvorteil ist, daß man eine Leine (Perlontrosse, nicht zu stark) von vorneherein stramm durchsetzen kann. Die nötige Elastizität macht die Perlontrosse aus sich. Wird mit Kette geankert, so stecken in der Kette bei den oft großen Hafentiefen doch immer ein paar Meter Lose, weil sie durchhängt. Kommt starker Wind auf, genügt diese Lose, das Boot mit Heck oder Bug gegen die Kaje setzen zu lassen. Setzt man die Kette mit Gewalt stramm durch, so bricht bei Schwell leicht der Anker aus. — Daß es bei heißer Sonne einfacher ist, 50 Meter Leine einzuholen als 50 Meter Kette, merkt man mit der Zeit von alleine.

Länge der Kette oder Leine? Viel mehr, als unsere Faustregel sagt. Ich würde bei Kette mindest die fünffache Wassertiefe geben (und nie weniger als 20 Meter) und mit Leine die 6- bis 8 fache Wassertiefe. Die Beanspruchung der Haltekraft bei festgelegtem Heck oder Bug ist größer, als wenn das Boot frei schwoien kann. Und der Schaden, wenn Starkwind das Boot gegen die Kaje drückt, ist viel größer als die Mühe, reichlich Leine oder Kette zu geben. **Die Heckleinen (oder Bugleinen):** Man soll elastische Leinen nehmen (Perlon) und sie nicht zu kurz belegen. Das Boot muß in Schwell mitschwingen können.

Eine Gangway? Das gäbe ein Buch für sich. Damit eine Gangway funktioniert und nicht tausenderlei Ärger macht, muß sie gebaut sein, wie bei den großen Yachten. Und das ist recht kompliziert. Ein Grund mehr, warum man Bug zur Kaje und ohne Gangway weit besser dran ist.

Als Dauerlieger vor Grundgeschirr (Mooring)

Ein Trailerboot mit festem Standquartier sollte man nicht vor Anker legen, sondern sich eine Mooring mieten oder selber bauen. Das macht ein Trailermann zum Beispiel so: Aus der Heimat nimmt man sich 2 oder mehr Stücke von je etwa 3 Meter verzinktem Eisendraht mit (3 bis 4 mm Durchmesser). An der Küste sucht man sich zwei schwere Steine von solcher Form, daß der Draht nicht abrutschen kann. Am besten also Steine mit einer Art Taille. Der Draht wird mehrfach fest darumgewickelt und gut verdrillt. An jedem Stein macht man am Draht einen Schäkel fest. Durch die Schäkel führt man eine Perlonleine. Die hält die Mooring-Boje. Die Länge der Leine soll etwa 2 mal die Wassertiefe sein, an windigen Stellen und bei windfangenden Booten bei genug Platz auch 3 mal Wassertiefe. Falls die Haltekraft zu klein erscheint, kann man beliebig viele weitere Steine am Schäkel die Leine herunterlassen. An der Boje wird das Boot belegt. — So bleibt der Anker für den Tagesgebrauch an Bord, und der zum Schwoien benötigte Raum ist kleiner. Sowieso kommen ja Anker nach einiger Zeit gern mit der Kette oder Leine unklar.

Ausrüstung des Bootes

Reserveantrieb: Für unter allen Umständen notwendig halte ich zum Fahren an der Costa Brava eine Vorsorge, daß man das Boot auch dann durchs Wasser bewegen kann, wenn der Motor ausfällt. Dies halte ich für wichtiger als alles andere. Denn zum Ankern ist es meist zu tief. Auch wird sich niemand darum kümmern, wenn man mit ausgefallenem Motor 10 Meter vor der Felsküste dümpelt, denn die Angler, Sporttaucher und Sportboote überhaupt liegen sehr oft unmittelbar vor dem Ufer.

Bei einem leichten Boot werden zwei oder drei Stechpaddel genügen. Besser ist natürlich eine Vorrichtung, Dollen und Riemen einzusetzen. Bei einem Trailerboot sollten Riemen genug Antriebskraft geben. Manchmal ist ein kleiner Zweitmotor am Heck eine gute Lösung. 3 PS mit Schraube für ein Arbeitsboot sind auch für ein schweres Trailerboot genug. Die einheimischen Boote haben stets entweder Riemen oder einen kleinen Zweitmotor. Kurz: **Mit welcher Methode immer, es muß unbedingt möglich sein, das Fahrzeug bei Ausfall des Hauptantriebs bis zur nächsten Bucht zu bringen, in die man einlaufen und ankern kann.**

Anker: Fährt man am Rande des Mittelmeersommers oder in der metereologischen Winterzeit, so kann man niemals zuviele Anker haben. Ausnahme: Das Boot ist leicht auf den Strand zu nehmen. Ich habe schon mehrfach vor drei Ankern gelegen, weil das Boot vor zweien zu treiben begann. Unsere deutschen Bemessungsvorschriften für das Ankergewicht sind für Mittelmeer-Winterwetter offenbar nicht ausreichend. Ich würde zwei Anker mit dem für das Boot bemessenen Gewicht mitnehmen, aber die Kette zu Hause lassen und dafür zwei 60-Meter-Leinen aus Perlon mitnehmen. Ich habe alle 4 Ankertypen an Bord. Die besten Erfahrungen habe ich mit Draggen und mit Danforth-Anker. Allerdings greifen bei hartem Sand als Ankergrund Danforth-Anker oft nicht. Das muß man prüfen, ehe man sich auf seine Haltekraft verläßt. Der Anker ist im Wasser ja sichtbar. Übrigens sind Anker in Spanien viel billiger als bei uns.

Leinen: Außer den üblichen Festmacheleinen würde ich wohl noch eine 50-Meter-Leine mitnehmen (oder in Spanien kaufen). Um in Buchten an Felsen festzumachen, ist man über lange Leinen oft recht froh.

Hilfsmotor für Segelboote: Er ist an dieser Küste nötig. Nur mit einer Jolle bei festem Standquartier in einem guten Segelrevier kann man darauf verzichten.

Fender: Man braucht sie sehr viel reichlicher als bei uns, denn die Boote liegen meist eng gepackt. Man kann sie auch in Spanien kaufen.

D. Stichworte zur Wetterkunde für die Costa Brava

Ein ausführliches Kapitel war vorgesehen, mußte aber bei der Kürzung für die deutsche Ausgabe aufgegeben werden. Da sehr viele wichtige Angaben in den Beschreibungen der einzelnen Häfen und Buchten sind, ist das Unglück vielleicht weniger groß.

Wann und wo ist die Wettervorhersage wichtig?

Die Antwort hängt von der Jahreszeit ab und von der Region der Küste.

Im Hochsommer: Im Südteil der Costa Brava braucht man sich dann um Wettervorhersage wohl nicht zu kümmern. Im Nordteil sollte man sich über Tramontana-Gefahr vergewissern (der französische Seewetterbericht gibt sehr zuverlässige Vorhersagen).

Am Rande des Sommers: Ich denke, daß man im Südteil der Costa Brava im frühen Herbst noch ohne Vorhersage fahren kann. Je später im Jahre es ist, desto wichtiger wird es aber, über die kommende Entwicklung orientiert zu sein. — Im Nordteil der Costa Brava muß man sich über Tramontana-Gefahr unbedingt informieren.

Im Winterhalbjahr: Da ist eine gute Portion Wetterkunde, sorgfältige Verfolgung des Seewetterberichtes und der Barometerbewegungen wichtig. Im Tramontana-Bereich der nördlichen Küste ist sie vollkommen unentbehrlich.

Im Mittelmeerwinter wechselt sommerlich-ruhiges Wetter mit erheblichen Stürmen ab. Der Unterschied zwischen Sommerhalbjahr und Winterhalbjahr ist viel größer, als wir ihn bei uns kennen. Buchten oder Häfen, die im Sommer sichere Liegeplätze geben, sind manchmal im Winter unsicher. So ist bei jeder Hafenbeschreibung und den meisten wichtigen Buchten ein Absatz „Schutz bei stürmischem Wetter". Im Hochsommer braucht er meist nicht gelesen werden. Da aber der meteorologische Sommer früher endet als der klimatische, ist dies Kapitel nach Mitte September und vor Ende Mai von erheblichem Belang.

Die Winde an der Costa Brava

Tramontana

Der Nordteil der Costa Brava grenzt an eines der sturmreichsten Gebiete der Erde, den Golf du Lion (doppelte Sturmhäufigkeit der Biskaja!). — Die Costa Brava ist jedoch nicht der Golf du Lion! Aber ihr Nordteil wird von Wetter im Golf du Lion noch stellenweise beeinflußt. — Der typische Starkwind im Golf du Lion ist der Nordwest. Tramontana heißt er im Südteil des Golfs, Mistral in seiner Mitte und im Norden.

An der Costa Brava ist im Sommer der Tramontana nur im Nordteil von Bedeutung. An den meisten Strecken ist er dort ein ablandiger Wind, der im Sommer Sportboote an diesen Stellen nicht am Fahren hindert, aber beachtet sein will (Ausführliches bei der Küstenbeschreibung). Im Herbst und Winter kann sich allerdings stürmischer Tramotana auch über die südliche Costa Brava ergießen. — Der Südteil der Costa Brava grenzt an den großen Golf von Valencia. Der ist eines der sturmärmsten Gebiete des Mittelmeeres.

Einfluß
der Küste

Ein andere Besonderheit teilt die Costa Brava mit allen hohen Küsten: hohe Felsufer, Kaps und Buchten beeinflussen die Winde in einer uns Flachlandbewohnern zuerst ganz unbegreiflichen Weise. Meist ist dicht unter der Küste auf dem Wasser Flaute, während oben Wolken wandern. Oft weht der Wind entgegengesetzt zur Zugrichtung der Wolken. Auflandiger Wind ist dicht unter hoher Küste kaum spürbar. Kaps können Winde verstärken oder umlenken. Aus Buchten mit flachen Landtälern kann es erheblich auf See herausblasen oder (meist weniger stark) von See ins Land wehen. Die an flachen Mittelmeerküsten typische Seebrise am Tage ist hier nur an Stellen mit flachem Hinterland kräftig ausgeprägt (nur dort sind gute Segelreviere).

Namen und Eigenart der Winde

Seebrise und Landwind: Dieser tags von See auf Land, nachts von Land auf See wehende, meist schwache Wind ist der Normalzustand bei sommerlichen Schönwetterlagen. Je weiter man ins Winterhalbjahr kommt, desto häufiger wird er von Winden der Großwetterlage überlagert. — Wirklich gut ausgeprägt sind Landwind und Seebrise meist nur an den großen Buchten mit niedrigem Ufer und weitem Hinterland.

Tramontana: Das ist der Nordwestwind. Je nach der Küstenformation kann er westlich bis nördlich wehen. Es ist ein sehr böiger und trockener Wind. Er wird abhängig von der Großwetterlage durch die Niederung zwischen Alpen und Pyrenäen von Nordwesten her wie durch eine Düse hindurchgepreßt und breitet sich vom Golf du Lion (dort Mistral genannt) fächerförmig über das Mittelmeer aus. Er entsteht bei z w e i Wetterlagen und ist deshalb so häufig: (a) als „Rückseitenwind" eines nördlich vorbeigezogenen Tiefs. (Er ist dann der Wind des wieder steigenden oder bereits wieder hohen Barometers). Nach vorausgegangener Südwindlage mit fallendem Barometer folgt Tramontana bei steigendem Barometer nahezu so sicher wie das Amen in der Kirche. (b) Er ist der Wind aus einem im Nordwesten oder Norden stehenden Hoch. Dann bläst er bei hohem und unveränderten Barometerstand. Hochstehende, zerfaserte, längliche Wolkenfelder gehen mit ihm einher.

Tramontana setzt sehr rasch ein, oft aus völliger Flaute. Ein paar leichte Brisenstriche aus Nordwest können vorausgehen, von neuer Flaute unterbrochen. Dann ist der starke Wind sehr rasch voll da. Er weht nach alter und zutreffender Fischerregel entweder 3 Tage, 6 Tage oder 9 Tage lang. Im Sommer ist er selten (durchschnittlich 3 bis 4 Tage pro Monat). Man sagt, daß Sommertramontana 6 bis 7 Windstärken kaum überschreitet. Er wirkt dann auch nur auf kleine Gebiete der Costa Brava. Im Herbst wird er häufiger und ist dann oft sehr stark. — Der französische Seewetterbericht sagt Tramontana mit sehr großer Zuverlässigkeit voraus.

Garbi: Das ist der Südwestwind. Er ist als frischer Wind oder Starkwind im Sommer sehr selten (zum Leidwesen aller Boote, die nach Norden segeln wollen). Deshalb kann man dann in nach Süden offenen Buchten meist ohne Sorge liegen. Am Rande des Mittelmeersommers muß man mit Garbi rechnen. Er überschreitet dann selten 6 Windstärken. Im Winterhalbjahr ist Garbi nächst dem Tramontana der häufigste Starkwind der Costa Brava. Allerdings selten mit mehr als 7 bis 8 Windstärken. Dafür mit hohem Seegang.

Garbi ist das „Vorderseitenwetter" eines nördlich passierenden Tiefs. Er ist warm, gelegentlich mit Bewölkung, fast nie mit Regen, oft mit etwas verschlechterter Sicht. Er ist ein Wind des fallenden Barometers. Der französische Seewetterbericht sagt ihn voraus, doch trifft er an der spanischen Küste früher ein, manchmal fast gleichzeitig mit dem Seewetterbericht. Da ich starken Garbi nie erlebt habe, ohne daß ½ bis 2 Stunden vorher das Barometer um 2 bis 3 mb gefallen wäre, habe ich im Herbst auf meine Dingi-Fahrten ein Barometer in einem Plastikbeutel mitgenommen, wenn die Wettersituation Garbi erwarten ließ.

Levante: Das ist der Ostwind (oft mit nordöstlicher Komponente). Im Sommerhalbjahr gibt es Ostwind meist nur als Seebrise bei gutem Wetter. Man muß aber wissen, daß die an der Costa Brava gefährlichen Stürme die Oststürme sind. Es gibt durchschnittlich 6 bis 8 im Jahr. Fast nie im Sommer, am häufigsten um die Zeit der Tag- und Nachtgleiche. Viele der sonst völlig sicheren Buchten sind bei Oststurm gefährlich. Im Sommer kann Starkwind (nicht Sturm) aus Ost mit örtlichen Tiefs bei den Balearen einhergehen. Im Herbst und Winter werden die starken Levante-Stürme durch Tiefs verursacht, die südlich passieren.

Die Vorzeichen sind sehr typisch und gehen lange voraus. Boote jeder Größe müssen auf sie achten und außerhalb des Sommers auch in Häfen ihre Vorkehrungen treffen: Es beginnt meist lange vorher (oft 24 Stunden) mit zunehmender, großer, hoher Dünung aus Osten. Das Barometer fällt langsam, aber stetig. Der Himmel wird aus Osten ganz allmählich „schmierig" und zieht sich langsam mit dichter, niedriger, grauer Bewölkung vollkommen zu. Die Sichtigkeit ist verschlechtert. Erst als Allerletztes kommt der Wind. Er setzt meist ziemlich langsam ein, ist gleichmäßig, stark und kalt, bringt starken, anhaltenden Regen und sehr hohen Seegang. — Bei Anzeichen von Levante-Stürmen soll jede Yacht, auch die seetüchtigste, in einen sicheren Hafen laufen. Der Apostel Paulus hat seinen Schiffbruch vor Malta in einem Nordoststurm gehabt.

Gewitter: Sie sind im Spätsommer und Herbst sehr häufig, ja fast eine tägliche Erscheinung. Es beginnt meist am frühen Nachmittag mit Wolken, die manchmal recht dräuend aussehen. Es blitzt und donnert auch. Hohe Berge hüllen sich oft eindrucksvoll in Wolkenmäntel. Ein paar verlorene Regentropfen können fallen. Aber damit hat es sich. So etwas wie eine Gewitterböe habe ich bei rund 50 solcher Spätsommer-Herbstgewitter nicht erlebt. Meist nicht einmal einen Brisenstrich von Belang. Das Barometer reagiert auf diese Gewitter nicht. Etwas anderes sind die selteneren Gewitter, die mit der K a l t - f r o n t   e i n e s   T i e f s einhergehen. Garbi ging voran. Das Barometer fiel. In gewittrigem Wind mit Regenguß springt der Wind auf West bis Nordwest um. Wie bei uns. Große Vorsicht bei diesen Kaltfront-Gewittern! Manchmal folgen mehrere Fronten im Abstand von einigen Stunden.

Die Mittel zur Wettervorhersage

Praktisch stehen folgende Möglichkeiten zur Wahl: der französische Seewetterbericht, der spanische Seewetterbericht, die Wetterkarte der Tageszeitung, die Wetterkarte des Fernsehens und das Barometer. Französischer Seewetterbericht plus Barometer reichen auch im Winterhalbjahr meist aus. Eine langfristige Vorhersage erlauben die Wetterkarten der Tageszeitung „La Guardian" (auf der die Tiefs auf ihrem Anmarsch über den Atlantik meist schon fast eine Woche im Voraus zu verfolgen sind. Es ist im Winterhalbjahr sehr nützlich, die Fahrt so einrichten zukönnen, daß man zur Schlechtwetterzeit an einem interessanten Ort ist). Sehr wenig ist mit dem spanischen Seewetterbericht anzufangen. (Etwa 6.30, 15.00 und 22.30 Uhr auf jedem Sender.) Er wird äußerst schnell gesprochen. Selbst wenn man Spanisch kann, hat man seine Not, ihn aufzufassen.

Der französische Seewetterbericht

Versteht man gut französisch, so ist der Sender Monte Carlo vorzuziehen. Sonst muß man Marseille hören. Der Text ist gleichlautend. Doch wird von Marseille langsam gesprochen, dafür aber auf Grenzwelle gesendet. Marseille ist im Südteil der Costa Brava schlecht zu verstehen, Monte Carlo gut.

Monte Carlo: Frequenz 218, 1466, 6035 und 7135 Kiloherz. Sendezeit: etwa 9.10 Uhr und präzis 19.45 Uhr.

Marseille: Frequenz 1939 Kiloherz = 154 Meter. Sendezeit: 2.03 Uhr, 8.05 Uhr, 13.20 Uhr, 17.15 Uhr (gesetzliche Zeit).

Von den drei Zonen Golf du Lion, Golf de Gênes (Genua) und Nordbaléaren interessiert in erster Linie der Golf du Lion, weil dort Tramontana angekündigt wird. Er wird nicht „Tramontana" genannt. Sondern Mistral und Tramontana gemeinsam werden als „courant de nordouest" bezeichnet. Seine ungefähre Stärke wird durch ein Adverb bezeichnet. Dieses ist nach unseren Begriffen meist untertrieben. „Faible courant de nordouest" ist oft Beaufort 6. „Modéré" (mäßig) kann Beaufort 7 oder 8 sein. „Assez fort" reicht etwa bis 10 und „fort" oder „très fort" ist alles darüber hinaus.

Es wird außerdem noch die mutmaßliche W i n d g e s c h w i n d i g k e i t gesagt, und zwar in Knoten, also Seemeilen pro Stunde. Eine Umrechnungstabelle folgt unten. Nur hohe Windstärken über 8 werden zusätzlich auch noch in Beaufort-Graden genannt. W i n d w a r n u n g für Windstärke 6 und mehr wie an unserer Küste gibt es nicht. „Avis de coup de vent" heißt zwar wörtlich übersetzt „Windwarnung" bedeutet aber Windstärke 8 und darüber (im sturmreichen Golf du Lion fängt man eben mit weniger erst gar nicht an). „Avis de tempête" = Sturmwarnung ist Beaufort 10 und mehr.

Man muß wissen, daß diese Vorhersage von Tramontana sich nicht auf die Costa Brava bezieht, sondern auf den Golf du Lion. Man kann sich aber für die Costa Brava seinen Vers daraus machen. Meist ist schon an der nördlichen Costa Brava der Tramontana wesentlich schwächer als im Golf du Lion. Nur kurze Strecken dieser nördlichen Costa Brava trifft der Tramontana auflandig. Und die Mitte wie der Südteil der Costa Brava werden im Sommer vom Tramontana meist nicht erreicht. — Für Winde aus anderen Richtungen kann man die französischen Angaben für Golf du Lion und die Region Nordbalearen ziemlich unverändert für die Costa Brava übernehmen, wobei man natürlich die örtlichen Abschwächungen dicht an der Küste berücksichtigen muß.

Einzelheiten zur französischen Wettervorhersage (Marseille)

Reihenfolge: Es beginnt mit den Worten „voici le bulletin météo pour les zones Golf du Lion, Golf de Gênes et Nord Baléares". Es folgen

Stationsmeldungen (am wichtigsten ist Cap Béar = Nordteil der Costa Brava in französischem Gebiet).

Situation generale (Wetterlage) — Darin z. B. courant de nordouest modéré.

Prévision (Vorhersage). Gilt für die folgenden 12 Stunden. Sie gibt den Wettertyp: z. B. perturbé oder perturbation = Tief. — anticyclonique = Hoch. — brume = diesig. Vorhersage des Windes nach Richtung und Stärke (die Stärke wird in noeds = Knoten angegeben (siehe Tabelle).
Vorhersage über den Zustand des Meeres (état de la mer) Begriffe siehe Tabelle
Dünung (Houle) nur wenn solche ist
Sichtigkeit (in Seemeilen)

Temps probable (weitere Aussichten) etwa bis zur 24. Stunde

Tendence ulterieure (weitere Entwicklung). Hier wird oft später zu erwartender Tramontana angekündigt.

Begriffe im französischen Seewetterbericht

Tabelle 1: Windgeschwindigkeit in Knoten (noeds), Bezeichnung und Umrechnung in Beaufort-Grade.

Windgeschwindigkeit in Knoten (vitesse en noeds)	Beaufort-Skala	Bezeichnung
Kleiner als 1	0	calme
1 — 3	1	très legère brise
4 — 6	2	legère brise
7 — 10	3	petite brise
11 — 16	4	jolie brise
17 — 21	5	bonne brise
22 — 27	6	vent frais
28 — 33	7	grand frais
34 — 40	8	coup de vent
41 — 47	9	fort coup de vent
48 — 55	10	tempête
56 — 63	11	violente tempète
64 — 71 und mehr	12	ouragan

Tabelle 2: État de la mer. Die Wellenhöhe gilt natürlich nur in offenem Seeraum bei langer Anlaufstrecke des Windes.

Bezeichnung	Höhe der Wellen (in Meter)
Mer calme	0 — 0,1
Mer belle	0,1 — 0,5
Mer peu agité	0,5 — 1,25
Mer agité	1,25 — 2,5
Mer forte	2,5 — 4
Mer très forte	4 — 6
Mer grosse	6 — 9

Das Barometer

Ich halte dieses von den meisten Mittelmeerseglern etwas mißachtete Instrument für eine äußerst wertvolle Hilfe. Es sagt einem zwar keinen Tramontana voraus (oder jedenfalls höchstens indirekt in einem Teil der Fälle). Aber von Tramontana abgesehen, habe ich im Mittelmeer noch keinen Starkwind oder Sturm erlebt, der nicht vom Barometer angekündigt worden ist. Oft allerdings geht das Fallen oder Steigen um einige Millibar dem Wind nur sehr kurze Zeit voraus, manchmal nur ½ Stunde. — Wenn man nicht Französisch versteht, aber etwas von Wetterkunde, dann kann man aus der Kombination der Wetterkarte mit Barometerbeobachtung auch im Winterhalbjahr genügend Information erhalten. Die kleinen, örtlichen Sommertiefs meldet das Barometer sowieso meist früher als der Seewetterbericht.

E. Praktische Hinweise

Die Anreise

Mit dem Auto

Grob und rund gesprochen liegen 900 bis 1000 Autokilometer zwischen der deutschen Grenze und der Costa Brava. Den kürzesten Weg haben die Süddeutschen, die von Basel bis zu den ersten Orten an der Felsküste (Collioure oder Port Vendres) oder bis zur spanischen Grenze am Perthus-Paß nur 870 Kilometer zu fahren haben.

Alle Strecken führen durch französisches Gebiet. Alle vereinigen sich in Lyon und führen von dort das schöne und auch glatt zu fahrende Tal der Rhône herunter. Sie berühren die alte Papststadt Avignon und die ehemals bedeutende römische Stadt Narbonne.

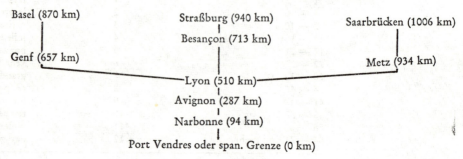

In Perpignan, etwa 20 Kilometer vor der spanischen Grenze, muß man sich entscheiden, ob man die Küstenstraße über Port Vendres — Cerbére — Port Bou fahren will. Sie ist sehr schön, hat aber Kurven und Steigungen. Oder ob man auf der breiten Hauptverkehrsader bleibt, welche die Pyrenäen am Perthus-Paß kreuzt.

Will man zu südlichen Gebieten der Costa Brava, so kommen vom Perthus-Paß, also von der spanischen Grenze, noch folgende Distanzen dazu:

Bis Rosas 40 Kilometer, El Estartit 67 Kilometer, Palamós 92 Kilometer und Blanes 102 Kilometer.

Zu seinem Staunen entdeckt man übrigens, daß es zur Costa Brava etwa die gleiche Distanz ist, wie wenn man durch das Rhônetal zur französischen Riviera nach Cannes fährt.

Anreise mit der Bahn

Läßt sich das Boot mit der Bahn transportieren (z. B. ein Schlauchboot oder Kajak), so würde ich ernstlich prüfen, ob man nicht auch vom Auto Urlaub nehmen soll.

Ein Boot für Wanderfahrt würde ich in diesem Falle am Nordteil der Costa Brava in Collioure einsetzen und es nach geruhsamer Fahrt mit Strom und vorherrschendem Wind in Blanes am Südende der Costa Brava aus dem Wasser nehmen. Dort berührt die Bahnlinie wieder die Küste. Taxis zum Gepäcktransport sind an beiden Orten.

Falls man nicht gerade am Beginn und Ende der Ferienzeit reist, ist die Fahrt mit der Bahn sehr angenehm. Es gibt zwei durchgehende Züge. Der eine, der „Hispania Expreß" fährt etwa mittags vom Raum Ruhrgebiet—Köln durch das Rheintal, ist am Nachmittag in Karlsruhe, fährt dann durch die Schweiz, erhält in Genf abends Wagen mit Couchetten (Liegewagen, die man unbedingt benutzen sollte) und erreicht die Costa Brava am frühen Morgen. Der andere Zug läuft ähnlich, aber über Kehl. — Die Rückfahrt von der Costa Brava beginnt am Abend, so daß man am folgenden Vormittag wieder in Deutschland ist.

Flugverbindungen

Für einen eiligen Abstecher nach Deutschland oder vice versa ist der Flugplatz „Gerona-Costa-Brava" nahe Gerona wahrscheinlich günstiger als Barcelona. Auskünfte bei Reisebüros.

Anreise zu Wasser

Wenn man auf eigenem Kiel ins Mittelmeer will, so sollte man dafür mehr als einen Segelsommer freihalten. Ich habe nur einen einzigen Kollegen getroffen, der im Frühsommer aus Deutschland gekommen, im Herbst wieder zu Hause sein wollte. Obwohl er ein äußerst motorstarkes und sehr schnelles Boot hatte, hat er sich erheblich sputen müssen. Als er mit seinen 250 durstigen „Pferden" gegen leichten Tramontana aus Port Vendres auslief, konnte man ihn noch meilenweit sehen, allerdings kein Boot, sondern nur den weißen Gischt, wenn das Boot in die nächste Welle einschlug.

Ein Sommer reicht also nicht. Muß man im Winter nach Hause, so findet das Boot in Spanien sehr gute, zuverlässige Überwinterungsmöglichkeiten an Land oder im Wasser. Für die Costa Brava beschreibt sie der folgende Text.

Hat man zwei oder drei Jahre Zeit (vier sind besser) und will das ganze Mittelmeer bereisen, so soll man der Costa Brava mindestens 1 bis 3 Monate widmen. Man wird im Mittelmeer sehr lange zu suchen haben, ehe man eine so fein gegliederte Küste mit so einladenden Buchten wiederfindet.

Eine Mittelmeerfahrt mit einem seegehenden Boot würde ich wie folgt anlegen: Start im Frühsommer. Die Gewässer der Niederlande. Ostende-Calais. Dann die englische Küste, und zwar vor allem die sehr schöne „englische Riviera" westlich der Isle of Wight bis etwa Landsend. Dann über die Kanalinseln mit mindestens zwei Monaten Zeit durch die so überaus buchtenreiche, unglaublich interessante Bretagne. Erst im Spätsommer durch den Canal du Midi über Bordeaux ins Mittelmeer. Bis Ende Oktober würde ich an der Costa Brava bummeln. Und erst dann würde ich an der Küste entlang über Barcelona, Tarragona und Valencia weiter nach Süden fahren. Für die kalten Wintermonate Januar und Februar ist der Raum um Alicante klimatisch bei weitem am günstigsten. Alicante und Javea sind dort die günstigsten Häfen. Wenn man Mitte oder Ende Dezember dort eintrifft, kommt man früh genug. Und im Frühjahr lockt Afrika. Doch darüber später.

Formalitäten

Spanien ist für den Wasserwanderer, Yachteigner und Sportbootfahrer das freundlichste Land, das ich kenne. Für den Grenzübertritt zu Land braucht man die für die Personen und das Auto üblichen Dokumente. Für ein transportables Boot ist nach allen Auskünften und nach praktischer Handhabung kein Papier nötig. Die Durchreise durch Frankreich erfordert oft mehr Formalitäten. Man erkundige sich, von welcher Motorgröße ab für die Durchreise das Triptik eines Clubs erforderlich ist und welche Bestimmungen in Frankreich für Größe, Breite und Gewicht des Trailers und des Bootes bestehen. Ich habe nie von Schwierigkeiten in Spanien gehört, aber gelegentlich von solchen in Frankreich.

Ein Ausweispapier für das Boot wird in spanischen Häfen nur selten erfragt. Wichtig ist es natürlich im Falle von Havarien und ähnlichem. In erster Linie muß klargestellt werden können, wer der rechtmäßige und verantwortliche Eigentümer des Bootes ist. Der Standerschein eines Clubs oder irgendein Registrierungspapier des Heimatortes reicht vollkommen aus. Ist nichts derartiges vorhanden, was bei einem Kleinboot oft der Fall ist, so soll man den Kaufvertrag mitnehmen.

Beim Einlaufen in einen spanischen Hafen erscheint bei Yachten und größeren Booten ein Beamter der Guardia Civil. Dies erfolgt gleich beim Festmachen und auch des Nachts. Er erfragt und notiert Angaben über Boot und Crew. Ist man in Spanien noch fremd, so empfindet man die „preußische" Exaktheit manchmal als störend. Dabei ist dieses Minimum an Formalitäten eine sehr viel leichtere Bürde, als man sie in fast allen anderen Ländern hat.

Die Art der Angaben, die erfragt werden, sind in den einzelnen Häfen verschieden. In größeren Häfen ist es oft ein vorgedrucktes Blatt. In kleineren notiert es der Beamte in sein Notizbuch. Da spanische Zollbeamte ebensowenig Deutsch können, wie deutsche Zollbeamte spanisch, muß man die wichtigsten Ausdrücke kennen.

Nombre del Embarcation (oder: Nombre del Yate)	Name des Bootes (der Yacht)
Bandera	Nationalität (deutsch = alemana)
Matricula	Heimathafen
Proprietario	Eigentümer
Patron (oder: Capitan)	Name des Kapitäns
Tripulantes	Zahl und Namen der Crew
Passajeros	Zahl und Name von Passagieren (entfällt meist, außer es sind bei großen Yachten fremde Gäste an Bord)
Procedencia	letzter Hafen
Destino	nächster Hafen
Fecha Entrada (dia, hora)	Datum und Stunde des Einlaufens
Fecha Salida	Datum des Auslaufens (hier kann man ein Fragezeichen einsetzen)
Dias Estancia	Dauer des Aufenthaltes in diesem Hafen (ungefähre Angabe genügt)
Manga	Länge des Bootes in Metern
Eslora	Breite des Bootes in Metern
Calao	Tiefgang des Bootes in Metern
Tonnelajes	Gewicht in Tonnen
Palos	Zahl der Masten

Meist werden nur die ersten 9 Angaben oder weniger verlangt. Je kleiner der Hafen, desto weniger. Kann man kein Spanisch, so ist es ganz nützlich, diese Angaben schon auf einem Stück Papier in Druckbuchstaben vorbereitet zu haben. Es erspart Zeit. In größeren Häfen werden diese Angaben manchmal auf gleichartigen Vordrucken von verschiedenen Beamten zweimal oder dreimal eingefordert. Dann sind Hafenamt, Zollamt und Guardia Civil getrennte Büros. Es ist dann falsch, erklären zu wollen, daß man das gleiche Papier schon einmal oder zweimal ausgefüllt hat. Man füllt es eben erneut aus.

Etikette: Man muß wissen, daß spanische Beamte eine Yacht oder ein Boot wie eine fremde Wohnung respektieren und deshalb meist nicht betreten. So soll man sie auch nicht auffordern, an Bord oder in die Kajüte zu kommen, außer besondere Umstände erfordern es. Es findet ja auch keine Zolluntersuchung des Bootes statt. — Sind die Formalitäten beendet, kann man eine Zigarette anbieten. Vorher nicht. Die von unseren Zöllnern erwartete Einladung zu einem Glas Rum unterbleibt. Wie überhaupt die spanischen Beamten gegen alles, was auch nur entfernt nach einem Trinkgeld oder gar nach Bestechung aussehen könnte, äußerst empfindlich sind. Menschlich freundliches Verhalten, Händeschütteln und ein paar spanische Brocken schaffen dagegen sogleich eine Atmosphäre wirklicher Fruendschaft. — Das Auslaufen erfolgt ohne Formalität nach Belieben.

Einklarieren oder Ausklarieren zur Fahrt etwa nach Frankreich findet in Spanien nicht statt. Bei dieser äußerst großen Freiheit darf es einen nicht überraschen oder verärgern, wenn am Hafenausgang ein Beamter eine besonders prall gefüllte Tasche oder gar einen Koffer kontrolliert. Es geschieht sehr selten und es ist der Ersatz für die Zollkontrolle des Bootes. Wenn einer der Crew vorzeitig abreist und mit Seesack oder Koffer von Bord geht, muß man für eine solche Kontrolle zusätzlich etwas Zeit einkalkulieren.

Wenn ein Boot mehr als 6 Monate in Spanien verbleibt (zum Beispiel im Winterlager) muß dies mit den Zollbehörden vorher geregelt werden. Diese einfache Prozedur darf man keinesfalls übergehen, da das Boot sonst nach 6-monatigem Aufenthalt als eingeführt gilt und damit erhebliche Zollkosten entstehen. Ist aber mit den örtlichen Zollbehörden klargestellt, daß das Boot seinen deutschen Eigentümer behält und auf alle Fälle wieder aus dem Lande herausgenommen wird, so ist ein Winterlager in Spanien ohne weitere Formalität möglich.

Hafengeld

Außerhalb der Anlagen eines Club Nautico werden die gesetzlichen Hafengelder erhoben. Sie sind bescheiden: 15 Peseten pro Tag (etwa 80 Pfennig) für ein Boot unter 10 Tonnen und 15 Peseten für alle 10 Tonnen darüber hinaus. Für Kleinboote, die im Hafen vor Grundgeschirr liegen oder ankern, ist das Hafengeld oft noch geringer.

Man muß wissen, daß Hafengelder nach „natürlichen Tagen" (dias naturales) berechnet werden. Die Grenze von einem „natürlichen" Tag zum nächsten ist Mitternacht. So kommt es (sehr selten) vor, daß man, wenn man abends eingelaufen ist und morgens wieder ausläuft, für zwei Tage zu bezahlen hat. Im Zielhafen, den man abends erreicht, kann es im Prinzip genauso gehen (praktisch aber fast nie). Man soll sich darüber nicht ärgern. Es ist gesetzliche Bestimmung aus der Zeit der Handelsfahrer, die lange im einem Hafen blieben. Auch ist es mir in 1½ Jahren nur zweimal passiert. Wenn man bei dieser uns fremden Regelung wirklich in 24 Stunden zweimal bezahlt, so wird dies bei weitem dadurch ausgeglichen, daß in vielen Häfen von Sportbooten auf Wanderfahrt überhaupt nichts kassiert wird (und in Buchten sowieso nichts). — Liegt man in dem Bereich des Hafens der einem Club Nautico gehört, so ist es allerdings meist wesentlich teurer.

Der Club Nautico

In jedem spanischen Hafen ist ein „Club Nautico di . . ". Er ist ungefähr das, was bei uns der örtliche Segelclub ist, aber doch wieder nicht ganz. Unsere Klischee-Vorstellung vom Segelclub des Mittelmeeres als nur gesellschaftlicher Vereinigung trifft für die catalanische Küste, also auch die Costa Brava, nicht zu. Hier wird tatsächlich aktiver Wassersport betrieben, fast ausschließlich mit kleinen Booten. Sehr viele Spanier haben hier ihre Boote. Meist sind es schnelle Flitzer oder einheimische, offene Fischerboote. Im Sommer kommt dazu eine sehr große Zahl ausländischer Boote. In vielen kleineren Häfen mögen in der Ferienzeit bis zu ²/₃ der Sportboote Franzosen gehören. Engländer, Deutsche und andere Ausländer sind spärlicher.

Die hauptsächliche Aufgabe der Clubs ist die Bereitstellung und Unterhaltung von Schwimmstegen, von Kränen und von Abstellplätzen für Wagen und Trailer. Fast immer ist Süßwasser an den Stegen. Meist gibt es ein Restaurant. Duschen und Waschräume sind aber seltener, denn die meisten Eigner haben festes Standquartier im Ort.

Für ein Boot auf Wanderfahrt ist deshalb ein Liegeplatz bei einem Club Nautico ohne besonderen Vorteil. Fast in allen Häfen findet man auch Liegeplatz in dem nicht zum Club gehörenden Hafengebiet (dies wird für jeden Hafen beschrieben). Dagegen ist es für ein Boot mit festem Standquartier doch oft tatsächlich besser, beim Club Nautico einen Platz zu haben. Denn in der Ferienzeit sind die meisten Häfen sehr voll. Und die Plätze, welche für Boote auf Wanderfahrt freigehalten werden, können nicht von Dauerliegern benutzt werden. Hierzu geben die Hafenbeschreibungen mehr Einzelheiten.

Die Kosten für Liegeplätze und Leistungen der Clubs sind nicht niedrig. Wichtiger noch ist es, daß die Vorbestellung eines festen Liegeplatzes äußerst frühzeitig erfolgen muß. Jedenfalls für die Ferienzeit. Trotz ständiger Erweiterung der Anlagen ist es in einigen Häfen schon im Winter ausgebucht. — **Boote auf Wanderfahrt** finden für 1 oder 2 Tage bei den Clubs wohl immer einen Platz.

Der „Marinero" oder „Contremaestro" ist der oberste der Bootsleute. Er ist für alle Fragen im Hafen und am Kran der maßgebliche Mann. Hier kann, falls Probleme auftreten ein Trinkgeld von 50 oder besser 100 Peseten (bei wirklich wichtigen Fragen auch mehr) Erhebliches bewirken. Es gibt überhaupt keine Trinkgeld-Aufdringlichkeit in Spanien. Aber der schlechte Einfluß der in diesen Dingen oft unerfahrenen und ungeschickten Touristen hat gerade bei den Clubs in dieser Hinsicht manches zum Unguten verändert.

Der Sekretär (El Sekretario) ist der zweite praktisch wichtige Mann des Clubs. Er regelt Papierkrieg und Finanzen, und zwar hauptberuflich. An ihn würde man schreiben, wenn man aus Deutschland einen Liegeplatz bestellt (meist spricht er französisch und jedenfalls wird ein französisch geschriebener Brief verstanden werden). — Die eigentlichen Leiter und Häupter des Clubs bekommt man kaum zu Gesicht. Man darf auch nicht erwarten, daß sich jemand um einen sprachunkundigen Ausländer besonders kümmert. Für ein Clubleben in unserem Sinne mit Versammlung, Clubball und Reden ist der Spanier sowieso viel zu sehr Individualist. So kann man auch kaum damit rechnen, „Anschluß" an Spanier zu finden. Das ist einfach nicht die Gewohnheit des Landes.

Gebühren der Clubs

Auch wenn man Mitglied eines deutschen Segelclubs ist, hat man Liegegelder zu zahlen, die nicht niedrig sind. Der erste Tag ist meist frei. Ich gebe in der folgenden Aufstellung die **Gebühren des C. N. C. B. in Palamós.** In den anderen, kleineren Clubs mag es manchmal vielleicht etwas billiger sein, aber der Unterschied ist gering. Für die Umrechnung: 100 Peseten sind etwa 5,— DM.

Liegeplatz für Boote auf Wanderfahrt

Der erste Tag ist frei. Danach pro Tag für

Boote bis 15 Fuß (etwa 4,5 Meter)	100,— pts.
Boote bis 18 Fuß (etwa 5,5 Meter)	150,— pts.
Boote bis 25 Fuß (etwa 8,0 Meter)	200,— pts.
Boote über 25 Fuß (über 8,0 Meter)	300,— pts.

Liegeplatz für Dauerlieger während der Saison

Vaurien	1.500,— pts.
Boote und Dingis	2.250,— pts.
Außenborder und Schlauchboote bis etwa 4,5 Meter (15 Fuß)	3.500,— pts.
Innenborder über 4,5 Meter	5.500,— pts.
Yachten bis etwa 8 Meter (25 Fuß)	6.000,— pts.
Yachten über 8 Meter	7.500,— pts.

Liegeplatz für Dauerlieger während des Winterhalbjahres

Schlauchboote	400,— pts.
Vaurien	1.000,— pts.
Außenborder bis 15 Fuß	2.250,— pts.
Innenborder mit mehr als 15 Fuß	4.500,— pts.
Yachten bis 25 Fuß (etwa 8 Meter)	7.500,— pts.
Yachten über 25 Fuß (über 8 Meter)	10.500,— pts.

Für die Benutzung des Kranes

Boote bis 15 Fuß (etwa 4,5 Meter)	150,— pts.
Boote bis 25 Fuß (etwa 8,0 Meter)	300,— pts.
Boote über 25 Fuß (über 8,0 Meter)	500,— pts.

Für die Benutzung des Slips

(einfache schräge Betonbahn ohne Wagen)	
Boote und Dingis bis 4 Meter	100,— pts.
Außenborder bis 15 Fuß (etwa 4,5 Meter)	200,— pts.
Innenborder mit mehr als 15 Fuß	300,— pt.s
Yachten bis 25 Fuß (etwa 8,0 Meter)	500,— pts.
Yachten über 25 Fuß (über 8,0 Meter)	750,— pts.

Festes Mi glied in einem spanischen Club Nautico zu werden, ist sehr teuer. Der „Club Nautico de la Costa Brava" in Palamós fordert 100.000,— Peseten einmalige Aufnahmegebür. Das sind rund 5.000,— DM. In den anderen etwas weniger „vornehmen" Clubs ist die Aufnahmegebür zwar niedriger, aber immer noch hoch genug. Die jährlichen Mitgliedsbeiträge sind in Palamós 2.400,— pts. (ca. 130 DM) für einen Erwachsenen und 600 pts. für einen Jugendlichen.

Camping und Zelten

Dem Spanier selbst ist das Zelten fremd. Es mag ihn vielleicht an das echte Zigeunertum im Süden des Landes erinnern und an wirkliche Armut. So begeisternd schön es sein müßte, die ganze Costa Brava als zeltender Wanderfahrer zu befahren, so bin ich nicht sicher, ob man nicht am Südteil der Küste Schwierigkeiten haben kann.

Campingplätze: Von den zahlreichen Campingplätzen liegen nur wenige so, daß sie für den Wasserfahrer von Interesse sind. Diese habe ich beschrieben (vgl. auch Sachregister).

Freies Zelten: Seit 1966 gibt es eine Verordnung über das Zelten: Man muß im Besitz des internationalen Carnets des FICC oder AIT sein. Man darf sein Zelt nicht dichter als 1 Kilometer an bewohnten Ortschaften, nicht dichter als 150 Meter an Wasserreservoirs und nicht dichter als 50 Meter an Nationalstraßen aufschlagen. Es dürfen gleichzeitig nicht mehr als 3 Zelte und nicht mehr als 10 Personen sein. Äußerste Sauberhaltung wird verlangt.

Am Nordteil der Costa Brava, der streckenweise vollkommen unbesiedelt und einsam ist, sollte man genug Plätze in unbewohnten Buchten finden. Zumal, wenn man das Boot auch auf den Strand holen kann. Da ich als Junge vor dem Krieg regelmäßig in den großen Ferien Zelt und Kochtopf in mein Paddelboot packte und in die herrliche Mecklenburgische Seenplatte verschwand, habe ich die Beschreibung der nördlichen Küste auch ein wenig mit den Augen des mit Boot und Zelt Wandernden gesehen. Diese Region bietet eine Unzahl uriger, einsamer Plätze (vgl. Sachregister: Zelten).

An der Südhälfte der Costa Brava ist die Besiedlung wesentlich dichter und man wird sehr sorgfältig planen müssen, um die Bedingung, 1 Kilometer von bewohnter Ortschaft entfernt zu bleiben, zu erfüllen. Die Küste wird nachts von Guardia Civil gut kontrolliert. Ich denke, man wird oft aufgestört werden. Einwandfreie Ausweise, freundliches Verhalten (bestimmt soll man nie zu schimpfen anfangen) und die Zusage, am nächsten Tag weiterzufahren, sollten wirklichen Ärger vermeiden („saliró mañana" = ich fahre morgen ab).

Preise

In Spanien zahlt man mit Peseten. Als grobe Faustregel gilt, daß 100 Peseten = 5,— DM sind, eine Pesete also 5 Pfennig. Deutsches Geld kann man überall in Wechselstuben oder Banken wechseln. Einschränkungen kenne ich nicht.

An sich ist ein Urlaub in Spanien billig zu haben. Wenn man die Sprache spricht und das Land kennt, sogar äußerst billig. Es ist jedoch gerade die Costa Brava eine Region, die zu den teuren des Landes zählt. Ich würde es so formulieren: Nichts ist teurer als bei uns. Aber vieles ist billiger. Übernachtungen sind billiger. Auch die einfachsten Gaststätten und Pensionen sind vollkommen sauber. Die Übernachtungspreise sind vorgeschrieben. Im Gegensatz zu anderen Mittelmeerländern wird in Spanien nicht um Preise gehandelt. Die Preise sind fest. Ehrlichkeit und Akkuratheit sind mustergültig.

In Gaststätten kostet an der Costa Brava Essen etwa das Gleiche wie bei uns. Lebensmittel, vor allem Grundlebensmittel, sind billiger. Bootsbedarf ist, wenn im Land hergestellt, billig (besonders Leinen und Farbe), wenn importiert etwa gleich teuer wie bei uns. Die Arbeitsleistung ist billiger. In Palamós wurden beim Club für die Arbeitsstunde (z. B. Säubern oder

Anstreichen) 75 Peseten in der Stunde berechnet. Für das Lagern eines Bootes von 9 Meter Länge und 3 Tonnen Gewicht auf dem Gelände einer privaten kleinen Werft 800 Peseten im Monat (ca. 40 DM). Für die Benutzung des großen Hafenkranes 300 Peseten (15 DM). Es ist also billiger als bei den Clubs. Dafür ist es mühsamer, wenn man die Sprache nicht spricht.

Treibstoff: Benzin (Gasolina) 10 bis 13 Peseten pro Liter, Dieselöl (Gasoil) 7 Peseten pro Liter. An Benzin ist Super vielleicht ratsamer als Normal. Zollbegünstigten Treibstoff gibt es in Spanien nicht (oder jedenfalls nur für große Yachten in Barcelona mit Scheckkarte einer internationalen Treibstoff-Firma). Dieselöl ist in Frankreich (Port Vendres) mit 25 bis 30 Centimes (ca. 20 Pfennig) pro Liter billiger. Benzin ist teurer.

Von den vielen wichtigen Tips für die Bordfrau und anderen Hinweisen hier nur noch folgendes: In Gaststätten ist das Bedienungsgeld im Preis enthalten. Üblich ist es, den Preis so aufzurunden, daß etwa 2 oder 3 % Trinkgeld für den Kellner entstehen. Der Ober gibt zunächst vollkommen akkurat heraus. Das Trinkgeld läßt man dann auf dem Tisch zurück.

Sprache, Einkaufen und Essen

Mit Deutsch kommt man an der Costa Brava recht und schlecht durch. Mit Französisch sehr gut. Mit Italienisch leidlich. Englisch nützt gar nichts. Man sollte sich rasch ein paar Worte Spanisch aneignen. Die Sprache ist leicht. Die Bordfrau muß wissen: „un Kilo di esto" (und mit dem Finger gezeigt) heißt „ein Kilo von diesem". Medio di un Kilo ist ½ Kilo, quarto di un Kilo ¼ Kilo. „Adios" heißt „Auf Wiedersehen" und „Muchas Gratias" (gesprochen mutschas Grazias) heißt „Vielen Dank". Jeder ist gleich doppelt so hilfbereit, wenn man zeigt, daß man sich um die Sprache des Gastlandes bemüht. Immerhin sprechen ja mehr Menschen auf der Welt Spanisch als Englisch!

An Bord habe ich im Sommer nur Margarine in den hier üblichen Kunstoffdosen. Butter wird flüssig und neigt zum ranzig werden. Käse, Brot und Wein sind die typischen Nahrungsmittel des Mittelmeers. Coca-Cola in Literflaschen ist mittags in der Wärme meist besser als der sehr starke Wein. Ich trinke ihn nur abends. Man sollte ihn in einer Bodega vom Faß kaufen und in einer 4-Literflasche (die man dort billig bekommt) aufbewahren. Mehr als 10 oder 12 Peseten (60 Pfennig) soll man für einen Liter vom Faß nicht bezahlen. „Vino" heißt Wein, „Vino tinto" Rotwein. „Pan" ist Brot, „Carne" Fleisch, „Azuga" Zucker, „Keso" Käse.

Irgendwann soll man „Tapas" essen gehen. Das sind in größeren Bars allerhand uns unbekannte, abenteuerlich-fremde Gerichte, die man aus kleinen Schälchen meist an der Theke stehend verzehrt. Man probiert sich durch. Es ist spannend wie Erkundungsfahrt an fremder Küste. Da man die Namen nicht weiß sagt man „una Razion di esto" und zeigt mit dem Finger. Leider ist an der Costa Brava der Trend zu einem farblos-internationalen Touristenessen deutlich vorhanden.

Übrigens: „Paella" muß man gegessen haben. Ein typisch spanisches Reisgericht. Gut, wenn man sehr hungrig ist (man spricht es Pa-elja). 15 bis 20 Minuten dauert die Zubereitung. Wenn die Bordfrau ein Paella-Rezept auftreiben kann: es taugt auch gut als Bordessen. — Mit anderen Worten: das Essen auf spanische Art ist ebenso interessant wie die Costa Brava selbst..

Die Öffnungszeiten der Geschäfte sind meist von morgens 9 Uhr bis mittags um 13 Uhr. Dann ist Siesta-Zeit bis 16 Uhr oder 16.30 Uhr. Abends schließen die Geschäfte nicht vor 19.30 Uhr, oft erst viel später. Für Wasserwanderer ist dies sehr günstig. Die Essenszeiten sind später. Mittagessen meist nicht vor 13.30 Uhr. Abendessen meist gegen 20 Uhr. Aber in Touristenorten oft mehr an unsere Sitten angepaßt.

Camping-Gas gibt es in jedem kleinen Ort in den internationalen Tausch-Flaschen. Hat man deutsche Flaschen, so ist das Nachfüllen leichter als in anderen Ländern, weil die Verschlüsse identisch sind. Aber meist geht es nicht anders, als daß man sich nach der nächsten Abfüllstation erkundigt und dann mit Taxi hinfährt. Meist liegen sie ein Stück außerhalb der Orte. Das Gas ist billig. Das Taxi auch.

F. Zum Gebrauch dieses Buches

Die Pläne von Häfen und Calas

Die nicht-spanischen S e e k a r t e n sind für küstennahes Sportbootfahren absolut ungeeignet, da der Maßstab viel zu klein ist. Die Spanische Seekarte Nr. 876 gibt einen guten Überblick über die ganze Küstenlänge. Es gibt ferner einzelne spanische Spezialpläne. Erhältlich sind die spanischen Seekarten leider in keinem der Costa-Brava-Häfen, sondern als nächstem Ort in Barcelona. Auch sind die Spezialpläne, wo es überhaupt solche gibt, nicht für Sportboote gemacht, und es kann einem passieren, daß man sich unversehens einer blinden Klippe gegenübersieht, wo der Plan keine angibt.

So habe ich von der ganzen Küstenlänge Pläne gezeichnet. Wo sich die spanischen Pläne als nutzbar erwiesen, sind sie eingearbeitet, aber meist wesentlich nach den Belangen eines Sportbootes ergänzt. Vor allem sind auch die in den Häfen von Sportbooten und anderen Fahrzeugen benutzten Liegeplätze eingetragen. In Buchten oft auch die sicherste Art des Festmachens.

Wassertiefen und Ankergrund werden häufiger im Text erwähnt, als in den Plänen. Es ist sowieso schwer genug, die zahllosen Einzelheiten in den Plänen unterzubringen. Die Distanzen sind in Kilometern oder Metern angegeben. Die Wassertiefen in Metern. Die Angaben über Wassertiefe sind für Sportboote zugeschnitten, deren Tiefgang 2 Meter nicht überschreitet. Steht man 50 Meter von allem, was über Wasser sichtbar ist entfernt, so kann man mit sehr wenigen Ausnahmen damit rechnen, mehr als genug Wassertiefe zu haben. Fährt man dichter am Ufer, so ist zusätzlich zu den Plänen der Text des Buches zu beachten. Fast überall berichten die Pläne aber auch über Steine und Klippen innerhalb der 50-Meter-Grenze.

Definition von Begriffen

Distanzen: Sie sind in Kilometer angegeben und nicht in Seemeilen. Dies mit Rücksicht auf die Sportboot-Fahrer aus dem Binnenland, die gewohnt sind, in Kilometern zu denken und nicht in Seemeilen und Kabellängen. Jedenfalls scheint es mir sehr viel leichter, daß ein seebefahrener Schiffer auf Kilometer oder Meter umdenkt, als umgekehrt. Oft habe ich deshalb auch statt „backbord" und „steuerbord" die Worte links und rechts benutzt.

Kleine Boote: Das meint weniger die Länge als den Tiefgang und das Gewicht. Ich verstehe darunter z. B. Jollen, leichte Flitzer oder Dingis. Also Boote, die sich auch auf den Strand holen lassen, deren Tiefgang meist unter 0,4 Meter liegt und die sich leicht mit Armeskraft, Stechpaddel oder Riemen regieren lassen.

Mittelgroße Boote: Hierzu zähle ich schwere Trailerboote, Kajütkreuzer, sowie leichte Yachten. Fahrzeuge, die weniger als etwa 3 Tonnen wiegen, die oft aber größeren Tiefgang haben, die nicht mehr ohne weiteres oder gar nicht auf den Strand genommen werden können und durch Stechpaddel nur bei stillem Wetter zu regieren sind. Die aber jedenfalls durch Körperkraft allein zu beherrschen sind (also z. B. mit Bootshaken in einer engen Bucht gedreht werden können).

Yachten oder größere Yachten: Da Mittelmeeryachten oft weit größer sind, als in unseren nordischen Gewässern (oft weit über 20 Tonnen) ist die Grenze zum „mittelgroßen Boot" ungenau. Ich denke, daß „normale Fahrtenyachten" von 5 oder auch 8 Tonnen oft Buchten für „mittelgroße Boote" noch gut benutzen können. Manchmal habe ich mir geholfen, indem ich von „kleineren Yachten" spreche. Das meint etwa die bei uns übliche Seefahrtsyacht von 4 bis 8 Tonnen. Sehr viel hängt davon ab, ob starker Wind ist und ob das Fahrzeug handig oder unhandig ist.

Erkundungsfahrt: Dieser im Text oft wiederkehrende Ausdruck meint, daß man dies Gebiet mit kleinen und mittelgroßen Booten (und mit entsprechender Vorsicht meist auch mit Yachten) durchaus befahren kann. Man muß jedoch damit rechnen, dort Unterwasserklippen anzutreffen. Erkundungsfahrt bedeutet also: man muß sehr gut Ausguk ins Wasser halten, sehr langsam fahren und auf schnellen Kurswechsel eingerichtet sein. Bei Booten mit hohem Bug sollte ein Ausguck auf dem Bug sein. — Es wäre unglaublich schade, wenn man

Folgende Symbole wurden benutzt:

o   kleines Sportboot

⊙   mittelgroßes Sportboot

⊙   große Yacht

    einheimische Boote (Fischer oder Handelsfahrzeuge) haben Vorrecht auf Liegeplatz

    Liegen vor Buganker und Heckleinen

    Liegen vor Grundgeschirr

J   Ankerplatz für kleine oder mittelgroße Boote

⚓   Ankerplatz für mittelgroße Boote oder Yachten

⚓ ⊛   Klippen, etwa mit Wasserspiegel abschneidend oder sehr dicht darunter (blinde Klippen)

+ ⊕   Klippen mit Wasser darüber (meist nur für tiefergehende Boote wichtig)

    Strand

    felsige Steilküste, niedrig

    felsige Steilküste, hoch oder sehr hoch

⊠   Leuchtfeuer

    Campingplatz

(312)   Höhe einer Bergkuppe

    Ortschaft

+ ⊞   Kirche

    Boote auf Strand

    Slip (einfache schräge Betonbahn)

W   (in Hafenplänen) Wasser

D   (in Hafenplänen) Treibstoff, nur Dieselöl

T   (in Hafenplänen) Benzin und Dieselöl

    Kran

    (im Land) Straße, Fahrweg

    abgesperrtes Gebiet (Zaun oder im Wasser Bojenreihe für Badende), manchmal auch Kurs bei einer schwierigen Einfahrt etwa Gebiete, für die „Erkundungsfahrt" empfohlen wird, meiden wollte. Oft sind es die schönsten und interessantesten Stellen.

Geschützte Bucht oder gut geschützte Bucht: Diese Angabe bezieht sich auf die im m e t e - o r o l o g i s c h e n M i t t e l m e e r s o m m e r zu erwartenden Wetterverhältnisse. Sie ist relativ zu verstehen.

Starkwind oder Sturm: Während sonst in diesem Buch die Begriffe im Zweifelsfall lieber aus der Vorstellungswelt des im Binnenland Fahrenden entnommen wurden, wird bei der Angabe über die Windstärke die Begriffswelt des Seemannes benutzt. Starkwind ist also nicht das, was der Laie und Binnenfahrer oft darunter versteht, sondern meint tatsächlich Windstärke 6 und mehr. Der Binnenländer nennt das oft Sturm. „Sturm" ist entsprechend dem nautischen Gebrauch in Deutschland Windstärke 8 und mehr. Diese Bestimmung der Begriffe muß unbedingt berücksichtigt werden!

Daß der französische Seewetterbericht „Coup de vent" (übersetzt = etwa Starkwind) erst ab Beaufort 8 rechnet (das ist bei uns Sturm) und tempête (Sturm) erst ab Beaufort 10, wurde schon gesagt.

Schreibweise von Ortsnamen: Dies ist ein kummervolles Thema. Der an der Costa Brava übliche catalanische Dialekt und die „amtliche" kastilianische Schreibweise weisen oft Unterschiede auf (z. B. catalanisch „Canyet", oder „Aigua Xellida", kastilianisch aber „Cañet" und „Agua Gélida"). Man versteht aber bei beiden Schreibweisen, was gemeint ist. Buchten, kleine Inseln, kleine Strände, über die meist nur die catalanisch sprechenden Fischer berichten können, habe ich meist catalanisch aufgeführt. Die für die Seefahrt wichtigen Kaps, über die amtliches Kartenmaterial besteht, meist mit dem spanischen Namen. Wenn es mir bei kleinen Buchten oder Höhlen nicht möglich war, überhaupt einen Namen in Erfahrung zu bringen, habe ich sie mit einem frei erfundenen Namen belegt (z. B. „die lange Höhle", „die runde Höhle"). Für alle Ergänzungen und Berichtigungen bin ich dankbar.

I. Felsbuchten, Einsamkeit und Tramontana - Von Puerto de la Selva bis zum Golf von Rosas

A. Einführung

Warum die Küstenbeschreibung nicht ganz im Norden beginnt

Diese Beschreibung der Costa Brava beginnt zwar im Norden — aber doch nicht ganz. Der nördlichste Teil steht nicht im ersten Kapitel.
Warum? Soll der Schiffer, der in verbissenem Fleiß über lange Landstraßen fuhr, nun, da er das Mittelmeer erblickt, sein Boot nicht im ersten leidlich passenden Hafen ins Wasser lassen und wieder Schiffer sein? Schiffer und nicht Chauffeur!

Ich meine, er sollte nicht. Für ein Boot, das an der Costa Brava **auf Wanderfahrt** gehen will, ist Port Vendres nicht der rechte Startplatz. Mit einer Ausnahme: nämlich, wenn man bereit ist, Wagen und Trailer später zum Aufpacken des Bootes weiter nach Süden zu fahren.

Sonst aber sollte man nun noch die 56 Kilometer zulegen und das Boot in Puerto de la Selva zu Wasser bringen. Ein kleiner, freundlicher Hafen, gut eingerichtet mit Platz für Wagen und Trailer. Vor allem kann man hier ohne Sorge sein, daß man durch Tramontana an der Rückkehr nach Port Vendres gehindert wird. Sollte man wirklich bei der Rückfahrt bei Tramontana Cap Creus nicht runden können, so ist dies kein Unglück. Dann fährt man mit dem Autobus das kurze Stück von Rosas oder von Cadaques nach Puerto de la Selva, holt Auto und Trailer und lädt in Rosas oder Cadaques auf. — Den Trailer von Port Vendres zu holen, wäre dagegen eine Tagesreise, denn die Bahn läuft dort nicht an der Küste und eine Grenze liegt dazwischen.

Tramontana Die rechtzeitige Rückkehr nach Frankreich um Cabo Creus und Cap Béar herum ist ja die ewige Sorge der französischen Fahrtenyachten, die zur Costa Brava kommen. Selbst mit voll seefesten Booten (keine Trailerboote, sondern Yachten bis 10 t) schafft man es nicht, gegen Tramontana Nord zu laufen. Dann stehen die Schiffer auf den Molen und knabbern sich die Finger ab, weil Tramontana nicht aufhören will und der Urlaub abläuft. In diesem Spätsommer beispielsweise hat er vom 15. bis zum 20. August sechs Tage lang geweht und dann nochmals sechs Tage vom 24. bis zum 29. August. Beide Male hart mit 7 bis 9 Windstärken.

Nur ein Einziger hat es in diesen Tagen geschafft, dennoch nach Norden voranzukommen. Ein Holländer, der berufsmäßig Boote überführt. Spät abends lief er mit einer hübschen, neuen 6-Tonnen-Yacht in Puerto de la Selva ein, schälte sich aus seinem Ölzeug, schickte seinen jungen, seekranken Mitsegler in die Koje und schob ab zu Freunden in den Ort, sich im Bett auszuschlafen. Ein ganzer Segeltag von Cadaques nach Puerto de la Selva! 11 Segelstunden bei hartem, in Böen stürmischen Wind. 60 Seemeilen durchs Wasser. Gewinn: 5 Seemeilen Nord. Ganz dicht gerefft war er hoch am Wind einen Riesenschlag weit auf See gelaufen und dann hoch am Wind auf dem anderen Bug wieder zurück. Dies ist für eine seegehende Segelyacht die beste Methode. Mit dem sehr großen Seegang im Offenen wird ein gutes Schiff besser fertig, als mit dem küzeren Seegang und dem Strom gegenan vor dem Kap.

Am nächsten Morgen lief er schon um 6 Uhr aus. Die gleiche Methode: hoch am Wind dichtgerefft weit raus auf See. In 15 Stunden wollte er in Port Vendres sein. — Aber das ist hartes Brot. Und mit einem Trailerboot nicht zu machen.

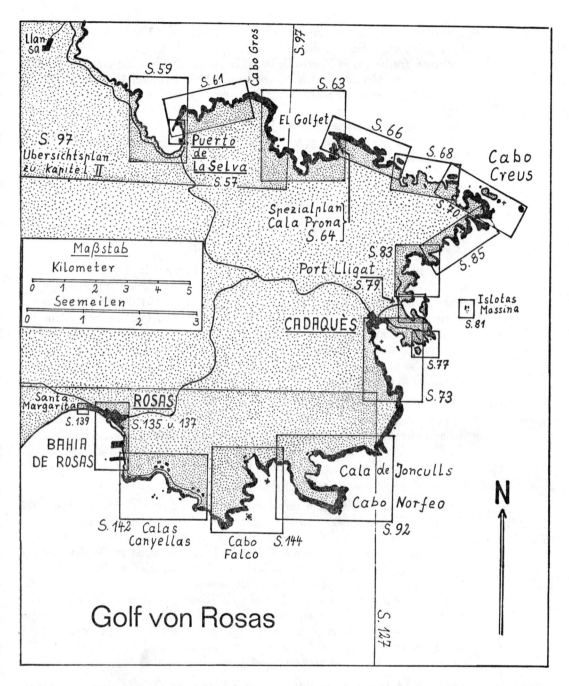

Golf von Rosas

Übersichtsplan über das in diesem Kapitel besprochene Gebiet. Die Grenzen der genaueren Küstenpläne und Hafenpläne sind eingezeichnet. Vor allem ist angegeben, auf welcher Seite der betreffende Plan steht.

Aus diesem Grunde also beginnt die Beschreibung der Costa Brava in Puerto de la Selva und nicht Collioure oder Port Vendres. Für eine **Wanderfahrt** setzt man am besten in Puerto de la Selva ein. Nichts hindert einen, bei gutem Wetter einen Abstecher nach Norden zu fahren (Kapitel II). An der Rückfahrt nach Süden sollte achterlicher Sommertramontana einen dann nicht hindern.

Noch einen stillen zweiten Grund habe ich, die Beschreibung etwas mehr im Süden beginnen zu lassen: dort steht man nämlich mitten in einem der schönsten Teile dieser Küste.

Beschreibung dieses Küstenabschnittes in Kurzform   (Plan S. 11 und 51)

Blickt man auf den Plan, so findet man, daß dieses zuerst behandelte Revier fast eine Insel ist. Eine nahezu viereckige Halbinsel.

Nach der Distanz ist dieser Küstenabschnitt nicht groß: 31 Kilometer, wenn man ihn auf kürzestem Wege fährt. Dennoch ist dies der am reichsten gegliederte Abschnitt der Costa Brava. Nicht weniger als 101 Buchten werden beschrieben, ungezählt viele kleine Nebenbuchten und Felseinschnitte, die für kleine Boote so reizvoll sind. Fährt man die Küste mit ihren größeren Einbuchtungen und Inseln aus, so ergibt sich eine Länge von weit über 100 Kilometern. So mag es sein, daß dieses auf den ersten Blick unscheinbare Stück der Costa Brava dem Wasserfahrer am meisten zu bieten hat.

Verkehrs-wege

Allen anderen Bereichen der Costa Brava hat der hier beschriebene Abschnitt eines voraus (Landtouristen mögen sagen, daß dies ein Nachteil ist), nämlich die schlechte Erschließung durch Verkehrswege. Keine Eisenbahn berührt hier die Küste. Zu den drei wichtigsten Orten ist zwar die Autostraße gut, zu den meisten Buchten aber ist sie schlecht. Und zu sehr vielen führt überhaupt kein Weg. Gerade diese haben mir am besten gefallen.

Die unbe-kannte Küste

Ganz eigentümlich ist, wie unbekannt gerade dieser vielleicht schönste Teil der Costa Brava ausländischen Yachten ist. Man findet eine fast panische Angst, dieser Küste nahe zu kommen. Begreifbar nur aus dem Mangel an Information. Tatsächlich ist ja aus keiner Seekarte Brauchbares für die Buchtenfahrt zu entnehmen. Und daß die Seehandbücher der Binnenschiffahrt vor der für Großschiffer unzugänglichen Küste warnen, ist verständlich. Was sollte wohl ein Frachter an einer unbewohnten Küste mit menschenleeren kleinen Buchten? Nur so erklärt es sich, daß z. B. von all den vielen Besatzungen deutscher und englischer Yachten, die ich im Laufe der Zeit gesprochen habe, keine einzige von den vielen herrlichen, einsamen Buchten dort wußte. Was man versäumt hat, weiß man erst, wenn man diese Küste kennt.

Einsame Buchten

Oft habe ich mit meinem Boot mehrere Tage ganz allein in einer dieser landschaftlich unglaublich schönen, kleinen Felsbuchten zugebracht. Manchmal kam tagsüber ein Fischerboot, und die Fischer hielten, nachdem die Netze ausgelegt waren, dort ihre Mahlzeit, nie, ohne daß ich eingeladen wurde. Manchmal kamen Spanier oder Franzosen mit einem Motorboot, machten das Boot in einem anderen Winkel der Bucht fest und angelten friedlich. Sporttaucher waren gelegentlich zu Besuch, um sich vom Muschelfang, Fischjagd oder Korallentauchen auszuruhen. Danach war ich wieder allein in meiner kleinen Welt.

Fischer-häuser

In einigen dieser kleinen Buchten haben die Fischer Häuser für ihre Geräte. Die Türen sind offen, und Brennholz, Olivenöl, Salz, Koch- und Eßgeschirr liegen dort. Natürlich läßt man alles unberührt, aber den Tisch vor dem Haus darf man benutzen und gewiß auch die Feuerstelle, wenn das Glück einem einen Tintenfisch beschert hat, der gebraten werden will. — Nachts schwatzt das Meer an den Felsen. Kleines Meeresleuchten glimmt spontan im Wasser auf. Tierlaute kommen vom Land. Und auf See sind die Lichter der Lampenfischer. Ich habe mich nie so restlos glücklich gefühlt, wie bei den Fahrten einhand in diesen einsamen, kleinen Buchten (vergleiche Abb. 1 und 7).

Einsamkeit

Ob es ein so abgelegenes, unberührtes und menschenarmes Gebiet so nahe am Herzen Europas sonst noch gibt? Ein wenig ist mir, als trüge ich dazu bei, dieses stille, vergessene Stückchen Welt, das bisher nur den Spaniern und einigen französischen Wasserfreunden näher bekannt war, seines Zaubers zu berauben. Aber da es in den Buchten an allem Zivilisatorischem fehlt, werden vielleicht doch nur die wirklichen Liebhaber unberührter Landschaft dorthin fahren. Und denen ist diese Beschreibung vor allem gewidmet.

Geographie

Zur Sache: Grob gesprochen handelt es sich um drei Seiten eines Vierecks. Cabo Creus und Cabo Norfeo sind die „Ecken“. Diese Kaps teilen die Küstenstrecke in drei Reviere. Jedes ist landschaftlich anders gestaltet, und das nördliche Revier ist dem Tramontana zugewandt. (Cabo Creus wird „Kre-us“ gesprochen.)

Das nördliche Revier

Das ist die Küste zwischen Puerto de la Selva und Cabo Creus. Landschaftlich extrem, fast nur nackter, steiler, phantastisch abwechslungsreicher Fels. Kaum Pflanzenwuchs, klarstes, tiefes Wasser. Klippenfrei, meist bis unmittelbar an die Felswand. Und eine große Zahl der schönsten Felsbuchten. Meist wie kleine Fjorde tief einschneidend, oft mit kleinem Strand am Ende, häufig mit Nebenbuchten und Seeräuber-Schlupfwinkeln. Alle sind für Trailerboote, viele auch für große Yachten zugänglich. Als Hinterland eine unglaublich urige Gebirgslandschaft mit verlassenen Weinbauerndörfern, Gespensterhäuser und unbenutzten Brunnen. Schön und vollkommen einsam ist diese Küste. Es gibt keinen fahrbaren Weg.

Wichtig ist, daß der Tramontana hier auflandig ist. Weht er, findet keine Schiffahrt statt. Im Hochsommer mag er an drei oder vier Tagen im Monat wehen, im Frühherbst öfter, im Winterhalbjahr rund 15 Tage im Monat und dann unglaublich stark. Wir werden noch genug über den Tramontana hören.

So schön dieser Küstenstreifen im Sommer ist, außerhalb des Somers ist es nördlich von Cabo Creus für kleine Boote wie für große Yachten zu hart und dann nicht mehr zu empfehlen.

Diese Küste hat einen überaus günstigen Hafen und Ort: Puerto de la Selva. Sonst gibt es weder Ort noch Straße.

Das östliche Revier

Die Küste zwischen Cabo Creus und Cabo Norfeo ist überaus schön und sehr buchtenreich. 33 Calas habe ich auf einer Strecke von 7 Kilometer Küste gezählt. Ein großer Teil dieser Buchten gibt sehr ruhige, geschützte Liegeplätze für Boote, bei denen die Crew an Bord wohnt. Hier weht Tramontana ablandig. Er wirft also keinen Seegang an der Küste auf, und Sommer-tramontana unterbricht die Sportbootfahrt hier nicht.

Die Landschaft ist grandios, aber doch eine Nuance freundlicher, südländischer gewissermaßen. Oft stehen riesige Agaven auf den Felsen der Buchten. Auch Bäume und damit Schatten sind häufiger. Allerdings im Gefolge dieser Gunst auch die Menschen. Nicht, daß es von Menschen wimmelte. Es ist überhaupt kein Vergleich zu den vollen Strandbuchten im Süden der Costa Brava. Aber man wird doch in den meisten dieser Buchten im Sommer zwei oder drei Boote finden und ein paar stille Angler, denn hier berührt ein Fahrweg die meisten Buchten. Abends ist man aber wieder ganz allein. Vollkommen einsam ist es noch auf Cabo Norfeo und den Ufern der Cala de Jonculls.

Der Hauptort ist Cadaques. Ein schöner, sehr typischer Platz mit Raum für zahllose Boote. Ein günstiger Liegeplatz ist auch Port Lligat. Auch Cala de Jonculls ist bewohnt.

Die Südküste der Halbinsel Das Revier zwischen Cabo Norfeo und dem Touristenort Rosas ist gleichzeitig die Nordgrenze des Golfes von Rosas. Es wird deshalb beim Golf von Rosas beschrieben. Hier gibt es den Typ der kleinen Fjordbuchten nicht mehr. Und von Einsamkeit kann man nur noch im Ostteil dieses Küstenstrichs reden. Aber es gibt dafür die große, harmonische Bai von Rosas mit ihren günstigen Segelwinden. Es ist sehr schön dort, doch ganz anders als im östlichen Revier.

B. Puerto de la Selva und die Küste bis Cabo Creus

Puerto de la Selva (Plan S. 57 und 59, Abb. 4 und 6)

Das ist ein sehr netter, bescheidener Fischer- und Touristenort an einer großen, sehr schönen Bai. Der Platz ist von der Natur begünstigt, und über seine Eignung für den Wassersport läßt sich nur das Beste sagen. Es trifft eigentlich alles zusammen, was man sich wünschen kann: ein geräumiges, geschütztes Binnenrevier, ein hoch interessantes Außenrevier für Tagesfahrten, sehr schöne Landschaft und ein guter Hafen für Boote jeglicher Größe. Dieser bei uns nahezu unbekannte Ort ist bislang der Ferien- und Wassersportplatz von Spaniern und Franzosen.

Der Ort ist eher „familiär" als „mondän". Etwa 1000 feste Einwohner, etwa 130 Hotelzimmer, überall Zimmer oder kleine Wohnungen in Privathäusern. In der Ferienzeit ist es voll, aber nicht überlaufen. Es ist kein Massentourismus. Zwei Campingplätze sind am Wasser, leider im weniger geschützten Teil der Bucht.

Das riesige, weite Amphitheater sehr hoher Pyrenäenberge rings um die große Hafenbucht und der mit seinen typischen spanischen Häusern die Bergwand hochwachsende kleine Ort machen Puerto de la Selva zu einem der schönsten Häfen an der Costa Brava. Bei Gewitter verschwinden die Spitzen der Berge in dichten Wolken. Besonders schön sind hier die Sonnenuntergänge.

Boote auf Wanderfahrt dürfen Puerto de la Selva bestimmt nicht auslassen.

Blick auf Puerto de La Selva, die Bahia de Selva und die Pyrenäenausläufer in Richtung auf die französische Grenze.

Eignung als Standquartier für kleine Boote

Puerto de la Selva ist einer der besten Standorte für Trailer-Boote, die es an der Costa Brava gibt. Allerdings fordert das Revier etwas Erfahrung und Seemanschaft, mehr jedenfalls, als man zur südlichen Costa Brava mitbringen muß. Auch kleine Boote taugen für das Revier, sofern sie nur einigermaßen seefähig sind. Auch motorisiert müssen sie hier sein. Für Jollen gibt es geeignetere Plätze. Und für Boote mit geringer Seefähigkeit sind ebenfalls andere Reviere zu empfehlen.

Der Hafen bietet reichlich Liegeplatz, wenn auch nicht für alle Boote an Stegen. Die Anlagen des „Club Nautico de Port de la Selva" sind vorbildlich. Man ist auf ausländische Trailerboote eingestellt. Das bedeutet hier: auf französische. Die Bootsleute sprechen auch etwas Französisch.

Während der Ferienzeit sind die Stege und der kleine Hafen des Clubs immer voll besetzt Man findet dann im Hafengebiet Liegeplatz an den geschützten Stellen, die im Plan bezeichnet sind. Oder man liegt an den Kajen des Ortes. Platz, Boote auf den Strand zu holen, ist unbegrenzt.

Jede Art von Wassersport wird betrieben. Vor allem Wasserski ist in der großen Bucht ein sehr beliebter Sport. Das Felsbuchten-Revier bis Cabo Creus und östlich davon ist unerschöpflich. Die Sporttaucher schwören, daß die Region um Cabo Creus die schönste ist und das klarste Wasser hat. Starken Wind (Tramontana) wird es in den Sommermonaten an etwa 3 oder 4 Tagen im Monat geben. Dann kann es richtige, vollblütige Seefahrt werden, und man kann außerhalb der Hafenmole Wellen von mehreren Metern Höhe haben. Hat man Freude an wirklicher Seefahrt, dann lacht einem das Herz im Leibe, denn es ist herrlich. Und das engere Revier ist so günstig gestaltet! Der Seegang vor der Hafenmole ist gutartig. Hat man genug, so kann man jederzeit leicht hinter die Mole zurückkehren und hat dort auch bei stärkstem Tramontana vollkommen ruhiges Wasser. Die Innenbucht ist auch bei Tramontana immer befahrbar. Natürlich ist dann auch dort der Winddruck groß. Einem Anfänger würde ich deshalb zu einem Standort mehr im Süden der Costa Brava raten.

Anlagen des Hafens

Der Hafen liegt in einer von Natur aus geschützten Bucht. Die breite Mole und der niedliche Kleinboothafen verbessern den Schutz noch weiter. Für große Yachten ist Puerto de la Selva auch bei Winterstürmen einer der ruhigsten und sichersten Häfen.

Die Mole ist knapp 200 Meter lang. Sie dient durchreisenden Yachten und den Fischern. An ihrem vorderen Teil legt zweimal täglich das Ausflugsboot von Port Vendres an (die vorderen 25 Meter also tagsüber freihalten!). Auch durchreisende Kleinboote können dort für einen Tag oder zwei festmachen. Es ist jedoch kein Dauerliegeplatz. Man liegt (welch ein Luxus im Mittelmeer!) längsseits. An der Mole können Yachten Wasser in größeren Mengen übernehmen. Beim Hafenmeister erfragen. Kleinere Wassermengen holt man sich selbst von der Wasserleitung beim Schuppen des Yachtclubs. Der Liegeplatz an der Mole ist bei jedem Wetter vollkommen sicher.

Die Kaje setzt sich am Fuß der Mole rechtwinklig etwa 70 Meter breit fort. Dort steht der größere der beiden Kräne des Clubs Nautico (etwa 3 t). Der rot-weiß markierte Teil der Kaje vor dem Kran muß freibleiben. Die Kaje ist der hauptsächliche Liegeplatz für Fahrtenyachten, zumal, wenn sie sich hier längere Zeit aufhalten. Man liegt mit dem Heck (oder Bug) zur Kaje und macht das andere Ende des Schiffes an der ausliegenden Festmachetonne fest. Man kann auch vor eigenem Anker liegen. Im Sommer ist der Platz ruhig und sicher. Im Frühjahr und vor allem im Spätsommer und Herbst kann der Südwestwind recht stark sein. Dann steht kurzer Seegang aus der Bucht gegen die Kaje und dazu kommt der Winddruck. Dann liegt man an der Mole sicherer. Dort ist außerhalb des Sommers fast immer Platz.

Der kleine Bootshafen gehört dem Club Nautico. Er ist gebaut, um den clubeigenen Booten außerhalb der Saison Schutz vor Südwestwind zu geben. Er ist ein idealer Liegeplatz. Im Sommer ist naturgemäß keine Chance, dort Platz zu finden. Die Wassertiefe ist wechselnd, etwa 1 Meter in der Mitte, bis 0,2 Meter am Rand. Der zweite, kleinere Kran des Clubs steht dort.

Der Schwimmsteg des Club Nautico ist für kleine und mittelgroße Boote ein sehr guter Platz. In der Ferienzeit ist er meist von Dauerliegern besetzt. Aber ein durchreisendes Boot wird auf alle Fälle irgendwo untergebracht.

Die kleinen Kajen am Ostufer haben unterschiedliche Wassertiefen, meist aber weniger als 1 Meter an der Spitze. Sie sind nicht als Dauerliegeplatz gedacht, sondern zum Anlanden. Aber für ein paar Tage kann man dort mit Buganker wohl festmachen.

Die große Kaje im Zentrum des Ortes hat etwa 1,5 Meter Wassertiefe an ihrer Stirnseite. Wenn man auf der Wanderfahrt im Zentrum des Ortes sein will, liegt man dort vielleicht besser als an der Mole. Ein guter Dauerliegeplatz ist die S ü d s e i t e mit 1 bis 0,4 Meter Wassertiefe. Im Sommer ist sie leider manchmal voll besetzt. Die N o r d s e i t e der Kaje hat meist freie Plätze. Wassertiefe 0,5 bis 1 m.

Achtung

An der Nordseite der Kaje darf man ein Boot nicht ohne Aufsicht lassen. Bei Tramontana entwickelt der Wind über der etwa 400 Meter großen Hafenfläche solchen Seegang, daß das Wasser über die Kaje schlägt.

Liegeplätze vor Anker oder Grundgeschirr sind reichlich vorhanden. Yachten ankern, wo im Plan der große Anker ist. Nicht zu weit von der Mole, aber nicht im Anlaufweg zum Liegeplatz der Fischer. Der Ankergrund ist Schlick und höchstens mittelgut. Ich bin mit meinem Boot bei Tramontana trotz zweier Anker ins Treiben gekommen, und erst mit drei Ankern hielt es. Meinem Nachbarn ist es 15 Minuten später ähnlich gegangen. Je weiter nordwärts im Hafen man ankert, desto besser.

Kleine und mittelgroße Boote vor Grundgeschirr liegen so dicht unter dem Ufer, wie es geht. Und auch so weit nordwärts, wie möglich. Solides Grundgeschirr ist nötig.

Liegeplätze auf dem Strand wählt man sich, wo man mag.

Schutz bei stürmischem Wetter

Dieses Kapitel ist für Boote bestimmt, die außerhalb des Mittelmeersommers dort fahren. Puerto de la Selva ist einer der sichersten Häfen an der Costa Brava. Es ist einer der Plätze, wo man eine Yacht längsseits an der Mole gut festgemacht mit gutem Gewissen auch für längere Zeit allein lassen kann. Auch bei grobem Seegang vor der Mole ist drinnen kaum Schwell. Der Winddruck bei Tramontana ist natürlich erheblich, und man braucht gute Leinen.

Bei Oststurm hat man in Puerto de la Selva Schwell und Fallböen. Aber ich kenne keinen Hafen, der bei Oststurm so unproblematisch ist. — Wenn ein Tief nördlich vorbeizieht, kann der Garbi sehr kräftig sein. Er wirft Hafenseegang auf. Der Platz vor der Kaje ist dann gefährlich. An der Mole liegt man besser.

Praktische Hinweise und Ausflüge

Eine Tankstelle ist im Südteil des Ortes. Freitags ist Markt, ebenfalls im Südteil des Ortes. Von den Handwerksarbeiten in Leder und Metall fand ich manches nett. Selten gebrauchte Dinge sind in Puerto de la Selva manchmal nicht zu bekommen. Die Einkaufsstadt ist Figueras. Eisenbahnstation dorthin ist Llansa. Ein Autobus fährt fünfmal am Tag nach Llansa. Dreimal am Tag fährt der Autobus nach Cadaques und Rosas. Abfahrt südlich der Ortskaje. — Ein Clubhaus mit Restauration oder Duschen gibt es nicht.

Ostwärts von Puerto de la Selva ist unglaublich eindrucksvolles W a n d e r g e b i e t. Wildeste Bergwelt, früher Weinbaugebiet, jetzt verlassen. Die Wege sind noch da. Sie führen an den verlassenen, kleinen Orten vorbei, an leeren Häusern und Hausruinen, Brunnen, durch Weinbauterrassen. — Die Berge sind bis 700 Meter hoch. Wunderbar schön führt die Straße nach Cadaques und Rosas hoch auf den Bergpaß. — Bekannt und berühmt ist das verlassene K l o s t e r S a n P e d r o d e R o d a. Es liegt fast 500 Meter hoch. Von der Hafenmole kann man es sehen. Ein Wanderweg führt herauf, ein Fahrweg bis in die Nähe.

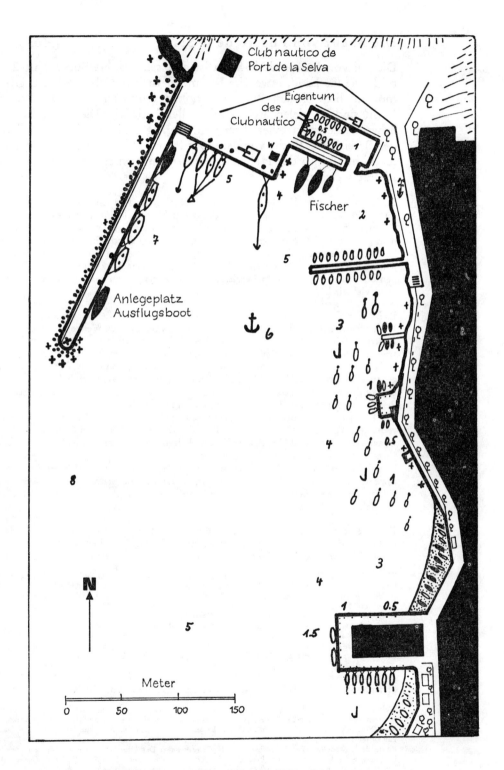

Puerto de la Selva, Hafenplan. Erläuterung der Symbole auf Seite 48.

Die Bucht von Puerto de la Selva (Plan S. 59 und 51)

Die Bai von Puerto de la Selva ist eine sehr schöne Bucht. Fast 2 Kilometer reicht sie ins Land, etwa 1½ Kilometer ist ihre Öffnung breit. Überaus harmonisch liegt sie am Rand der hohen Pyrenäenberge. Die Berghänge der Bucht sind an vielen Stellen mit Villen besiedelt. Die Bucht ist ein vorzügliches Wassersportrevier. Frei von Seegang und Brandung ist allerdings nur der Bereich der Bucht vor dem Ort Puerto de la Selva. Alle Ufer der Bucht, die nicht südlich der Hafenmole liegen, müssen fast wie offene Küste eingeschätzt werden.

Tramontana Bei Tramontana ist das Gebiet südlich der Hafenmole von dem großen Seegang, der dann in die Bucht läuft, vollkommen abgedeckt. Dort können kleine Boote sich in einem recht geräumigen Bereich auch bei Tramontana in praktisch stillem Wasser bewegen. Laufen sie aus dem geschützten Revier nach Westen, so gelangen sie durch eine Übergangszone in den sehr hohen, aber sonst nicht anormal bösartigen Meeresseegang hinein. So steht es einem frei, dann bei Tramontana im ungeschützten Teil der Bucht wirklich grandiose Seefahrt zu treiben oder in den geschützten Bereich zurückzukehren, wenn man genug hat oder merkt, daß es zu viel wird.

Bootstypen bei Seegang Es ist sehr eindrucksvoll, zuzusehen, wie gut die einheimischen kleinen, offenen catalanischen Fischerboote in den bei Windstärke 7 bis 8 dort 3 Meter hohen Wellen zurechtkommen. Es sind natürlich keine Fischer, sondern junge Leute, die dann aus Spaß an der Freud „Wassersport" treiben. Ich denke, daß es für dieses Revier kein besseres Fahrzeug gibt, als ein offenes Catalanisches Fischerboot. Ganz gut schneiden bei diesen „Seefähigkeitstests" füllig und mit Sprung gebaute Dingis ab. „Flitzer" halten sich meist nur dann, wenn sie hohen Bug, etwas Sprung und reichlich Freibord haben. Auf Schnelligkeit gebaute Kleinboote machen aus guten Gründen meist kehrt, ehe sie in den wirklich hohen Seegang kommen.

Als Halbgleiter gebaute motorstarke, meist ziemlich breite und kurze Boote verhalten sich recht gut. Aber es muß eine enorme Beanspruchung für Boot und Crew sein. Ich würde gern wissen, wie lange beide im Ernstfall durchhalten. — Am schwersten tun sich große Fahrtenyachten. Sie stampfen sich in dem hohen, steilen Seegang, der etwa die doppelte Schiffslänge hat, fest, während ein kleines Boot mit seefreundlichem Rumpf zwar Spritzwasser übernimmt, aber sonst deutlich überlegen ist. — Dies ist natürlich uraltes Wissen. Nur wird es einem selten so schön demonstriert, wie an einem Tramontana-Tag vor der Hafenmole in der Bahia de la Selva.

Beschreibung der Ufer Die Ufer der Bucht bestehen aus ziemlich flachem, meist sehr zerrissenem Fels mit Stränden dazwischen. Das Felsufer hat bei weitem nicht die Schönheit der Küste von Cabo Creus. Es ist nicht klippenfrei und die Annäherung muß vorsichtig erfolgen.

Die Beschreibung des Ufers erfolgt im Uhrzeigersinn, beginnend bei Puerto de la Selva. Die Südseite der O r t s - k a j e bietet gute Liegeplätze im Wasser auf 1 bis 0,4 Meter Tiefe. Auch für Ankerlieger ist der Raum direkt südlich der Ortskaje noch gut geeignet. Es folgt dann der lange B a d e s t r a n d des Ortes. Besonders im ortsnahen Teil liegen viele Sportboote auf dem Strand. Der Westteil des Strandes ist nicht mehr geschützt. Auf einer flachen, felsigen Halbinsel liegt ein Campingplatz direkt am Wasser. Der Grund vor der Halbinsel ist unrein. Strände zum Aufholen von kleinen Booten sind jedoch an beiden Seiten. Im Wasser kann man Boote hier nur bei sicherer Wetterlage lassen.
Es folgt flach-felsige Küste mit Klippen und einigen eingestreuten kleinen Kiesstränden. Danach weiter im Norden der lange Strand **Playa de la Vall**. Ein Campingplatz ist dort. Dann folgt nach Norden zu wieder Felsufer.

Achtung **Eine Unterwasserklippe mit etwa 20 Zentimeter Wasser darüber, liegt ostwärts des kleinen Strandes im Norden von Playa de la Vall etwa 100 Meter vom Ufer.**

Weiter nach Punta de la Sernella hin wird die Küste etwas höher. Sie ist hier reich an sehr kleinen Schlupfwinkeln und netten Plätzen. Besonders bei Tramontana kann man an einigen Stellen ganz geschützt liegen. Aber beim Einfahren muß man aufmerksam sein. Es ist nicht klippenfrei. Aber die Steine sind in dem Wasser sehr gut zu sehen.
Punta de la Sernella trägt das wenig auffällige Leuchthaus. Das Ufer ist zerissener Fels, der aber reich an Einbuchtungen für kleine Boote ist. Besonders die Nordseite von Punta de la Sernella ist stark aufgegliedert. Westlich von Punta de la Sernella sind zwischen langen Klippenketten zwei ganz gut geschützte S t r a n d b u c h t e n (Seite 59).

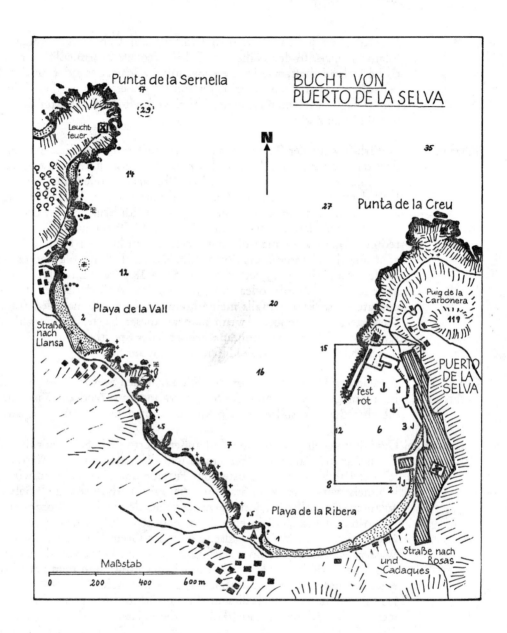

**BUCHT VON
PUERTO DE LA SELVA**

Punta de la Sernella

Punta de la Creu

Playa de la Vall

Playa de la Ribera

PUERTO DE LA SELVA

Puig de la Carbonera

Straße nach Llansa

Straße nach Rosas und Cadaques

Maßstab

0   200   400   600 m

Von Puerto de la Selva bis Cabo Creus (Plan S. 51)

Einführung Dieses Stück der Küste zähle ich zu den eindrucksvollsten und reichsten der Costa Brava. Es gibt fast 20 tief einschneidende Buchten, die auch von Yachten angelaufen werden können und nahezu hundert Felseinschnitte und kleine Buchten, die Kleinbooten oder mittelgroßen Fahrzeugen offen sind. Zahlreiche Inseln, viel kleine Strände, und alles dies in einer der einsamsten Gegenden des Mittelmeeres.

Die Küste ist wild und wird in Richtung auf Cabo Creus immer ärmer an Pflanzenwuchs. In der Nähe von Cabo Creus ist es schließlich eine fast chaotische Urlandschaft, wie ich sie sonst nur in Schweden oder an den sturmgepeitschten schottischen Hebriden gefunden habe. Auch an die wildesten Teile der Bretagne wird man erinnert. Dabei wechselt der Charakter der Landschaft von Bucht zu Bucht.

Tramontana Natürlich weht der Tramontana nahezu auflandig auf diese Küste, und man darf das nie vergessen. Aber in den Hochsommermonaten hat man diesen starken und böigen Nordwestwind selten öfter als drei oder vier Tage pro Monat. Und dann hat er auch selten die große Stärke, die er im Herbst und Winter entfaltet. Ab September wird er dann wesentlich häufiger. Im Oktober und in den Monaten danach muß man mit etwa 15 Tramontana-Tagen im Monat rechnen. Dann sollte man dieses Küstenstück nicht mehr besuchen. Fast immer geht hier dem Tramontana Seegang aus Nord als Warnung voraus. Vor allem ist der französische Seewetterbericht (Seite 38 f) sehr zuverlässig in der Vorhersage dieses Nord- oder Nordwestwindes. Außerhalb der Hochsommermonate — so ist jedenfalls meine Meinung — muß man den französischen Seewetterbericht abhören, wenn man an dieser Küste fahren will. Denn bei Herbst- und Wintertramontana gehört jedes Sportboot, auch das größte, an diesem Küstenstück in einen Hafen und nicht auf See.

Geschützte Buchten Auch in den Hochsommermonaten sollte man den Seewetterbericht hören, wenn irgend möglich. Wenn auch der Sommertramontana 6 oder 7 Windstärken nicht oft überschreitet, sollte sich ein kleines Boot dem nicht unnötig aussetzen.

Verhalten bei Tramontana Geschützt gegen Tramontana sind außer Puerto de la Selva nördlich von Cabo Creus nur die Cala d'els Tres Frares und die Cala de Culip. Wird ein kleines, leichtes Fahrzeug an der Küste vom Tramontana überrascht, so wird es natürlich meist versuchen, zum Standquartier (also nach Puerto de la Selva) zurückzulaufen. Das sollte bei Sommertramontana den meisten Booten möglich sein. Die Alternativen sind, in eine der genannten Buchten einzulaufen oder Cap Creus zu runden. Auf der Südseite von Cap Creus findet man sogleich ruhiges Wasser. Man fährt das Boot nach Cadaques und kehrt von dort mit dem Bus nach Puerto de la Selva zurück. Ein leichtes Boot kann man natürlich auch in einer der anderen Strandbuchten aufs Trockene holen.

Der Tramontana muß an diesem Küstenstück unbedingt absolut ernst genommen werden. Ich meine auch, daß man dieses Küstenstück an der Nordseite von Cabo Creus nicht als Standquartier wählen soll, wenn man Anfänger in der Seefahrt ist. Und weder für das Frühjahr noch für den Herbst rate ich zu diesem Revier, so schön es seiner Landschaft nach ist. Im Hochsommer aber ist es schlichtweg herrlich — und auch nicht ganz so heiß.

Puerto de la Selva bis Cabo Gros (Plan S. 51 und 61)

Dieser erste Teil der Küste ist bei weitem noch nicht so schön wie die späteren Abschnitte. Er hat aber auch schon einige nette Liegeplätze. Und vor allem ist er so dicht bei Puerto de la Selva. — Es gibt zwei nur flach eingezogene Großbuchten, die Ensenada de la Tamarina und die Ensenada Fornell. In diesen flachen Großbuchten liegen mehrere enge Felseinschnitte und kleine Strände.

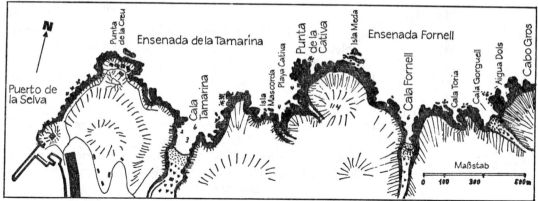

Die Küste zwischen Puerto de la Selva und Cabo Gros

Ensenada de la Tamarina

Diese große Doppelbucht liegt etwa 1 Kilometer östlich von Puerto de la Selva. Seegangsschutz bietet sie nicht. Die beiden wichtigsten Liegeplätze sind die tiefen eingeschnittenen Felsschläuche Cala Tamarina und Playa Cativa.

Cala Tamarina: Tief eingeschnitten mit etwa 100 Meter breitem Strand. Ankergrund ist Sand mit Steinfeldern dazwischen. Hinter dem Strand liegt ein nicht besonders schönes Bergtal mit flacher Sohle. Ein kleines Haus steht darin. Ein schlechter Fahrweg (nichts für Trailer) führt nach Puerto de la Selva. — Ich finde die Buchten weiter östlich landschaftlich viel schöner. Bei östlichen Winden ist in Cala Tamarina meist ruhiges Wasser.

Playa Cativa: Dies ist ein interessanter Felseinschnitt. Ein ganz kleiner Strand ist da, und eine Steinhütte steht in dem tiefen Taleinschnitt, der in die Berglandschaft heraufführt. Mittelgroße Boote und kleinere Yachten finden auf Sand ausreichend Ankergrund (Heckleine zum Land legen).

Ein weiterer nicht ganz so netter Felseinschnitt ist unauffällig hinter der Isla Mascurda (siehe Plan). Punta de la Cativa ist die Huk zwischen der Ensenada de la Tamarina und der ostwärts anschließenden Bucht Ensenada Fornell. Die Huk ist durch ihre mehr als 50 Meter vorgelagerte, etwa 6 Meter hohe Klippeninsel Isla Meda auffällig. Isla Meda ist bei der Ansteuerung von Puerto de la Selva von Osten eine gute Landmarke.

Ensenada Fornell

Dies ist eine breite, felsige Einbuchtung westlich von dem riesigen Felsklotz des Cabo Gros. Diese Großbucht hat zwei interessante Nebenbuchten.

Cala Fornell: Der Einschnitt ist gut geschützt. Große Yachten ankern vor der Cala auf 6 bis 8 Meter Sand und Geröll. Mit Booten bis etwa 10 Meter Länge kann man aber bei ruhigem Wasser in die Cala auch einlaufen. Wassertiefe dort 2 bis 4 Meter. Die Cala ist etwa 20 Meter breit. Sie erweitert sich in ihrem Inneren zu einem etwa 30 Meter breiten Sandstrand. Dahinter steigt ein großes Bergtal in ein verlassenes Weinbaugebiet hoch. Ein sehr schönes Gebiet zum Wandern und Klettern. Verlassene Dörfer, alte Brunnen, ganz eigentümliche, runde Steinhäuser, die den Grabkammern aus prähistorischer Zeit in der Bretagne ähnlich sind. Was es mit ihnen auf sich hat, habe ich nicht herausbekommen.

Ansteuerung: Die Cala Fornell ist von See aus schwer zu sehen. Man findet sie, indem man von der Isla Meda aus in 30 Meter Distanz an der Küste entlang ostwärts läuft.

Cala Gorguell: Dies ist die zweite interessante kleine Bucht in der Ensenada Fornell. Sie liegt etwa 300 Meter ostwärts von Cala Fornell. Sie hat einen schmalen Kiesstrand. Etwas Gras ist da, und ein steiles Tal führt auf das Felsmassiv von Cabo Gros.

Cala Toria und **Cala Aigua Dols** sind kleine, felsige und klippenreiche Kleinbootbuchten. In Aigua Dols finden kleine Boote bei östlichem Seegang ruhigen Liegeplatz.

(Plan S. 61, 63 und 51)

Cabo Gros

Dieses von See her sehr auffällige Kap ist eine riesige, runde Felskuppe von 170 Meter Höhe. Es ist von See unzugänglich, außer von der Cala Gorguell aus. — Eine gute **Landmarke** für die sehr küstennahe Fahrt ist ein kleines, 3 Meter hohes, pyramidenförmiges Inselchen seewärts dicht am Kap. Das spitze Inselchen ist von Osten wie von Westen her von der Küste aus meilenweit zu sehen. Aber es ist nicht mehr gut zu erkennen, wenn man dicht vor dem Kap steht. Eine sehr kleine **Felsenbucht** liegt hinter dem Inselchen, eine Unterwasserklippe etwa 10 Meter ostwärts. Cabo Gros ist auch Wetterscheide. Bei Seegang und Wind aus Süd oder Ost ist es westlich vom Kap ruhig, ostwärts dagegen recht bewegt. — Vor Cap Gros habe ich mehrfach deutliche westwärts setzende Strömung gesehen.

El Golfet   (Plan S. 51 und 63)

El Golfet ist eine sehr große Bucht, 2 Kilometer breit, etwa 1½ Kilometer tief. Mit seinen vielen Nebenbuchten ist El Golfet eine Welt für sich. Um sie ganz zu erkunden, reicht ein Tag nicht aus. In einigen der abgeschiedenen, teilweise unglaublich schönen Nebenbuchten kann man wochenlang ein einsames Robinson-Dasein führen.

El Golfet ist unbesiedelt. Sieht man von praktisch unbefahrbaren Bergwegen ab, so ist El Golfet nur auf dem Wasserwege zu erreichen. Lebensmittel gibt es naturgemäß nicht. Aber zwei Brunnen habe ich gefunden. Tagsüber kommen ein paar Sportboote. Auch Fischer sind häufig dort. In der Ferienzeit gibt es an verborgenen Stellen ein paar Camper. Und in den schöneren Nebenbuchten sind zuweilen Wasserwandrer mit ihrem Boot.

Buchten · In El Golfet gibt es 8 Buchten mit Sandstrand und mehrere Felsbuchten. Fast alle können auch von großen Yachten befahren werden. El Golfet ist sehr arm an Klippen. Fast überall könnte man mit dem Boot auch an den Felswänden anlegen. Leider ist keine der Buchten gegen Tramontana voll geschützt. Ich denke aber, daß man in einigen von ihnen einen Sommertramontana auch im Wasser abwettern kann. Wenn man das Boot auf den Strand holen kann, sollte man sich wohl überhaupt nicht ernsthafte Sorgen machen müssen.

Tramontana · Ist es ein schweres Boot, so sollte man damit wohl auch bei Sommertramontana nicht in Golfet sein. Die Fischer jedenfalls raten ab. Da ich selber — auf meinem 15-Tonnenboot einhand — die Buchten von El Colfet stets verlassen habe, wenn der Seewetterbericht Tramontana ankündigte, fehlt mir eigene Erfahrung. Mein Eindruck ist, daß man in Cala Prona, Cala Saranza, Cala Taballera und Cala Galera bei Sommertramontana zwar sehr ungemütlich liegen würde, aber das Boot heil davonkommen sollte. Eines jedenfalls ist sicher: bei starkem Herbst- und Wintertramontana darf man in El Golfet mit einem Boot, das man nicht an Land nehmen kann, nicht sein.

Ankern, Liegen · El Golfet hat sehr tiefes Wasser. Meist über 30 Meter im freien Wasser, oft 10 Meter bis an die steilen Felswände. In den Nebenbuchten ist der Ankergrund unterschiedlich gut, oft aber Sand. Oft wird man dort das Boot direkt zwischen Felsen vertäuen können. Oft mit Buganker und Heckleine zum Land. Den Bug sollte man hier wohl stets seewärts gerichtet halten. Meist kann man vom Boot direkt auf den Fels übersteigen.

Die Beschreibung des Ufers und der Nebenbuchten erfolgt im Uhrzeigersinne: Die Osthuk von El Golfet ist die mittelhohe, schräge und von weißem Felsgestein durchsetzte Felsnase Punta d'els Farallons.

Achtung · Der Punta d'els Farallons sind nach Westen zu etwa 50 Meter vom Festland vier Felsspitzen vorgelagert. Die innnersten drei sind 1 Meter über Wasser. Die äußerste ist kaum ¼ Meter groß und nur etwa 20 cm über Wasser! Diese äußerste Klippe kann bei Seegang vielleicht übersehen werden. Sie liegt etwa 25 Meter nordwestlich von den drei hohen Felsklippen. Man kann mit einem kleinen Boot zwischen den Klippen hindurchfahren.

Cala Prona   (Plan S. 63 und 64, Abb. 1)

Dies ist die hübscheste Nebenbucht in El Golfet. Sie hat die ideale Größe für kleine und mittelgroße Boote. Aber auch Yachten können einlaufen. Platz

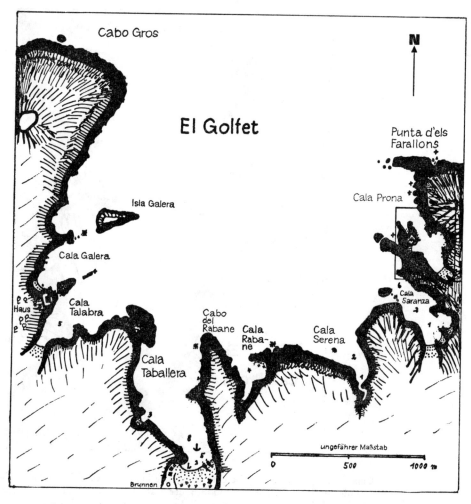

zum Schwojen haben sie allerdings nicht. Man muß Heck oder Bug mit Leinen am Fels festmachen. Vor allem hat sie einen überaus hübschen Platz vor dem meist unbesetzten Fischerhaus hinter der hohen Felsnase. Und einen Süßwasserbrunnen hat sie auch. Abbildung 1 zeigt mein Boot vor dem Fischerhaus in dieser Cala.

Die Einfahrt zur Cala Prona ist von See her nicht zu sehen. Man findet sie, wenn man etwa 100 Meter südlich von Punta d'els Farallons mit Ostkurs bis etwa 30 Meter an die Felsküste heranläuft und dann dicht an der Felsküste entlang südwärts fährt. Die Einfahrt sieht zuerst sehr schmal aus, hat aber tatsächlich etwa 20 Meter Breite und mehr als 10 Meter Wassertiefe (vgl. Plan). Im Inneren erweitert sie sich. Die Tiefe ist in der Mitte der Bucht 4 bis 6 Meter Sand, vereinzelt Steine.

Einlaufend steuerbord ist hinter einer hohen Felsnase ein Haus, Fischer haben hier einen Übernachtungsplatz. Die Tür ist offen, und es versteht sich von selbst, daß man den Inhalt des Hauses respektiert. Eine kleine Anlegestelle ist vor dem Haus mit 0,8 Meter Wassertiefe an der tiefsten Stelle. Aber an manchen Stellen ist es dort flacher. Eisenringe und ein starker Pfosten sind da. Vor dem Fischerhaus sind Plätze zum Sitzen. Sehr hübsch ist der Blick vom Fels auf die Bucht. 15 Meter Sandstrand sind bei dem Haus.

Ein zweiter schöner **Sandstrand** ist ganz im Inneren der Bucht. Auch dies ist ein sehr schöner Platz. Einfahrend an der Backbordseite schiebt sich eine flache Felszunge vor das Innere der Bucht. Hinter dieser Felszunge ist der ideale **Liegeplatz** für kleine und mittelgroße Boote. Ist nur ein Kleinboot da, so kann man in dem Miniaturhafen hinter dieser Felszunge längsseits belegen. Sind mehrere da, dann Buganker und Heckleine. — Und noch etwas Besonderes: Dicht bei dem Haus gibt es einen **Süßwasser-Brunnen!** Ich habe in dieser Bucht mit meinem Boot mehrere Tage gelegen. Es ist ein überaus liebenswerter Platz.

Cala Prona

Cala Saranza (Plan S. 63) ist eine langgestreckte Felsbucht in El Golfet. Sie hat drei Kiesstrände im Inneren. Sie liegt südlich der Cala Prona und hat überwiegend saubere Felswände und tiefes Wasser im Aussenteil. Innen wird es dann flacher.

An der Südseite ihrer Einfahrt steht eine etwa 8 Meter hohe Felsinsel dicht am Ufer. Man passiert nordwärts dieser kleinen steilen Insel durch eine etwa 20 Meter breite Einfahrt. Die Bucht bietet Ankerplatz und Anlandemöglichkeit.

Hinter dem Kiesstrand öffnet sich die wilde Felslandschaft eines Bergtales. Nett ist die ganz kleine Strandeinbuchtung hinter der Felsnase an der Nordseite der Bucht.

Cala Serena hat ebenfalls eine Insel in ihrer Einfahrt. Doch ist diese Klippeninsel sehr viel kleiner und flacher. Man kann zwischen ihr und dem Land an beiden Seiten passieren. Cala Serena ist an ihrer Öffnung über 30 Meter breit. Sie verengt sich allmählich, und der Grund wird schnell flacher, von etwa 6 Meter rasch auf weniger als 2 Meter. Es ist eine Art Barre. Dahinter wird es stellenweise wieder tiefer. Die Ufer sind im wesentlichen klippenfrei. Leider gibt es im äußeren Teil der Bucht keine rechte Möglichkeit anzulanden.

Das Netteste an der Cala Serena ist ihr gewundener Innenteil, eine regelrechte Schlucht mit Wasser drin. Sie verengt sich auf etwa 12 Meter, windet sich um mehrere Ecken. Dabei nimmt die Wassertiefe auf 1 Meter ab. Innen ist es dann wie in einem Binnensee. Ganz stilles Wasser, flache Felsufer. Der Schlauch verengt sich dann unter weiteren Windungen auf 5 bis 2 Meter (Wassertiefe etwa 0,5 Meter). Die ganze Sache endet in einem gewundenen Felstal. Für kleine Boote ist es ein ganz abenteuerlicher Platz. Bei Tramontana sollte man Cala Serena aber wohl verlassen.

Westwärts von der Cala Serena folgt etwa 800 Meter weit steil höchst eindrucksvolle Felsküste. Weißes Gestein ist mit dem schwarzen Fels gemischt. Der weiße Stein ist weicher und durch Winderosion zu den abenteuerlichsten Formen gebildet. Es ist eine Felslandschaft, wie ich sie in dieser Art nur von der Bretagne kenne. Von See her gibt der weiße, steile Fels eine Landmarke ab. Eine blinde Klippe liegt vor einem Einschnitt in die Felswand etwa 15 Meter vom Ufer.

Cala Rabane ist eine Felsbucht ohne Strand am Westende der weißen Felswand. Sie ist nach See zu nicht gut geschützt. Für größerer Boote kommt sie als Liegeplatz wohl nicht infrage, aber in sie einlaufen und eine Rundfahrt in der wüsten Urlandschaft machen, das sollte man auf jeden Fall. Landschaftlich ist Cala Rabane toll, und reich an Unterwasserklippen, auch ein gutes Tauchrevier.
Der runde Kessel der Außenbucht wird durch einen Felsvorsprung geschützt. Etwa 60 Meter Durchmesser mag die Außenbucht haben. Hinter dem Felsvorsprung ist eine ganz wilde Urlandschaft aus zusammengestürzten Steinen. Die Bucht liegt voller riesiger Unterwasserklippen. Aber nur die ufernahen liegen dicht unter Wasser (oder über Wasser). An vielen Stellen wird ein leichtes Boot zwischen Felsen festmachen können.
Im inneren Teil der Bucht führt noch ein etwa 10 Meter breiter Felsschlauch ein Stück weit in eine Felsenschlucht herein. Große Steine liegen am Ende. Viel Strandgut ist angespült.

Cabo del Rabane heißt die Felshuk westwärts von Cala Rabane. Sie ist nur etwa 20 Meter hoch und aus schwarzem Fels. Westwärts von ihr öffnet sich die große Bucht Cala Taballera.

Cala Taballera

(Plan S. 63)

Dies ist die größte Bucht in El Golfet. Etwa 200 Meter breit und 700 Meter lang. Ein über 100 Meter breiter Kiesstrand liegt an ihrem Ende. Zwei Felszungen teilen Nebenstrände ab. Die Bucht war früher bewohnt, denn 5 verlassene Häuser stehen an der Westseite des Strandes hinter einer hohen Felsnase. Ein Brunnen ist etwa 50 Meter taleinwärts! Im Sommer sind ein paar Leute dort, die teils in Zelten, teils in den verlassenen Häusern campieren. Die Versorgung muß zu Boot erfolgen.
Das Hinterland ist anfangs breites und flaches Tal, das später in abenteuerliche, hohe Bergwelt übergeht. Verlassenes Weinbaugebiet mit leeren Dörfern, Gespensterhäusern und vielen Trauben an den verwilderten Weinstöcken, die kein Mensch erntet.
Leider treibt der Tramontana viel Strandgut an. Es sieht etwas unaufgeräumt aus und ist nicht eigentlich schön.

Die Bucht ist steilwandig. Eine blinde Klippe liegt dicht innerhalb der Westhuk etwa 20 Meter vom Ufer. Sonst habe ich die Bucht bis dicht unter die Ufer sauber gefunden. Im äußeren Teil sind große Steine am Grund. Weiter innen ist Sand mit einzelnen großen Steinen darin. Es gibt aber vor dem Strand etwas zur Ostseite hin ein Gebiet mit reinem Sand auf 5 bis 6 Meter Wassertiefe. Der Anker im Plan gehört etwas mehr nach Osten und etwas dichter vor den Strand. Kleinboote werden sich bei ruhigem Wetter gerne hinter die Felsnase an der Westseite des Strandes legen. Es wird dort allerdings rasch flach (0,5 Meter und weniger, sobald man ganz hinter der Felsnase liegt).
An der Westseite ist etwa auf halber Strecke zwischen Strand und Huk eine kleine Einbuchtung mit Sandstrand. Zugänglich ist sie nur vom Wasser aus. — Die Westhuk der Cala Tabellera wird von einem steilen, hohen Felskopf gebildet. Riesige, schräge Spalten zeigen an, daß er irgendwann einmal vom Festland abgerutscht und tiefer ins Wasser gesunken ist. Einbuchtungen sind an seinen beiden Seiten.

Isla Galera: Die Insel liegt im Westteil von El Golfet. Sie ist etwa 150 Meter lang und 12 bis 15 Meter hoch. Leider ist ihre der See abgewandte Seite so steil, daß man von dort kaum auf sie herauf kann. Sie ist unbewachsen und unwirtlich. Ich glaube nicht, daß es sich lohnt, sie zu besuchen. — Bei Tramontana von Sommerstärke findet man hinter ihr leidlichen Schutz vor Seegang und Wind. Zum Ankern ist es jedoch zu tief, und eine Leine festzumachen, ist an der steilen Felswand äußerst schwierig. Wenn man zwischen ihr und dem Land hindurchläuft, dann muß man sich der von Land ausgehenden Klippenkette wegen ziemlich dicht an die Insel halten.

Cala Galera: Die Bucht liegt direkt südlich der Isla Galera. Ein weißes Haus steht auf ihrer Südhuk. Es ist das einzige Haus, das von der See aus in El Golfet sichtbar ist, und ist als Landmarke wichtig, denn überraschenderweise ist die Orientierung im El Golfet nicht ganz leicht. Etwa 40 Meter Strand sind da. Von der kleinen Nebenbucht am Fuße des weißen Hauses führt eine Treppe hinauf.

Cala Talabra: Die Bucht liegt südlich einer Kette sehr flacher Klippeninseln, die sich von der hohen Huk, auf der das weiße Haus steht, seewärts erstrecken. Die Bucht hat einen etwa 30 Meter langen Strand. Dicht vor dem Strand ist meist einigermaßen ruhiges Wasser. Etwas vom Strand entfernt habe ich es immer unruhig gefunden und unbequem zu ankern. Wahrscheinlich verstärken sich die Wellen durch Reflektion an den Felswänden.

El Golfet bis Isla de Portalo

(Plan S. 66, 63 und 51)

3 Kilometer Distanz sind zwischen El Golfet und der großen, hohen, ganz phantastisch geformten, großen Isla de Portalo (Skizze). Zuerst ist die Küste

abweisend. Dann aber folgt nach einigen anderen Einschnitten eine sehr große schöne Bucht, in der auch große Yachten geschützt liegen. Eine der Traumbuchten des Mittelmeeres!

Kleine Buchten

Punta d'els Farallons, die Osthuk von El Golfet, ist schon beschrieben worden. Vor seinen westlich vorgelagerten Felsnadeln wurde gewarnt. Die weißen, schrägen Felsstreifen in dieser Huk wurden genannt.

Ostwärts folgt senkrecht abfallende, glatte und abweisende Felsküste. Eine ganz kleine, klippenreiche Einbuchtung etwa 150 Meter ostwärts der Huk ist nur bei ganz ruhigem Wasser zu erkunden. Es folgt eine flache Huk. Dort laufen weiße Streifen waagerecht durch das sonst dunkle Gestein.

Die Küste wird nun klippenreicher und stärker gegliedert. Wirklich brauchbare Buchten gibt es aber zunächst noch nicht. Auf halbem Weg zu der nächsten, schwarzen Huk liegt ziemlich unauffällig eine flache Klippeninsel etwa 20 Meter vom Ufer. Direkt dahinter öffnet sich die felsige Cala Sardinas.

Cala Sardinas ist am Eingang etwa 15 bis 20 Meter breit. Sie läuft in ihrem Inneren in ein flaches Felsufer aus. Bei ruhigem Wasser ist sie ein Tagesliegeplatz für kleine und mittelgroße Boote.

Voraus liegt eine mittelhohe Huk aus schwarzem Felsen. Ziemlich große, niedrige Klippeninseln liegen davor. Unmittelbar westwärts dieser Huk öffnet sich die Cala del Mola.

Cala del Mola wird von schwarzem, steilen Fels umgrenzt. Ihre Einfahrt ist etwa 15 Meter breit und nach Nordwesten offen. Kein Strand, kaum Landemöglichkeit, sehr tiefes Wasser, aber vor Seegang aus Osten geschützt. Nur bedingt zu empfehlen.

Punta d'els Tres Frares. Dies ist eine wichtige Huk. Wenn die Orientierung verlorengegangen ist, so kann sie hier wieder hergestellt werden: Zwei, zeitweilig drei w e i ß e F e l s b ä n d e r laufen etwa waagerecht in dem dunklen Gestein. Außerdem liegt ein kleines, spitzes Inselchen von etwa 2 Meter Höhe und 4 Meter Breite an der Ostseite der Huk. Dieses Inselchen ist schon von weitem her eine gute Landmarke. Das Gebiet zwischen Cala Mola und Punta d'els Tres Frares ist reich an Klippeninseln, etwas unübersichtlich, aber bei ruhigem Wasser nett zu erkunden, besonders interessant für Sporttaucher.

Südwestwärts von Punta d'els Tras Frares öffnet sich die Zufahrt zur Cala d'els Tras Frares. Etwa 500 Meter ostwärts vom Eingang zu dieser Bucht liegt die große Felseninsel I s l a d e P o r t a l o.

Cala d'els Tres Frares

(Plan S. 66 und 51, Abb. 7)

Dies ist eine der schönsten und vor allem einsamsten Buchten. Es gibt keinen Zugang von Land außer durch Bergpfade. Die Bucht ist gut geschützt. Für Boote auf Wanderfahrt ist sie ein sehr interessanter Platz zum Übernachten oder für längeres Verweilen.

Es sind eigentlich drei Buchten. Eine Außenbucht, die nach Osten offen ist, und zwei Innenbuchten. Die schönste, die als Dauerliegeplatz geeignet ist, ist die nach Westen ins Land ziehende Bucht. Auf dem Plan sind in dieser die Wassertiefen angegeben. Abbildung 7 zeigt sie von ihrem Ende nach ONO blickend.

Die Hauptbucht liegt zwischen hohen, aber freundlichen Felsen. Sie ist etwa 150 Meter lang fahrbar und anfangs über 40 Meter, weiter innen etwa 30 Meter breit. An ihrer Nordseite ist sie bewaldet. Dort steht etwa 20 Meter über dem Wasser unter Pinien ein kleines Fischerhaus. Es ist meist unbewohnt. Vor dem Haus ist unter Bäumen eine urige Holzplatte

Die Küste zwischen El Golfet und Isla de Portalo.

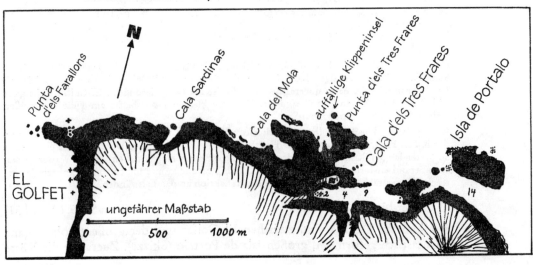

Isla de Portalo von Westen gesehen (etwa von Punta d'els Tres Frares aus).

als Tisch auf den Felsen gelegt, Sitze sind ebenfalls da. Von diesem Schattenplatz aus übersieht man die Bucht und sein Boot. Ist das Häuschen unbesetzt, so wird man Tisch und Bänke gewiß benutzen dürfen, wenn man sie ordentlich hinterläßt. Steigt man hinter dem Häuschen die Bergwand weiter hoch, so kommt man in eine äußerst bizarre Felswelt. Die Erosion hat in dem unterschiedlich harten Stein die seltsamsten Formen gebildet. Etwa 100 Meter vom Häuschen ist dann von der Berghöhe die schönste Aussicht über die Küste mit der steil aufragenden Isla de Portalo. Vielleicht gibt es irgendwo im Tal auch einen Brunnen. Meist sind ja diese zysternenartigen Brunnen etwas verborgen. Gesehen habe ich nichts. Aber ich habe auch nicht intensiv gesucht.

Ich denke, daß man in dieser Bucht bei jedem Sommerwetter sicher liegt, auch bei Tramontana. Im Herbst mag es anders aussehen. Vor allem muß man dann Oststürme vermeiden. Aber die 10 Kilometer bis Puerto de la Selva sollte man vor dem Wind wohl zurücklaufen können. —

Einlaufen in die Hauptbucht: Von der Punta d'els Tres Frares kommend, dreht man auf Südkurs. Man passiert die sehr schöne Vorbucht. An der Ostseite liegt die hohe Isla de Portalo. An der Westseite der Vorbucht sind mehrere Huken und Einbuchtungen. Nach etwa 300 Meter Fahrt steht man vor einer etwa 6 Meter breiten Einfahrt. Die Ostseite dieser Einfahrt besteht aus w e i ß e n Steinen. Die Wassertiefe ist hier 12 Meter. Hat man diese Einfahrt zu den beiden Innenbuchten passiert, so dreht man nach Westen. Vor einem liegt dann die Hauptbucht. Man sieht das Fischerhäuschen auf ihrem rechten Ufer.

Beschreibung der Hauptbucht: An der Mündung ist sie etwa 40 Meter breit. Die Wassertiefe ist dort 6 bis 8 Meter, Sand mit mittelgroßen Steinen. Die Bucht wird nach innen zu schmaler (25, später 20 bis 15 Meter), hat auch am Ufer schon flachere Steine, sollte aber auch einer großen Yacht keine Schwierigkeiten machen. Ich war einhand mit meinem 16 Meter langen Boot drin. Innen ist der Ankergrund Kies oder Sand, hält jedenfalls gut und ist 3 bis 4 Meter tief. Erst am Ende der Bucht überwiegen Klippen und große Steine. Ich habe mein großes Boot etwa 20 Meter landeinwärts vom Fischerhaus festgemacht. Bug zur See, Anker zur See und vom Heck zwei Leinen nach rechts und links zur Felswand. Eine Achterleine alleine würde bei ruhigem Wetter genügen. Bei stürmischem Wetter würde ich noch zwei Leinen vom Bug zu den Felsen nach rechts und links legen. Ein Eisenhaken ist an dem Landeplatz unter dem Haus. Ein kleineres Boot wird sich dichter ans Ufer legen, so daß man direkt übersteigen kann. Unter dem Fischerhaus ist eine kleine Einbuchtung, in die ein Dingi hineinpaßt.

Die Ostbucht: Sie liegt nach Osten zu gegenüber der Hauptbucht. Sie ist weit weniger tief eingebuchtet, hat Klippen an den Felswänden und ist landschaftlich weniger interessant. Sie kommt wohl nur dann in Betracht, wenn man die Hauptbucht voll besetzt findet. Der Ankergrund ist mit 8 bis 10 Meter sehr tief. Ich würde vor Buganker mit Heckleinen am Fels festgemacht liegen. Gegen Tramontana ist sie offen.

Außenbuchten: Es gibt mehrere Außenbuchten. Eine liegt direkt südlich von Punta d'els Tres Frares. Sie ist felsig, klippenreich und recht offen zur See. Drei Überwasserklippen liegen an ihrer Südseite. Die äußerste der drei ist nur wenige Zentimeter über Wasser. Die Einfahrt in die Einbuchtung ist etwa 30 Meter breit. Eine schöne Höhlenbildung ist an ihrer Nordseite. Die Einbuchtung ist aber nur als Tagesliegeplatz bei ruhigem Wasser geeignet. Taucher und Schnorchler kommen hier wohl auf ihre Kosten.

Isla de Portalo (Plan S. 66, 68 und 51)

Passage zwischen Land und Insel

Dies ist eine hohe, schwarze, steilwandige und große Insel. Sie ist etwa 200 Meter lang und ist eine unverkennbare Landmarke in diesem Küstenbereich. Anlanden kann man nur an wenigen Stellen; wo das Besteigen überhaupt möglich ist, dort nur als Kletterpartie.

Man kann zwischen dem Festland und der Isla de Portalo gut passieren. Der Kanal ist an der engsten Stelle mindestens 25 Meter breit und 12 Meter tief. Die kleinen Klippeninseln, die an der Westseite der Isla de Portalo liegen, läßt man alle an der Seeseite. Man fährt also ziemlich dicht an der Festlandküste entlang. — Zwischen diesen Klippeninseln und der Isla de Portalo selbst soll man nur sehr vorsichtig bei ruhigem Wasser fahren. Es ist dort unrein.

Isla de Portalo bis Isla de Cullero (Plan S. 68 und 51)

Vor allem bietet dieser Küstenabschnitt eine tiefe, große und schöne Bucht, die Cala Portalo. Sie ist ein guter Liegeplatz, auch für die Nacht. Dann gibt es noch einen landschaftlich äußerst eindrucksvollen, ganz wilden Fjord. Er taugt aber nur zum Ansehen und nicht als Liegeplatz. Danach folgt ein Stück schwerer zugänglicher Küste mit Klippeninseln, hinter denen die weißen Würfelhäuser des Club Méditerranée liegen. Es endet mit der flachen Isla de Cullero, die so dicht am Land liegt, daß man sie als Insel gar nicht erkennt.

Cala Portalo (Plan S. 68)

Das ist eine stark gewundene, große Felsenbucht von etwa 500 Meter Länge. Sie hat einen schönen Strand am Ende und mehrere Nebenbuchten. Sie gewährt gute Liegeplätze, um so bessere, je weniger Tiefgang das Boot hat. Der Fahrweg von Cadaques nach Cabo Creus führt an ihrem Scheitel vorbei. So sind tagsüber einige Badegäste und Angler dort. Die Cala ist unbewohnt. Mit einem Boot liegt man dort, außer bei stärkerem Tramontana, gut und sehr ruhig.

Die Einfahrt in die Cala Portalo öffnet sich als breiter Trichter direkt ostwärts der Isla de Portalo. Die Felswände sind dort glatt und nahezu ohne Bewuchs.

Die Außenbucht: Zwei kleine, geschützte Nebenbuchten sind in der Außenbucht an der Westseite. Eine weitere Nebenbucht öffnet sich an der Ostseite. In ihrem innersten Teil führt eine schmale Einfahrt in eine kleine, abenteuerliche Seeräuberbucht. Sie ist sehr hübsch für kleinere Boote bei ruhiger See. Zuerst erkennt man gar nicht, daß sich die eigentliche Innenbucht hinter der Außenbucht landwärts noch so weit fortsetzt. Denn Felsnasen decken zu beiden Seiten den Blick in die Innenbucht ab.

Die Innenbucht: Eine Felsnase an der Ostseite und kurz darauf eine weitere an der Westseite trennen die Innenbucht von der Außenbucht. (Siehe Plan) Die Wassertiefe nimmt von 7 Meter auf etwa 4 Meter ab. Mit einem großen und tiefgehenden Booten würde ich hier auf 3 bis 4 Meter ankern. Sandgrund mit einigen mittelgroßen Steinen. Eine mikroskopisch-kleine Kleinbootbucht liegt an der Ostseite.

Die Innenbucht teilt sich dann in zwei Arme. Der lange und etwas gewundene **Südarm** führt hinter einer Felsnase an den 100 Meter breiten, sehr schönen Sandstrand. Dieser innerste Teil der Innenbucht ist nach meinem Empfinden der schönste Teil der Cala Portalo. Man liegt vor Sommer-Seegang geschützt. Der Ankergrund ist

Die Küste zwischen Isla de Portalo und Isla de Cullero.

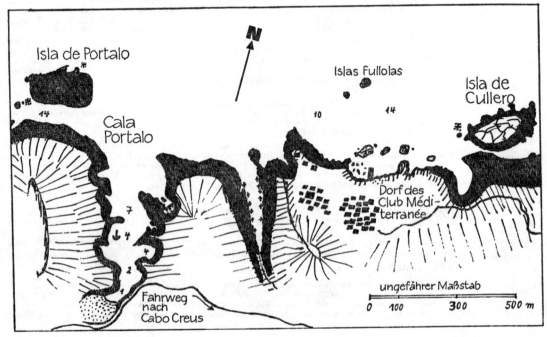

reiner Sand. Tiefgehende Boote müssen beachten, daß die Wassertiefe in diesem innersten Teil langsam auf 2 bis 1 Meter abnimmt. Wenn der Tiefgang des Bootes es zuläßt, kann man bei gutem Wetter ganz dicht vor dem Strand ankern.

Die Innenbucht hat noch eine ziemlich geräumige **Nebenbucht** nach Osten hin. Allerdings hat diese Nebenbucht keinen Strand. Dafür aber reichliche Wassertiefe, und hinter der Felsnase (an der man sich mit Leinen festmachen kann) liegen auch große Boote gut. —Im übrigen gibt es in der geräumigen, stark gegliederten Cala Portalo auch noch viele andere Plätze.

Der Höllenschlund (Plan S. 68)

Etwa 200 Meter ostwärts der Cala Portalo liegt diese lange finstere, sehr eindrucksvolle Cala. Wegen seiner chaotischen Schönheit lohnt dieser Ort unbedingt einen Besuch. (Er hat natürlich einen anderen Namen, den die Fischer mir auch nannten, nur habe ich ihn nicht begriffen).

Dieser Höllenschlund also ist ein etwa 250 Meter langer, steilwandiger Fjord. Er ist an seiner Mündung an 50 Meter breit, verengt sich ganz allmählich auf 20 Meter bis schließlich auf etwa 10 Meter. An seinem innersten Ende gibt es dann eine kleine Plattform, an der flachgehende Boote anlanden können. Ein Pfad führt über Treppen zu dem Dorf des Club Méditerranée. Dieser ganze Fjord bietet eine überaus wilde Felsenlandschaft. Weißer Fels ist mit schwarzer Lava gemischt. Und die Formen der Felsen sind so bizarr und dabei gigantisch, wie sonst nur in den wildesten Teilen der Bretagne.

Für Yachten ist diese Cala nur in ihrem äußersten Teil zugänglich. Sie bietet größeren Fahrzeugen keinen Liegeplatz. Mittelgroße Boote können im inneren Teil mit Buganker und Heckleine liegen. Kleine Boote werden keine Probleme haben, bis ans Ende des Fjordes vorzustoßen und dort auch festzumachen. Dicht am Felsufer liegen zahlreiche Klippen. Sie sind aber in dem klaren Wasser gut zu sehen.

Der Grund am Eingang der Cala über 15 Meter tief. Weiter innen nimmt er auf 6 bis 4 Meter ab. Aber er besteht bis auf den innersten Teil der Cala aus großen Felsbrocken, so daß man dort nicht ankern soll. Erst im innersten Teil der Cala ist sauberer Sandgrund von etwa 3 Meter Tiefe. Das ist der Platz, an dem mittelgroße Boote, Bug zur See ankern, und eine Heckleine zum Land ausbringen. Kleine Boote können oft an der Plattform direkt festmachen.

Küstenfahrt bis zur Isla de Cullero (Plan S. 68)

Man passiert die aus weißem Gestein bizarr geformte Osthuk des Höllenschlundes. Dann folgt eine flache Einbuchtung, in welche die Abwässer des Dorfes vom Club Méditerranée geleitet werden. Danach noch eine Huk aus weißem Gestein. Dann liegt eine reichlich 500 Meter breite Einbuchtung vor einem, in der sich Klippeninseln befinden, die Islas Fullolas. Es ist weit weniger schwierig zu befahren, als es aussieht. Dahinter liegt eine flache, schwarze Isla de Cullero.

Die Islas Fullolas liegen etwa 200 Meter von der Küstenlinie entfernt. Sie sind klein und niedrig, etwa 1 bis 2 Meter hoch und bzw. 10 Meter groß. Sie können ohne weiteres an der Landseite passiert werden.

Dorf des Club Méditerranée: Auffällig stehen an Land die vielen kleinen, kubischen Häuser dieser interessanten Feriensiedlung. Am Ufer vor dem Dorf liegt ein Gewirr unübersichtlicher Klippeninseln. Dahinter ist die Badekaje des Club Méditerané. Sie ist als Anleger nicht benutzbar. Ich würde mich von diesem Klippengebiet fernhalten, zumal es privater Bereich ist. Ich würde etwa in der Mitte zwischen den Islas Fullolas und den Klippeninseln an Land hindurchlaufen und dann zunächst auf die schwarze Isla de Cullero zuhalten.

Isla de Cullero: Dies ist eine flache, unwirtliche Insel. Sie erscheint aber nicht wie eine Insel, sondern wie Festlandhuk. Der Kanal zwischen Festland und Insel ist nur 5 Meter breit.

Bei der Isla de Cullero wird die Küste wieder sauberer. Landwärts von der Isla de Cullero liegt eine nach Nordwesten offene Felsbucht. Kein Strand. Man kann von dort aus aber den nur 5 Meter breiten Kanal erkennen. Der Kanal ist für kleine Boote passierbar.

Achtung **Vor der Westhuk der Isla de Cullero liegt etwa in 10 Meter Abstand eine gut erkennbare spitze, kleine Klippeninsel. Etwa 10 Meter nordwärts davon liegt eine Unterwasserklippe ganz dicht unter der Wasseroberfläche.**

Nach Passieren der Isla de Cullero eröffnet sich landwärts die sehr große Cala de Culip. Voraus liegt Cabo Creus.

Die Nordseite von Cabo Creus (Plan S. 70 und 51)

Dies ist sehr stark gegliedertes Felsgebiet. Der Höhepunkt des Nackten, Kahlen, Kargen. Eine ganz einmalige Landschaft! Vom Sturmseegang geprägt. Nur zu oft vergessen wir Sommerbesucher ja, daß der Golf du Lion eines der sturmreichsten Gebiete der Erde ist. Die doppelte Sturmhäufigkeit der Biskaja. Und Cabo Creus ist der Eckpfeiler, um den es herumbraust.

Jetzt, während ich dies schreibe, Ende November in Blanes an der südlichen Costa Brava, meldet Radio Marseille schon den fünften Tag bei Cap Béar Windstärken zwischen 9 und 11. Hier im Hafen von Blanes spürt man davon fast nichts.

Im Winter-halbjahr So muß man sich Cap Creus im Winterhalbjahr bei Tramontana vorstellen: wellenumbrandet, gischtüberweht und von kaltem Sturmwind umfaucht. Dies an etwa 15 Tagen im Monat. Kein Wunder, daß hier niemand wohnt! Kein Wunder, daß im Herbst und Winter (und ein wenig auch im Sommer) die Gedanken der Fischer um den Tramontana kreisen. Denn an den 10 oder 15 stillen Tagen des Monats sind natürlich die kleinen Boote auch im Winter unterwegs.

Im Sommer Im Sommer ist diese Region für ein Sportboot freundlich, und sehr viele Jollen segeln hier. An den Tagen mit Tramontana läuft man nicht aus. Wird man hier von Tramontana überrascht, und es wird zu hart, um nach Puerto de la Selva zurückzulaufen, so rundet man Cabo Creus und findet in der Leeseite des Kaps sogleich ruhiges Wasser. Man läßt das Boot in Cadaques und wandert zu Fuß oder fährt mit dem Autobus nach Puerto de la Selva zurück. Auch in der Cala de Culip ist ein gegen Sommertramontana geschützter Platz und in der Cala d'els Tres Frares. Aber von beiden kommt man zu Land schwer nach Puerto de la Selva.

Inseln, Buchten Es gibt zwei interessante Inseln in diesem Revier: die flache, gut zugängliche Isla de Encalladora und ein Stück auf See die Islote Maza de Oro. Vor allem aber ist hier die große Bucht Cala de Culip. Da hat der Club Méditerranée seinen kleinen privaten Sommerhafen. Und dann gibt es noch ein paar nette, kleinere Buchten, wo man sie am wenigsten vermutet. So ist es ein von Jollen und Fahrtenbooten belebtes, sehr schönes Revier.

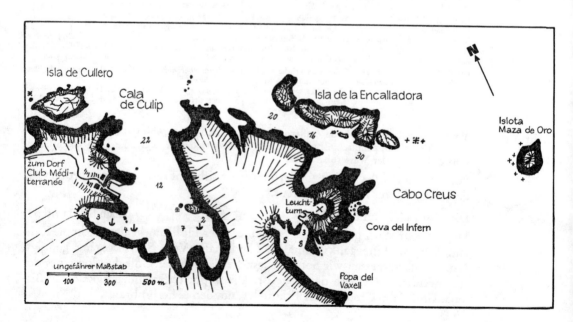

Cala de Culip (Plan S. 70)

Dies ist eine sehr geräumige Bucht. Sie kann ohne weiteres auch von größten Yachten ange-laufen werden. Sie wird belebt von den Segelbooten und Tauchbooten des Club Méditerranée, der dort einen kleinen, privaten Hafen hat. Dort ist im Sommer keine Liegemöglichkeit für ein fremdes Boot. Aber in einer Nebenbucht der Cala de Culip findet man guten und gegen Sommertramontana geschützten Liegeplatz. — Cala de Culip ist durchweg steil-wandig. Sie hat nur einen sehr kurzen Kiesstrand. Landschaftlich ist sie durch die Mischung von weißem und schwarzem Gestein eindrucksvoll. Aber kein Baum, kein Strauch! Der Fahr-weg nach Cadaques führt schlecht zugänglich am Inneren der Bucht vorbei. Sie ist an sich unbewohnt, aber im Sommer ist sie tagsüber durch die Mitglieder des Clubs bevölkert.

Einfahrt: Die Westhuk der Bucht besteht aus weißem Fels, die Osthuk aus schwarzem Gestein. Der Osthuk sind fünf kleine, steile Klippeninselchen vorgelagert. Die beiden mittleren ragen kaum über Wasser. Zwischen den Klippeninseln und dem Festland können Boote hindurchfahren.

Die Gliederung der Bucht zeigt der Plan. Die beiden seewärtigen Nebenbuchten sind sehr ungeschützt und wer-den kaum interessant sein. Die wichtigen westlichen Nebenbuchten liegen hinter der Felsnase, die, wenn man einfährt, an der rechten Seite der Bucht vorspringt. Eine kleine spitze Klippe, die etwa 20 Meter seewärts dieser Felszunge nur wenig aus dem Wasser schaut, muß beachtet werden.

Der kleine Hafen des Club Méditerranée ist hinter dieser Felsnase in der ersten westlichen Nebenbucht. An den Kajen des kleinen Hafens würde ich nicht anlanden, selbst wenn dort momentan ein Platz frei ist. Der kleine Hafen ist mit den eigenen Booten des Clubs voll belegt, und die Mitglieder, die ein wenig das Leben in einem Haiti-Dorf imitieren (z. B. haben sie Plastikperlen statt Geld), möchten gern unter sich bleiben.

Die zweite westliche Nebenbucht gleich hinter dem Hafen gibt guten Liegeplatz. Große Yachten werden im Ein-gang dieser Bucht frei ankern. Bei Tramontana muß man eine gute Leine zu einer der kleinen Klippeninseln ausbringen (der Winddruck ist stark und der Haltegrund nicht sehr gut). Mittelgroße Boote gehen weiter in die Bucht hinein und liegen am besten vor Buganker und Heckleine zu den Klippeninseln oder zum Ufer. Auf bei-den Inseln sind Festmacheringe. Kleine Boote werden sich so verholen, daß man direkt vom Boot auf den Fels übersteigen kann. Auch auf den Kiesstrand der Nebenbucht können Boote aufgeholt werden.

Ein anderer Ankerplatz ist noch der Südteil der Bucht. Der Platz ist aber offener. Sehr große Yachten haben dort mehr Platz.

Küstenfahrt ostwärts der Cala de Culip (Plan S. 70 und 51)

Die Klippeninseln vor der Osthuk der Cala de Culip wurden schon besprochen. Danach folgt braunes, zerrissenes Felsgestein. Nach etwa 150 Meter öffnet sich die Einfahrt in eine kleine Felsbucht.

Die kleine Felsbucht ist durch eine 25 Meter breite Einfahrt zugänglich. Sie ist sehr reizvoll und gut geschützt. Sie taugt gut für mittelgroße Boote (für mein mit Klüverbaum 17 Meter langes Boot war sie, einhand be-fahren, doch etwas eng). Sie hat tiefes und vollkommen klares Wasser. Im Ostzipfel können kleine Boote an flachen Felsplatten anlegen. Geschützter liegen sie aber in dem etwa gebogenen, ungefähr 5 Meter breiten und recht langen Südzipfel der Cala. Ich würde dort ein langes Boot rückwärts hineinfahren (an den glatten Fels-wänden kann man das Boot gut absetzen). Im Inneren öffnet sich die Cala in ein breites, großes Wiesental. Zum Leuchtturm kann man heraufsteigen. Ein Boot liegt hier sehr geschützt. Nur bei Tramontana taugt der Platz nicht.

Weiter nach Osten fahrend beginnt jetzt der Sund zwischen dem Festland und der Isla de la Encalladora.

Die Passage zwischen dem Festland und Isla de la Encalladora (Plan S. 70) ist ohne weiteres auch für große Yachten möglich. Fast alle örtlichen Boote ziehen diesen vor See-gang geschützten Weg der Fahrt seewärts um die Insel vor. Die Ufer sind auf beiden Seiten sauber. Das Wasser ist 15 bis 30 Meter tief. Nur an der Ost-Seite der Isla de la Encalladora liegt eine Gefahrenstelle. Und die vermeidet man am besten, indem man die Passage zwischen Festland und Insel benutzt.

Die Küste des Festlandes gegenüber der Insel ist steil und zum Anlanden kaum ge-eignet. Sie setzt sich mit flacheren Einbuchtungen fort bis zur Felsspitze des **Cabo Creus**. — Die Küstenabschnitte südwärts von Cabo Creus werden auf Seite 82 f. beschrieben. Vor allem die **Cova del Infern** „gleich um die Ecke" verdient unbedingt einen Besuch.

Isla de la Encalladora (Plan S. 70 und 51)

Dies ist die etwa 500 Meter lange Felseninsel, die der Nordostseite von Cabo Creus vorge-lagert ist. Die Insel ist nackter Fels, eher flach, wechselnd 3 bis 15 Meter hoch. Sie ist über-wiegend glattgeschliffen. Ich meine, sie lohnt es, auf ihr zu landen. Man kann gut von ihr aus baden. Und in dem unglaublich klaren Wasser kann man trotz der großen Tiefe fast immer auf den Grund sehen. — Z w e i U n t e r s e e b o o t e sollen hier in der Nähe auf dem Meeres-grund liegen, und auch sie soll man sehen können. Doch habe ich über die genauere Lage nichts erfahren können. — Das Anlanden erfolgt von der geschützten Passage zwischen Insel und Festland aus.

A n l a n d e n a n d e r I s l a d e l a E n c a l l a d o r a ist für kleine und mittelgroße Boote von der Landseite her fast immer möglich. Klippeninseln liegen in dieser Einbuchtung der Insel. An der Ostseite dieser kleinen Klippeninseln ist aber genug Platz, um gut in das Innere der Einbuchtung zu kommen. Von dort erstreckt sich ein schmaler Einschnitt recht tief noch weiter in das Innere der Insel hinein. An flachen Felsplatten kann man das Boot festmachen. Auch wenn draußen ziemlich rauhe See ist, findet man dort fast immer ruhiges Wasser.

Achtung **Südostwärts der Osthuk der Isla de la Encalladora liegt in Fortsetzung der langgestreckten Insel eine blinde Klippe etwa 40 Meter vor der Inselhuk.**

Islote Maza de Oro (Plan S. 70 und 51)

Etwa 800 Meter seewärts von Cabo Creus liegt noch eine Insel frei im Meer. Sie ist etwa 150 Meter groß und ziemlich hoch. Vom Standpunkt der Sportbootnavigation liegt sie in tiefem Wasser. Es gibt aber Felsbänke von 3 bis 5 Meter Tiefe um die Insel. Die sind nicht nur für die Hummernfänger ertragreich, sondern auch für die Sporttaucher. Fast immer sind tagsüber ein oder zwei große Boote des Club Méditerranée mit Sporttauchern bei der Insel. — Läuft man mit Motorkraft, so muß man den Korkschwimern mit den Leinen für die Hummernkörbe ausweichen.

Anlanden an der Insel (nicht mit schweren, tiefgehenden Booten und nur bei ruhigem Wasser) erfolgt in See-gangslee. Frühzeitiges Werfen des Heckankers. Sobald der Bug nahe genug am Land ist, jumpt einer mit der Vorleine herüber, während der zweite Mann die Leine zum Heckanker durchsetzt, so daß das Boot etwas Ab-stand zu den Felsen behält. Man macht es am besten wie die anderen Boote. Ein Patentrezept gibt es nicht, und an vielen Tagen läßt man das Anlanden wohl lieber sein.

C. Cabo Creus bis Cabo Norfeo (Plan S. 51)

Dies ist die Ostseite der viereckig gedachten Halbinsel. Zehn Kilometer Luft-linie trennen die beiden Kaps. Rechnet man aber die Buchten und Inseln mit ein, so ist es mindest die fünffache Länge. Was diese so buchtenreiche, so unglaublich interessante und schöne Felsküste von der Küste an der Nord-seite von Cap Creus unterscheidet, ist ihre Lage zum Tramontana:

Tramontana D e r T r a m o n t a n a i s t h i e r a b l a n d i g. Vom großen Seegang ist man süd-lich von Cabo Creus abgedeckt. Dicht unter der Küste oft auch vom Wind. Aber aus Tälern kann es erheblich herausblasen. Und Fallböen sind oft sehr stark. Man erkennt sie an den schwarzen Flecken, die auf dem Wasser wan-dern. Sind die Böen stark, wird auch weißer Gischt aus dem Meer heraus-geweht. Eine Jolle darf (wenn sie überhaupt noch segeln kann) ihre schüt-zende Bucht nicht verlassen! Auch Kielboote müssen dann vorsichtig sein und sehr stark wegreffen. Ein motorgetriebenes Boot wird der Winddruck wohl mehr bei den Manövern als beim Fahren stören. Seinen „Reserveantrieb" (Riemen, Paddel oder Zweitmotor) an Bord zu haben, ist hier wichtiger als anderswo. Und natürlich Anker mit reichlich Leine. Fahren kann man in die-sem Revier dicht unter der Küste auch an Tramontana-Tagen. Daß man aber keine Aussicht hat, bei einigermaßen starkem Tramontana das Cabo Creus nach Norden zu runden, sei nochmal gesagt.

Andere Winde S ü d l i c h e W i n d e sind im Sommer sehr selten stark. Außerhalb des Hoch-sommers bringen sie oft hohen Seegang. Dann liegt man in Port Lligat gut, in Cadaques schlechter. — Bei O s t s t u r m außerhalb des Hochsommers sind Rosas, Puerto de la Selva und Cadaques sichere Plätze.

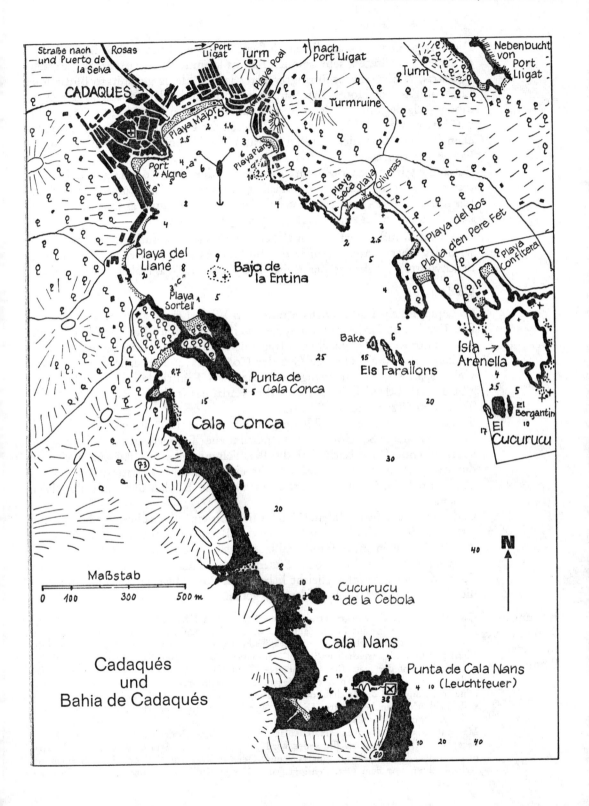

Orte   Die einzige Ortschaft an diesem äußerst einsamen Küstenstück ist Cadaques an seiner geschützten, sehr schönen Bai. Es kommt als S t a n d q u a r t i e r sehr in Betracht. Ein sehr begünstigter Platz ist die kleine geschützte Bucht Port Lligat mit ihrem Hotel. Erwähnt man noch die beiden Hotels in der grandiosen Cala de Jonculls, dann ist wohl alles an festen Unterkunftsplätzen aufgeführt, was es gibt. Ich denke, daß diese sehr einsame Küste zum individuellen Z e l t e n besonders interessant ist. Viele der Buchten werden von einem Fahrweg berührt.

Einsamkeit ist neben Buchtenreichtum und der Gunst der Lage ein hervortretendes Merkmal dieses vom Massentourismus noch vollkommen verschonten Küstenstückes. Daß eine normale Urlaubsdauer kaum ausreicht, hier alles kennenzulernen, sei zum Überfluß noch einmal gesagt.

Boote auf Wanderfahrt sollten unbedingt Cadaques besuchen. Und bestimmt wird das Übernachten in einer der Buchten nahe Cabo Creus eines der eindruckvollsten Erlebnisse der Reise. Die Qual der Wahl bleibt dem Schiffer.

Cadaques   (Plan S. 73 und 51)

Cadaques ist ein Fischerdorf im innersten Winkel einer großen, sehr schönen Bai. Der kleine Fischerort mit seinen weißen, auf einer Felshöhe hochgebauten Häusern und der darüber aufragenden weißen Kirche ist so ursprünglich geblieben, wie kein anderer Ort der Costa Brava. Fischerdorf, Urlaubssitz vieler Spanier und ein wenig vielleicht noch Künstlerkolonie. Im Sommer gibt es natürlich viele Touristen. Aber Cadaques ist kein „Badeort", wie die Touristenplätze weiter im Süden.

Sein äußeres Bild hat der kleine Ort mit seinen 1500 Einwohnern gottlob kaum geändert. So gibt es enge, gewundene Treppengassen, Mauerbögen, überraschende Durchblicke auf die Bai, Felsenwinkel mit Riesenagaven und durchweg kleine weiße Häuser. Es ist eine spanische Variation des Themas „Collioure". Nicht nur der große catalanische Kirchenaltar läßt Parallelen ziehen.

Cadaques hat keinen Hafen. Aber es liegt an einer bezaubernd schönen und fast 2 Kilometer tief ins Land reichenden Bucht. Im Innern der Bucht ist an 29 von 30 Tagen im Sommer ruhiges Wasser wie in einem Binnensee. Nur wenn einmal hoher Seegang aus Süden ist, sollte man mit einem mittelgroßen Boot oder einer Yacht vielleicht lieber nach Port Lligat laufen und von dort die 15 Minuten nach Cadaques zu Fuß gehen.

Eignung als Standquartier für kleine Boote   Cadaques liegt an einer begeisternd schönen Bucht. Etwa 1 Kilometer breit ist ihre Öffnung, 2 Kilometer reicht sie ins Land. Zahllose Inseln und Nebenbuchten gibt es. Ferner ein fast unerschöpfliches Außenrevier. Die geographische Lage von Cadaques im Herzen eines sehr schönen, sehr buchtenreichen und dem Tramontana abgewandten Küstenreviers ist schlichtweg ideal. Es ist der Platz für die eintägige Wanderfahrt. Vielleicht ist es bezeichnend, daß viele einheimische Bootstypen dort liegen, also Verdrängerboote, manche noch mit Lateinersegel, und daß die beschauliche Ausübung des Wassersportes überwiegt. Fast 100 urigstille Felsbuchten in bequemster Distanz! Wer ist da noch so erpicht auf Wasserski? Auch viele Segelboote sind in Cadaques.

Man muß wissen, daß es keine Hafenanlagen gibt und keine Kajen oder Stege, die als Dauerliegeplatz infrage kommen. Entweder wird das Boot auf den Strand geholt. Strände dazu in der Nähe der Unterkunft gibt es genug. Oder es liegt vor Grundgeschirr in einer der Nebenbuchten vor dem Ort. Pensionen und Hotels sind im Ort und an den Ufern der Bai verstreut.

Es gibt einen kleinen Kran, den ich aber noch nie in Funktion gesehen habe. Ich bin nicht sicher, ob er arbeitet. Falls man einen Kran zum Einsetzen braucht, so sollte man das Boot in Rosas oder Puerto de la Selva ins Wasser bringen. Einen Club oder Clubanlagen gibt es nicht. Aber die Zahl der Boote, die auf den vielen Stränden und den zahlreichen Nebenbuchten der Bai verteilt sind, mag bei tausend liegen. Diese große Zahl macht sich wegen der starken Gliederung der Küste kaum bemerkbar.

Liegeplätze

Dauerliegepläze für kleinere Fahrzeuge. Die Boote liegen vor Grundgeschirr im Wasser oder auf dem Strand. Es gibt so viele geeignete Plätze in der Bai, daß man sich den wählt, der am günstigsten zur Unterkunft liegt (der Bau eines Sportboothafens ist projektiert). Zeitweiliges Liegen ist für Boote bis etwa 0,8 Meter Tiefgang an einer flachen Kaje möglich. Man lese dazu unter „Ankerplatz f".

Ankerplätze

Ankerplätze. Für große Fahrzeuge kommen die im Plan mit „a", „b" und „c" bezeichneten Pläz infrage. Ich würde mit einer größeren Yacht bei Tramontana bei „b", sonst bei „a" ankern. Mittelgroße und kleine Boote können, wenn Platz ist, oft besser an den Plätzen „d" und „e" liegen. Für ein kleines oder mittelgroßes flachgehendes **Boot auf Wanderfahrt** ist es für einen kürzeren Aufenthalt sehr verlockend, an eine der kleinen Kajen bei „f" zu gehen. Dies darf aber nicht ohne besondere Vorsichtsmaßnahmen geschehen.

Zu beachten ist, daß vor dem Strand oft ein Küstentanker ankert, der Wasser (!) bringt. Für dieses Schiff sind die beiden Festmachetonnen bestimmt. Dort belegt es seine Heckleinen. Der Raum zwischen den beiden Tonnen und seewärts davon muß freibleiben.

Ankerplatz „a": Dieser Platz bringt das schöne Bild des Ortes am besten zur Geltung. Man ankert auf 4 bis 6 Meter Tiefe und steckt reichlich Kette. Bei starkem Tramontana soll man den zweiten Anker ausbringen. Steht einmal Schwell in die Bucht, so trägt es mehr zum Komfort bei, mit einem Heckanker den Bug gegen den Schwell gerichtet zu halten.

Ankerplatz „b": Dies ist der beste Platz bei Tramontana. An der Ostseite des Strandes steht eine Steinbake. Ich würde eine lange, starke Leine zu dieser Bake legen und den Bug des Schiffes daran festmachen. Vom Heck würde ich den Zweitanker mit langer Leine ins Wasser geben. Man kann das Boot an der Bugleine sehr dicht an die Steinbake holen und ist dann durch die Häuser an Land auch etwas von dem sehr starken Wind abgedeckt. Man hangelt sich mit dem Dingi an der Bugleine zum Land (Schlauchboote lassen sich bei Tramontana nicht mehr gegen den Wind rudern). — Man kann am Platz „b" natürlich auch frei ankern.

Ankerplatz „c": Er ist ein wenig ruhiger bei Schwell aus Süd. Es ist aber weit zum Ort, und bei Tramontana kommt Salzspray auf das Boot. Es ist mehr ein Platz für Dauerlieger.

Ankerplätze „d" und „e": Sie sind von Dauerliegern besetzt. Nur ein kleineres Boot hat Aussicht, dazwischen genug Raum zu finden.

Ankern an der kleinen Kaje bei „f": Leider ist im Plan der Buchstabe „f" vergessen worden. Die Kaje liegt unmittelbar ostwärts von „b". Man muß wissen, daß die vielen wie Kajen aussehenden Ufermauern bei Cadaques keine Kajen sind, sondern auf Felsklippen stehen. Nur bei „f" können flachgehende Boote bis etwa 0,5 Meter Tiefgang am Bug direkt am Ufer liegen. Bei ruhigem Wasser ist dies an dieser Stelle kein Problem. Kommt aber Dünung von See auf, so entsteht dort dicht an der Kaje sehr starker Sog, der unmittelbar an der Kaje auch in eine Art von kleiner Brandung ausarten kann.

Für Boote auf Wanderfahrt ist der Vorteil, direkt aufs Land übersteigen zu können, natürlich erheblich. Ich würde ein mittelgroßes Boot im Sommerhalbjahr diesem Platz anvertrauen, aber nur mit folgenden Maßnahmen: Beim Anlaufen würde ich einen guten Anker an langem, elastischen Tau ziemlich weit vom Ufer über das Heck ins Wasser geben. Sind die Vorleinen belegt, würde ich das Ankertau mit Spannung stramm durchsetzen. Sind alle an Land, würde ich dann die beiden Bugleinen von Land aus soweit fieren, daß das Boot durch die elastische Ankerleine 2 bis 3 Meter vom Land weggezogen wird. Da kann wohl nichts mehr geschehen. Besonders für ein Boot, das kein Dingi oder Schlauchboot führt, kann dies Verfahren nützlich sein.

Praktische Hinweise

Speziellen Bootsbedarf wird man in Cadaques kaum bekommen. Man fährt dazu mit dem Autobus nach Rosas oder besser nach Figueras (Seite 11, 51). Der Bus fährt etwa alle 3 Stunden. Die Abfahrzeiten sind nahe der Tankstelle an der landeinwärts führenden „Hauptstraße" angeschlagen. Dort bekommt man auch Benzin. Wasser holt man von den Gaststätten am Strand.

Sehenswertes und Ausflüge

Sehr stimmungsvoll ist der Ort als solcher. Er hat zahllose sehr schöne Stellen. Die Terrasse auf dem agavenbesetzten Felssockel, der die Strände trennt, ist abends zum Sitzen und Träumen wunderschön. Den Platz vor der Kirche, den sehr großen, berühmten Barockaltar, all dies entdeckt man am besten selbst.

Ein ganz kleines, uriges Eßlokal (eine Comida) ist in der zweiten Querstraße rechts von der „Hauptstraße". Dort ist es nicht die erste Comida links, sondern die folgende rechts. Eine richtige Fischergaststätte, wenngleich man Fischer nur außerhalb der Saison dort findet. War man mit dem Boot nicht in Port Lligat, soll man die 15 Minuten Fußweg dorthin machen. Der Hof des Dali-Hauses ist kurios mit dem Baum, der scheinbar durch ein Boot hindurchgewachsen ist.

Ist man körperlich fit, so gibt es einen Fußweg, der alle Superlative verdient. Er ist zur Not auch mit dem Auto zu fahren. Ich meine den Fahrweg zu der Ermita de San Sebastian. Das ist das weiße Kloster, das man von der Bucht auf halber Höhe des 610 Meter hohen Berges „Panic" (mit der Radarstation) sieht. Das Kloster mag auf sich beruhen bleiben, aber der Blick von dem ansteigenden Weg auf die immer tiefer unter einem liegende Bucht von Cadaques auf Port Lligat und über die ganze Küste bis Cabo Creus ist phantastisch schön. Allah schwärze das Gesicht des Photolaboranten, der mir diesen Film verpatzt hat!

Die Küste von Cadaques bis Port Lligat   (Plan S. 73, 77 und 79)

Die Fahrt von Cadaques nach Port Lligat ist 4½ Kilometer lang. Kleine Boote können ihn bei gutem Wetter durch Abkürzungswege auf 3½ Kilometer verkürzen. Die Strecke kann auch bei Tramontana gefahren werden. Sie ist sehr reich an kleinen Buchten. Es gibt mehrere kleine Inseln und viele Klippeninseln. Große Yachten allerdings werden auf die so abwechslungsreiche ganz küstennahe Fahrt verzichten müssen. Kleine Boote sollten bei Tramontana unbedingt dicht unter der Küste laufen und den so gebotenen Schutz ausnutzen. Mit flachgehenden Booten kann man landwärts der Isla Arenella spannend durch enge Sunde passieren.

Die Felsküste ist hier ungewöhnlich niedrig. Es ist braunes, weiches Gestein von 5 bis 10 Meter Höhe und vollkommen anders, als der schwarze harte Schiefer an der Westseite der Bai. Nur die steile, hohe Klippeninsel El Cucurucu (s. u.) ist aus schwarzem Schiefer und ein Fremdkörper in dieser Region. Die Sage, welcher Riese sie welchem vorwitzigen Kleinbootschiffer von Punta de Cala Nans nachgeschleudert hat, ist leider nicht überliefert.

Die an der Isla Arenella ostwärts anschließende Küste ist klippenreich. Zuerst erschreckt sie einen. Ist man mit ihr vertrauter geworden, so findet man dort viele gut geschützte Schlupfwinkel. Einer hat einen für Wassersportler sehr günstigen Campingplatz. Auch die ganze Isla de Port Lligat ist voller tief einschneidender Seeräuber-Kreeks. Und ein nautischer Leckerbissen ist die Passage in dem engen, flachen Kanal zwischen dieser Insel und dem Festland. All dies ist typisches Kleinbootrevier, und großen Yachten bleibt nichts, als 50 Meter Abstand von allem über Wasser Sichtbaren einzuhalten und zu trauern. Man kann nicht behaupten, daß dieses Küstenstück in idyllischer Landschaft liegt. Es ist recht kahl und eigentlich gar nicht schön. Aber ein Kleinbootschiffer, der Freude an spannender Navigation in sehr stark gegliederten Gewässern hat, ist einige Tage voll beschäftigt, ehe er in diesem doch eher kleinen Revier wirklich alles kennt.

Für Boote auf Wanderfahrt gibt es mehrere nette Übernachtungsplätze.

Genaue Beschreibung der küstennahen Fahrt

Die ersten 1½ Kilometer der Fahrt von Cadaques nach Port Lligat führen am Ostufer der Bahia de Cadaques entlang (Plan S. 73). Man passiert Strände und Nebenbuchten, in denen einige hundert Boote liegen.

Die Bucht mit den Stränden **Playa Seca und Playa del Ros** ist ein solcher wichtiger Liegeplatz. Diese Einbuchtung ist auch gegen südlichen Seegang einigermaßen geschützt und ist mit kleinen und mittleren Booten vor Grundgeschirr reichlich gefüllt. Auch auf den beiden Stränden liegen viele Boote. Die Wassertiefe ist mit 2 bis 3 Metern günstig. Der Grund ist allerdings steinig.

Die flachen Klippeninseln **Els Farallons** haben eine Bake auf ihrer Nordwestecke. Diese Inseln können ohne weiteres landwärts passiert werden.

Es folgt die Bucht **Playa d'en Pere Fet**. Sie reicht zwar tief ins Land, ist aber nach See offen. Auf dem Strand liegen Boote. Aber im Wasser sollte man das Boot hier nicht längere Zeit alleine lassen. Südlicher Seegang läuft in der flachen Einbuchtung schnell zu Brandung auf.

Danach folgt die sehr markante, hohe, steile Klippeninsel **El Cucurucu**. Sie ist eines der Wahrzeichen und wichtigsten Landmarken der Bucht von Cadaques. Eigentlich sind es drei Klippeninseln. Die Mittelste (El Cucurucu) ist die höchste; ein riesiger, schräg im Wasser liegender Felsklotz von 15 oder 20 Meter Höhe aus pechschwarzem Gestein. Die beiden benachbarten Klippeninseln sind niedrig.

Die El Cucurucu-Klippeninseln sind ein beliebtes Revier für Angler und Taucher. Zwischen der westlichen Klippeninsel und der hohen Hauptinsel kann man hindurchfahren oder dort festmachen.

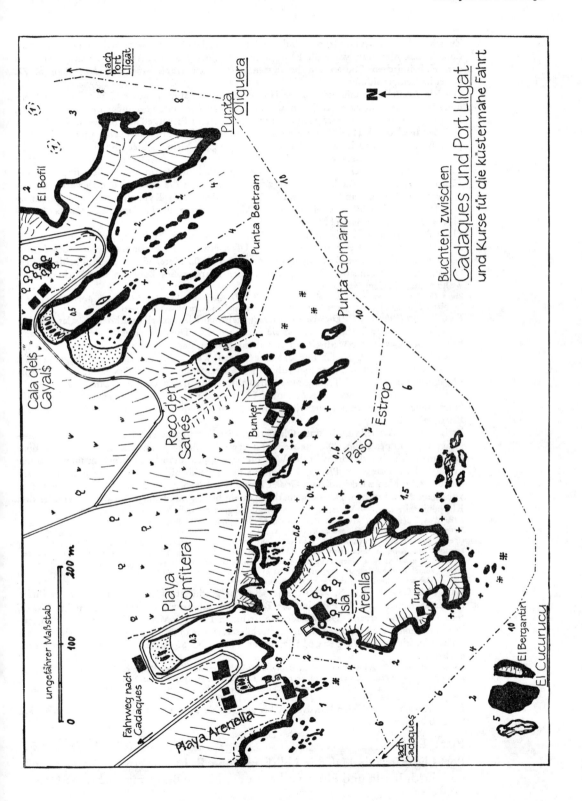

Zwischen der Cucurucu-Gruppe und der Isla Arenella können Boote jeden Tiefganges hindurchlaufen. Man muß dabei die Klippen an der Südseite der Isla Arenella beachten. Die von den einheimischen Booten am häufigsten gefahrenen Kurse sind auf dem Plan S. 77. gestrichelt eingezeichnet.

Die Isla Arenella ist eine 250 Meter lange, verhältnismäßig flache Insel mit felsigem Steilufer. Ein Haus steht an einen Turm angebaut an der Nordseite gegenüber der Playa Arenella. Eine kleine private A n l e g e p l a t t f o r m ist dort. Das Privatgelände ist gegen den übrigen Teil der Insel durch eine Mauer abgegrenzt. Drinnen stehen Pinien, Agaven und riesige Amphoren. Überwiegend ist die Insel unbesetzt. Eine ganz kleine, leider klippenreiche Bucht ist etwa 40 Meter südwärts von dem Haus. Eine andere, ebenfalls felsige, aber einigermaßen geschützte Stelle ist bei dem viereckigen Turm im Südteil der Insel. Auf die Klippen an der Südspitze von Isla Arenella muß man achten, wenn man die Insel an der seewärtigen Seite passiert. Die Passage landwärts der Isla Arenella, der P a s o E s t r o p, wird noch beschrieben. Isla Arenella schützt zwei freundliche kleine Buchten am Festland, die P l a y a A r e n e l l a und die P l a y a C o n f i t e r a.

Playa Arenella ist eine kleine, etwa 20 Meter breite, nette Bucht. Sie wird durch die Isla Arenella geschützt. Drei Häuser stehen am Ufer, etwa 15 Fischerboote sind auf den Strand gezogen. D r e i k l e i n e B e t o n a n l e g e r mit 0,5 bis 0,7 Meter Wasser sind an beiden Seiten. Günstig in jeder Hinsicht für ein kleines oder mittelgroßes Boot. In den Fischerhäusern wohnen auch Feriengäste.

Playa Confitera ist zwar etwas breiter, reicht auch tiefer ins Land, hat aber leider sehr flaches Wasser. Anlegeplätze gibt es nicht, aber genug Platz auf dem Kiesstrand vor dem hübschen Privathaus.

Paso Estrop (Plan S. 77). Dies ist die Passage zwischen Isla Arenella und dem Festland. Boote bis etwa 0,4 Meter Tiefgang können sie benutzen. Die Durchfahrt erfordert Aufmerksamkeit, da die Wassertiefe wechselt. Es gibt flache Stellen, denen man ausweichen muß. Die gestrichelte Linie im Plan gibt nur den ungefähren Weg, nicht die einzelnen Biegungen an. Die erste Durchfahrt soll man bei ruhigem Wasser machen. Ein kleines Boot, das von Port Lligat kommt, spart bei Tramontana durch diese Durchfahrt ein gutes Stück nasser Fahrt. — Bei auflandigem Seegang aus Süd oder Ost entsteht an der seewärtigen Seite der Durchfahrt steile See, manchmal auch Brandung. Dann soll man die seewärtige Seite von Paso Estrop nicht befahren.

Zwischen Isla Arenella und Punta Oliguera passiert man mehrere Reihen ziemlich weit vorgelagerter Klippeninseln. Die meisten sind etwa ½ Meter hoch. Mit einem kleinen Boot kann man sich aber durchaus in die Welt dieser Klippeninseln hineinbegeben, man muß nur gut Ausschau halten. Im Plan S. 77 können naturgemäß nicht alle Klippen und Steine angegeben sein. Man wird in diesem Gebiet hinter den Klippeninseln viele schöne Plätze finden, vor allem zum Tauchen. Das Boot macht man am besten mit Leinen zwischen zwei oder drei Klippeninseln fest. — Westlich Punta Oliguera gibt es noch zwei kleine Buchten.

Reco d'en Sanés ist eine kleine, unbewohnte Cala. Sie könnte ein idealer „Privathafen" sein. Einlaufen unter Vermeidung der blinden Klippen gemäß Plan von Osten her. Leider hat die Cala in ihrem innersten Teil verstreute, mittelgroße Steine, so daß man jetzt nur im äußersten Teil das Boot auf 1 bis 0,5 Meter Wasser zwischen den Klippen festmachen kann. Räumt man die mittelgroßen Steine im inneren Teil der Cala beiseite, dann gewinnt man einen etwa 15 Meter langen, 8 Meter breiten geschützten Platz für mehrere kleine Boote, zumal eine größere Klippe wie eine halbe Mole den innersten Teil abtrennt. Das Hinterland ist unbebaut. Der wenig benutzte Fahrweg nach Cadaques führt vorbei.

Cala d'els Cayals (Plan S. 77) ist eine sehr gut geschützte kleine Doppelbucht. In ihrem Nordarm liegen etwa 10 einheimische Boote, teils an provisorischen Anlegern im Wasser, teils auf dem Kiesstrand. Die Wassertiefe ist innen 1 bis 0,5 Meter. Die Felsränder sind sauber und taugen zum Anlegen. Drei Fischerhäuser, wo man sich einmieten kann, sind an der Cala. Ein kleiner C a m p i n g p l a t z unter Pinien ist 50 Meter daneben. Fahrweg nach Cadaques.

Im Südarm dieser Cala liegen nur selten Boote. An sich ist er sogar noch besser geschützt. Er ist jedoch mit Ausnahme eines kurzen Stückes an dem trennenden Felsgrat mit mittelgroßen Steinen unrein. Räumt man diese Steine zur Seite wo sie stören, so kann man mit mäßiger Mühe Liegeplatz für mindestens fünf Boote schaffen. Bisher wurde der Platz in diesem Arm der Cala wohl nicht gebraucht.

Die nordwärts anschließende Küste ist bis zur Isla de Port Lligat buchtenarm. Sie wird auf Seite 80 beschrieben.

Port Lligat   (Plan S. 79 und 51)

Port Lligat ist kein Hafen in üblichem Sinne. Es ist eine etwa 200 Meter große und durch Inseln und Huken sehr gut geschützte Bucht mit mehreren Nebenbuchten und einer Kaje für Boote mit nicht mehr als 0,6 Meter Tiefgang. Außer einem Hotel (30 Zimmer), dem geschmackvollen Anwesen des Malers Salvador Dali, einem Campingplatz etwa 200 Meter von der Bucht und etwa 8 Fischerhäusern ist die Bucht unbesiedelt. Boote bis etwa 0,6 Meter Tiefgang finden geschützte Liegeplätze in unbegrenzter Zahl. Für Kielboote bis über 2 Meter Tiefgang ist Port Lligat ein guter Ankerplatz. Vor allem bei Tramontana ist Port Lligat sehr günstig. Etwa 200 Meter Strand sind da. Es ist eine ruhige, nie überfüllte, sehr angenehme Bucht im Herzen eines an schönen Buchten überaus reichen Reviers.

Boote auf Wanderfahrt sollten natürlich Cadaques bevorzugen. Wenn aber stärkerer Seegang aus südlicher Richtung ist, liegt man in Port Lligat entschieden besser. Zu Fuß ist man auch von dort in 15 Minuten in Cadaques.

Eignung als Standquartier für kleine Boote	Ich denke, daß man dem Platz getrost das Attribut „ideal" geben kann, wenn es einem um den Wassersport geht. Der Engpaß ist die Unterkunft. Wenn man frühzeitig einen Platz im Hotel bestellt (Hotel „Port Lligat" mittlere oder leicht gehobene Preisklasse) ist die Unterkunftsfrage gelöst. Der Campingplatz ist groß und sehr laut und etwas weit vom Ufer. Man könnte auch in Cadaques wohnen (1 Kilometer).
Liegemöglichkeiten und Ankerplätze	Die etwa 200 Meter große, durch Inseln und Huken geschützte Bucht hat in ihrem Mittelteil tiefes Wasser (Plan). Unter den Ufern wird sie jedoch rasch flach. Auch sehr tiefgehende Yachten finden guten Ankerplatz, müssen sich jedoch im tiefen Mittelteil der Bucht halten. Dicht an die Ufer heran können eigentlich nur Boote mit 60 bis 80 Zentimeter Tiefgang. Die Seitenarme der Bucht sind stellenweise sehr flach (Beschreibung folgt).

Es gibt eine K a j e in der Westseite der Bucht bei den Häusern. Sie ist etwa 50 Meter lang. An ihrem Nordteil sind 20 bis 50 Zentimeter Wasser. An der Südecke ist die Wassertiefe etwa 1 Meter. Die Kaje kann aber von ortsfremden Booten nur bis etwa 0,6 Meter Tiefgang angelaufen werden, da eine Barre zwischen ihr und dem tieferen Wasser liegt. Hat man ergründet, wie man fahren muß, um ihr auszuweichen, kann man wohl mit Booten von 0,8 Meter Tiefgang noch hingelangen. Man liegt dort mit Buganker und Heckleinen. In der Ferienzeit ist die Kaje meist voll besetzt. Gäste des Hotels haben Vorzugsrechte.

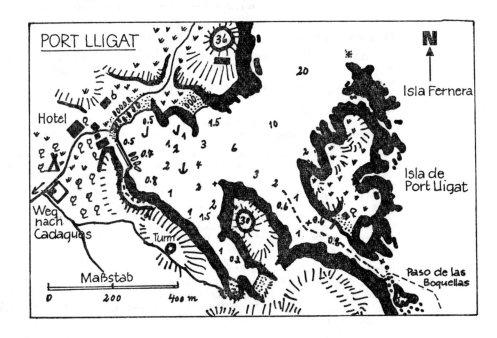

In der nördlichen Strandbucht ist im Sommer manchmal ein provisorischer Steg. Da die Winterstürme ihn oft zerschlagen, ist darauf kein rechter Verlaß.

Ankerplätze Der Ankergrund ist etwas hart. Hat der Anker aber gegriffen, so hält er gut. Man sollte sich jedoch vergewissern ob er gefaßt hat. Nachts soll man als ortsfremdes Boot wohl besser ein Ankerlicht setzen.

Tiefgehende Yachten mit mehr als 1 Meter Tiefgang ankern in der Mitte der Bucht gemäß dem Plan. Es gibt zwei wichtige Peillinien, die man nicht überschreiten soll. Schon in ihrer Nähe befindet man sich an der Grenze tiefen Wassers:

a) Die Nordhuk der Isla Fernera und die Südhuken des Festlandes müssen g u t o f f e n bleiben. Erlaubt man diesen beiden Huken, in Deckung zu kommen, so sitzt man entweder schon oder gleich darauf.

b) Die Nordhuk der Isla Fernera und die Linien zur Westhuk der Isla de Port Lligat und später zur Westhuk des Festlandes dürfen nicht nach Osten überschritten werden. Sind die Huken in Linie, so habe ich noch 2 bis 2,5 Meter Wasser gefunden. — Schaut man ins Wasser, so sieht man bei Tageslicht gut, wo es flach wird. Die Tiefe ändert sich sehr schnell.

Flachgehende Yachten: Boote mit Tiefgang bis etwa 0,8 Meter können sich dichter ans Ufer und hinter die Huken legen. Ein sehr beliebter Liegeplatz ist zwischen den beiden Stränden im Nordteil der Bucht unmittelbar hinter der vorspringenden Felshuk. Meist legt man einen Heckanker und macht den Bug dicht an der Felsnase fest. Oft kann man direkt vom Boot aufs Land übersteigen.

Kleinboote: Soweit sie nicht auf den Stränden oder an der Kaje liegen, sind Kleinboote vor Grundgeschirr in den beiden nördlichen Nebenbuchten der Hauptbucht sowie allen anderen Plätzen der Bucht.

Schutz bei stürmischem Wetter Port Lligat ist vollkommen geschützt gegen Tramontana und Sturm aus südlicher Richtung. Es ist offen nach Nordost. Ich denke, daß man in den Sommermonaten vor den dann vorkommenden nordöstlichen Winden keine Sorge zu haben braucht. Außerhalb des Sommers würde ich mit einem Boot, auf dem man wohnt, jedoch Port Lligat verlassen, wenn sich ein Oststurm ankündigt. Ich würde dann nach Rosas, Puerto de la Selva oder auch Cadaqués laufen.

Ansteuerung und Einlaufen V o n N o r d e n h e r (z. B. von Cabo Creus) ist die Einfahrt nach Port Lligat sehr schwer auszumachen. Dagegen sieht man auf See gut die Islotas Massina (Plan S. 51). Die Einfahrt nach Lligat ist 1 Kilometer Westnordwest von diesen Inseln. — Eine andere Ansteuerungsmarke von Norden her ist d e r b r e i t e T u r m auf dem Bergrücken von Port Lligat. Auf diesen soll man zulaufen, ohne sich durch die Häuser am Ufer zum Einlaufen in eine falsche Bucht verleiten zu lassen. — Ist man näher an Port Lligat herangekommen, so sieht man auffällig schwarze, steile Felswände sowohl an der Festlandseite der Einfahrt als auch an der Seeseite. Letztere sind die Nordseite der unbesiedelten Isla Fernera. Dazwischen läuft man ein. Das Hotel „Port Lligat" sieht man erst, wenn man in der Bucht drinnen ist.
B e i m E i n l a u f e n v o n S ü d e n her soll man die Nordhuk der Isla Fernera einen genügend weiten Bogen fahren, denn:

Achtung Eine Unterwasserklippe mit nur etwa 30 Zentimeter Wasser darüber liegt etwa 40 Meter nordwärts der Nordhuk von Isla Fernera.

Port Lligat ist unbefeuert. Als Ortsfremder würde ich die Bucht nur bei gutem Mondlicht und günstigen Wetterbedingungen anlaufen. Falls es zu dunkel ist: Cadaqués ist leichter anzulaufen. Sonst bleiben die befeuerten Häfen Rosas oder Puerto de la Selva.

Das engere Revier von Port Lligat

Schon im unmittelbaren Bereich der Bucht ist eine Fülle sehr schöner Plätze. Auch der kleine Archipel der Isletas Massina wird hier beschrieben. Das herrliche Revier bis Cabo Creus ist ein Kapitel für sich (Seite 82 f).

Isla de Port Lligat (Plan S. 79)

Genau betrachtet sind es zwei Inseln, denn nordwärts ist der Isla de Port Lligat noch die kleinere Isla Fernera vorgelagert. Diese ist felsig-steil und von der See her viel auffälliger als die flachere Isla de Port Lligat. Es ist Ansichtsache, ob man das ganz schmale, an Steinen reiche Gewässer zwischen den Inseln als passierbar ansieht oder nicht. Jedenfalls bietet dieser Sund von Land wie von See aus felsig-urige Kleinbootbuchten.

Die Hauptinsel Isla de Port Lligat ist etwa 500 Meter lang. Ihre Oberfläche ist flacher, hat Erdkrume, aber wenig Bewuchs. Ein sehr hübsches Privathaus steht an einem kleinen Strand am Sund an der Südseite der Insel. Dort ist auch ein kleiner steinerner Anleger. Die Insel hat an ihrer Landseite drei Einbuchtungen. Die südliche ist auch für große Yachten geräumig.

Überaus urig sind die vier schmalen, ganz tief einschneidenden Seeräuberbuchten an der Seeseite der Insel. Sie reichen sehr tief in die Insel hinein, einige fast 100 Meter. Innen haben sie meist vollkommen ruhiges Wasser. In manche kann man auch mit einem mittelgroßen Boot noch herein, andere sind nur für Kleinboote. Zum ersten Anlaufen soll man sich einen Tag ohne großen Seegang wählen.

Paso de las Boquellas (Plan S. 79)

Dieser Sund zwischen Isla de Port Lligat und dem Festland ist landschaftlich hübsch. Für flachgehende Boote bedeutet er eine erhebliche Abkürzung des Weges nach Cadaqués. Boote mit mehr als 0,5 Meter Tiefgang müssen ihn sehr vorsichtig befahren. Bis zum Anleger an der Insel mag man mit 0,8 Meter Tiefgang gerade noch kommen. Für die Durchfahrt nach See sind 0,5 Meter Tiefgang wohl das Äußerste.

Läuft man von Port Lligat in den Sund ein, so hat man solange nahezu 2 Meter Wassertiefe, bis die Westhuk der Insel und Cabo Creus in Linie sind. Das ist wichtig für tiefgehende Boote, denn ostwärts dieser Linie wird es dann rasch flacher. Beim ersten Einlaufen mit meinem großen Boot (1 Meter Tiefgang) in einer Mondnacht bin ich dort trotz Echolot prompt festgekommen. Es ist aber fast überall Sandgrund. Boote mit mehr als 0,8 Meter Tiefgang sollen also die Linie Cabo Creus-Westhuk der Insel nicht überschreiten.

Etwa 100 Meter vor dem Anleger in der Insel steht in der Mitte des Sundes ein roter, etwa ½ Meter hoher Holzpfahl. Dort ist eine Felsklippe mit nur 40 Zentimeter Wasser darüber. Der Pfahl steht auf der Klippe. Man passiert an seiner Südseite.

Spätestens bei dem Anleger der Insel endet die Fahrt für Boote, die mehr als 50 Zentimeter Tiefgang haben. Auch Boote mit weniger als 50 Zentimeter müssen nun sehr aufmerksam fahren. Nach See hin wird der Sund schmaler. Dort wird der Grund steinig. Einzelne dieser Steine reichen bis etwa 30 Zentimeter unter die Wasseroberfläche. Man sieht sie, und man weicht ihnen aus.

Die Ausfahrt aus dem Sund auf See ist etwas verzwickt. Man soll die Passage unbedingt das erste Mal von innen nach See heraus fahren und nicht umgekehrt. Und man sollte sie das erste Mal nicht bei stärkerem auflandigen Seegang fahren.

Auslaufend fährt man an der Öffnung des Sundes zur See, nicht in der Mitte des Sundes. Vielmehr fährt man nur etwa 10 Meter vom Südufer (also vom Festlandsufer) entfernt, solange, bis man wenige Meter vor dicht gepackten Klippenfelsen steht, die den weiteren Weg an der Südseite versperren. Erst hier dreht man seewärts und hält sich dabei etwa 3 Meter von den Klippen an der rechten Seite entfernt. Denn dort etwa liegt die tiefste Rinne. Sie ist 1 bis 2 Meter tief. Man kann sie im Wasser an der dunkleren Färbung gut erkennen. An beiden Seiten der Rinne ist es recht flach.

Einlaufen in den Sund: Kommt man von Cadaques her, so fährt man von Punta Oliguera aus parallel zur Küste. Etwa 600 Meter nordwärts von Punta Oliguera sieht man in der „Kimme" zwischen der Festlandhuk und der Isla de Port Lligat das weiße Hotel „Port Lligat". In dieser Linie „Hotel in der Kimme" läuft man auf das Ufer zu — selbstverständlich ganz langsam. Sobald man sieht, daß das dichte Klippenmassiv an der Festlandküste endet und die Durchfahrt frei liegt, dreht man nach links und läuft in 3 Meter Distanz zu den Festlandklippen ein. Man biegt aber erst dann wieder in die Hauptrichtung des Sundes, wenn die beiden spitzen Klippen in flachem Wasser an der Steuerbordseite sicher passiert sind.

Steht Seegang auf Land zu, so läuft er an den flachen Stellen der Durchfahrt zu Brandung auf. Die schmale tiefe Rinne ist aber, auch wenn es ganz dicht rechts und links brandet, bis zu Seegang von erheblicher Höhe brandungsfrei. Aber man soll bei der Entscheidung, ob man noch durchlaufen will oder nicht, bestimmt sehr vorsichtig sein. Ich selber denke mit dem größten Vergnügen an die Spannung beim ersten Auslaufen und Einlaufen zurück. Ich hatte zwar ein sehr leichtes Boot, aber draußen stand tüchtiger Seegang und eine Beschreibung gab es vorher ja nicht. Die einheimischen Boote fahren natürlich durch den Sund.

Cala d'els Caldés (Plan S. 79)

Dies ist der blind endende Wasserarm, der aus der Ankerbucht von Port Lligat südostwärts abzweigt. Es ist ein 60 Meter breites Gewässer, aber landschaftlich gar nicht attraktiv. Zu beachten ist, daß in seinem inneren Teil die Wassertiefe ganz plötzlich wechselt von etwa 1 Meter auf nur 20 cm Wassertiefe! Dies erfolgt an mehreren Stellen.

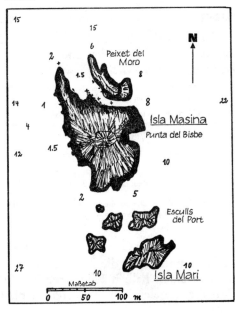

Skizze der Konturen und der Wassertiefen bei den Islas Masinas.
Beschreibung der Inseln Seite 82.

Islotas Massinas   (Plan S. 81 und 51)

Es handelt sich um zwei etwas größere Inseln und eine Gruppe von Klippeninseln. Sie liegen gut 1 Kilometer vom Festland entfernt ostwärts von Port Lligat. Die Hauptinsel, Isla Massina, ist etwa 150 Meter lang und 100 Meter breit. Die Höhe schätze ich auf 8 Meter. Eine kleinere Insel liegt direkt an der Nordseite der großen. Vier flache Klippeninseln liegen an ihrer Südseite. Tiefes Wasser ist an allen Seiten bis dicht an die Ufer.

Isla Massina, die Hauptinsel, ist unbewachsener und unbewohnter Fels. Ihre Oberfläche besteht überwiegend aus rauhen Felsrippen. Sie ist nicht eigentlich einladend. Aber das Wasser um sie herum ist so klar, daß Sporttaucher an ihren Ufern und vor allem um die Klippen an ihrer Südseite viel Freude haben.

Anlanden soll man nicht bei rauhem Wasser. Einigen Schutz gibt die Einbuchtung an der Nordseite zwischen den beiden Inseln. Es ist aber schwer, dort einen Platz zu finden, wo das Boot nicht auf Klippen aufsetzen kann. Ankern läßt sich auf dem Felsgrund schlecht. Am besten ist es, das Boot mit Leinen zwischen den Felsen der Einbuchtung an der Nordseite oder zwischen den Klippeninseln südlich der Hauptinsel festzumachen („aufzuhängen") oder es aufs Trockne zu holen.

Mich selber würde es natürlich locken, auf diesem kleinen Archipel weit vom Festland mein Zelt aufzuschlagen. Falls man diesen Plan faßt, muß man natürlich vollkommen darüber im klaren sein, daß dies echtes Abenteuer ist. Wenigstens mit Wasser muß man für mehrere Tage eingedeckt sein.

Die Calas zwischen Port Lligat und Cabo Creus (Plan S. 51, 83, 85)

Dies ist ein überaus schönes Stück Küste. Auf engem Raum sind zahlreiche sehr tiefe Buchten und fast unerschöpfliche Abwechslung. Etwa 1 Kilometer nördlich von Port Lligat liegt die sehr schöne und besonders große Bucht Cala Guillola. Sie bildet mit der Bucht von Port Lligat nahezu eine Einheit. Danach folgen bis Cabo Creus dicht beieinander ein halbes Dutzend tief ins Land reichender schöner und gut geschützter Buchten. Viele davon sind ein sicherer Liegeplatz für die Nacht und ein Ort für längeres Verweilen. Alle sind in ihrer Art schön. Einige kommen auch für sehr große tiefgehende Yachten infrage. An 20 Kleinbootplätze gibt es darüber hinaus. Und als absoluter Höhepunkt liegt direkt am Fuß von Cabo Creus die Cova del Infern.

Von Port Lligat zur Cala Guillola   (Plan S. 79 und 83)

Etwa 1½ Kilometer weit ist die Fahrt bis in die Cala Guillola. Am Wege liegen eine mittelgroße Bucht mit zwei Stränden und ein felsiger Kleinbootplatz. Besondere Gefahrenstellen gibt es nicht.

Aus Port Lligat nach Norden auslaufend, fährt man etwa 300 Meter lang an einer auffällig schwarzen, glatt abschüssigen Felswand entlang. Einige weiße Häuser stehen darauf. Dann öffnet sich an Land die erste Bucht:

Playa del Papa und Playa de la Alqueria bilden zusammen eine Doppelbucht. Reichlich 100 Meter ist die Einfahrt breit. Etwa 200 Meter reichen die beiden Ausläufer der Bucht ins Land. Zwei Kiesstrände sind da. Wenig Vegetation und nicht sehr viel Schatten. Einige Sommerhäuser stehen am Ufer. Guter Ankergrund. Kleine und mittlere Boote finden hinter den Huken etwas Seegangsschutz. Große Yachten ankern vor den Stränden. In den inneren Teilen der Bucht gibt es einige flachere Stellen, die man im Wasser leicht erkennt. Ich selber finde aber die folgenden Buchten viel schöner.

Etwa 150 Meter nordwärts von dieser Doppelbucht liegt eine namenlose K l e i n b o o t b u c h t . Steilwandig ist sie und reich an Klippeninselchen und an Steinen. Man muß vorsichtig einlaufen. Wo keine Steine liegen, ist tiefes Wasser. Meist ist man ganz allein.

Nach 1 Kilometer Fahrt steht man vor Cap d'en Roig. Das ist die Südhuk der Cala Guillola. Mittelhoch, aber steil abfallend ist das Kap. Eine niedrige Klippeninsel liegt direkt an seinem Fuß.

Cala Guillola   (Plan S. 83 und 51)

Dies ist eine große, sehr schöne und gegen die im Sommer vorherrschenden Winde geschützte Bucht. Etwa einen halben Kilometer ist die Wasserfläche in jeder Richtung groß. Mit ihren vielen Nebenbuchten ist die Cala Guillola

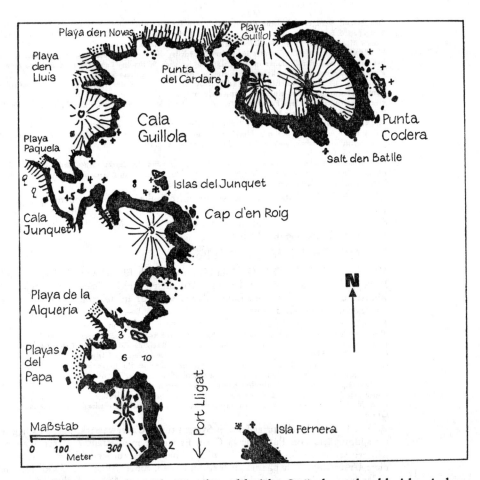

eine kleine Welt für sich. Es gibt zahlreiche Strände und zahlreiche Ankerplätze für Seegang aus jeder Richtung. Selbst ein paar nette, steile Felseninseln sind da. Die Bucht ist in der offenen Wasserfläche überall 15 bis 25
Meter tief. Ich weiß keine Stelle, wo es außerhalb der 50 Meterlinie unter
Wasser Gefahren gibt. Meist kann man sehr viel dichter an das Ufer heran.
Praktisch ist die Bucht unbewohnt. Es gibt nur etwa 10 verstreute Sommer-
häuser dort. Die Felsufer sind malerisch, meist bewachsen und oft Träger von
dichten Ansammlungen riesiger Agaven, wie man sie sonst erst viel weiter im
Süden findet. Ich halte sie für eine der schönsten Buchten der Costa Brava
und eindeutig für die schönste Bucht, wo man noch so alleine ist wie hier.
Sie ist das ideale Ziel eines Tagesausfluges von Cadaques oder Port Lligat.
Wasserski-Freunde finden hier unbegrenzten Platz. Fast immer sind irgendwo
Sporttaucher oder Angler.

Ankerplätze   Bei Sommerwetter kann man ankern, wo man mag. Im Winterhalbjahr muß man die Cala
Guillola verlassen, wenn starker Seegang aus Ost steht. Gegen Tramontana und Garbi sind
die beiden hauptsächlichen Ankerplätze nach meiner Meinung auch im Winterhalbjahr genügend geschützt.

a) Ein vollkommen geschützter Platz, fast ein Binnensee, ist die **Cala Junquet.** Das ist die tief ins Land
reichende Nebenbucht im Süden. Der innere Teil der Cala Junquet kann allerdings nur von Booten mit nicht
mehr als 1 Meter Tiefgang angelaufen werden. Im Mittelteil sind 1,5 Meter Wassertiefe, dicht am Ufer und vor

dem Strand weniger. Ich habe diesen 150 Meter langen „Binnensee" mit seinem Strand sehr schön gefunden. Tiefgehende Boote ankern in der Einfahrt zur Cala Junquet wo die Einfahrt in die Innenbucht übergeht, auf 3 bis 4 Meter Wasser. Eine Heckleine oder ein Heckanker kann nützlich sein.

b) **Für ein Boot auf Wanderfahrt** besonders hübsch ist die etwa 10 Meter breite Einbuchtung, die sich unmittelbar ostwärts von der Einfahrt in die Cala Junquet nach Süden ins Land zieht. Hier kann man von einem nicht allzu tiefgehenden Boot direkt ans Ufer steigen. Abb. 3 c zeigt diese Stelle.

c) Ein vor allem landschaftlich sehr schöner Ankerplatz ist an der Nordseite der Cala Guillola ostwärts von **Punta del Cardaire.** Ein einzelnes Haus steht auf der felsigen Punta del Cardaire, eine Gruppe von drei oder vier Häusern ist auf dem Felsufer östlich davon. Drei Möglichkeiten: Große Yachten ankern frei vor den drei Häusern auf 6 bis 8 Meter Wasser.

Mit einem Boot mittlerer Größe würde ich dicht unter den drei Häusern auf etwa 4 Meter Wasser den Anker fallen lassen und das Boot mit Heckleine dicht ans Land holen. Eine kleine private Anlegeplattform ist da. Aber wenn nicht schon andere Boote da sind, wird man sie benutzen dürfen. — Oder man ankert direkt vor dem Strand. Überall ist guter Ankergrund.

Gutwetterankerplätze gibt es vor all den schönen Stränden der Bucht. Nur hinter der Isla del Junquet würde ich mit einem schweren Boot nicht gern ankern. Der Streifen mit passender Wassertiefe ist nur schmal. Der Ankergrund ist schlecht und die Insel gibt nur wenig Schutz.

Die Osthuk der Cala Guillola ist die mittelhohe, aus zerrissenem Fels geformte Pun t a Coder a. An ihrer Südseite liegt die tief in den Fels eingeschnittene steilwandige Felsbucht **Salt den Batlle.** Sie wird innen schmal bis auf etwa 5 Meter Breite. Sie ist ein sehr beliebter Platz für mittelgroße und kleine Boote.

Von Cala Guillola bis zur Cala Bona   (Plan S. 85 und 51)

Von der Osthuk der Cala Guillola bis zu der auch für sehr große Yachten geeigneten Cala Bona sind etwa 1 Kilometer Distanz. Auf dieser Strecke liegen noch mehrere weitere Einschnitte und Einbuchtungen. Einige davon sind für mittelgroße und kleinere Boote ebenso interessant wie die Cala Bona.

N o r d w ä r t s von Pun t a Coder a wird die Küste zuerst auf einer Strecke von etwa 200 Meter weit klippenreich und unrein. Ich würde hier 50 Meter Distanz von allen sichtbaren Klippen halten.

Danach öffnet sich trichterförmig die große Felsbucht **Raco de Codera oder Cala Seca.** In der Öffnung ist sie über 200 Meter breit. Die Außenbucht ist unergiebig. Ihre Ufer sind felsig und abweisend. Auch kann man nicht ankern, da es felsiger Grund von großer Tiefe ist. Aber in ihrem inneren Teil hat Cala Seca drei schmale Nebenbuchten, in welche kleinere Boote einlaufen können. Dort ist oft überraschend stilles Wasser. Die erste nordwärts gerichtete Nebenbucht hat Klippen. Am besten sind der zweite und der nach Westen gerichtete dritte Einschnitt. Aber die meisten anderen Buchten haben mir besser gefallen.

D i e N o r d s e i t e der Cala Seca ist klippenreich und nicht sehr einladend. Ihre Nordhuk ist Pun t a de la Cr e u.

Bajo de la Creu ist ein ausgedehntes System tiefer Unterwasserklippen. Es liegt etwa 100 Meter südostwärts von Punta de la Creu. Es stehen mindestens 7 Meter Wasser darüber. Als Klippen stören sie Sportboote also nicht. Aber Sporttaucher und auch „Schnorchler" werden diese Unterwasserwelt phantastisch schön finden. Einen Anker würde ich hier nicht riskieren, außer man ist darauf eingerichtet, einen verklemmten Anker tauchend wieder loszumachen. Aber mit einem schweren Ankerstein kann man hier ein Boot festlegen.

Zwei reizende kleine Buchten sind etwa 100 Meter nordwärts von Punta de la Creu und noch vor der nächsten sehr flachen Huk. Die erste erreicht man durch einen schmalen, gewundenen Felsschlauch, der in ein Bassin mit meist ganz ruhigem Wasser führt. Von außen ist die Bucht nicht einzuschauen. Würde nicht zum Beispiel ein Mast über die Felsen ragen, so wüßte man nicht, daß schon jemand drinnen ist. Die Öffnung des Fahrwassers ist etwa 12 Meter breit. Weiter innen verengt es sich auf etwa 5 Meter. Drinnen ist wieder mehr Raum. Ein guter Platz für kleine und mittelgroße Boote. Die zweite, etwas breitere und auch recht gut geschützte Bucht liegt etwa 50 Meter nordwärts.

Cala Bona   (Plan S. 85)

Nach Passieren einer schmalen, niedrigen Felszunge folgt die geräumige, sehr tief ins Land reichende Cala Bona. Sie trägt ihren Namen zu recht. Es ist eine gute Bucht. Sie ist sehr geschützt. Auch bei rauher See liegt man innen vollkommen ruhig. Große Yachten ankern in ihrem Mittelteil. Kleine und mittelgroße Boote werden vielleicht in die Innenbucht laufen.

Cala Bona hat eine V o r b u c h t. Im westlichen Teil dieser Vorbucht gibt es hinter der flachen Felszunge einen G e r ö l l s t r a n d. Bei ruhigem Wasser liegt man vielleicht auch hier gar nicht schlecht. Hier hat man die See noch vor Augen.

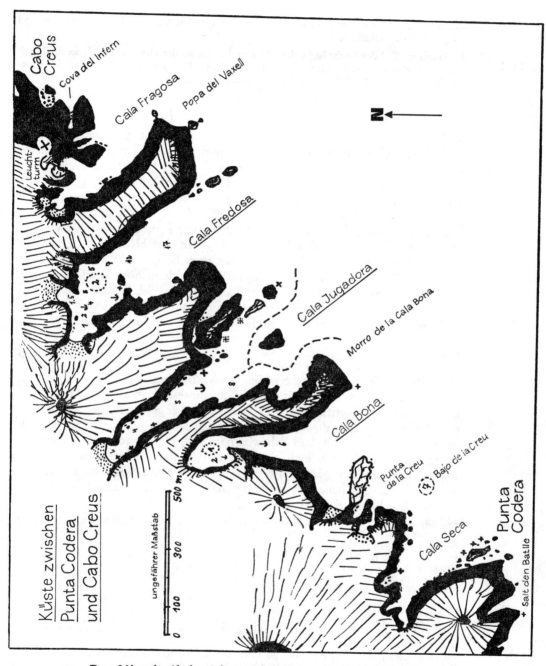

Der Mittelteil der Cala Bona ist ein fast 400 Meter langer Wasserarm. Er ist anfangs etwa 100, später etwa 50 Meter breit. Schöne, nicht allzu steile Felswände bilden das Ufer. Hier ankern auf 5 bis 3 Meter Wasser Boote jeder Größe. Man liegt sehr geschützt.
Die Innenbucht schließt sich nach einer Engstelle von etwa 30 Meter Breite an. Sie mag 100 Meter lang und 60 Meter breit sein und gleicht vollkommen einem stillen See. Hinter einer Felsnase können mittelgroße und bei Vorsicht auch große Boote mit Buganker und Heckleine festmachen. Sie liegen dort bei jedem Sommerwetter vollkommen geschützt. Das Ufer ist gerade hinter dieser Felsnase gut zugänglich. Nicht allzu tief gehende Boote können

so vertäuen, daß man vom Boot direkt an Land steigen kann. Die Bucht ist unbewohnt und oft gehört sie einem allein.

Achtung
Im innersten Teil der Bucht ist in der Mitte und etwas an der Ostseite eine flache Stelle mit etwa 0,7 Meter Wasser. Man muß in die innerste Bucht langsam einlaufen und an der Westseite halten. Hinter der Felsnase sind etwa 2 Meter Wassertiefe.

Weitere Buchten bis Cabo Creus (Plan S. 85)

Zwischen der Cala Bona und Cabo Creus liegen dicht nebeneinander noch drei weitere ziemlich große Buchten. Sie sind landschaftlich ebenso schön wie die Cala Bona. Doch ist oft der Ankergrund in der geräumigen Außenbucht schlecht oder rundweg unbenutzbar und die Innenbucht ist für große Yachten oft etwas eng oder flach. So müssen sich große Yachten eine passende Methode des Festmachens ausdenken. — Mittelgroße Boote und kleine Fahrtenyachten werden in dieser Hinsicht wohl keine Probleme haben. Sie laufen am besten bis dicht vor den Innenstrand, geben den Heckanker heraus und eine Bugleine zum Land. Meist kann man vom Boot direkt aufs Land übersteigen. Tiefgehende, große Fahrzeuge können sich manchmal an der Seitenwand der Bucht „längsseits" legen, müssen aber das Schiff durch eine seitlich ausgebrachte Leine oder Anker von der Felswand abhalten. Auch Buganker und eine Heckleine zu einer passenden Klippe ist oft eine gute Lösung.

Cala Jugadora (Plan S. 85)

Die Cala Jugadora ist eine sehr schöne Bucht. In einer über 200 Meter breiten Außenbucht stehen hohe schützende Klippeninseln. Dahinter liegt ein langer, gut geschützter Innenteil von fast 500 Meter Länge. Er ist im Sommer ein sicherer Liegeplatz für die Nacht oder auch für längeren Aufenthalt. Die Bucht ist unbewohnt und von dem Fahrweg nach Cabo Creus etwa 200 Meter entfernt. Gewöhnlich teilt man sie nur mit ein paar Sporttauchern. — Die Bucht hat bis auf den schmalen Kiesstrand überall Felswände, oft mit kleinen Klippeninseln. Der helle Fels und das ganz klare Wasser machen sie zu einem freundlichen Platz. Ich liebe diese Cala.

Ansteuerung: Von der Cala Bona aus passiert man das hohe, zur See steil abfallende Vorgebirge M o r r o d e C a l a B o n a . Es besteht aus braunschwarzem, zerklüftetem Gestein und ist eine sehr auffällige Huk. Sie bildet die Westseite der Cala Jugadora.

Einlaufen: Von See her erscheint die Einfahrt zuerst als schwierig, weil kleine, hohe Klippeninseln genau in der Einfahrt zu liegen erscheinen. Wie der Plan zeigt, täuscht dies jedoch. Nur eine ziemlich steile hohe Klippeninsel. etwa 30 Meter groß, liegt vor der Öffnung zur Außenbucht. Die anderen, so verwirrend aussehenden Klippeninseln bilden nur die Fortsetzung der Osthuk.

Beim ersten Einlaufen würde ich vom Kopf des Vorgebirges Morro de Cala Bona ausgehen (die gestrichelte Linie im Plan auf Seite 85 gibt die beiden besten Einfahrtskurse). Ich würde in einer Distanz von 20 bis 30 Meter an der Ostseite des Morro de Cala Bona entlanglaufen und danach die Mitte der Durchfahrt zwischen dem Festland und der Klippeninsel in der Bucht halten. Diese Durchfahrt ist etwa 50 Meter breit. Dann läuft man in die Innenbucht ein.

Die Innenbucht ist an ihrer Öffnung etwa 100 Meter breit und verengt sich nach innen immer mehr. Große Yachten werden in diesem Mündungsteil der Innenbucht auf 6 bis 8 Meter Wasser ankern. Ich würde bei ruhigem Wetter den Bug der Yacht schräg zur See richten und eine Heckleine zu den Felsen ausbringen. Bei starkem Wind kann man das Schiff leicht mit Leinen zwischen den Felswänden sichern. Mittlere und kleine Boote laufen viel weiter in die Innenbucht hinein, am besten bis an den Strand. Im innersten Teil der Cala ist die fahrbare Wasserbreite etwa 15 bis 20 Meter. Am Rande liegen gut erkennbar große Steine.

Der Ankergrund wird umso besser, je weiter man in das Innere der Cala kommt. In der Mündung der Innenbucht sind noch viele große Steine. Im Mittelteil überwiegen Kies und kleine Steine, innen ist Sand.

Hinter dem Strand öffnet sich ein flaches Bergtal. Weder zum Leuchtturm auf Cabo Creus noch zur Cala Culip auf der Nordseite von Cabo Creus ist es weit. — Daß es im Bereich der Osthuk (die ist eine steile Insel, auf die man über Klippen zu Fuß gelangt) eine Unzahl von schönen Plätzen zum Erkunden, zum Campieren oder einfach nur zum Sitzen und Träumen gibt, das soll nun wirklich die letzte Mitteilung zur Cala Jugadora sein.

Aus der Cala Jugadora auslaufend kann man den Kurs auch ostwärts von der mittleren Klippeninsel nehmen (siehe Plan S. 85). Nach Runden der Klippenkette an der Osthuk der Cala sieht man dann ein sehr hohes Vorgebirge aus braunschwarzem, steil abschüssigem Fels. Gleich nordwärts davon öffnet sich die Cala Fredosa.

Cala Fredosa (Plan S. 85)

Die Cala Fredosa teilt sich in eine sehr geräumige Außenbucht und in eine ebenfalls geräumige, gut geschützte, aber flachere Innenbucht. Alles ist größer als die Cala Jugadora. Auch die Felswände sind höher. Es ist nicht ganz so intim und persönlich, wie es in der Cala Jugadora war. Die Bucht lockt mit ihrer breiten, leichten Einfahrt, ihren zwei Stränden und der Nähe des Fahrweges nach Cabo Creus mehr Menschen und mehr Boote an. Für große Yachten ist die Cala Fredosa neben der Cala Guillola und der Cala Bona wohl der günstigste Platz.

Die Außenbucht: Dies ist ein etwa 200 Meter breites und 300 oder 400 Meter langes Bassin mit steilen Felswänden. Das Wasser ist sehr tief. Ankern kann man hier nicht. Außer unmittelbar an den Felswänden sind keine Unterwasserhindernisse da. Besonders einladend ist die Außenbucht nicht. Anlanden kann man wohl nur in der Innenbucht.

Die Innenbucht: Eine Felshuk an der Westseite und eine vor dieser Felshuk gelegene kleine Insel trennen die Innenbucht von der Außenbucht. Die Einfahrt ist etwa 60 Meter breit und tief. Die Größe der Innenbucht ist etwa 100 mal 200 Meter. Boote mit mehr als etwa 1,5 Meter Tiefgang müssen die Fahrtanweisung für tiefgehende Yachten lesen. Die Innenbucht hat ihrerseits zwei Nebenbuchten mit Stränden. In diesen Nebenbuchten liegt man vollkommen geschützt. Zu beachten ist dort die Wassertiefe!

Die Wassertiefe in den beiden Nebenbuchten ist etwa 1½ Meter vor dem Strand im Norden, etwa 1 Meter (und vor den Uferklippen weniger) in der westlichen Bucht. Für alle Boote, die mit dieser Tiefe auskommen, sind diese beiden Nebenbuchten wohl der beste Platz. Der Ankergrund ist Sand mit nur vereinzelten Steinen. Die spitzen Klippen an der Nordseite geben gute Festmachepunkte für Leinen ab. Für die Mehrzahl der Boote wird diese Wassertiefe vollkommen ausreichend sein.

Fahrtanweisung und Ankerplätze für tiefgehende Yachten: Fahrzeuge mit mehr als etwa 1,5 Meter Tiefgang müssen beachten, daß etwa in der Mitte der Innenbucht, aber im Ganzen doch etwas zur Ostseite hin, ein Klippensystem liegt. Während die Tiefe der Innenbucht sonst 4 bis 7 Meter ist, ist es über diesen Zentralklippen flacher. Ich habe zwar keine Stelle mit weniger als zwei Meter Wasser gefunden. Doch bin ich natürlich nicht absolut sicher, ob nicht irgendeine Steinspitze höher ist. Man kann dicht am Ufer der Innenbucht um die Zentralklippe herumfahren. Dort sind überall mehr als 4 Meter Wasser. In der Westseite der Innenbucht ist genug Manövrierraum, so daß man diesem flacheren Gebiet gar nicht nahezukommen braucht. Tiefgehende Boote können frei ankern, und zwar etwa in der Mitte zwischen den beiden Stränden der Nebenbuchten auf 2 bis 4 Meter Wasser. Sie können sich aber auch an die Westseite der Innenbucht hinter die Felszunge legen, welche die Innenbucht von der Außenbucht trennen. Ich würde einen Buganker legen und das Schiff mit dem Heck an der Felszunge belegen (oder umgekehrt, das hängt vom Schiff ab). Von manchen Booten wird man direkt auf den Fels übersteigen können. Bei Tramontana kann ein zweiter Anker nützlich sein.

Cala Fragosa, Cova del Infern und Cabo Creus (Plan S. 85, 70 und 51)

Bis Cabo Creus ist noch etwa ein halber Kilometer Distanz. Auf dem Wege liegt die Cala Fragosa. Dort kann man das Boot festmachen, wenn man zum Leuchtturm von Cabo Creus will (von einer der Buchten aus sollte man bestimmt dorthin gehen.) Vor allem aber liegt dicht bei Cabo Creus die Cova del Infern, eine wilde Bucht, die man nur durch einen natürlichen Felstunnel erreicht. Cala Fragosa mag man auslassen, aber in der Cova del Infern nicht gewesen zu sein, das wäre wirklich ein Verlust. Von größeren Yachten aus, die in Cova del Infern nicht einlaufen können, sollte man von Cala Fredosa aus (oder auch von Cala Fragosa) mit dem Dingi hinfahren (vergleiche Abb. 8).

Von der Cala Fredosa kommend, läuft man zuerst an den Klippeninseln vorbei, die an der Osthuk der Cala Fredosa stehen. 200 Meter danach passiert man die steile Felshuk P o p a del V a x e l . Ein breiter weißer Streifen in dem dunklen Gestein ist ihr Kennzeichen. 150 Meter danach öffnet sich die Cala Fragosa.

Cala Fragosa: Die Außenbucht ist sehr geräumig, aber zum Ankern viel zu tief. Die Innenbucht mit ihren beiden Ausläufern ist kleinen oder mittelgroßen Booten sehr gut zugänglich. Ich denke aber, daß man mit Fahrzeugen von mehr als etwa 15 Meter Länge in die Innenbucht nicht einlaufen sollte. Man hat zwar noch genug Manövrierraum, findet aber keinen brauchbaren Liegeplatz. — Die Bucht gibt den besten Zugang zu Cap Creus und ist ein guter Ausgangspunkt für Dingi-Ausflüge zur Cova del Infern. Die Durchfahrt von der Außenbucht in die Innenbucht ist etwa 60 Meter breit. Die etwas breitere Innenbucht teilt sich dann in zwei Arme:

Der Westarm der Bucht ist ein etwa 25 Meter breiter, etwas gebogener Kanal, der an zwei netten Stränden endet. Vor den Stränden ist es gut geschützt. Kleine und mittelgroße Boote können dort gut und sicher vor Buganker und Heckleinen liegen, während die Crew Cabo Creus besucht.

Der Ostarm ist an der Öffnung etwa 40, innen etwa 20 Meter breit. Er wird nach See zu durch eine hohe Felszunge abgedeckt. Der Ostarm hat keinen Strand. Aber eine kleine A n l e g e p l a t t f o r m kann kleinen oder mittelgroßen Booten nützlich sein. Ein Schild „Bar" weist den rechten Weg (zu Kap und Leuchtturm). Der Ankergrund ist gut, aber recht tief. Etwa 30 Meter vor dem Ende der Bucht sind etwa 8 Meter, 15 Meter vom Ende der Bucht noch etwa 3 Meter Wassertiefe. Ein große Yacht würde ich vor Buganker legen und das Heck mit Leinen im Inneren der Bucht festmachen. Für kleinere Boote würde ich den Westarm der Bucht vorziehen. Fast immer sind einige Angler in der Bucht. Als Dauerliegeplatz haben mir die Buchten weiter westlich besser gefallen.

Auf dem Weg zur Cova del Infern fährt man an der Nordwand der Cala Fragosa entlang. Sie endet mit einer sehr steilen hohen Felshuk. Nach dem Runden dieser steht man vor dem riesig hohen Tunneleingang in die Cova del Infern.

Cova del Infern (Plan S. 85, Abb. 8)

Die Cova del Infern, die Höllenhöhle, ist in in der Tat ein tolles Stück Natur. Ein Riesentunnel, der in eine zum Himmel wieder offene Felsbucht führt. Der Tunnel ist mit kleinen und mittelgroßen Booten gut zu passieren. Auch Segelboote können mit etwa 5 bis 6 Meter Masthöhe noch hinein, müssen aber das Boot etwas krängen, da der Tunnel schräge Wände hat. Es ist natürlich kein Platz für schlechtes Wetter, aber wenn ein Besuch mit dem eigenen Boot oder dem Dingi irgend möglich ist, sollte man ihn unbedingt machen. Fast immer sind im Sommer tagsüber Boote dort. Abb. 8 zeigt den Eingang zur Cova del Infern.

Die Einfahrt ist einfach. Zur See hin öffnet sich trichterförmig eine Felsbucht von etwa 30 Meter Einfahrtbreite. Der Grund ist tief, die Wände sind klippenfrei. Diese Bucht verengt sich auf etwa 6 bis 8 Meter Breite. Dort beginnt dann der Felstunnel. Meist findet man schon dort ganz stilles Wasser. Die Felswände sind sauber. Das Wasser ist vollkommen klar. Innen erweitert sich die Bucht auf etwa 12 bis 15 Meter. Große, runde Felsbrocken liegen im Innenteil. Man kann dort anlegen.

Den Eindruck dieser ganz klaren Wasserfläche, des kleinen stillen Bergsees am Grunde eines Trichters von Felschaos zu beschreiben, geht über mein Vermögen.

Cabo Creus ist nun ganz nahe. Die Küste ist nicht mehr zugänglich. Es folgt eine klippenreiche Bucht. Dann eine steile Felsspitze aus ziemlich hellem Fels. Dies ist die Spitze von Cabo Creus.

Seewärts von Cabo Creus liegt die Felsinsel I s l o t e Maza de Oro (Seite 72). Dicht voraus ist die lange Isla de E n c a l l a d o r a (Plan S. 70). In den Kanal zwischen ihr und dem Festland kann man getrost einlaufen. Man findet dort — wenn kein Tramontana ist — meist ganz ruhiges Wasser. Eine große Zahl schöner Buchten lockt nordwärts von Cap Creus. Sie sind bereits beschrieben worden (Seite 59 ff.).

Von Cadaques bis Norfeo (Plan S. 51)

6 Kilometer weit ist die Fahrt vom Ort Cadaques bis zum Cabo Norfeo, wo der Golf von Rosas beginnt. Davon verlaufen 2 Kilometer in der Bai von Cadaques, 2 Kilometer an unzugänglicher Seeküste und 2 Kilometer vor der großen Bucht Cala de Jonculls. Von Cabo Norfeo aus sind es dann noch 9 Kilometer bis zum Hafen von Rosas.

An diesem Küstengebiet fehlen die kleinen, tief ins Land einschneidenden Buchten. Es ist hier anderes Gestein. Zuerst schwarzer Schiefer in schräggestellten, glänzenden, nachtschwarzen Platten. Die Hölle stelle ich mir damit ausgestattet vor. Dann, von der Cala de Jonculls ab, brauner Granit. Alles ist auf dieser Strecke sehr hoch, sehr gigantisch, nahezu ohne Pflanzenwuchs und fast bedrückend für ein Gemüt, das gesittete, gezähmte Umwelt liebt. — Doch südlich von Cabo Norfeo wird es bald wieder lachend und freundlich.

In der Cala de Jonculls wird man Plätze von einer wilden und einsamen Schönheit finden, von der man sich nichts träumen läßt. Verborgene Felsnischen, die von Land oft gar nicht, von See her nur mit einem leichten Boot erreichbar sind. Da es in der Cala de Jonculls auch noch eine allen zugängliche Süßwasserquelle gibt, sollten Wasserwanderer, die Einsamkeit suchen und „die absolute Natur" (wie es Rittlinger nennt) den Abschnitt über Cala de Jonculls besonders aufmerksam lesen.

Die Fahrt zwischen Cadaques und Rosas bei starkem Wind

Im Sommer ist an dieser bergigen Küste an den meisten Tagen überhaupt kein Wind. Aber mit Tramontana muß man rechnen. Und stärkeren Wind aus Süd oder Ost kann es an einem oder zwei Tagen im Monat geben. Im Spätsommer und Herbst nimmt die Südwind-Häufigkeit zu.

Tramotana: Er ist auf dieser Strecke ablandig. Ich denke, daß man die Strecke zwischen Cadaques und Rosas mit einem kleinen Boot auch bei Sommertramontana fahren kann. Seegang gibt es eigentlich nur in der Bai von Cadaques. Dort faucht der Wind über 2 Kilometer Wasserfläche. Das reicht vollkommen aus, steilen, kurzen Seegang zu machen. Dies wird ein Stück sehr nasser Fahrt. Aber ich denke, daß ein motorgetriebenes Boot damit fertig wird. Eine Jolle unter Segel hat keine Chance, von Rosas kommend, nach Cadaques einzukreuzen. Ein Kielboot kann die Fahrt von Rosas nach Cadaques unter Segeln machen. Der erste Teil ist friedlich, das Aufkreuzen nach Cadaques hart. Die Richtung von Cadaques nach Rosas kann eine Jolle fahren, wenn sie weiß, was sie tut. Aber kleingerefft bis auf Taschentuchgröße! Von der Gewalt der Fallböen macht sich der Binnenländer keinen Begriff. Es ist sowieso kein schönes Segeln. 5 Minuten lang ist Flaute, 20 Sekunden lang Windstärke 8 und mehr.

Daß bei kräftigem Tramontana die durchlaufende Segelfahrt und die Motorfahrt nach Norden bei Cabo Creus endet, wurde mehrfach betont. Zwischen Rosas und Cabo Creus liegt man aber in allen Buchten bei Tramontana vor Seegang geschützt. Man soll also nicht, wie so viele nordwärts wollende Schiffer es tun, bei Tramontana in Rosas oder Cadaques untätig liegen, sondern soll in der Wartezeit die vielen schönen Buchten anlaufen. Man spare dort aber nicht mit Ankern und Ketten.

Auch Dauerlieger in den Buchten zwischen Cadaques und Rosas brauchen sehr solides Grundgeschirr. — Der Tramontana stört also die Seefahrt in dieser Region, aber im Sommer unterbindet er sie nicht.

Starkwind aus südlicher oder östlicher Richtung: Im Sommer sind sie selten. Zwischen Cadaques und Rosas sind sie aber ernster zu nehmen, weil sie auflandig sind. Sie bringen hohen Seegang. Oft ist unter der hohen Küste der Wind gar nicht so stark. Aber der Seegang ist hoch und läuft wirr und wüst durcheinander. Er verstärkt sich vor den Kaps und an den steilen Felswänden durch Reflektion und südlaufende Strömung. Es gibt außer Rosas und Port Lligat südlich von Cadaques keine Bucht, wo man bei hohem südlichen Seegang komfortabel liegt. Denn wo es in der Cala de Jonculls geschützt ist, kann man nicht ankern. So prüfe der Schiffer eines Kleinbootes bei südlichem oder östlichem Starkwind oder hohem südlichen oder östlichen Seegang, ob er auf größere Fahrt auslaufen will. Südlicher Wind schläft oft abends ein und erwacht morgens spät, oft erst gegen Mittag. Fast immer folgt auf Südwind Tramontana.

Bai von Cadaques, Westufer (Plan S. 73)

Zwei Kilometer lang ist die Westseite der Bai von Cadaques mit ihren Stränden und Buchten. Es beginnt bei Cadaques mit Playa Port Algné. Dies ist eine der wichtigsten Ankerbuchten von Cadaques. Voll von Booten am Strand, voll von Booten vor Grundgeschirr. Ein sehr hübscher Platz. — Danach fährt man an den dicht am Ufer gedrängten Fischerhäusern vorbei, deren Arkaden so typisch für Cadaques sind.

Man passiert dann die an Booten reichen Bade- und Ankerstrände Playas del Llané und den hübschen, geschützten Strand Playa Sortell. Bis dahin reicht die innere Bucht von Cadaques. Dann rundet man die Halbinsel El Sortell.

Achtung **Etwa 150 Meter nordwärts von El Sortell ist in der sonst tiefen Bai von Cadaques das Klippengebiet Bajo de la Entina (vgl. Plan S. 73). Tiefgehende Boote sollen es meiden, obwohl man die höchsten Klippenspitzen gesprengt hat. Vor allem soll man nicht darauf ankern.**

Nach Runden der Punta de Cala Conca, vor der Klippen liegen, steht man vor der nach See offenen Cala Conca.

Cala Conca liegt noch in freundlicher Landschaft. Kleine Boote liegen am Strand, einige Boote liegen im Sommer auch vor Grundgeschirr. Aber die Zone, wo man passende Wassertiefe findet, ist schmal, und es ist nach See hin offen. Im Spätsommer verholen sich die Boote aus der Cala Conca an geschütztere Plätze.

Dann beginnt die hohe, schwarze Bergwelt des Schiefergesteins. Mogote Morera heißt die erste hohe Huk. Klippeninseln liegen davor. 500 Meter südwärts davon steht der unvermittelt hoch aus dem Wasser ragende Felsklotz **Cucurucu de La Cebolla**. Seine Form ist ebenso verrückt wie sein Name. Es ist eine sehr steilwandige, sehr hohe Klippeninsel mit Riesenlöchern. Wenn man will und es vorsichtig anstellt, kann man das Unding mit einem leichten Boot auch an der Landseite passieren. Eine sichtbare Klippe und eine Unterwasserklippe liegen zwischen El Cucurucu und dem Festland. Man passiert entweder dicht unter Land oder besser dicht unter dem Cucurucu-Klotz.

Etwa 300 Meter südwärts vom Cucurucu de la Cebolla liegt die äußerste Bucht der Bahia de Cadaques, die **Cala Nans**. Mit ihr endet die Bai, und mit dem Leuchthaus auf der hohen Punta de Cala Nans beginnt dann die der See zugewandte Küste.

Cala Nans ist eine ziemlich große, gut geschützte, sehr hochwandige Bucht. Alles ist hier sehr gigantisch. Ringsum schwarzes wüst geborstenes Schiefergestein. Der Eingang ins Inferno! Um so überraschender im innersten Teil der Bucht 40 Meter heller lachender Sandstrand. Der Ankergrund ist dicht vor dem Strand gut: Sand mit einigen Steinen bei 2 bis 4 Meter Tiefe. Mehr zum Inneren der Bucht überwiegen große Steine. Dort sollte man nicht ankern. Hinter dem Sandstrand steigt ganz wüst und eng ein Felstal steil an. — Zwei ganz kleine Sandstrände sind noch in der Südecke der Bucht. Hier ist der Ankergrund fast reiner Sand.

Ein etwa 3 Meter breiter Steinanleger ist unter dem Leuchthaus direkt innerhalb der Huk. Ankern kann man dort nicht, aber ein flachgehendes Boot kann man mit Leinen zwischen dem Anleger und den gegenüberliegenden Felsklippen festmachen. Eine Treppe führt zum Leuchtturm. Der Blick von oben ist sehr schön. — Wegen des schlechten Ankergrundes ist Cala Nans kein guter Platz für große Yachten.

Cala Nans bis Cala de Jonculls   (Plan S. 51, 73 und 92)

Hat man die Cala Nans und Punta de Cala Nans passiert, so läuft man an einer sehr hohen, steil zur See abfallenden Felsküste südwärts. Es ist schwarzes Schiefergestein von schräger Schichtung wie in der Cala Nans. Diese hohe Küste ist überaus unwirtlich. Zwei Kilometer weit, bis zur Punta de la Figuera, gibt es keine nennenswerte Einbuchtung. Die einheimischen Fischer fahren an dieser steil abfallenden Küste mit ihren offenen Booten bei Tramontana und auch bei Südwind sehr dicht unter dem Ufer, oft nur 20 Meter von den abgebrochenen Riesensteinen entfernt. Der Seegang ist dort schwächer, und so dicht unter der hohen Steilküste ist auch weniger Wind.

Dieses unzugängliche Küstenstück endet bei **Punta de la Figuera**. Diese ist steil und hoch, hat aber einen auffälligen flachen Vorfuß. Hier beginnt die Beschreibung der Cala de Jonculls. Wenn man in Cala de Jonculls nicht einlaufen will, so fährt man von hier mit SW-Kurs direkt die 2 Kilometer weit zur Spitze des Cabo Norfeo.

Zwei kleine Klippeninseln gibt es an diesem Küstenstück dicht unter dem Ufer: Das Inselchen Osalleta. Es liegt etwa 500 Meter südlich vom Leuchthaus Cala Nans. Ein anderes Inselchen, Escull d'en Pereta, ist etwa 800 Meter nordwärts von Punta de la Figuera. Beide liegen kaum 50 Meter vom Land. Die Osalleta lassen die Fischer oft seewärts.

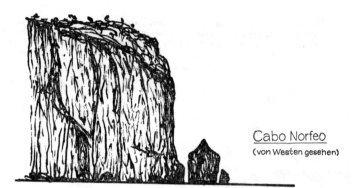

Cabo Norfeo
(von Westen gesehen)

Etwa 200 Meter vor Punta de la Figuera unterbricht e i n t i e f e i n s c h n e i d e n d e s Bergtal die hohe Küste. Riesige Steinbrocken bilden dort ein Stück mit flachem Ufer. Wenn ein Tag mit sehr ruhigem Wasser dort das Anlanden erlaubt, muß es eigentlich eine sehr tolle Landschaft sein. Ich selber habe es dort immer zu unruhig gefunden. Blinde Klippen liegen an dieser Stelle weiter vom Ufer als sonst an diesem Küstenstück.

Cala de Jonculls (Plan S. 92)

Wild, einsam und fremdartig, das sind die Attribute dieser großen, aber fast unbekannten Bucht. Es ist das entlegenste Stück der Costa Brava. — Überaus hoch und steil sind die Felswände rings um die Bucht. Vollkommen unerschlossene Natur. Der ungeheure Felsklotz von Cabo Norfeo, der fast wie eine Insel im Meere liegt, wird, seitdem das Schmuggeln aufgehört hat, wohl monatelang von keinem Menschen betreten. Zugänglich ist vom Wasser her das Ufer nur dort, wo Bergtäler münden. Dann sind dann aber auch unglaublich urige Plätze, von Land her unzugänglich, Seeräuberschlupfwinkel, von denen man als Junge geträumt hat. Als ungewöhnliche Beigabe gibt es in der Cala de Jonculls noch eine Süßwasserquelle, die aus dem Fels entspringt und jedermann zugänglich ist, der weiß, wo sie ist. So sollten Campingfreunde, die Einsamkeit suchen, diesen Abschnitt ebenso sorgfältig lesen, wie den über die Küste nördlich von Cabo Creus. Allerdings muß hier das Boot leicht sein, so daß man es aus dem Wasser nehmen kann. Und man muß wissen, daß man in dieser ganz ungezähmten Natur allein auf sich gestellt ist.

Als einzige Besiedlung sind am Hauptstrand der Bucht zwei Hotels. Viele der Gäste sind Wasserfreunde, und so mag es im Sommer dort etwa 20 Boote geben. Als Standquartier muß es nicht zu verachten sein.

Boote auf Wanderfahrt und Yachten können nur vor dem Hauptstrand Ankerplatz finden. Allenfalls noch in der Bucht bei Punta de la Figuera. Bei stärkerem Seegang aus Süd und Ost liegt man unkomfortabel.

Beschreibung der Ufer
Die Bucht ist an ihrer Öffnung über 1 Kilometer breit. Die Beschreibung ihrer fast 5 Kilometer langen Ufer erfolgt entgegen dem Uhrzeigersinn. Also so, wie man sie findet, wenn man von Cadaques anläuft. Die wichtigsten Punkte sind im Text und im Plan mit gleichlautenden Nummern versehen.

Die tiefe Einbuchtung zwischen Punta de la Figuera (mit seinem flachen Vorfuß) und Punta del Pelegri ist ein sehr interessanter Platz („Nr. 1" im Plan). Fast 200 Meter reicht die Felsbucht ins Land. Im innersten Teil ist flacher Fels und Kiesstrand. Auch mit einer nicht allzu großen Yacht sollte man einlaufen können. Bei Sommerseegang aus Ost ist dort überraschend stilles Wasser, was sich vom Hauptstrand der Cala de Jonculls dann nicht sagen läßt. Man sollte sich diese günstige kleine Bucht an der sonst buchtenarmen Küste merken.

Südwärts davon liegt die hohe Punta del Pelegri. Ein sehr große Höhlenbildung ist unter dem Fels (2). Ein toller Platz!

Nach Westen zu folgt danach klippenfreie, steil auf 30 Meter Wassertiefe abstürzende Felsküste. Nach etwa 300 Metern öffnet sich ein sehr steilwandiges Bergtal, fast eine Schlucht, gegen die See. Davor ist eine geräumige Außenbucht. (Nr. 3 im Plan). Wo die Bergschlucht in diese Außenbucht mündet, zieht sich ein schmaler, mit

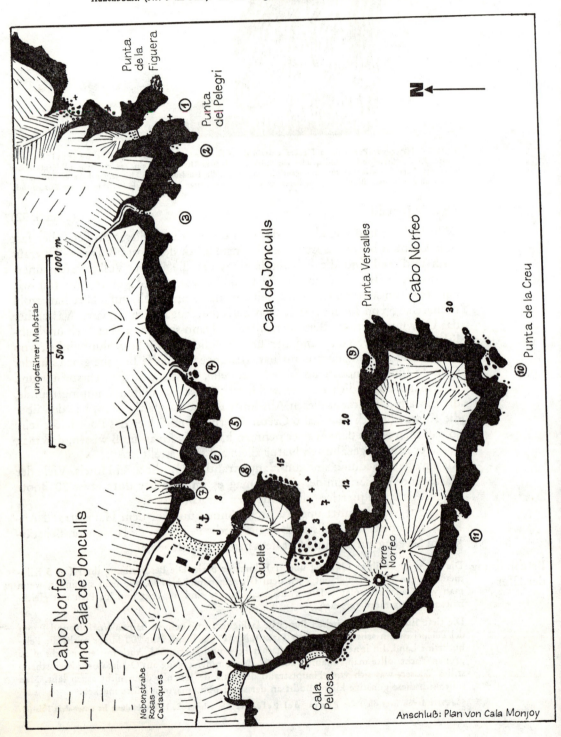

Wasser gefüllter Einschnitt recht weit in die Schlucht hinein. Kleine und leichtere mittelgroße Boote können dort bei ruhigem Wasser festmachen oder aufholen. Es gibt zwar keinen Strand, aber flachen Fels.

Die Bergschlucht zieht sich weit ins Land. Sie erweitert sich dort zu einem steilwandigen Tal. Hoch an den Wänden sind Höhlen. Da nicht weit von hier Dolmen aus vorhistorischer Zeit entdeckt worden sind und Spanien reich an Höhlen mit hochinteressanten Höhlenmalereien ist, die fast alle durch Zufall aufgefunden wurden, sollte ein archäologisch Interessierter hier einmal stöbern gehen.

Weiter nach Westen ist die Küste für die nächsten 500 Meter ereignislos-steil. Danach mündet wieder ein **Bergtal** an die Bucht (Nr. 4 im Plan). An der Mündung ist die Felswand flach. Große Felsbrocken liegen da. Bei ruhigem Wasser kann man dahinter geschützten Platz finden. Das Bergtal führt in leidlich ebenes, freundliches Gelände. Für jemand, der es einsam liebt, geben die flachen Stellen dicht über dem Meer vielleicht einen Lagerplatz ab. Verlassene Weinberge sind dahinter. Eine Kuhherde habe ich ein Stück entfernt auf den Berghängen gesehen. Also kann ein Bauernhof nicht allzu fern sein. Zu der Süßwasserquelle sind es nur 500 Meter.

Nach Westen zu folgt weiter steilwandige Felsküste. Bei (5) ist eine steilwandige **Felsschlucht**, in der ein kleines Boot liegen kann. Bei (6) ist eine weitere, die sehr tief einschneidet und in eine Art Höhle mündet. Bei (7) gibt es nochmal eine **kleine Bucht**, aber lieblicher und mit Zugang in die Bergwelt dahinter. Und damit ist man dann vor der großen Strandbucht der Cala de Jonculls.

Die Strandbucht der Cala de Jonculls ist der wichtigste Platz in der großen Bucht. Sie ist am Eingang etwa 250 Meter breit und hat einen schönen Strand, zwei Hotels sind dort. Kleine und mittelgroße Boote liegen vor Grundgeschirr, vorwiegend vor der Südseite des Strandes. Etwa 4 Meter Wassertiefe sind bis dicht an den Strand. Der Ankergrund ist Sand mit einzelnen Algenpartien (und wahrscheinlich Steinen darunter) etwas seewärts. Große Yachten ankern in der Mitte vor dem Strand auf 4 bis 6 Meter Wasser. Da Tramontana aus dem Tal mit sehr großer Heftigkeit herauswehen kann, muß sehr solide geankert werden. Die Leute sagen, daß es im Sommer nicht der Seegang vom Meere ist, der den Booten Sorge macht, sondern der Winddruck des Tramontana. Für Jollen ist es wohl nicht der beste Platz. — Ein Fahrweg führt nach Rosas. Täglich fahren Vedetten nach Rosas und Cadaques. Es heißt, daß man nach Vereinbarung mit dem Hoteleigner in dem Hotelgarten zelten kann. Hinter dem Strand erstreckt sich ein breites Tal und gibt Zugang zu der sehr schönen Bergwelt.

Eine Kuriosität für diese Gegend gibt es hier, nämlich eine Süßwasserquelle, die auch im Sommer Wasser gibt, und zwar sehr gutes. Sie befindet sich unter der felsigen Südwand der Strandbucht, etwa 30 Meter seewärts vom Südende des Strandes. Es führt kein gebahnter Weg dahin, sondern man muß auf den Klippen des Felsufers entlangklettern. Es findet sich dann einzementiert ein Wasserhahn.

Die Südseite der Cala de Jonculls ist weniger reich an gut zugänglichen Naturschönheiten. Sie wirkt durch das Wilde und Grandiose. Eine **Höhlenbildung** ist bei (8). Bei ruhigem Wasser sollte sie zugänglich sein. Die breite Felshuk zwischen der Strandbucht im Norden und der Einbuchtung auf der Südseite ist steil und hoch. An ihrem Fuße liegen große, sehr flache Felsplatten. Die Unterwasserklippen vor der Südseite der Huk sind zu tief, als daß ein Sportboot sie beachten müßte. Aber sie sind ein reiches Revier für Sporttaucher.

Es folgt dann die **südliche Endbucht** der Cala Jonculls. Ein Jammer, daß diese an sich schöne Bucht keinen Strand hat, sondern nur große Steine, Steine, Steine. Sie taugt nicht zum Ankern, und zum Anlanden ganz schlecht und nur bei ruhigem Wasser. Sie ist unbesiedelt und ohne Fahrweg. Von dieser Südbucht bis zur Spitze des Cabo Norfeo ist steile hohe Felsküste. Ankern scheidet aus, da sogleich Wassertiefen von 15 bis 20 Meter gelotet werden. Erst näher an der Spitze des Cabo Norfeo gibt es ein paar kleine Einbiegungen der Felsküste, mit denen man vielleicht bei ruhigem Wasser etwas anfangen kann. Manche dieser wenig ausgeprägten Buchten sind landschaftlich sehr schön. Zu einer führt ein in den steilen Fels gehauener und zum Teil gemauerter Pfad. Man sagt, daß in dieser wilden Region viel Schmuggel getrieben wurde.

Einen Seeräuberplatz gibt es dann noch etwa 200 Meter vor der Huk von Cabo Norfeo (9). Ein Bergtal führt aus der Höhe der Felsen ans Wasser. Und genau vor die Einbuchtung, welche dieses Tal an der Felsküste schuf, hat die Natur einen Riesenfelsklotz wie eine Insel postiert. Eine ganz schmale Rinne, wenig breiter als 2 Meter, führt durch eine regelrechte Felsschlucht hinter diesen Inselklotz. Lägen nicht Steinbrocken im Wasesr, so wäre es als kleiner Hafen ideal. Im übrigen ist es genau die Seeräuberschlucht, von der ich als Junge immer geträumt habe. Mit einem kleinen Boot kann man herein.

Mit der hohen, ganz steilen **Punta Versalles** ist Cala de Jonculls zuende.

Cabo Norfeo und Carall Bernat (Plan S. 92 und 51)

Die sehr hohe Felsfront des Cabo Norfeo ist eine der eindruckvollsten Stellen der Costa Brava. Die Skizze kann ebensowenig wie ein Photo eine Idee von den Größenverhältnissen geben. Denn vor den aus 100 Meter Höhe senkrecht abstürzenden Felswänden ist ein Boot ein Nichts. An der Südseite des Kaps liegt eine steile Insel. Sie hat hinter sich eine Bucht und eine Höhle, in die man einfahren kann.

Die Nordspitze der 500 Meter langen Felsfront ist **Punta Versalles**. Brauner, unsinnig steil hochgeschichteter Fels. Ungeheure Knautschfalten sieht man dann in der Felswand. Man kann sich vorstellen, wie die Erde geächzt hat, als diese Felsschichten aus der Tiefe hochgeknetet wurden und Cabo Norfeo aufgetürmt worden ist. Zahlreiche Höhlen hat das Meer in die Felswand geschlagen. Es muß sehr ruhiges Wasser sein, sie zu erkunden. Ich hatte nie das Glück. Sehr tiefes Wasser reicht bis an den Fels.

Carall Bernat (Plan S. 92 Nr. 10, Abb. 2)

Dies ist ein landschaftlicher Höhepunkt der Costa Brava. An der Südspitze von Cabo Norfeo liegt eine kleine, ganz steilwandig-hohe Insel so vor einer Einbuchtung des Felsens, daß man bei leidlich ruhigem Wasser in die dahinter entstandene Bucht einlaufen kann. Es sieht auf den ersten Blick so unwahrscheinlich und eher beängstigend aus, daß viele sich nicht trauen wollen. Aber fast immer sind einheimische Boote und vor allem auch Sporttaucher an dieser Ecke. Natürlich muß man vorsichtig einlaufen. Der Plan kann die Verhältnisse nur ungefähr wiedergeben. Auch taugt dieser Platz zum Anlanden nur für kleine und allenfalls noch für mittlere Boote. Aber da die Küste sehr sauber ist, sollten große Yachten wenigstens sehr dicht darin vorbeifahren. Abb. 2 zeigt die Insel Carall Bernat.

Die Südseite des Felsmassivs von Cabo Norfeo und die nach Westen zu anschließenden Buchten werden vom Hafen Rosas aus beschrieben (Seite 141 ff.).

II. Abstecher nach Frankreich - Puerto de la Selva bis Collioure

A. Einführung

Beschreibung in Kurzform

Etwa 28 Kilometer ist — Luftlinie von Huk zu Huk gerechnet — dieser nördlichste Abschnitt der Costa Brava lang. Davon sind 10 Kilometer spanisches und 18 Kilometer französisches Gebiet. Wenige Kilometer nach dem wunderschönen Ort Collioure treten dann plötzlich die Berge von der Küste zurück, und es beginnt der buchtenlose, flache Sandstrand des Golf du Lion. Die Costa Brava ist zu Ende.

Der nördlichste Abschnitt der Costa Brava hat nicht mehr überall die Schönheit der übrigen Küste, sei sie nun lieblich oder sei sie wild. Wirklich imponierend ist sein bergiges Hinterland. In gewaltiger Arena Bergkette hinter Bergkette zu bisher unbekannter Höhe aufsteigend — die Pyrenäen. Von fast jeder Bucht der Küste sieht man diese weit gestreckte hohe Bergwelt. Auch gibt es vor allem im französischen Teil der Küste ein neues Element in der Landschaft: grüne Weinberge, die sich bis an die Ufer ziehen. An der Küste nehmen hohe, unzugängliche Felsabstürze lange Strecken ein. Es fehlen die kleinen, intimen Buchten.

Einen absoluten Höhepunkt an Schönheit und Harmonie hat dieser Küstenabschnitt in dem Ort und der Bucht von Collioure. Gäbe es nichts hier als nur Collioure, dieser Ort allein lohnte es für ein Fahrtenboot, Cap Béar zu runden. In das etwa 30 Kilometer lange, felsige Steinufer der Küste sind etwa zehn große und ziemlich tiefe Buchten eingelassen. Sie entsprechen den Tälern zwischen Bergketten der Pyrenäen, die rechtwinklig oder schräg an das Meer stoßen. Diese großen Buchten sind recht einheitlich gebaut. Im Südteil des Reviers sind sie etwa 1 Kilometer breit, im Nordteil nehmen sie auf ½ Kilometer Größe ab. Aber vollständigen Schutz gegen stürmische See bietet nur die Bucht von Port Vendres.

Von Puerto de la Selva nordwärts ist die Küste bis Llansa zunächst noch ziemlich niedrig. Dann wird sie von Huk zu Huk höher und wilder. Bei Cap Falco ist sie dann wahrhaft gigantisch; 200 Meter hoch bricht sie vollkommen steil zum Meer hin ab. Nordwärts davon nimmt die Höhe wieder etwas ab. Bei den Buchten von Banyuls erstrecken sich flach gewellte Weinberge bis ans Ufer. Bei Cap Béar türmt sich dann nochmal hoher Fels. Dann verliert die Küste endgültig an Höhe. Und hinter einer letzten Felshuk treten bei Le Racou die Berge vom Ufer zurück, und die flache, gerade Sandküste des Golf de Lion beginnt.

Der französische Teil der Küste gibt guten Zugang zu dem herrlichen Hinterland der Pyrenäentäler — eine Urlaubswelt für sich! Zwischen Port Vendres und Collioure wird die Küste durch Wachtürme, Festungen und Burgen geschmückt. Und dort mangeln weder die Erinnerungen an die Carthager noch an die Römer. In Elne war es, wo die römischen Gesandten ausgepfiffen wurden und der nach Italien ziehende Hannibal seinen Vertrag mit den eingeborenen Stämmen schloß. — Erinnerungen auch an die Zeit, da dieses Gebiet ein selbständiges Königreich war, das Roussillon, mit Perpignan als Hauptstadt. Erinnerungen, an die gar nicht allzuferne Zeit, da es noch zu Spanien gehörte. So wird die Küste durch ein reiches Hinterland ergänzt.

Der Höhepunkt aber und vielleicht sogar der schönste Platz an der ganzen Küste, sind Stadt und Bai von Collioure. Immer wieder muß ich es hervorheben, denn keine deutsche Crew, die ich bisher getroffen habe, hat davon gewußt.

Als Häfen für Sportboote jeder Größe sind Port Vendres, Banyuls, Puerto de la Selva und mit Einschränkung Collioure zu nennen. Cerbère, Port Bou, Colera und Puerto de Llansa sind für größere Boote nur zeitweilige Liegeplätze bei Sommerwetter. Dann gibt es noch mehrere Ankerplätze. Als Häfen, die auch außerhalb des Mittelmeersommers sicher sind, sind Port Vendres, Puerto de la Selva und mit einiger Einschränkung Banyuls zu nennen.

Nautische Hinweise

Tramontana Nautisch sind an diesem Küstenabschnitt zwei Besonderheiten wichtig. Erstens: das Gebiet liegt im Herrschaftsbereich des Tramontana. Dieser starke oder stürmische nordwestliche oder nördliche Wind ist zwar im Sommer seltener, muß aber bei der Wahl des Liegeplatzes und der Planung der Fahrten unbedingt berücksichtigt werden. Dies vor allem nordwärts von Cap Béar, wo die Küste dem Tramontana voll ausgesetzt ist. Er ist dort ein schräg auflandiger Wind. Der Seegang aber steht voll auf die Küste zu. Weitgehend geschützt vor Tramontana-Seegang sind die Buchten von Banyuls. Dicht unter der Luvküste gibt es dort jedoch Fallböen. Südwärts von Banyuls läuft der Wind zwar bei Tramontana parallel zur Küste südwärts. Aus den Tälern pfeift er sogar ablandig heraus, jedoch wird der Seegang auf die Küste zugelenkt und steht in die meisten Buchten als Brandung erzeugender Schwell recht erheblich herein. In den steilwandigen Buchten sind die Fallböen heftig. Die zahlreichen Buchten südlich von Banyuls, so geschützt sie aussehen, sind bei Tramontana ungemütliche Liegeplätze. Kleine Boote haben es oft leichter, weil sie sich in die inneren Winkel der Buchten oder auf den Strand verholen können. Einige Tage mit Tramontana wird es in jedem Sommermonat geben. Der Seewetterbericht sagt ihn sehr zuverlässig voraus. Seegang aus Nord ist eine recht zuverlässige Vorwarnung, auch wenn noch kein Wind da ist. Es ist nicht häufig, daß Tramontana hier ohne vorhergehenden Seegang einsetzt, es kommt aber dennoch vor.

Sichere Plätze bei Tramontana sind in der Reihenfolge des Komforts, den sie bei diesem starken oder stürmischen Wind und seinem hohen Seegang bieten: Puerto de la Selva, Collioure, Port Vendres, Banyuls und Port Bou.

Sommertramontana überschreitet 7 oder 8 Windstärken selten. Herbst- und Wintertramontana kann ohne weiteres Beaufort 11 und 12 erreichen. Es ist meine Meinung, daß man sich an diesem Küstengebiet nur dann aus der unmittelbaren Nähe eines geschützten Reviers entfernen soll, wenn man den Seewetterbericht kennt (Seite 38 f).

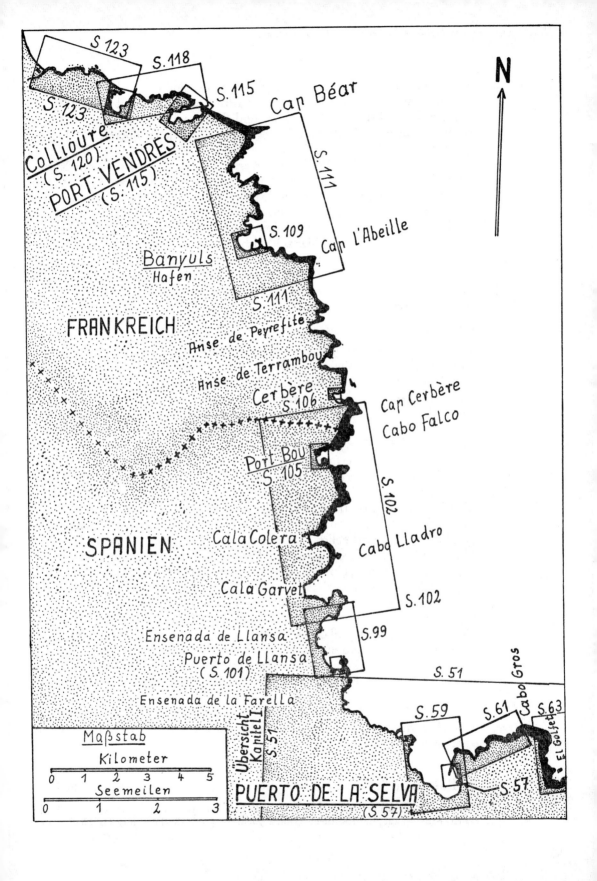

N

S. 123
S. 118
S. 115
Cap Béar
S. 123
Collioure
(S. 120)
PORT VENDRES
(S. 115)
S. 111
S. 109
Banyuls
Hafen
Cap L'Abeille
FRANKREICH
S. 111
Anse de Peyrefite
Anse de Terrambou
Cerbère
S. 106
Cap Cerbère
Cabo Falco
Port Bou
S. 105
S. 102
SPANIEN
Cala Colera
Cabo Lladro
Cala Garvet
S. 102
Ensenada de Llansa
S. 99
Puerto de Llansa
(S. 101)
S. 51
Cabo Gros
Ensenada de la Farella
S. 59
S. 61
S. 63
Übersicht Kapitel I
S. 57
El Golfed
Maßstab
Kilometer
0 1 2 3 4 5
Seemeilen
0   1   2   3
PUERTO DE LA SELVA
(S. 57)
S. 57

Klippen Die zweite Besonderheit an diesem Küstengebiet sind die zahlreichen Klippen. Konnte man bei den südlich gelegenen Küstenabschnitten oft unmittelbar an den sichtbaren Felsen entlangfahren und dabei meist tiefes Wasser erwarten, so muß man hier bis etwa 50 Meter vom Ufer nahezu überall mit Klippen rechnen.

Ich möchte nicht falsch verstanden werden. Das Fahren an diesem Küstenstrich ist nicht etwa gefährlich. Nur sorgloses Vollgasfahren 10 Meter um Felshuken herum, wie man es in den anderen Gebieten der Costa Brava oft genug machen konnte, das verbietet sich hier. — Die Sporttaucher haben natürlich an diesen Unterwasserklippen ihre helle Freude. Und beide — Klippen wie Tauchende — sind hier zahlreich.

Strömung Eine leichte Strömung setzt südwärts. Vor den Kaps spürt man sie. In den Buchten läuft meist ein Nehrstrom. Segelboote können ihn bei leichten Winden gut ausnutzen. Bei Tramontana ist er stärker und kann dann vor den Kaps 2 Knoten überschreiten.

Stichworte zur Urlaubsplanung

18 Kilometer des hier beschriebenen Küstenstreifens liegen in französischem, 10 in spanischem Gebiet. Von irgendwelchen Formalitäten beim Grenzübergang kleiner Boote zu Wasser habe ich nie gehört. Nicht französische Yachten und Boote von einiger Größe sollen bei längerem Aufenthalt in französischen Küstengewässern den grünen „Passeport du Navire Étranger" haben. Man erhält ihn beim Zoll (Douane) im ersten französichen Hafen (hier nur in Port Vendres, nicht in Banyuls und Collioure). Der Eintritt in spanische Häfen von Frankreich her erfordert keine besondere Formalität. Natürlich setzt man die Gastflagge des besuchten Landes.

Nach Landschaft und nautischen Bedingungen ist das in diesem Kapitel beschriebene Gebiet, ob französisch oder spanisch, einheitliches Revier. Für den an Land wohnenden Touristen ist der Unterschied zwischen Spanien und Frankreich jedoch erheblich, vor allem der Preise wegen. Der auf dem Boot lebende Wasserwanderer spürt den Unterschied an den Hafengeldern. Der erste Tag ist in Frankreich frei. Danach wird es meist recht teuer. Auch ist die Zahl der Menschen an der französischen Küste sehr viel größer. Die Aussicht, dort eine menschenleere, einsame Bucht zu finden, ist gering.

Bootseigner, die ein f e s t e s S t a n d q u a r t i e r beziehen wollen, sollten für für den französischen Teil der Küste vor allem die Kapitel über Banyuls, Collioure, Port Vendres und die Calanque de l'Ouille studieren. Im spanischen Teil dieser Küstenregion kommen in erster Linie Puerto de la Selva und vielleicht Puerto de Llansa in Betracht. In zweiter Linie Cala Garvet, Colera und Port Bou.

Warum ein Boot auf Wanderfahrt sich nicht in die Situation bringen soll, zu einem bestimmten Termin von Süden her Port Vendres erreichen zu müssen, ist auf Seite 50 f erörtert worden.

B. Puerto de la Selva bis Banyuls (Plan S. 97)

Reichlich 20 Kilometer sind es von Puerto de la Selva bis zu dem ersten gut geschützten Hafen Banyuls auf französischem Gebiet. Mehrere große Buchten mit Ortschaften und

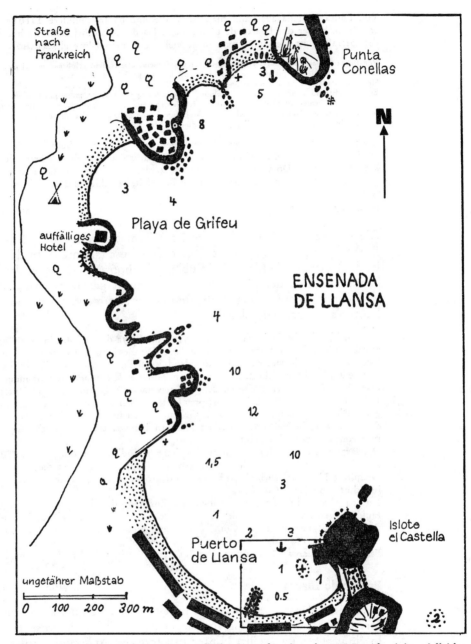

kleinen Kajen liegen auf dem Wege. Alle kommen für einen kurzen Besuch, einige vielleicht auch als Standquartier in Betracht. Der erste Platz dieser Art ist die Bucht von Puerto de Llansa.

Puerto de la Selva bis Puerto de Llansa
(Plan S. 97, 59 und 99)

Etwa 5 Kilometer Fahrstrecke liegen zwischen Puerto de la Selva und dem Kleinboothafen Puerto de Llansa. Davon führen die ersten zwei Kilometer in der Bahia de Selva bis zur Punta Sernella (Plan S. 59, Beschreibung S. 58).

Von Punta Sernella aus kann man schon die unbebaute, dunklere Islote el Castello erkennen, hinter der Puerto de Llansa liegt. Da die Küste bis dahin flach und nicht besonders attraktiv ist, versäumt man nicht viel, wenn man Islote el Castello direkt ansteuert.

Von Punta Sernella nordwärts besteht das Ufer aus flachem, zerrissenen, gelbbraunem Felsgestein. Klippenketten ragen von den Huken aus seewärts und bilden oft leidlich geschützte Einbuchtungen. So sind z. B. 200 und 400 Meter nordwestlich vom Leuchtturm Punta Sernella zwei durch Klippenketten geschützte, kleine Buchten. Etwas Sandstrand ist am Ufer, und im Sommer waren dort immer einige Camper mit Booten.
Weiter nach Norden zu bleibt die Küste an der See zunächst weiter flach. Nur im Hinterland dehnen sich die sehr hohen Berge. Die Küste ist klippenreich. Einige kleine Strände sind nach See ganz ungeschützt. An Land beginnt allmählich die Streubesiedlung des Raumes um Llansa.

Etwa 1 Kilometer südlich von Llansa liegen zwei wichtigere Buchten mit Sandstrand. Besonders die nördliche, die **Ensenada de la Farella**, ist durch weit seewärts reichende Klippenketten geschützt. Dort liegen im Sommer zahlreiche Boote vor Grundgeschirr im Wasser oder auf den Stränden. Das Hinterland ist besiedelt, bewaldet und freundlich.

Ensenada de Llansa   (Plan S. 99 und 97)

Die Ensenada de Llansa ist eine 1,5 Kilometer breite, nach See recht offene Bucht. In ihrer Südecke liegt Puerto de Llansa (s. unten). In der Sommerzeit ist die Ensenada de Llansa kein übles Kleinbootrevier. Gegen den Seegang bei Tramontana ist der nördliche Teil der Bucht geschützt. An den drei Sandstränden im Nordteil der Bucht sind in der Sommerzeit fast noch mehr Kleinboote als in Puerto de Llansa.

Im Nordteil der Bucht ist der größte Strand die **Playa de Grifeu**. Ein auffälliges Hotel steht auf der Südhuk. Ein Campingplatz ist dort. Die Besiedlung gehört verwaltungsmäßig zum Ort Llansa (2 Kilometer). Das Hinterland ist flach. In der Strandbucht ist die Nordoststrecke am besten geschützt. Dort liegen im Sommer Kleinboote vor Grundgeschirr oder auf dem Ufer. Alle Huken zwischen den Buchten haben Klippeninseln und Unterwasserklippen weit seewärts vorgelagert. Diese Klippenketten geben den Stränden einigen Schutz vor Seegang. Die Nordosthuk von Playa de Grifeu ist steil und felsig, aber nicht sehr hoch. Sie ist dicht mit einzeln stehenden, weißen Häusern besetzt, trägt zahlreiche Agaven und bietet insgesamt ein freundliches Bild.
Ostwärts von dieser Huk folgen **zwei weitere Strandbuchten** von je etwa 150 Meter Breite. Zwischen den beiden Stränden erstrecken sich Klippenketten weit seewärts. Der am besten geschützte Platz, der auch als **Ankerplatz** für größere Boote geeignet ist, liegt an der Ostseite im Schutz von Punta Conellas.
Punta Conellas ist die Nordhuk der Ensenada de Llansa. Es ist eine ziemlich flache Huk aus gelbbraunem Fels. Sie ist unbesiedelt, trägt viele Agaven und ist oben einladend flach. Die Klippen vor Punta Conellas sind sehr niedrig, oft mit dem Wasserspiegel abschneidend, teilweise dicht darunter. Vorsicht ist hier nötig (wie vor allen anderen Huken in der Ensenada de Llansa). Die Distanz der äußeren Klippen von der Huk ist mehr als 50 Meter.

Puerto de Llansa   (Plan S. 101, 99 und 97)

Puerto de Llansa ist kein Hafen im eigentlichen Sinne. Es ist eine geräumige Strandbucht, die durch die vorgelagerte hochfelsige Halbinsel Islote el Castello einigen Schutz erhält. Hinter der Insel ist Anlegemöglichkeit für etwa 5 mittelgroße Boote bis etwa 0,6 Meter Tiefgang und etwa 30 Kleinboote.
Boote auf Wanderfahrt sollten in der Ferienzeit nicht damit rechnen, in Puerto de Llansa für die Nacht einen guten Platz zu finden. Große Yachten sollten Puerto de Llansa nicht anlaufen.
Der eigentliche Ort Llansa liegt etwa 2 Kilometer landeinwärts. Er hat etwa 2000 Einwohner und ist ein recht nettes und typisches kleines, spanisches Städtchen. Mir hat der kleine bescheidene Ort gut gefallen, besonders abends,

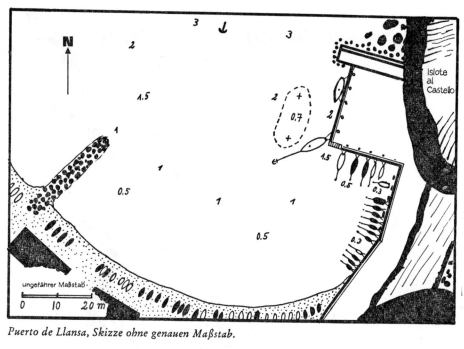

Puerto de Llansa, Skizze ohne genauen Maßstab.

wenn sich alles Leben um den Platz vor der Kirche konzentriert. Der kleine Ortsteil am Hafen bietet gar nichts Besonderes. Aber wirklich schön ist das weite Bergpanorama um die Hafenbucht.

Eignung als Standquartier für kleine Boote

Puerto de Llansa hat bei weitem nicht die Gunst der Lage wie Puerto de la Selva. Im Wasser sind die Liegemöglichkeiten sehr begrenzt. Der Club Nautico Llansa betreut die Plätze. Slip oder Kran gibt es nicht. Es ist aber fast unbegrenzter Liegeplatz auf dem Sandstrand. Nach Nordosten ist Puerto de Llansa praktisch offen. Bei Tramontana steht der Seegang — auf die Küste umgelenkt — erheblich in die Bucht herein.

Anlegeplätze Ankerplätze

Die Liegemöglichkeiten zeigt der Plan. Die rechteckige Betonplattform ist etwa 20 mal 20 Meter groß. Die kurze seewärtige Steinschüttung ragt etwa 5 Meter vor. An der Südseite der Betonplattform wird es rasch flach.

Vor der Betonplattform ist eine ausgedehnte felsige Untiefe mit nur 0,8 Meter Wasser darüber (siehe Plan). Man erwartet sie da nicht, und gelegentlich läuft ein fremdes Boot fest. Mit einem Boot von 1,5 Meter Tiefgang kann man sich vielleicht vorsichtig an den Anleger heranmanövrieren. Schwieriger wird es aber, falls man ihn bei Seegang wieder verlassen muß.

An der Betonkaje, welche die Plattform mit dem Land verbindet und an welcher die Kleinboote liegen, sind Steine, die teils mit der Spitze über Wasser sind. Etwa ½ Meter von der Kaje ist die Tiefe 30 bis 50 Zentimeter, stellenweise weniger. Die Länge dieser Kaje beträgt etwa 40 Meter. Sie gehört dem Club Nautico Llansa.

Für große oder tiefgehende Boote kommt Llansa nur als **Ankerplatz** bei ruhigem Wetter infrage, denn die Bucht wird in ihrem geschützten Teil so flach, daß man mit einem tiefgehenden Boot in nahezu ungeschütztem Wasser ankern muß. Wenn man bei Tramontana dort vor Anker liegt, sollte man einen Heckanker ausbringen, so daß der Bug gegen den Seegang, also nach Nordosten zeigt. Man dümpelt sich sonst die Seele aus dem Leib, wenn man den Nordwestwind erlaubt, das Boot quer zur See zu stellen.

Ansteuerung von Llansa: Schon von weitem ist die große Zahl einzeln stehender weißer Häuser an den Hügeln in dieser sonst wenig besiedelten Region auffällig. Vor diesem Siedlungsgebiet hebt sich durch dunklere Färbung und Fehlen von Häusern die Islote el Castello deutlich ab. Eine flachere Klippeninsel ist der hohen steilen Islote de Castello etwa 100 Meter nordostwärts vorgelagert. Einige kleine Klippeninseln und Klippen liegen zwischen beiden. An sich können kleine Boote zwischen diesen Inseln passieren.

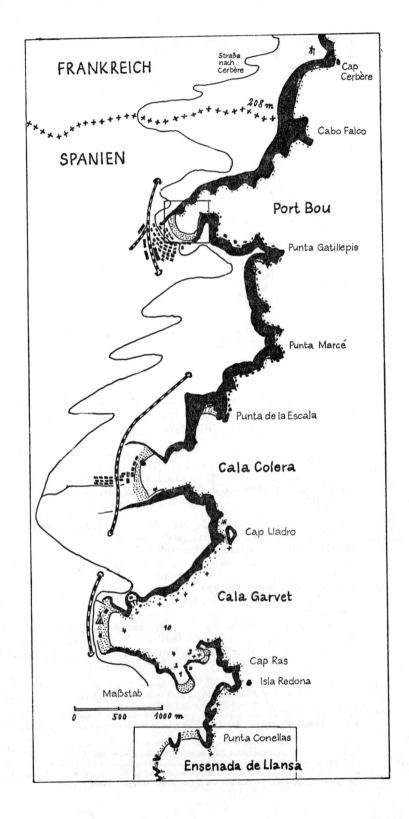

Ensenada de Llansa bis Port Bou

(Plan S. 102)

Die Küste, Buchten und Orte werden von Süden nach Norden beschrieben. Wenn man ohne Stopp durchfährt (was schade wäre), genügt es, die Beschreibung unter den Überschriften „Küstenfahrt" zu verfolgen.

Küstenfahrt

(Plan S. 102, 99 und 97)

Zwischen der Ensenada de Llansa und der nächsten Bucht Cala Garvet liegen reichlich 1 Kilometer schwer zugänglicher Küste. Diese hat drei markante Punkte:

Im Süden beginnt es mit Punta Conellas, der Nordhuk der Bucht von Llansa. Nordwärts von Punta Conellas folgt allmählich höher werdende, felsige Steilküste mit unreinem Ufer. — Die nächste Huk ist Cap Ras. Dies besteht aus mittelhohem, zerissenem Fels. Es ist schwarz mit einigen weißen Streifen im Gestein. Etwa 50 Meter davor liegt die 8 Meter lange, etwa 3 Meter hohe Isla Redona. Sie bildet einen guten Orientierungspunkt. Die Küste ist reich an Unter- und Überwasserklippen. Bei ruhiger See können kleine Boote hinter einigen dieser Klippen Platz zum Liegen finden. Im Nordteil dieses Abschnittes gibt es zwei Kiesstrände. Nach Passieren von Cap Ras mit der Isla Redona folgen 500 Meter steile, ziemlich hohe Felsküste aus schwarzem Gestein bis Punta de Gatas. Dieser Küstenstrich ist klippenreich und unzugänglich. Hinter den wüsten und bizarren Felsformen von Punta de Gatas öffnet sich dann die große und schöne Bucht Cala Garvet.

Cala Garvet

(Plan S. 102)

Dies ist eine über 600 Meter breite und fast 1 Kilomter tiefe schöne Bucht. Sie hat einen langen Hauptstrand und zwei Nebenbuchten. Am Hauptstrand gibt es einen Campingplatz und einen Platz für Wohnwagen, beides mit Schatten, ferner kleine Gaststätten und kleine Hotels. Sonst ist die Bucht nahezu unbesiedelt. Cala Garvet ist an der spanischen Costa Brava nach Norden zu das letzte einigermaßen geräumige Kleinbootrevier: Genügend groß für Wasserski, interessant zum Tauchen, vieleicht nicht das beste Revier für Jollen. Auch als Sommerankerplatz für große Boote kommt Cala Garvet infrage. Allerdings ist Tramontana-Seegang in der Bucht spürbar. Bei Seegang aus Ost kann man sich in die beiden Nebenbuchten legen. Kleinboote liegen vor Grundgeschirr vor dem Hauptstrand oder werden auf den Strand genommen. Ein sehr kleiner Hafen am Nordufer der Bucht ist Privatbesitz und nicht zugänglich.

Beschreibung der Bucht

Von Süden her einlaufend findet man hinter der Südhuk zwei Nebenbuchten (Plan). Die äußere Nebenbucht ist etwa 50 Meter breit. Sie hat zwei kurze Kiesstrände. Leider ist sie in ihrem Inneren nicht klippenfrei. Bis zu der Linie, welche die beiden Huken verbindet, hat man etwa 3 Meter Wassertiefe. Weiter im Inneren der Bucht liegen auf 1 bis 2 Meter Tiefe stumpfe Felsklippen. Vor dem Ufer ist es noch flacher. Ein Boot mit weniger als etwa 0,8 Meter Tiefgang sollte bei vorsichtigem Einlaufen bis nahezu vor den Strand gelangen können. Mit einem schweren, tiefgehenden Boot sollte man jedoch die Linie zwischen den beiden Huken nur sehr vorsichtig überschreiten. Der Grund ist Sand und grober Kies mit einigen Felsklippen darin.

Die südliche Nebenbucht reicht tief ins Land. Sie ist unbesiedelt und hat 150 Meter sauberen Strand. Man findet hier ausgezeichneten Ankerplatz auf sauberem Sand. Tiefgehende Boote müssen beachten, daß der Grund schon recht weit vom Ufer flach wird. Am Eingang der Bucht sind 3 bis 4 Meter Wasser. Wenn das kleine, weiße Haus auf der Osthuk Ost peilt, noch etwa 2 Meter. 60 Meter vom Strand sind etwa 1,5 Meter Wassertiefe. Das Wasser ist vollkommen klar. Zum Zelten müßte es ein netter Platz sein. Leider ist wenig Schatten. Zwischen dieser Nebenbucht und dem Hauptstrand ist Felsküste mit einigen Klippen davor. An dem etwa 300 Meter breiten Hauptstrand sind kleine Gaststätten. Es gibt einen großen Caravan- und Campingplatz mit Schatten. Sonst ist kaum Besiedlung dort. Das Hinterland sind weit geschwungene Bergrücken mit jungem Wald. Kleinboote liegen vor Grundgeschirr überwiegend in der Nordecke des Strandes. Die Nordseite der Cala Garvet ist außerordentlich klippenreich.

Achtung

An der Nordseite von Cala Garvet können blinde Klippen fast 100 Meter vom Ufer entfernt liegen!

Hier muß man in Ufernähe äußerst vorsichtig fahren. Ich würde — außer zum Erkunden des Ufers — mindestens 100 Meter Distanz zum Nordufer halten.

An der Nordseite der Bucht liegt auch ein kleiner Sommerhafen für Kleinboote und eine oder zwei große Yachten. Dieser Hafen ist jedoch privat und nicht für fremde Gäste bestimmt. Bei auflandigem Seegang liegen Boote darin auch nicht gut. Eine gefährliche Unterwasserklippe vor dem Privathafen ist durch eine kleine Bake bezeichnet. Eine andere blinde Klippe liegt unbezeichnet westlich davon.

103

Die Nordhuk von Cala Garvet ist **Cap Lladro.** Dies ist ein recht hohes Kap aus schwarzem Fels. Ihm ist eine etwa 15 Meter hohe Felsinsel von unverkennbarer Form vorgelagert (Skizze). Zwischen der Insel und dem Festland liegen zahlreiche Klippen unter und über Wasser. Dennoch werden kleine Boote bei gutem Wetter hinter der Insel zwischen den Klippen interessante Plätze finden. Aber Vorsicht beim Einlaufen!

An der Nordseite dieser Insel ist eine recht geräumige Einbuchtung zwischen Insel und Festland. Aber Vorsicht! Mittendrin, wo man sie am wenigsten erwartet, liegt eine blinde Klippe. Andere sind dichter unter dem Ufer. Dennoch kann man bei ruhigem Wasser mit Auslug auf dem Bug in diese wüst-schönen Plätze natürlich hereinfahren.

Weitere Küstenfahrt (Plan S. 102 und 97)

Etwa 500 Meter nördlich von Cap Lladro öffnet sich die Cala Colera. Von See her sieht man in der Bucht als erstes Kennzeichen den hoch aufgeschütteten Bahndamm. Blickt man von Norden her in die Bucht herein, so ist die hohe Eisenkonstruktion des Bahnviaduktes unverwechselbar.

Cala Colera (Plan S. 102)

Dies ist eine von sehr hohen Bergen umgebene, etwa 300 Meter breite und 700 Meter tief ins Land reichende Bucht. Zwei breite Kies- und Sandstrände sind darin. Es gibt mehrere kleine Hotels. Der kleine, vom Tourismus noch nicht stark beeinflusste Ort Colera liegt etwa 200 Meter vom Strand.

Verglichen mit anderen Orten an der Costa Brava ist das Gesamtniveau des sehr kleinen Platzes bescheiden, typisch spanisch und menschlich sehr freundlich. Colera hat geräumiges und landschaftlich schönes Hinterland.
Boote liegen in der Südseite der Bucht etwa 30 Meter vor dem Strand vor Grundgeschirr oder werden auf den Strand aufgeholt. Für große Boote kommt Colera zum Ankern am Tage oder bei sicherer Wetterlage auch für die Nacht infrage. Die Bucht ist klippenfrei außer dicht an an den Felsufern.
An der Südseite der Bucht ist ein kleiner, recht ungünstiger Anleger. Brauchbar ist eigentlich nur sein nach See hin ungeschützter Außenteil. Dort sind auf 7 Meter Länge etwa 1 Meter Wassertiefe. Zum Land hin wird es rasch flach. Vor allem aber stehen dort Steine weit aus der Betonwand heraus! Eine blinde Klippe liegt direkt an dem Anleger etwa in der Mitte seiner Länge. Bei auflandigem Seegang kann das Wasser am Anleger entlangbranden. Ich hätte Bedenken, ein Boot dort ohne Aufsicht zu lassen.
In der Außenbucht ist an der Nordseite ein netter kleiner Sandstrand mit einigen Häusern, wo kleine Boote gut anlanden und auf dem Strand liegen können.

Weitere Küstenfahrt (Plan S. 102 und 97)

Nordwärts der Cala Colera bis Port Bou folgt überaus hohe, unzugängliche Küste. Sie ist bis etwa 50 Meter vom Ufer klippenfrei. Das Ufer besteht aus riesigen Felsblöcken, die von den Felswänden ins Wasser gestürzt sind. Es gibt keine brauchbaren Buchten. Kleinboote werden vielleicht bei ruhigem Wasser und großer Vorsicht einen zeitweiligen Liegeplatz hinter Felsklippen finden können.

Auf der Fahrt nach Norden passiert man zuerst die sehr hohe Punta Marcé. Voraus folgt dann die ebenfalls hohe Felshuk Punta Gatillepis. Die nächste Huk im Norden ist dann der überaus hohe, steile Felsabbruch von Cabo Falco. Zwischen Punta Gatillepis und Cabo Falco liegt die Cala von Port Bou. Südlich von Punta Gatillepis sind ein paar flache Einbuchtungen, die zum Anlanden von Kleinbooten bei ruhigem Wasser infrage kommen.
Port Bou mit seinen mehrstöckig an den Bergen hochgebauten Häusern macht einen städtischen Eindruck. Markant ist der auf einer Felshuk gelegene Friedhof mit den breiten „Totenhäusern", in denen die kleinen Grabkammern mehrstöckig übereinander liegen. Blickt man von Norden auf die Bucht von Port Bou, so fällt als erstes wohl die steil aufragende Kirche auf.

Cap Lladro mit der vorgelagerten Insel von Süden gesehen.

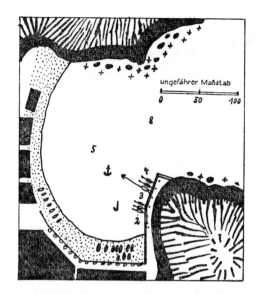

ungefährer Maßstab

0   50   100

Klaus Corts
563 Remscheid
Hermann-Löns-Str. 8

Innere Bucht von Port Bou und Anleger.

Port Bou

(Plan S. 102, 105 und 97)

Port Bou mit etwa 3000 Einwohnern ist der Grenzort auf der spanischen Seite. Es ist kein Hafen im eigentlichen Sinne. Es gibt aber eine Sportbootkaje von etwa 50 Meter Länge und genug Strand zum Aufholen. Die Kaje gilt im Sommer als genügend sicher für kleine und mittelgroße Boote. Für große Yachten ist Port Bou bei stürmischem Wetter, zumal bei Oststurm, nicht empfehlenswert.

Port Bou ist ein freundlicher Ort von Kleinstadt-Charakter ohne besondere Sehenswürdigkeiten. Die schattige Uferpromenade und die mittleren Hotels bestimmen das Blid am Ufer. Als Badestrand erscheint mir Port Bou nicht als ideal. Als Standquartier für kleine Boote ist das Revier wohl recht eng. Ich bezweifle, ob es für längeren Aufenthalt befriedigen kann. Für Boote, die Zuflucht suchen müssen, ist Port Bou zwischen Banyuls und Port de la Selva der günstigste Platz.

Die innere Bucht hat etwa 150 Meter Sand- und Kiesstrand. Eine Felsnase grenzt sie von der Außenbucht ab. Hinter dieser Felsnase liegt die etwa 50 Meter lange Kaje. Sie hat tiefes Wasser bis an den Strand. Kleine und mittelgroße Boote machen daran mit Buganker und Heckleine fest. Da bei Seegang Schwell quer zur Kaje setzt, soll man elastische Leinen wählen und das Boot lang belegen, so daß es mit dem Schwell schwingen kann. Reichlich Fender! Je näher man am Strand liegt, desto besser est es.
Wenn man ankert, dann soweit hinter dem Schutz der Kaje, wie möglich. Große Boote haben meist nur in der Mitte der Innenbucht genügend Platz. Eine Heckleine zum Land oder Heckanker halten das Boot mit dem Bug zur See. Leichte Boote holt man am besten zu den Fischerbooten auf den Strand.
Die Außenbucht ist über 500 Meter groß. Hohe, steile Berge umgeben sie. Ihre Ufer sind felsig und vor allem am Südufer klippenreich. Ein paar kleine Nebenbuchten sind vorhanden.

Port Bou bis Banyuls

Küstenfahrt von Port Bou nach Cerbère

(Plan S. 97 und 102)

Nordwärts von Port Bou passiert man nach hoher, unzugänglicher Felsküste **Cabo Falco:** Dies ist bei weitem das höchste Kap in dieser Region. Ein sehr eindrucksvoller, schwarzer riesig hoher Felsabsturz. Ein verlassenes Haus steht auf der Höhe. Bei Cabo Falco stößt die spanisch-französische Grenze ans Meer. Gastflagge wechseln.

Nördlich von Cabo Falco bleibt die Küste zunächst noch sehr hoch, schwarz und abweisend. Ein paar klippenreiche Geröllstrände zwischen Cabo Falco und Cap Cerbère sind nur bei ruhigem Wasser zugänglich.
Die nächste markante Huk ist **Cap Cerbère**. Es ist nicht ganz so hoch wie Cabo Falco. Eine kleine Insel liegt unmittelbar am Fuß des Kaps, eine Signalstation steht auf der Kuppe. Vor allem aber ist die weiter landeinwärts zu sehr großer Höhe ansteigende Bergkette ein gutes Kennzeichen. Bei Cap Cerbere ändert die Küste ihre Richtung nach Nordwesten. Tramontana und vor allem Seegang aus Norden wirken sich nordwärts des Kaps stärker aus! Bei Tramontana nordfahrend soll man hier prüfen, ob es nicht weiser ist, in Port Bou zu bleiben.

Nach Passieren von Cap Cerbère tauchen voraus zwei neue Huken auf: **Cap Rederis** und dahinter **Cap l'Abeille** (Plan der Buchten von Banyuls, S. 111). Meist ist auch in der Ferne schon **Cap Béar** zu sehen mit Leuchtturm und Signalstelle darauf.
Nordwärts von Cap Cerbère folgen noch etwa 500 Meter unzugänglicher, felsiger Küste. Dann öffnet sich überraschend die Bucht von Cerbère mit dem Ort. Voraus, gleichsam als Verlängerung der Nordhuk der Bucht von Cerbère, liegen etwa 200 Meter von der Küste entfernt zwei langgestreckte, flache, unwirtliche **Felsinseln**. Man kann sie landwärts passieren.

Cerbère   (Plan S. 97 und 106)

Cerbère ist der Grenzort auf der französischen Seite. Die kleine, sehr eng gebaute Stadt drängt sich um eine enge Bucht und schiebt sich mit vielstöckigen Häusern die Hänge der hohen Berge herauf. Alles leidet unter Raummangel. Die Landstraße zwängt sich eng am Strand entlang, die Eisenbahn klemmt sich auf einem gemauerten Viadukt darüber. Ein Wunder, daß überhaupt Platz für eine schmale Kaje ist.
Ein günstiger Dauerliegeplatz ist Cerbère bestimmt nicht. Auch ist die Bucht gegen Tramontana und Seegang aus Ost recht offen. Aber es gibt eine regelrechte Sportbootkaje mit einem Kran, beides direkt an der Landstraße.

Kaje und Ankerplatz
Große Boote ankern in der Bucht auf geeigneter Wassertiefe. Kleine und mittelgroße Boote können an die Kaje gehen oder auf den Strand holen (siehe Plan). Die Kaje besteht aus drei Abschnitten: Der äußerste Teil ist etwa 5 Meter breit mit etwa 3 Meter Wassertiefe. Dieser Platz ist der beste. Er ist mittelgroßen Booten vorbehalten. Buganker und Heckleinen. Gute Leinen und Fender legen. Bei Seegang setzt Schwell quer zur Kaje. Der mittlere Abschnitt der Kaje ist etwa 25 Meter lang, dort steht der Kran. Tragfähigkeit etwa 1 to. Benutzung erfragen beim Syndikat d'Initiative. Die Kaje hat eine Stufe fast genau in Wasserhöhe! Dies kann Kummer bereiten. —

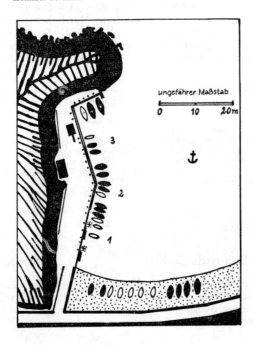

Cerbère, die Kaje an der Nordseite der Innenbucht.

Der innerste Abschnitt der Kaje ist etwa 20 Meter lang. Er hat stellenweise ebenfalls eine Stufe, stellenweise aber auch Steine dicht an der Kaje im Wasser. Etwa ½ Meter von der Kaje ist das Wasser aber bereits 1 Meter tief. Zum Strand hin wird es dann flacher. — Die beiden inneren Abschnitte der Kaje sind nur für Kleinboote geeignet, weil bei kräftigem Seegang starker Schwell quer setzt.

Es ist eine erhebliche Beanspruchung für Boote und Leinen. Insgesamt sind etwa 25 Boote dort. Toilette und Wasser sind auf der Kaje. Es ist aber alles sehr eng und schmal. Dazu kommen der Lärm der Straße und der Eisenbahn. Ich denke nicht, daß es ein gemütlicher Liegeplatz ist. Cerbère ist wohl mehr ein Hafen, in welchen ein durchreisendes Boot für die Nacht einläuft oder um aus Entdeckerfreude den Ort kennenzulernen.

Weitere Küstenfahrt bis zur Bucht von Banyuls (Plan S. 97 und 111)

Zwischen Cerbère und Banyuls liegen in der sehr abweisenden Felsküste noch zwei größere Buchten: die klippenreiche Anse de Terrambou und die freundliche Anse de Peyrefite. Wenn man nicht in diese beiden Buchten einlaufen will, dann soll man zwischen Cap Cerbère und Cap l'Abeille eine Distanz von mindestes 300 Metern zur Küste halten. Es liegen auf dieser Strecke Klippen und Klippeninseln oft sehr weit vom Ufer entfernt. Und es würde in keinem Verhältnis zum Gewinne stehen, diese Hindernisse einzeln zu beschreiben. Nur soweit sie für das Einlaufen in die beiden Buchten wesentlich erscheinen, werden sie genannt.

Achtung Zwischen der Bucht von Cerbère und Cap l'Abeille sind Klippen und Klippeninseln bis zu 250 Meter weit der Küste vorgelagert. Einige ragen nur geringfügig über Wasser. Meist liegen diese Klippen in Gruppen. Als Ortsfremder soll man um die sichtbaren Klippenspitzen deshalb Bogen von 50 Meter fahren.

Läuft man 300 Meter Distanz zur Küste, so ist man von allem frei. Das Cap l'Abeille ist nicht zu verwechseln, da es die letzte ausgeprägte Huk vor Cap Béar ist. Nordwärts von Cap l'Abeille öffnen sich die freundlichen Buchten von Banyuls. Auch vom Cap l'Abeille soll man aber noch 300 Meter Distanz halten.

Ist das Fahrtziel Port Vendres oder Collioure, so steuert man von Cap l'Abeille direkt auf die Spitze von Cap Béar zu. Will man nach Banyuls, so kann man nach Passieren von Cap Abeille, sobald der Ort Banyuls in Sicht ist, auf Banyuls zuhalten und nun wieder dicht an der Küste laufen (Beschreibung dieser Küste auf Seite 114).

Anse de Terrambou (Plan S. 97)

Die Anse de Terrambou ist eine sich trichterförmig verengende Felsbucht mit Kiesstrand im Inneren. Sie ist zwischen den Huken etwa 700 Meter breit und ebenso lang. Einige felsige Nebenbuchten sind im Außenteil. Die Bucht öffnet sich gleich nordwärts von den flachen Felsinseln nördlich der Bucht von Cerbère.
Die Anse de Terrambou ist unbesiedelt. Die Bahnlinie kreuzt auf hohem Damm ihren Scheitel. — Ich habe dieser Bucht nichts abgewinnen können. Vor allem ist sie an allen ihren Ufern so reichlich mit Überwasser- und Unterwasserklippen gespickt, daß man nicht ohne Auslug auf dem Bug und nur mit langsamer Fahrt einlaufen sollte. Der Ankergrund ist steinig, die Ufer sind es auch. Das einzig Freundliche schienen mir die am Ufer sich ausdehnenden Weinberge. Ein paar kleine Sportboote lagen hinter den Klippen am Ufer.
Die Nordhuk der Anse de Terrambou ist mittelhoch, aus hellem Gestein, mit lang auslaufendem, felsigen Vorfuß. Über- und Unterwasserklippen sind weit seewärts und südwärts von dieser Huk. Gleich nordwärts von ihr öffnet sich die Anse de Peyrefite.

Anse de Peyrefite (Plan S. 97)

Die Anse de Peyrefite gleicht nach Größe und Lage den bisherigen Buchten, ist aber doch freundlicher. Die Außenbucht ist von hellem Gestein umgeben, das steil abfällt. Die Ufer, und ganz besonders die Nordhuk (Cap Rederis) sind weit seewärts klippenreich. Es gibt einen **Campingplatz**, einen Platz für Wohnwagen und im Sommer Grundlebensmittel. Sonst ist die Bucht nahezu unbesiedelt.

Die Innenbucht ist etwa 200 Meter breit und reicht etwa 300 Meter ins Land. Sie hat schönen Sand- und Kiesstrand. Aber die Felsufer sind klippenreich. Eine Abzweigung der Hauptstraße führt zum Strand. Kleinboote werden auf den Strand geholt. Mittlere und große Boote ankern tagsüber vor dem Strand, laufen aber für die Nacht doch meist zu dem nur 4 Kilometer entfernten Hafen von Banyuls.
Nordwärts der Anse de Peyrefite folgt hohe Felsküste mit einigen offenen Geröllstränden (vgl. Seite 114).

C. Banyuls, der Ort, der Hafen, die Buchten

Zusammenfassung (Plan S. 97 und 111)

Exakt heißt es Banyuls-sur-Mer. Es ist der südlichste Badeort Frankreichs mit etwa 5000 Einwohnern. Eine französische Kleinstadt mit mehrstöckigen Häusern und engen, aber im Ganzen nüchternen Straßen. Der Ort liegt inmitten von grünen, weit hingestreckten, landein hoch ansteigenden Weinbergen. Er hat ein Pyrenäental als Hinterland, das zum Wandern wie geschaffen ist. Das Ganze lebt in einer freundlichen, etwas verschlafenen, bürgerlichen Atmosphäre. In der Schulferienzeit ist es sehr voll. Am schönsten ist es wohl in der Nachsaison.

Ein Sportboothafen ist neu erbaut worden. Er bietet für kleine und mittelgroße Boote reichlich Platz. Große Yachten finden die guten Plätze meist besetzt. Einklarieren konnte man bisher nicht.

Eignung als Standquartier
Das unmittelbare Fahrtgebiet sind die Einbuchtungen um Banyuls und Paullines zwischen Cap Béar und Cap de l'Abeille. Das sind rund 6 Kilometer Küstenlänge und etwa ein Dutzend Buchten mit Stränden. Das erweiterte Fahrtgebiet ist nach Norden die Küste mit Port Vendres und Collioure. Nach Süden zu liegen in abweisender Felsküste die Buchten von Peyrefite, Cerbère, Port Bou, Colera und Llansa (14 Kilometer). Hinter Puerto de la Selva folgt dann das unglaublich eindrucksvolle, buchtenreiche Gebiet um Cabo Creus. Aber bis dort (El Golfet: 20 Kilometer) ist es für eine Tagesfahrt schon reichlich weit.

Banyuls liegt im Tramontana-Gebiet. Auch für seetüchtige Kleinboote wird sich dann Cap Béar nicht an jedem Tage runden lassen. Aber die Doppelbucht von Banyuls-Paullines ist durch die Gebirgskette von Cap Béar gegen den unmittelbaren Seegang geschützt.

Der Hafen ist geräumig, freundlich und für kleine Boote angenehm. Liegeplatzprobleme sollte es nach der erfolgten Erweiterung wohl nicht geben. So ist im französischen Teil der Costa Brava Banyuls wohl der interessanteste und günstigste Platz. — Das der Lebensstil anders ist als in Spanien und die Kosten höher, ist eine andere Sache.

Der Hafen von Banyuls

Kajen und Liegeplätze (Plan S. 109 und 111)

Anstelle der alten, unzulänglichen Mole wurde 1969 ein regelrechter Hafen von etwa 250 mal 150 Meter Größe geschaffen. Für Kleinboote stehen etwa 350 Meter Uferlänge zur Verfügung (davon sind etwa 150 Meter durch offene Fischerboote fest belegt). Stege sind geplant, und Platz ist für 10 große Yachten an der Kaje vorhanden. Er ist leider meist durch Dauerlieger besetzt. Platz zum Ankern gibt es reichlich. Die Tiefe im Hafen ist überall größer als 2 Meter und liegt bei 4 Meter an der Nordkaje und in der Hafenmitte. (Der Hafen ist gerade ausgebaggert worden, die Tiefen können sich wieder ändern). Ankergrund ist überwiegend Sand. Leider sind die Liegeplätze für größere Yachten zu knapp.

Für große und mittlere Boote ist die **Nordkaje** vorgesehen. Sie besteht aus 4 Abschnitten (siehe Plan).

Der äußerste Abschnitt ist grobe Steinschüttung und nicht benutzbar. Der zum Land hin folgende zweite Abschnitt ist Betonkaje mit Pollern. Auch wenn er tagsüber frei ist, sollte man dort höchstens zeitweise festmachen. Abends wird man verscheucht. — Am besten geschützt ist der dritte, nach Norden

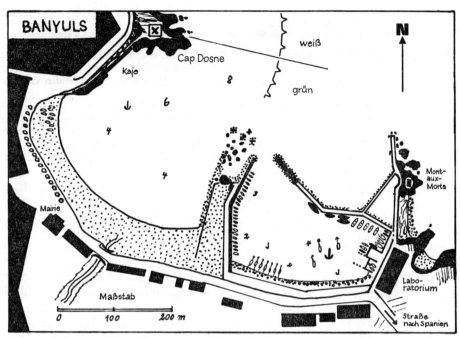

Hafen und Bucht von Banyuls.

abgeknickte Abschnitt. Leider gehört er den Schiffen des Laboratoriums der Universität. So ist der innerste Abschnitt der Nordkaje der Liegeplatz für große Boote. Man macht mit Buganker und Heckleinen fest. Es ist aber schwer, hier zwischen den Dauerliegern einen Platz zu finden. Bei Tramontana steht quer setzender Schwell. Je näher am Molenkopf, desto stärker ist er.

Die Ostseite des Hafens besteht aus etwa 30 Meter Kaje, an dem jedoch meist Boote des Laboratoriums liegen. (Das große Gebäude an der Ostseite des Hafens ist das Laboratorium.) Dann folgt eine Betonkaje von 25 mal 25 Meter. Ihre Nordseite gehört den Fischern. An der Frontseite liegen oft Sportboote. Aber Achtung!

An der Südseite setzt sich unter Wasser die Betonkante des Slip in den Hafen hinein fort. Man kann dort häßlich auflaufen.

Das Slip ist eine einfache, schräge Betonplatte von etwa 30 Meter Breite. An das Slip grenzt das kleine, abgezäunte Gebiet des Yacht-Club de Banyuls.

Die Südseite des Hafens ist Steinschüttung. Es sind mehr als 1 Meter Wassertiefe davor (meist 2 bis 3 Meter). Dies ist der Platz für Kleinboote. Sie liegen vor Grundgeschirr (es sollte sehr kräftig sein!) mit dem Bug nach Norden und Leinen zum Land. Man belegt so, daß man das Boot zum Übersteigen dicht an die Steine ziehen kann. Stege sind geplant.

Die Westseite des Hafens ist niedrige Betonkaje mit Pollern. Das ist der beste Liegeplatz für Kleinboote. Hier einen Platz zu finden, ist allerdings schwer.

Schutz bei stürmischem Wetter

Der neue Hafen kann wohl als sicher angesehen werden. Bei winterlich schwerem Wetter muß man jedoch mit sehr erheblichem Schwell und Sog rechnen. Die einheimischen Boote vertäuen sich überaus sorgfältig und stark!

Bei starkem Tramontana steht vor dem Hafen quer zur Windrichtung erhebliche Dünung. Es brandet an den Molen und auf den Klippen vor der Westmole. Bei größeren Booten, die sich bei achterlicher See schwer steuern, kann dann das Einlaufen vielleicht schwierig sein. Im Hafenbecken spürt man bei Tramontana kaum Seegang. Aber an der Nordmole ist besonders in den Außenabschnitten starker Sog vorwärts und rückwärts. Man soll starke, elastische Leinen ausbringen und diese Leinen lang belegen. Je weiter außen an der Mole man liegt, desto wichtiger ist dies. Die heimischen Boote haben durchweg zwei oder drei lange, starke Perlontrossen nach Nordwesten.

An der Westkaje liegen Kleinboote bei Tramontana unruhig. Viele Fender ausbringen! Bei den vor der Steinschüttung liegenden Booten kommt zu dem erheblichen Winddruck noch die Wirkung kurzer, stuffiger Hafen-
wellen. Also sehr kräftiges Grundgeschirr einrichten und die Leinen stramm genug durchsetzen.

Ansteuerung Typische Landmarken sind: Die alte Mole, die auf halber Länge durch zwei ziemlich hohe
Klippeninseln unterbrochen wird. Auf der landwärtigen Klippeninsel steht ein rechteckiges
Denkmal. Die zweite Landmarke ist die aus 9 schräg ansteigenden Gewölben erbaute Straßenbrücke bei Cap Dosne.
Hat man die Spitze der alten Mole passiert, so hält man auf die Hafeneinfahrt zwischen den
Köpfen der neuen Molen zu. Man soll sich etwas dichter an den Kopf der von Osten her
kommenden Mole halten. Nordwärts vom Kopf der Westmole liegen Klippen in Wasserhöhe
(siehe Plan). Bei hohem Seegang sieht die Einfahrt zwischen dem Kopf der von Osten kommenden Mole und der Brandung auf diesen Klippen eng und gefährlich aus. Die Einfahrt
ist aber etwa 40 Meter breit.

Ansteuerung bei Nacht: Zur Zeit gibt es bei dem neuen Hafen noch keine Molenfeuer. Es besteht nur
das Leuchtfeuer auf Cap Dosne, etwa 250 Meter nordwestlich der Hafeneinfahrt. Wenn aber die Nacht einigermaßen hell ist, sollte man bei ruhigem Wetter Banyuls Hafen wohl auch bei Nacht anlaufen können.
Kennung Leuchtfeuer Cap Dosne: 1 Blitz, Wiederkehr 4 Sekunden. Sektoren weiß und grün. Sicht-
weite weiß 12 sm, grün 6 sm. Sektoren: weiß 203° bis 285°, grün 165° bis 203° und 285° bis 22°. Änderungen
nach endgültiger Fertigstellung des Hafens sind eventuell möglich.

Praktische Wasser gibt es beim Laboratorium, dem inneren Teil der Nordkaje und auf
Hinweise der Westkaje. Treibstoff von Tankstellen im Ort. (Zollbegünstigtes Dieselöl
aber nur in Port Vendres). Es gibt einen kleinen Yachtklub. Eine Segelschule
mit kleinen Booten ist da. Es ist Platz, kleine und mittlere Boote über Winter an Land zu lagern. Als Winterliegeplatz im Wasser ist Banyuls diskutabel.
Ich würde aber Port Vendres mit seinen besseren Einrichtungen und der be-
währten Betreuung der Boote vorziehen, auch wenn es dort teurer ist. Um
ein Boot unbeaufsichtigt längere Zeit im Wasser liegen zu lassen, ist Banyuls
wohl geeignet, vorausgesetzt, man hat einen sicheren Platz im Hafen. Die
Einkaufsstadt für alle im Ort nicht erhältlichen Dinge ist Perpignan (etwa 35
Kilometer Autobus, alle 1 bis 2 Stunden, sowie Bahn). Banyuls liegt an der
Bahnlinie nach Deutschland über Lyon.

Sehenswertes Der Ort Banyuls ist nett, aber nicht eigentlich sehenswert. Aber Banyuls
und liegt an der Öffnung eines schönen, rundum durch sehr hohe Berge abge-
Hinterland schlossen Pyrenäentales. Dieses verdient es ohne Zweifel, durch ausgedehnte
Fußmärsche oder mit dem Wagen erkundet zu werden. Es zeigt noch viel
von der einfachen, sich selbst genügenden Lebensart eines Bergvolkes, an dessen Lebensform sich in Jahrhunderten wenig geändert hat. Von den vielen
Wegen zu Höhlen, Festungen, Bergdörfern und alten Grabstätten nenne ich
hier nur die Route des Crêtes zum Tour de Madeloc und von dort nach Collioure. Zu Fuß ein Halbtagsmarsch, aber unglaublich schön. Zurück mit der
Bahn oder Bus. Mit Wagen geht es auch, doch sind die Bergstraßen nur schwer
befahrbar! Eine sehr nützliche, kleine Landkarte erhält man beim Syndicat
d'Initiative in der Mairie.

Die Buchten von Banyuls und Paullines   (Plan S. 111 und 97)

Diese beiden weitgeschwungenen Großbuchten sind vom Standpunkt des
Kleinbootfahrers ein einheitliches Revier. Hohe, aber sanft geschwungene
Weinbergrücken bringen viel grüne Farbe in das Bild. Nach den rauhen
Felsküsten im Süden wie im Norden wirken diese Buchten lachend und
freundlich.

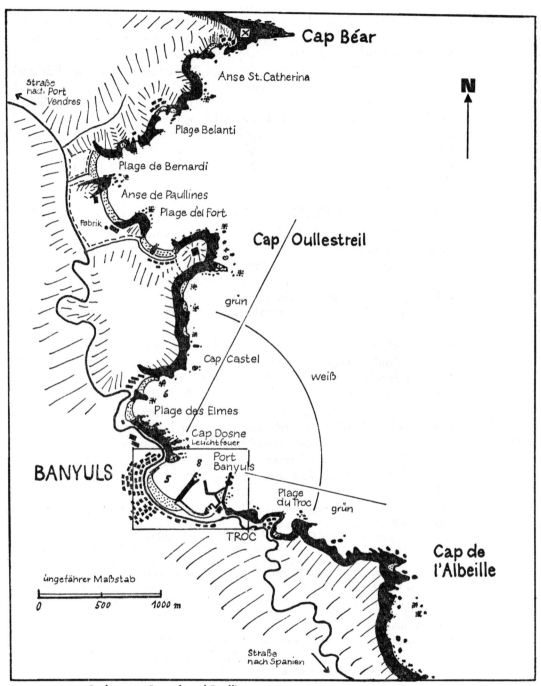

Buchten von Banyuls und Paullines.

Auf einer Küstenstrecke von etwa 6 Kilometern ist überwiegend einladendes Ufer mit mehr als 15 Buchten mit Stränden. Es ist das günstigste Kleinbootrevier an der französischen Côte Vermeille und steht den idealen Kleinbootrevieren an der eigentlichen Costa Brava nicht viel nach. Die weit geschwungene, grüne Pyrenäenlandschaft mit Weinbergen bis zum Ufer ist sonst an der Costa Brava nicht zu finden.

Bei starkem Tramontana steht in die Bucht von Banyuls ziemlich starke Dünung herein. Sie läuft quer zum Wind. Südlich von Banyuls Hafen ist das Ufer dann durch Brandung unzugänglich. Aber die Buchten um Paullines an der Felsküste von Cap Béar sind nahezu frei von Seegang. Von den Minibuchten unter dem Leuchtturm auf Cap Dosne ist die am weitesten nördliche auch bei Tramontana meist noch zugänglich. Die anderen sind dann nicht mehr zu erreichen. Der Strand von Banyuls ist dann nur in seinem Nordzipfel brandungsfrei.

Küste von Banyuls Hafen bis Cap Béar　　　　　　　　(Plan S. 109 und 111)

Von Port Banyuls nur durch die Mole getrennt, liegt der große, schöne **Strand von Banyuls.** Über 300 Meter lang, ist er im Sommer Baderevier. Kleine Boote können auf den Strand geholt werden. Eine etwa 50 Meter lange Kaje ist unter der auffälligen Stützmauer für die Landstraße. Sie ist nur bei ruhiger See brauchbar. Die Einbuchtung, in welcher der Strand von Banyuls liegt, ist ein guter Ankerplatz. Die Wassertiefe ist 4 bis 6 Meter auf Sand.

Dicht nordwärts von Cap Dosne sind in der Steilküste zahlreiche schmale, tiefe **Minibuchten.** In den meisten von ihnen ist sogar etwas Sand. Leider läuft die Straße über ihnen entlang. Vorsicht natürlich vor den Klippenketten. Mit Ausguk ins Wasser ist das Einfahren aber kein Problem.

Nordwärts folgt **Plage des Elmes.** Dies ist eine ziemlich tief ins Land einschneidende Bucht mit 100 Meter schönem Sandstrand. Leider ist sie in der Ferienzeit restlos überfüllt. Hotel, Restaurant und eine Wasserskischule gibt es hier. An der Nordseite ist ein kurzer Steg, der aber den Wasserskifahrern gehört. Beide felsige Steinufer sind sehr unrein, und die Klippen reichen weit seewärts.

Gleich hinter einer mit Agaven bestandenen, schmalen hübschen Felshuk ist eine weitere schöne **Sandbucht.** Eine Betonmauer begrenzt den fast 200 Meter langen Strand landeinwärts. Dahinter sind große Gebäude eines Kindererholungsheimes. Hier ist auch für große Yachten guter Ankerplatz. Die Wassertiefe ist etwa 6 Meter. Beide Huken sind sehr unrein. Nordwärts folgt **Cap Castel.** Vor Cap Castel steht eine typisch geformte, steile Klippe (Skizze). Steile Felsküste erstreckt sich danach fast 1 Kilometer lang bis Cap Oullestreil. Es ist ein schlecht zugängliches Stück Küste. Sehr große Steine liegen am Ufer im Wasser. Blinde Klippen finden sich vereinzelt bis über 50 Meter vom Ufer entfernt! Stellenweise ist Kiesstrand am Ufer. Eine Annäherung an diesen Küstenabschnitt muß mit großer Vorsicht erfolgen, zumal bei bewegter See.

Cap Oullestreil ist ein steilwandiges, zerrissenes Felskap mit einem flacheren, aus Klippen gebildeten Vorfuß. Auf dem Kap steht ein rechteckiger Festungsturm. Vor dem felsigen Vorfuß des Kaps sind Überwasserklippen und blinde Klippen weit seewärts vorgelagert. Man sollte selbst mit flachgehenden Booten etwa 50 Meter Distanz von allen sichtbaren Klippen halten.

Die Klippeninsel vor Cap Castel.

Das Buchtensystem von Paullines wird durch Cap Oullestreil von den Buchten um Banyuls getrennt. Nach Norden ist die hohe Bergkette mit Cap Béar am Ende die Grenze. Die Großbucht um Paullines ist an der Öffnung über 1 Kilometer breit. Sie hat sechs Strände und etwa 3 Kilometer Küstenlänge. Es ist geräumig für jede Art Wassersport. Seegang tritt bei Tramontana in diese Buchten fast gar nicht ein. Doch müssen sich Segler bei Tramontana sehr vor Fallböen in Acht nehmen. Meist sieht man die Böen an dunklen Flecken auf dem Wasser (oder wenn es sehr hart weht, an hochgewirbeltem Wasserstaub).

Nördlich von Cap Oullestreil ist der erste Strand **Plage d'el Fort**. Eine kleine Felsnase unterteilt ihn in einen Ostteil und einen Westteil. Über dem Ostteil stehen kleine Sommerhäuser von Sportfischern. Dahinter steigen Weinberge an. Leider ist dieser Ostteil des Strandes reich mit unschönen, großen Steinen besät. — Der Westteil der Plage d'el Fort ist viel sauberer und zum Anlanden besser geeignet. Im Sommer liegen hier Kleinboote vor Grundgeschirr. Bei Tramontana ist das Wasser hier noch unruhig. Dafür ist die Einbuchtung bei Winden aus Ost bis Süd ziemlich geschützt.

Der Strand wird vom Hinterland durch eine Betonmauer abgegrenzt. Ein Fahrweg verbindet ihn mit der Landstraße nach Port Vendres und Banyuls. Die felsige Osthuk ist leider Privatbesitz, und auch die Westhuk ist abgesperrt und unzugänglich. Wenn man von den Ansässigen die Erlaubnis zum Camping bekommen kann, könnte es dafür ein günstiger Platz sein.

Eine breite, hohe Felshuk mit Bunkern darauf trennt Plage d'el Fort von **Plage de Paullines**. Der Huk sind zahlreiche Klippen vorgelagert. Viele davon schneiden genau mit dem Wasserspiegel ab. Auf einige davon sind — wahrscheinlich von den Sportleuten — winzige Stangen zur Kennzeichnung gesetzt. Aber darauf ist kein Verlaß. Die Plage de Paullines ist ein 200 Meter breiter, schöner Strand. Eine saubere Betonmauer trennt ihn vom Hinterland. Dort ist ein altes Fabrikgebäude mit hohem Schornstein. Der Strand ist von Land her nicht frei zugänglich. Dies hält ihn menschenarm.

Eine schmale und überaus klippenreiche Felshuk liegt zwischen Plage de Paullines und der **Plage de Bernardi**. Es ist der letzte der breiten Strände in der Bucht von Paullines. Er ist ziemlich geschützt durch den reichlichen Klippenbesatz vor der Südhuk. Es ist ein guter Ankerplatz, nur nach Osten offen. Der Sandstrand ist etwa 100 Meter lang. Nur ein Fußweg verbindet ihn mit der etwa 150 Meter entfernten Landstraße. Eine Betonmauer grenzt ihn gegen das flache Hinterland ab. Camping ist nicht erlaubt.

Das Nordufer der Buchten um Paullines ist bis Cap Béar steile, eindrucksvolle Felsküste. Es gibt aber mehrere kleine und interessante Buchten, alle bei Tramontana gegen Seegang geschützt.

In Richtung auf Cap Béar findet man nach etwa 200 Meter eine kleine Einbuchtung mit etwa 15 Meter Strand. Sie ist unbewohnt. Verlassene Weinberge sind dahinter. Diese kleine Bucht ist durch Klippen vor beiden Huken ganz gut gegen Seegang geschützt. Vorsicht beim Einlaufen!

Plage Belanti ist eine etwas größere Bucht mit zwei Stränden. Jeder ist etwa 25 Meter breit. Ein paar Sommerhäuschen stehen an der Bucht. Der Nördliche der beiden Strände ist breiter und wird durch eine Klippenkette gegen See abgedeckt. Es ist ein recht hübscher Platz. Bei Tramontana können erhebliche Fallböen durch das Tal in die Bucht herunterkommen. Für mittelgroße Boote bietet die Bucht gut Raum. Große Yachten müssen wegen der Klippen, die das fahrbare Wasser einengen, sehr vorsichtig manövrieren.

Hinter Plage Belanti folgt unwirtliche Felsküste. An der Südhuk der Anse St. Catherina liegt eine kleine, etwa ½ Meter hohe Klippeninsel fast 100 Meter weit seewärts. Zwischen ihr und dem Land liegt ein ganzes System von Unter- und Überwasserklippen. Ein interessantes Revier für Sporttaucher! Boote sollten diese Klippeninseln seewärts runden.

Anse St. Catherina liegt kaum 500 Meter von Cap Béar entfernt dicht beim Leuchtturm und genau unter dem Signalmast. Es ist so recht eine typische Mittelmeerbucht. Etwa 5 kleine Sommerhäuschen stehen in der nördlichen Einbuchtung. Der größere Südteil der Bucht hat Felsufer, keinen Strand und ist klippenreich. Zum Anlegen taugt die Einbuchtung mit Strand bei den Häusern besser. Dort sind etwa 30 Meter Kiesstrand. Die übrigen Ufer sind klippenreich. Platz ist für kleine und mittelgroße Boote. Ein Fußweg führt zum Leuchtturm und damit zur Fahrstraße nach Port Vendres.

Von Anse St. Catherina bis **Cap Béar** ist hohe, steil abfallende Felsküste. Man muß sich darauf einrichten, nach Runden von Cap Béar auf andere, meist ungemütlichere Seegangverhältnisse zu treffen. Meist ist vor dem Cap eine südwärts setzende Strömung. — Hat man das Cap gerundet, so sieht man auch schon den weißen Feuerträger auf der Schutzmole von Port Vendres (Skizze).

Feuerträger Port Vendres.

Küste südwärts von Banyuls bis Cap l'Abeille

Die Küste südwärts von Banyuls Hafen ist weit weniger freundlich und attraktiv. Gleich an der Hafenmole ist ein kurzer Kiesstrand. Dann folgt felsige Küste bis zu einer dicht mit kleinen, weißen Häusern bebauten Huk. Dies ist der kleine Ort Troc. Gleich ostwärts dieser Huk öffnet sich eine recht tiefe Bucht. Plage du Troc. Etwa 50 Meter Strand sind im Inneren, aber die Seiten sind felsig.

Die Osthuk besteht aus einem weit seewärts reichenden Klippengewirr, das die Sporttaucher interessiert. Gegen Seegang aus anderen als nördlichen Richtungen ist die Bucht Plage du Troc ganz gut geschützt.

Weiter nach Osten imponieren unter der Küste zwei sehr hohe, steile, schräggestellte Klippen. Flachere Klippen liegen weit seewärts davon. Dahinter ist eine klippenreiche Einbuchtung; recht ungeschützt, und nur bei ruhigem Wasser zum Liegen geeignet. Innen ist schmaler Geröllstrand. Danach folgt steiles, klippenreiches Felsufer bis Cap l'Abeille. Bei ruhigem Wasser sind hinter den Klippen nette Plätze für kleine Boote.

Südwärts von Cap l'Abeille läuft die Küste in südlicher Richtung. Sie ist hoch, sehr zerrissen und reich an großen Steinen und Klippen. Vereinzelte Kies- und Geröllstrände. Die tiefste Einbuchtung liegt direkt südlich von Cap l'Abeille. Alles in allem aber ist die Küste zwischen Cap l'Abeille und dem etwa 2 Kilometer südlich davon liegenden Cap Rederis wild und wenig einladend.

Achtung   Eine besonders weit seewärts liegende, ausgedehnte Gruppe flacher Klippen, teils etwa ¼ Meter aus dem Wasser ragend, teils als blinde Klippen direkt unter der Wasseroberfläche, liegt etwa 300 Meter südlich von Cap l'Abeille. Die äußersten Klippen liegen etwa 250 Meter vom Ufer entfernt. Man kann landwärts passieren, muß aber sehr aufmerksam fahren.

D. Port Vendres, Collioure und das Ende der Felsküste

Von Cap Béar bis zum Ende der Felsküste sind 7 Kilometer auf geradestem Wege. Die beiden wichtigen Plätze sind Port Vendres und Collioure. Port Vendres ist nützlich, Collioure ist schön.

Die Küste von Cap Béar bis zum Ende der Felsküste bei Le Racou ist dem Tramontana voll ausgesetzt. Schon bei mäßigem Nordwestwind steht kräftiger Seegang. Geschützt sind nur die Buchten von Port Vendres und Collioure. Dies darf man hier nie aus den Augen verlieren.

Außerhalb der Buchten von Collioure und Port Vendres ist an Liegen vor Grundgeschirr nicht zu denken. Nur am Ende der Felsküste bei Le Racou sind im Sommer sehr leichte Boote an Bojen.

Port Vendres   (Plan S. 115 und 97, Abb. 11)

Port Vendres (Portus Veneris der Römer) liegt in einer geräumigen, weit ins Land reichenden Bucht, die gegen Tramontana geschützt ist. Der Ort hatte früher als Fährhafen nach Französisch-Algerien ziemliche Bedeutung. Heute hat der Handelsverkehr fast aufgehört. So teilen sich die vielen Fischerboote

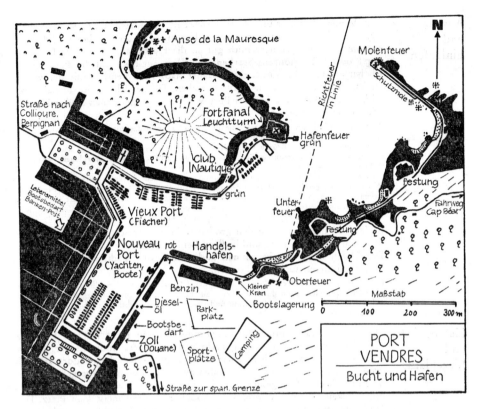

Port Vendres – Bucht und Hafen

mit den zahlreichen Sportbooten das große Hafengelände. Schwimmpontons und Kajen bieten etwa 300 Sportbooten jeder Größe Platz. Die ehemaligen Lagerhallen des Handelshafens dienen als Winterlager. Leider hat Port Vendres für kleine Sportboote kein günstiges Außenrevier. So ist Port Vendres mehr ein Platz für Kielboote oder starke, seefeste Motorboote. Für durchreisende Boote ist Port Vendres eine wichtige Station. Man sieht viele große Yachten.

Von See her sind die in immer neuen, noch höheren Bergketten aufsteigenden Pyrenäen ungeheuer eindrucksvoll. Vom Hafeninneren aus verblaßt dieses ein wenig. Port Vendres ist kein häßlicher Hafen, aber Atmosphäre hat er nur an wenigen Stellen. Der heute 5000 Menschen zählende Ort kann nicht verbergen, daß er seine Aufgabe verloren hat. Er hat über 1000 Rückwanderer (oder soll man sagen, Flüchtlinge) aus Algerien aufnehmen müssen. Viele für ein Boot wichtige Dinge sind am Ort nicht zu bekommen. So ist Port Vendres ein guter Durchgangshafen, ein sicherer Liegeplatz, wenn man das Boot sich selber überlassen will, auch ein gutes Winterlager, aber das eigentliche Reiseziel ist es nicht.

Eignung als Standquartier für ein kleines Boot Alles ist für ein Sportboot in Port Vendres gut oder sogar ideal. Nur eines fehlt, und leider ist dies das Entscheidende: ein Revier, das auch bei Tramontana von nicht hochseetüchtigen Booten befahren werden kann. Wind und Seegang sind auflandig. Außer Collioure gibt es nördlich Cap Béar sonst keine bei Tramontana geschützte Bucht. Ein guter Platz für einen Urlaubsaufenthalt ist Port Vendres also nur für ein starkes, auch hartem Wetter gewachsenes Boot. Warum ich für eine Reise in die Costa Brava das Boot nicht in Port Vendres ins Wasser bringen würde, ist vorne erörtert worden.

Ansteuerung und Einlaufen

Port Vendres hat gute und deutlich sichtbare Landmarken. Die Skizze zeigt sie. Sie sind wichtig, denn die Bucht ist von Norden kommend unter der hohen Felsküste gar nicht leicht auszumachen. Ich erinnere mich gut an die Herbstfahrt von Port La Nouvelle aus, wo wir vor 8 oder 9 Tramontana-Stärken schließlich nur noch mit der Fock auf die Küste zuliefen. Ich hatte erhebliche Sorge. die Einfahrt nach Port Vendres mit der von Collioure zu verwechseln, denn an beiden Buchten stehen Türme. Ich wußte damals noch nicht, daß alle wichtigen Einfahrtsmarken bei Port Vendres weiß gestrichen sind, während sie bei Collioure grau-schwarz erscheinen.

Auf der felsigen Westhuk von Port Vendres steht das mittelalterlich dreinschauende **Fort Fanal**. Darin steht der weiße, viereckige Leuchtturm. „Fort Fanal" steht mit großen Buchstaben dran. Eine runde, weiße Bake ist mit ihm durch eine Brücke verbunden. Grünes Band, grüner Kegel und nachts grünes Feuer. Hat man bei hoher, achterlicher Tramontana-See diese Bake passiert, so ist man in ruhigem Wasser und auch in Windabdeckung und kann aufatmen.

Die Ostseite (oder linke Seite) der Einfahrt wird durch die auf natürlichen Klippen aufgebaute **Schutzmole** (Mole de Abri) gebildet. Auf ihrer Spitze steht auf fünf Stahlbeinen ein weißer Feuerträger von unverwechselbarem Aussehen (Skizze). Er ist, auch wenn man dicht unter der Küste fährt, stets gut zu sehen. — Es gibt dann noch eine weitere Osthuk mehr im Innern der Bucht. Vor ihr steht die Bake mit dem Unterfeuer (Skizze). Auffälig ist das runde, verfallene Kastell über dieser Huk.

Einlaufend hat man dann den großen weißen Lagerschuppen auf der Handelskaje vor sich. Man läßt sie an Backbord und läuft vorbei in die inneren Hafenbecken ein.

Der Hafen ist geräumig, so daß auch sehr große Yachten alle Manöver und Segelbergen im Hafeninneren ausführen können.

Die Ansteuerung bei Nacht bietet keine Schwierigkeit. Man läßt sich zunächst durch das starke Feuer auf Cap Béar leiten. dann durch die Feuer auf Fort Fanal und der Schutzmole, bis man auf der Richtfeuerlinie steht. Auf dieser läuft man ein. Rote und grüne Begrenzungslichter sind im Innenhafen. Durch die Straßenbeleuchtung ist stets genug Licht.

Hafenanlagen und Liegeplätze

Die **Handelskaje** kommt für Boote und Yachten nicht infrage. Der **Vieux Port** ist den Fischerbooten vorbehalten. Für Yachten und kleinere Boote ist der **Nouveau Port**, der innerste Hafen, vorgesehen. Zwei lange Ponton-Stege liegen dort aus. Kleine und mittelgroße Boote bis 8 Meter Länge sollen an diese Schwimmstege gehen. Längere Boote an die Westkaje. Wenn dort genug Platz ist, liegt man längsseit (man dümpelt dann bei Tramontana-Schwell sehr viel weniger). Im Sommer ist dazu meist kein Platz. Dann liegt man mit Heck oder Bug zur Kaje. Man benutzt dazu die vom Hafenamt ausgelegten Leinen.

Es ist wichtig zu wissen, daß man im Nouveau Port im Bereich der beiden Schwimmstege nicht ankern soll.

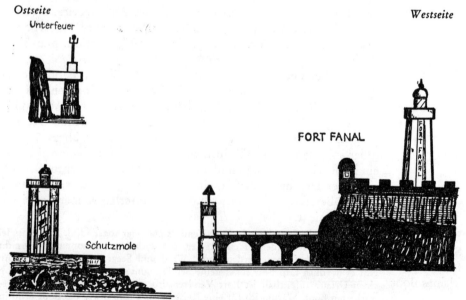

Ostseite   Unterfeuer   *Westseite*

FORT FANAL

Schutzmole

Landmarken und Seezeichen bei der Einfahrt nach Port Vendres von See her gesehen.

Es liegen schwere Ketten zwischen den Schwimmstegen auf dem Hafengrund aus. Von diesen Ketten führen Leinen zu den Stegen und zu der Westkaje. Diese Leinen schäkelt man los und benutzt sie wie sonst die Ankerleine. Ankert man selber, so ist sehr große Gefahr, daß der Anker mit den auf dem Grund liegenden schweren Ketten unklar kommt. Bei 7 bis 8 Meter Wassertiefe im Hafenbecken ist erhebliche Gefahr, dabei den eigenen Anker aufgeben zu müssen.

Die O s t k a j e des Nouveau Port ist für Fischerboote vorgesehen. Nur an dem rot-weiß markierten Teil der Kaje können Yachten kurzfristig festmachen, um dort Dieselöl zu übernehmen.

Der Y a c h t c l u b (Club nautique de la Côte Vermeille) hat seinen Platz an der Einbuchtung direkt südlich vom Fort Fanal. Die Boote liegen dort an Bojen, und zwar eng in zwei Reihen. Meist ist es voll besetzt. Auch liegt man dort weniger gut.

Der erste Tag ist hafengeldfrei. Danach werden 0,5 Franc pro Meter Bootslänge und Tag erhoben (im Winterhalbjahr 0,3 Franc pro Meter und Tag).

Schutz bei stürmischem Wetter

Port Vendres ist im Sommer ein rundweg sicherer Hafen. Allerdings dümpelt man bei Tramontana ganz tüchtig. Segelboote sollten darauf achten, daß die Masten nicht genau nebeneinander sind. Fender sind nützlich. Auch „Oropax", denn die Riggs der dümpelnden Kleinboote klappern entsetzlich.

Bei starkem Tramontana und auch bei starkem Garbi (Südwestwind) kommen Fallböen die Bergwände herunter. Sie sind nicht stärker, als ich sie von anderen bergumgebenen Häfen kenne, aber man soll sich durch den scheinbar sehr guten Schutz durch die Berge nicht verführen lassen, zu leichte Leinen zu nehmen.

Bei w i n t e r l i c h e m Oststurm ist der Hafen zwar wohl nicht direkt gefährlich, aber mindestens höchst unkomfortabel. Es läuft nennenswerter Hafenseegang auf und Gischt steigt über die Schutzmole. Es ist dann sehr wichtig, das Boot durch die auisliegenden Leinen oder außerhalb der Schwimmstege durch einige Anker von der Kaje abzuhalten. Am besten ist man an der anderen Seite des Nouveau Port bei der Dieselöltankstelle untergebracht. Aber das wissen die Fischer auch.

Praktische Hinweise

B e n z i n gibt es von einer Benzinpumpe auf der Westspitze der Handelskaje. D i e s e l ö l (zollbegünstigt ohne Formalität) ist an der Ostkaje im Nouveau Port bei der rot-weißen Markierung. Wenn von allein keiner kommt, fragt man in der Agence de Voyage an der Mitte der Westkaje. Dort ist ein Shell-Schild. Motoröl und Schmierfett gibt es ebenfalls in der Shell-Vetretung (die hauptamtlich Reisebüro ist). Trinkwasser ist an den Schwimmpontons und an der Westkaje auf Anforderung vom Hafenwart zu bekommen. Es ist im Hafengeld einbegriffen. Ein kleiner Kran für Sportboote ist an der Ostseite der Handelskaje. Dort ist auch die „Chambre de Commerce" welche den Hafen verwaltet. Man bemüht sich in Port Vendres, Sportboote heranzuziehen. So sind Winterlagemöglichkeiten in der Halle und im Freien, sowie Wartung der Boote während der Liegezeit möglich. Dies erfolgt zwar nicht geschenkt, aber auch nicht sinnlos übersteuert.

Die Einheimischen sagen, daß niedriger Wasserstand im Hafen gutes Wetter bedeutet. Es lohnt sich für die gerade in dieser Region sehr wetterabhängigen kleinen Boote, darauf zu achten. —

Die Z o l l s t e l l e ist auf der Ostkaje im Nouveau Port. Kommt man mit einem größeren Boot aus dem Ausland, so soll man sich dort den grünen „Passeport du Navière Étranger" ausstellen lassen. Besitzt man ihn bereits und will nach Spanien ausreisen, so soll man die Ausreise vor dem Ablegen eintragen lassen (am besten am Tage davor, damit man mit den Dienststunden klarkommt).

Port Vendres liegt an der B a h n s t r e c k e nach Deutschland. Alle Züge halten dort. A u t o b u s v e r b i n d u n g ist nach Perpignan, Collioure und Banyuls (Abfahrt bei dem Reisebüro mit dem Shell-Schild auf der Westkaje. Dort sind auch die Abfahrtzeiten angeschlagen).

Im Ort selbst hat mich das Fischerviertel beeindruckt. Es lohnt, in Richtung Fort Fanal an den Kajen entlangzuschlendern. Manch algerisches Element ist zu finden. Und überhaupt ist dort manches recht urwüchsig. Fischrestaurants sind bei der Versteigerungshalle.

Wenn man aus irgendwelchen Gründen nicht zu Wasser nach Collioure kommt, so muß man unbedingt zu Land dorthin. Zu Fuß ist es entlang der Küste auf der Chaussee keine halbe Stunde Weg. Man kann auch mit dem Bus fahren. Geht man zu Fuß, Vorsicht! Die Autofahrer sind Fußgänger auf der Landstraße nicht gewohnt. Es ist gefährlicher als Seefahrt bei Tramontana!

Schön ist natürlich ein Ausflug in die Pyrenäenwelt. Ohne weiteres ausführbar und lohnend ist ein Fußmarsch zu Cap Béar.

Küste und Buchten von Port Vendres bis Collioure   (Plan S. 97 und 118)

3 Kilometer sind von Port Vendres nach Collioure zu fahren. Bleibt man 100 Meter vom Ufer ab, so ist man jeglicher Gedanken an Klippen enthoben. Man fährt westwärts parallel zur Küste und kann die Einfahrt in die wunder-

schöne Bucht von Collioure mit ihrer Mole, dem runden Kirchturm, dem hohen Kastell absolut nicht verfehlen.

Die genaue Beschreibung der Küste und ihrer Buchten ist für Boote bestimmt, die sich in dem Revier länger aufhalten. Ganz besonders aber für die Sporttaucher und Angler.

Genaue Beschreibung von Küste und Buchten

Hat man Festung und Leuchtturm Le Fanal passiert und nach Westen gedreht, so ist linker Hand zunächst etwa 300 Meter weit steile, hohe Felsküste mit kleinen Klippeninseln davor und 20 bis 30 Meter vorgelagerten Unterwasserklippen. Dann folgt eine nach Nordosten offene Bucht, die Anse de la Mauresque.

Anse de la Mauresque ist an ihrer Öffnung etwa 100 Meter breit. Im Inneren verengt sich die Bucht. Sie hat steile Felswände, keinen Strand, aber flachere, zugängliche Felsen in ihrem innersten Teil. Mauerruinen stehen über der Westhuk. Die Bucht hat Klippen an beiden Huken. Vor allem aber ist ihre Westseite bis über 30 Meter vom Ufer mit Unter- und Überwasserklippen gespickt. Sporttaucher haben daran ihre Freude. Besonders reizvoll ist die Bucht sonst nicht. Bei nicht zu starkem Tramontana ist im inneren Teil der Bucht ziemlich ruhiges Wasser zu finden.

Westwärts folgt dann eine Felshuk mit einer doppelten Klippeninsel davor. Über der Huk liegen Festungstrümmer. Dann öffnet sich nach einigen kleineren Felseinschnitten wieder eine etwas größere Einbuchtung.

Diese Felsbucht ohne Namen ist an ihren Öffnungen etwa 100 Meter breit. Sie hat keine Strände. Beim Einlaufen ist große Vorsicht nötig, denn eine Kette blinder Klippen, deren Spitze dicht unter der Wasseroberfläche liegt, erstreckt sich in der Bucht sehr weit nach See heraus. (Vgl. Plan S. 118). Die äußersten Klippen überschreiten sogar die Verbindungslinie zwischen den beiden Huken. Auf beiden Seiten dieser Kette von Unterwasserklippen ist tiefes Wasser. Wenn man um diesen Spezialtrick weiß, ist die Bucht nicht schwieriger als die anderen. Sporttaucher sind über diese Einrichtung der Natur glücklich.

Etwa 300 Meter westwärts folgt nach sonst ereignisloser Felsküste die hohe, markante Felshuk **Cap Gros**. Eine 40 Meter große Felsinsel liegt davor. — Hat man Cap Gros passiert, so sind voraus der unverkennbare Kirchturm von Collioure mit seiner roten Kappe sowie die Mole mit Leuchtturm in Sicht.

Etwa 200 Meter westlich von Cap Gros liegt eine kleine, dreieckig spitze, hohe Felseninsel und darüber am Festland ein niedriger Mauerkranz wie von einem zerstörten Turm. Gleich dahinter öffnet sich die Bucht **Plage d'en Baux**. Die Bucht hat kleine Kiesstrände. Leider aber ist Baugeröll an ihren Seiten heruntergekippt. Mir würde es dort nicht gefallen. Dennoch das Wichtigste: Zwei etwa 50 Meter breite Kiesstrände Dazwischen eine Felsnase mit Unterwasserklippe (Plan S. 118). Über die Ostseite sind Häuser. Die ganze Westseite der Bucht ist voller Unter- und Überwasserklippen. Eine Unterwasserklippe liegt an der Westseite dicht an der Öffnung der Bucht etwa 30 Meter vom Ufer! Ein Fahrweg führt an den Strand.

Küste von Port Vendres bis Collioure.

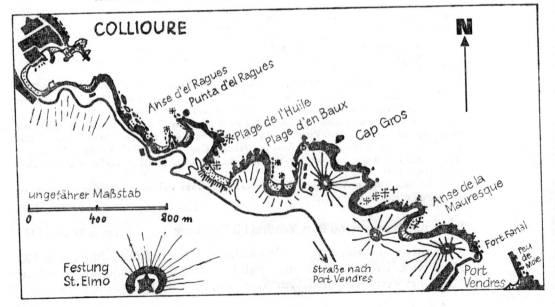

Die nächste Bucht ist **Plage de l'Huile.** Dies ist eine landschaftlich freundliche Bucht mit einigen hübschen Häusern und ganz gut geschützten Nebenbuchten. Sie hat etwa 100 Meter Sandstrand. Boote liegen auf dem Strand. Tagsüber sind Badende dort. Es ist eine unbewohnte Gegend. Leider ist die Autostraße so nahe.

Die Einfahrt der Bucht ist etwa 150 Meter breit. Ihr Klippenbesatz beschränkt sich auf Streifen von etwa 20 Meter Breite an den Ufern. Das Ostufer ist mit einigen Ausnahmen sogar sauber. Einige nette Nebenbuchten für Kleinboote sind da. Die schönste ist an der Westseite dicht bei der Öffnung der Bucht. Da ragen langgestreckte Felsgrate weit ins Wasser vor und bilden zwischen sich Mikrohäfen. Einer davon hat einen kleinen Strand. Fast immer sind Sporttaucher in dieser Bucht. Das Hinterland ist gekennzeichnet durch Weinberge, gekrönt von dem Castell St. Elmo. Aber die Begeisterung hat auch Grenzen. An vielen Stellen hat die Costa Brava wesentlich Schöneres zu bieten.

Die nächsten 300 Meter Küste sind wieder steiler Fels mit zahlreichen Klippeninseln und Klippen. Kurz nach Passieren einer weit vorragenden etwa 5 Meter hohen auffälligen Klippeninsel mit einem System niedriger Klippen rundum, der **Punta d'el Ragues,** öffnet sich wieder eine etwas größere Einbuchtung, die Anse d'el Ragues.

Anse d'el Ragues ist die letzte Bucht vor Collioure. An der Öffnung ist sie etwa 150 Meter breit. Sie ist zwar nach Nordwesten offen, aber sie bietet ruhiges Liegen bei den tagsüber hier oft frischen Winden aus Ost. Die Bucht hat zwei Kiesstrände, die durch eine klippenreiche Felsnase getrennt werden (Plan S. 118).

Vor den Stränden ist es im wesentlichen klippenfrei. Aber die Huken und ebenso die nach Westen anschliessende Küste sind von zahllosen Klippen umgürtelt. Der seewärtige der beiden Strände hat feineren Sand und besseren Ankergrund. Vor dem landwärtigen Strand ist der Ankergrund aus Geröll. Im Sommer sind zahllose Kleinboote und Badende hier. Die Landstraße führt über die Bucht entlang, dort sind einige Häuser zu finden.

Der folgende kurze Küstenabschnitt bis Collioure ist reich an kleinen, manchmal sehr schwer zugänglichen Einbuchtungen. Langgestreckte Klippen liegen parallel zum Ufer. Wenn man sich dahinter eingefädelt hat, liegt man sehr schön. Das geht aber nur mit kleinen Booten und bei ruhigem Wasser Im Sommer haben viele Kleinboote hier ihren festen Liegeplatz auf den Klippen. Das geht natürlich nur, wenn sich das Boot wirklich tragen läßt. Und es muß hoch aufs Trockene gebracht werden. Bei Tramontana reicht der Seegang hoch herauf. Diese Fels- und Klippenküste geht in eine fast klippenfreie, grün bewachsene und Häuser tragende Felshuk über, Die Einfahrt der Bucht ist etwa 150 Meter breit. Ihr Klippenbesatz beschränkt sich auf Streifen von etwa 20 Meter Breite an den Ufern. Das Ostufer ist mit einigen Ausnahmen sogar sauber. Einige nette Nebenbuchten für Kleinboote sind da. Die schönste ist an der Westseite dicht bei der Öffnung der Bucht. Da ragen langhinter der sich dann die große Bucht von Collioure auftut.

Collioure (Plan S. 120, Abb. 9 und 10)

Kenner des Mittelmeeres sagen, daß es im westlichen Mittelmeer keinen schöneren Platz gibt, als das kleine, malerische Collioure mit seiner Bucht. Und tatsächlich ist es eine unglaublich reiche und harmonische Kombination: Eine tiefe, felsige Bucht mit Burgen und Kastellen hoch auf Bergen. Ein reizendes Fischerstädtchen mit engen, gewundenen Treppengassen, wo fast jedes Stadttor auf den Hafen mündet. Alte Kirchen und Kapellen auf Klippeninseln. Der Leuchtturm, man sagt von Arabern erbaut, dient heute als Kirchturm. Fischerstrand, Festung am Hafen, Weinberge, Pyrenäentäler und Badestrand. Und nicht umsonst ist Collioure Malerkolonie mit so bekannten Meistern wie Derrain, Matisse und Picasso — und weniger bekannten heute. Tage kann man damit zubringen, an diesem Ort immer wieder neue schöne Gassen, Wege, Buchten und wunderschöne Winkel zu entdecken.

Collioure hat seine lange Geschichte. Vor der Zeitrechnung von den Ligurern gegründet, war es im Mittelalter Hafen des Königreichs Roussillon und damit der Hafen der Könige von Mallorca. Galeren haben hier geankert, Päpste sich eingeschifft. Und Collioure hat von dieser Atmosphäre vieles bewahrt. Es ist ein stiller und beschaulicher Ort. Nur während der Schulferien quillt er über, wie jeder französische Ferienplatz.

Collioure ist kein großes Zentrum des Wassersports. Vielleicht soll man sogar sagen, gottlob. Denn nichts wäre der Atmosphäre dieses Ortes abträglicher als Geschwindigkeitsrausch und Motorengeknatter. Eher ist es ein Platz des Segelns, des Tauchsports, der Fischer, der Angler. Der Ort liebt das beschauliche Idyll. Dies aber gibt er ganz. Ob Collioure eher ein Platz für die etwas älteren Semester ist?

Im Einzelnen muß man Collioure selber entdecken. Es ist unglaublich schön, am Abend an dem schmalen, steinernen Umgang zwischen Schloß und Bucht zu sitzen wenn das Mittelmeer den Klippen seine Geschichten erzählt. Oder auf einer der vielen Bänke vor dem Ort das Bild des Fischerviertels, der Kirche mit ihrem Turm des Schloßes und der hohen Pyrenäenausläufer in sich aufzusaugen. Oder den Weg auf die Molen und entlang der Klippen zu machen. Oder ein Stück weiter der Autostraße nach Port Vendres zu folgen und dann von der Osthuk der Bucht das harmonische Bild der Bai in seiner Gesamtheit vor sich zu haben. Dies allein lohnt die Reise. Das Schönste aber sind bei Dunkelheit die engen, gewundenen, oft treppenartigen Gässchen mit der liebevoll-

Collioure, Plan der Bucht und des neuen Hafens.

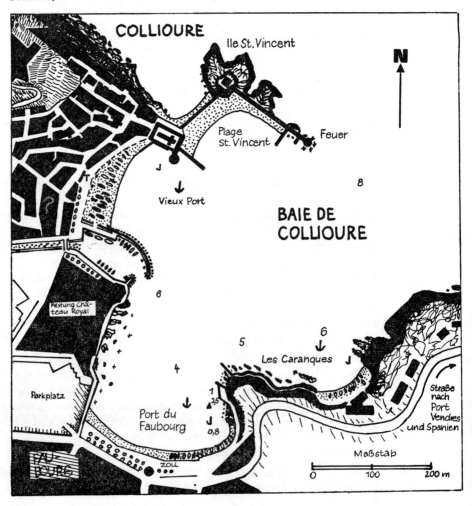

individuellen Straßenbeleuchtung und den zahllosen Katzen. Alles ist so voll dichter Atmosphäre, wie man sich eine kleine, alte Stadt am Mittelmeer nur erträumen kann.

Eignung als Standquartier für kleine Boote

Collioure ist kein Zentrum des Wassersportes. Dazu sind die Liegemöglichkeiten zu beschränkt. Etwa 60 Kleinboote finden in dem neuen kleinen Hafen Platz. Aber die Plätze sind meist von Einheimischen oder Stammgästen besetzt (viele Franzosen haben eine kleine Sommerwohnung hier). Die Strände bieten Platz für etwa 150 leichte Boote. Gute Ankerplätze sind sehr rar.

Wirklich schön ist Collioure als Standquartier wohl nur außerhalb der Zeit der französischen Schulferien. Vor Juni und ab Mitte September sind in dem Kleinboothafen Plätze frei. Für etwas ältere Leute, bei denen der Wassersport mehr zur Ergänzung der übrigen Eindrücke dient, muß Collioure etwa ab Mitte September bis Ende Oktober ein einmalig schönes Erlebnis sein.

Der Hafen

Seit 1969 hat Collioure einen regelrechten kleinen **Hafen**. Er liegt vor der Burg (siehe Plan). Etwa 45 Meter Kaje sind für tiefgehende, größere Boote vorhanden und etwa 120 Meter Kaje für flache Kleinboote. Die nutzbare Einfahrtbreite (Steine liegen am Fuße beider Molenköpfe) ist etwa 15 Meter. Für lange Boote ist der Manövrierraum bei besetztem Hafen knapp. Mit mehr als 12 bis 15 Meter Bootslänge sollte man wohl nicht mehr einlaufen.

Die Liegemöglichkeiten im Hafen sind beschränkt. In der Ferienzeit wird man schwer Platz finden. Dann läuft man nach Port Vendres oder ankert. Die Südkaje ist ausschließlich für Kleinboote bestimmt. In der Nähe des Molenkopfes ist es sehr flach und teilweise verlandet.

Große Boote liegen an dem inneren Teil der Nordkaje längsseits. Sie ist etwa 45 Meter lang und hat ungefähr 3 Meter Wassertiefe. Ein Teil der Kaje wird durch Ausflugsboote beansprucht. — Der äußere, gebogene Teil der Nordkaje ist nur für flachgehende Boote geeignet. Dort sind nur 20 bis 30 Zentimeter Wassertiefe unmittelbar an der Kaje. Hafenwärts wird es rasch tiefer. Boote gehen deshalb besser mit dem Bug an die Kaje. Da ein Bach in den Hafen mündet, ist nicht sicher, ob die Wassertiefen so bleiben. — Bei Seegang aus Nordost und Ost ist Schwell. Bei Tramontana liegt man überraschend ruhig.

Am sogenannten **Port du Faubourg** an der Südseite der inneren Bucht gibt es eine k l e i n e entlang. Als Liegeplatz ohne Aufsicht kommt die Kaje nicht infrage. Geschützter liegt wärts Unter- und Überwasserklippen. Schon bei mäßigem Tramontana ist es sehr unruhig vor der Kaje, und bei frischem Tramontana läuft steile, zum Teil brechende See an der Kaje entlang. Als Liegeplatz ohne Aufsicht kommt die Kaje n i c h t infrage. Geschützter liegt ein Boot an der Festmachetonne vor der Südecke der Kaje. Dort ist auch Ankerplatz (siehe unten).

Liegen auf Land: Für Boote, die auf das Land geholt werden, kommen drei Strände infrage.

Plage du Vieux Port vor der alten Stadt bei der Kirche. Dies ist der schönste Platz, der aber zum großen Teil durch einheimische Fischerboote besetzt ist. Kommt man nur für kurzzeitigen Besuch, so sollte man dort hingehen, außer, es steht stärkerer Seegang aus Ost. Kräftige elektrische Winschen sind am Strand. Bei starkem Seegang aus östlicher Richtung müssen die Boote weit hochgeholt werden.

Plage du Faubourg im Südteil der Bucht an der etwas neueren, aber immer noch genügend alt-romantischen ehemaligen Vorstadt darf nur im Ostteil für Boote benutzt werden. Der Westteil gehört den Badenden. Bei östlichem Seegang ist die See dort am ruhigsten. Bei stärkerem Tramontana steht etwas Brandung dort.

Plage Les Caranques ist ein kleiner, aber überaus romantischer Strand unter Agaven in einer kleinen Felsbucht. Sein Nordteil ist auch bei Tramontana einigermaßen geschützt.

Plage St. Vincent bei der Kapelle ist reiner Badestrand.

Ankerplätze: Kleine Boote liegen vor allem an den im Plan mit halbem Anker bezeichneten Stellen vor Grundgeschirr. Größere Boote, auf denen die Crew wohnt, wählen den Ankerplatz am besten nach der Richtung von Wind und Seegang. Im Sommer und bei ruhigem Wetter kann man ankern, wo man mag. Außerhalb des Sommers muß man in der Wahl des Ankerplatzes sehr vorsichtig sein. Ich glaube nicht, daß es etwas Schöneres gibt, als eine Mondnacht unter der Burg und der alten Kirche von Collioure.

Bei Tramontana liegt man im Vieux Port. Der Platz ist bei Tramontana überraschend ruhig. Der Ankerplatz vor Les Caranques ist bei Tramontana sehr unruhig und muß bei starkem Tramontana verlassen werden.

Der Haltegrund ist nicht gut, und die Kraft von Wind und steilem Seegang kombinieren sich. Bei stärkerem Seegang aus Nordost oder Ost kann der Ankerplatz im Vieux Port nicht gehalten werden. Dort läuft dann hoher Seegang auf. Am besten läuft man dann nach Port Vendres. Ist das unmöglich, verholt man nach Les Caranques oder Port du Faubourg. Dann ist es zwar ungemütlich, aber nicht gefährlich. Ein solider Festmacher steht auf der nördlichen Klippe bei Les Caranques.

Schutz bei stürmischem Wetter

Für die Sommerzeit ist der kleine, neue Hafen von Collioure ein sicherer Platz. Gegen den Starkwind des Sommers, den Tramontana, bieten der kleine Hafen und die Bucht sehr guten Schutz. Die folgenden Ausführungen gelten vor allem für das Winterhalbjahr und die Übergangszeit.

Man muß wissen, daß die Bucht von Collioure bei Sturm aus Nordost und Ost oder auch bei starker Dünung aus dieser Richtung dem schweren Seegang voll ausgesetzt ist. Auch der kleine neue Hafen ist dann wahrscheinlich kein sicherer Platz. In der Übergangszeit muß man gelegentlich schon mit Starkwind oder hoher See aus Nordost oder Ost rechnen. Im Winter erst recht. Boote, die nicht aufs Land genommen werden können, sollten in der unsicheren Jahreszeit darauf eingerichtet sein, dann die 2 Seemeilen nach Port Vendres zu laufen, wenn sich schweres Wetter aus Ost ankündigt. Hört man keinen Seewetterbericht, so kann es von Nutzen sein zu beobachten, ob die Fischer ihre Boote mit den starken elektrischen Winden sehr hoch auf den Strand ziehen. (Daß z. B. der hohe Turm am Molenkopf vollständig unter Gischt verschwinden kann, habe ich selber gesehen). — Bei stürmischem Tramontana liegt man in Collioure oft besser als in Port Vendres.

Einlaufen

Beim Einlaufen in die Bucht soll man etwa 20 Meter Abstand vom Kopf der Außenmole halten. Die Bucht ist 5 bis 8 Meter tief, und nur dicht an den Ufern sind Klippen. Vor dem Schloß reichen Klippen fast 50 Meter ins Wasser heraus (siehe Plan).

Die Ansteuerung von Collioure ist dank seines charakteristischen Kirchturms mit der gewölbten, hellroten Kuppel und der großen Mauermasse des Schlosses kein Problem. Aus der Ferne leiten die hohe Festung St. Elmo und das Fort Carré, letzteres direkt westlich der Stadt. Die Ansteuerung bei Nacht wird durch das Molenfeuer (Grün, Gleichtakt, 4 sek., 8 sm, auf dem Molenkopf) erleichtert. Als Ortsfremder würde ich in sehr dunkler Nacht bei Tramontana lieber Port Vendres anlaufen.

Praktische Hinweise

Der kleine Hafen wird von der Bürgermeisterei (La Mairie) betreut. Man soll dort Liegeplatz und Dauer vereinbaren. Größere Boote sollen sich auch beim Zoll melden (im Büro im Turm auf der Plage de Faubourg). Hafen zum Einklarieren aus dem Ausland ist Port Vendres. Um Kleinboote kümmert sich der Zoll nach meiner Erfahrung nicht.

Benzin und Dieselöl (zu Landpreisen) sind etwa 50 Meter vom Hafen am Tor der Stadtmauer zu haben. Wasser aus Brunnen in der Stadt oder Restaurants. Einen Kran gibt es nicht (aber im nahen Port Vendres). Die Fischer gestatten, daß man die Flaschenzüge zum Anlanden der Fischerboote mitbenutzt und helfen einem. Am Strand vor der Stadt bei dem kleinen Hafen stehen starke elektrische Winschen.

Eine kleine Reparaturwerkstatt für Außenborder (Penta-Vertretung) ist an der Hauptstraße etwa 200 Meter westwärts vom Zollturm. Einfacher Bootsbedarf ist zu haben. Die nächste größere Stadt ist Perpignan (28 Kilometer Bus und Bahn).

Es gibt einen kleinen Club Nautique de Collioure, einen Club Plongées sous-marine (Sporttaucher), Tennis, Autobusausflüge in das Pyrenäengebiet. Das jährliche Fest des Ortes ist zwischen dem 15. und 18. August mit Umzügen und Stierkämpfen in der kleinen Arena, Feuerwerk, Catalanischen Tänzen. Eine Eigenart des Ortes scheint mir die große Zahl möblierter Zimmer, die außer den Hotels für Gäste zur Verfügung stehen. Anfragen an die Mairie oder das Syndicat d'Initiative.

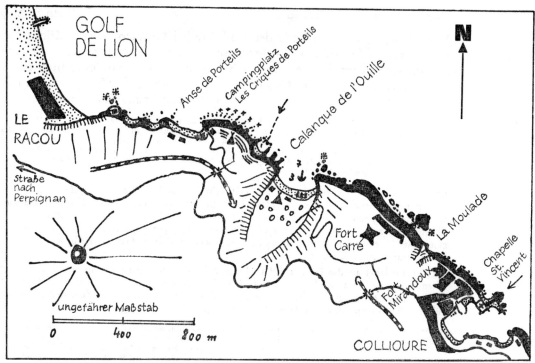

Küste von Collioure bis Le Racou.

Sehenswertes und Hinterland

Der kleine Ort Collioure wird am besten auf eigene Faust entdeckt. Der Altar in der Kirche lohnt einen Besuch. — Die nähere Umgebung von Collioure ist reich an netten Zielen, die gut zu Fuß zu erreichen sind. Weiter gesteckte, aber schöne Ausflugsziele sind das ehemalige Kloster Notre-Dame-de-Consolation in schöner Lage und mit sehr alten, typisch mittelmeerischen Votivtafeln in der Kirche (10 Kilometer hin und zurück). Das Castell St. Elmo auf dem hohen Berg südwärts von Collioure ist näher (ca. 4 Kilometer hin und zurück), und der Ausblick ist begeisternd. Das Castell ist Privatbesitz. Und von den Wegen durch die Weinbergtäler der Pyrenäenausläufer darf man gar nicht zu schwärmen anfangen. Dem Autobesitzer steht natürlich die ganze Pyrenäenwelt offen.

Planung der weiteren Fahrt

(Plan S. 97)

Das restliche Stückchen der Côte Vermeille lohnt für ein **Boot auf Wanderfahrt** nicht mehr den Besuch. Die Beschreibung diese Küstenstrichs ist vorwiegend für die Boote bestimmt, die Collioure oder Port Vendres als Standquartier gewählt haben.

Für ein Boot auf Wanderfahrt heißt es umdrehen und wieder nach Süden laufen. Wenn das Boot genug Wind und Seegang verträgt, muß eine sommerliche Tramontana-Wetterlage dafür nicht unbedingt das Schlechteste sein. (Im Spätsommer oder noch später würde ich bei Tramontana-Lage aber nur mit einem voll seefesten Boot auslaufen). Man sollte sehr früh aufbrechen, so daß man die dem Wind und Seegang ausgesetzte Küste bis Cap Béar vor dem Auffrischen des Windes, also etwa bis 9 Uhr passiert hat. Südwärts von Cap Béar sind Wind und Seegang achterlich.

Von Collioure bis Le Racou (Plan S. 123)

Von Collioure bis zum Ende der Felsküste bei Le Racou sind 3 Kilometer. Drei mittelgroße Buchten von Interesse liegen auf dieser Strecke, sowie eine Anzahl kleiner Einschnitte. An zwei Stellen finden auch große Yachten guten Tagesankerplatz. Dicht bei Collioure ist ein System großer Klippeninseln mit einer Felsbucht dahinter, welches ein Paradies für Angler und Taucher ist.

Nach Auslaufen um die Mole von Collioure nach Westen passiert man die romantische Kapelle St. Vincent auf einer Klippe an der Mole. Es schließt sich die kleine Sandbucht an der Westseite der Mole an. Bei ruhigem Wetter ist dies ein netter Platz. Darüber sind die Häuser von Collioure wie Klöster auf dem Berg Athos an die steile Felswand geklebt. Die Festung Fort Mirandoux liegt danach auf dem hohen Steilufer. Die Küste hat hier kleine Klippeninseln, aber davor fällt der Grund steil ab. Voraus liegt dann die Guppe großer Klippeninseln mit der Felsbucht La Moulade.

La Moulade und die Klippeninseln. Die Felsbucht La Moulade liegt hinter einer 100 Meter großen Klippeninsel. Außer dieser Hauptinsel gibt es eine Fülle kleiner Klippeninseln und Unterwasserklippen. Man kann auch von Land auf die Hauptinsel herauf, und so ist es für Angler, Taucher und Schnorchler ein beliebter Platz (aber nie überfüllt). Vieles an mittelmeerischer Tier- und Pflanzenwelt ist in diesem wilden kleinen Archipel zu beobachten, was es sonst nur in Aquarien gibt.

Bei der Einfahrt in die Felsbucht La Moulade ist eine nur ganz knapp aus dem Wasser sehende Klippe etwa 40 Meter südostwärts der Hauptinsel zu beachten! Die Bucht ist nach Nordwest sehr gut geschützt. Für das Festmachen des Bootes zwischen den niedrigen Felsufern muß man sich etwas Passendes ausdenken.

Nordwestwärts von La Moulade und der großen Felsinsel folgen dicht unter dem steilen, hohen Ufer eine große Zahl kleiner Klippeninseln. Bei ruhigem Wetter kann man hinter ihnen einfahren. Seewärts dieser Klippeninseln sind kaum Unterwasserklippen im Weg. — Erst bei der letzten Huk etwa ½ Kilometer vom La Mouladera entfernt erstreckt sich eine Klippenkette weit seewärts (Plan S. 123). Es ist die Osthuk der Calanque de l' Ouille. Einige isolierte Felsspitzen stehen etwa 60 Meter von der Küste entfernt und ein paar vorgelagerte Unterwasserklippen noch weiter. Vorsicht bei dieser Huk!

Calanque de l'Ouille. Dies ist eine freundliche und noch recht unberührte Bucht. Der Strand ist etwa 200 Meter breit. Vor dem Strand ist es klippenfrei. Die Wassertiefe ist etwa 7 Meter in Linie der Küste und nimmt auf 3 bis 4 Meter etwa 30 Meter vor dem Ufer ab. Der Ankergrund ist Sand mit Geröll und einigen mittleren Steinen. Auch große Boote können in dieser Bucht ankern. Leider geht die Einbuchtung nicht tief ins Land und ist von Nordwest bis Nordost offen. Der Platz kann nur als Tagesankerplatz und für die Nacht nur bei sehr zuverlässiger Wetterlage empfohlen werden. — Am Ufer ist ein kleiner aber hübsch gelegener Campingplatz. Elementarer Lebensbedarf ist zu erhalten.

Straße und Bahnlinie sind weit genug entfernt, um nicht zu stören. Das Hinterland ist ein einsames Tal mit Weinbergen an den Seiten. Für Camper mit einem Boot, das auf den Strand genommen werden kann, sollte dieser abgelegene Platz recht nett sein. Dieser Campingplatz in der Calanque de l'Ouille heißt La Girelle (Postanschrift: 66- Argelès-sur-Mer, Frankreich). Die Zufahrt zweigt etwa 1 Kilometer westlich von Collioure von der Landstraße Collioure - Perpignan ab. Der Zufahrtsweg ist steil und nach Regen mit Bootsanhänger schwierig.

Westwärts schließt steile, hohe Felsküste an. Direkt an der Westhuk der Calaque de l'Ouille ragen Felsgrate sägezahnartig ins Meer und bilden zwischen sich sehr **kleine Buchten.** Eine davon ist etwas größer, hat etwa 40 Meter Sandstrand und ist durch die Klippen- und Felsgrate nach See zu ganz gut geschützt. Ein sehr netter, kleiner Naturhafen! Von Land her praktisch unerreichbar, ist er bei ruhigem Wasser auch für ein mittelgroßes Boot zugänglich. Die Einfahrt sieht zunächst schwierig aus, ist aber 15 Meter breit. Beim ersten Einlaufen muß man vorsichtig fahren. Der Plan kann nur einen Anhalt geben.

Auf der Fahrt westwärts ist die nächste sehr auffällige Landmarke der große Campingplatz „Les Criques de Porteils". Leider ist die Küste vor diesem gut eingerichteten Platz so unglaublich voller Unter- und Überwasserklippen, daß man hier 100 Meter Distanz von der Küste halten sollte. Will man in einer der vielen kleinen Felsbuchten an landen, dann nur mit leichtem Boot, ruhiger See und allergrößter Vorsicht.

Anse de Porteils. Dieser freundliche, eingebuchtete Strand liegt etwa 200 Meter westlich vom Campingplatz. Eine flache Klippenhuk gibt Schutz gegen Sommerseegang aus Ost. Nur dicht an den felsigen Huken sind Steine. Der etwa 200 Meter lange Strand ist sauber und geeignet zum Anlanden. Es liegt stets eine ganze Anzahl von Booten auf dem Strand. Vier Häuser sind da. Zelten ist untersagt. Auch große Yachten finden dort Tagesankerplatz. Tramontanaseegang ist von hier ab westwärts nicht mehr ganz so grob.

Nach Westen zu wird der Strand der Anse de Porteils dann mehr und mehr unrein und von Klippen besetzt. Es sind aber k l e i n e Kiessträde dazwischen, die kleineren Booten zugänglich sind. — Als Abschluß folgt noch eine letzte hohe Felshuk. Eine Klippenkette ragt fast 100 Meter seewärts. Der letzten sichtbaren Klippe ist eine blinde Klippe 20 Meter seewärts vorgelagert! Dann treten die Berge zurück. Und damit enden die Costa Brava und ihr französischer Teil, die Côte Vermeille.

Der erste Ort im Flachen ist **Le Racou.** Eine freundliche Siedlung aus kleinen Häusern und ein paar Hotels. Viele Kleinboote liegen auf dem Strand. Von See sieht dieser Ort unter grünen Bäumen und mit der hohen, weiten Pyrenäenlandschaft im Hintergrund sehr nett aus.

Golf du Lion

Folgt man der endlosen Sandküste des Golf du Lion mit den Augen nach Norden, so sieht man die hohen Gebäudekomplexe der nächsten Touristen- und Badeorte. Als erstes **Argelès-sur-Mer.** Kenntlich an seinen drei nebeneinanderstehenden gleichartigen Hochhäusern. Ein Hafen ist geplant. — 4 sm von Le Racou folgt dann **St. Cyprien** mit einem sehr modernen großen Sportboothafen. Und weit am Horizont erkennt man vielleicht noch **Canet Plage** (10 sm von Le Racou). Hier ist ein großer Sportboothafen vor kurzem benutzbar geworden.

Häfen gibt es also an der flachen Sandküste des Golf du Lion. Aber keine schützende Bucht und keine Felsen. Dies alles beginnt dann erst wieder weit, weit nordostwärts an der französisch- italienischen Riviera.

III. Das Revier der Gegensätze — Der Golf von Rosas

A. Einführung

Was die Costa Brava zu einem für Kleinboote so freundlichen, ja, überhaupt erst möglichen Revier macht, ist die innige Durchmischung der felsigen Küste mit zahllosen Buchten. Nirgendwo hat ein Boot eine längere Strecke zu fahren, ohne daß eine schützende Bucht nahe zur Hand ist.

Nur hier in diesem Mittelrevier ist die Natur im Mischen weniger sorgfältig gewesen. Nur der nördlichste Abschnitt ist gut mit Buchten durchsetzt. Aber von Rosas bis Ampurias gibt es 16 Kilometer buchtenlosen Sandstrand. Später 8 Kilometer fast ununterbrochener Felsküste bis El Estartit. Dann nochmal 8 Kilometer glatte Sandküste an der Playa de Pals.

Vor allem die lange, buchtenlose Küste im Golf von Rosas ist nicht günstig für den Kleinbootfahrer. Wie überhaupt diese langen Sandstrände nicht verbinden, sondern trennen. So ist diese ganze Region ein Zwischengebiet: das trennende Revier zwischen der nördlichen und südlichen Costa Brava. Man muß sehr klar vor Augen haben, daß der große Golf von Rosas für den Kleinbootfahrer und selbst auch für den Yachtschiffer kaum noch eine schützende Bucht ist, sondern fast so gut (oder schlecht) wie offenes Meer.

Nach dem Charakter der Landschaft ist es ein Revier der Gegensätze. Ich habe zwar lange gezögert, ob ich diesen Abschnitt der Costa Brava nicht „die karge Küste" nennen soll. Es wäre nicht ganz falsch gewesen. Denn karg ist es an vielen Stellen wirklich in extremem Maße: die Steinsteppe auf dem Felsplateau zwischen der Cala de Mongó und El Estartit ist wie die Steinsteppe auf Oland in der nördlichen Ostsee. Nackter, fast ebener, undurchlässiger Fels, über welchem Wind pfeift oder Sonne glüht. — Auch die Lagunenlandschaft im Golf von Rosas ist erheblich karg. Man hat versucht, Touristen anzupflanzen. Doch ob sie angehen? — Auch die Playa de Pals ist karg, obwohl ein reiches Hinterland die unbewohnte Lagunenwelt der Küste gern vergessen läßt. Aber dann gibt es auch so harmonische Stellen, lachend, mit Charm und voll Lieblichkeit: das Panorama der Bai von Rosas gleicht dem Golf von Neapel, die Kakteenwälder auf den Islas Medas, die Farbenpracht in den fast unbekannten Höhlen, der tropische Pflanzenwuchs bei Estartit!

So bleibt es also doch „das Revier der Gegensätze", wo die Kontraste hart nebeneinander stehen: das Menschengeschiebe in den Zentren des Tourismus und die kilometerweit unbewohnten Sandküsten. Hunderte von Autos auf einem Parkplatz und 8 Kilometer Felsküste, wo kaum ein Ziegenpfad läuft. Auch die Winde haben sich diesem Bild der Gegensätzlichkeit angepaßt. Wochen und Wochen ist freundliche Brise und dann faucht ein paar Tage Tramontana, daß einem die Augen übergehen.

Dieser Mittelteil der Costa Brava will vom Navigator ernster genommen werden. Ernster als der freundliche Südteil. Und ernster auch als die so buchtenreiche Küste im Norden.

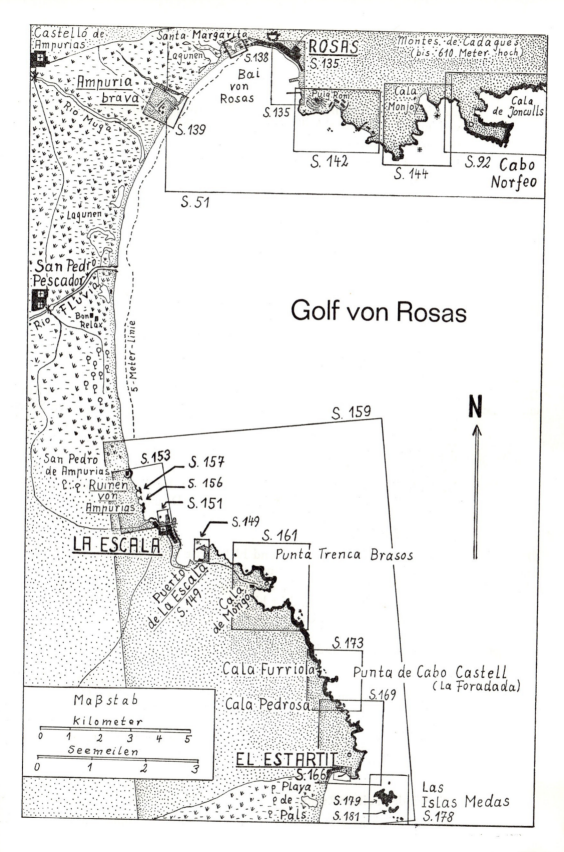

Castelló de Ampurias

Santa Margarita
lagunen

ROSAS
S. 135

Montes de Cadaques
(bis 610 Meter hoch)

S. 138

Ampuria-brava

Bai
von
Rosas

Rio Muga

S. 135

Puig Rom

Cala
Monjoi

Cala
de Joncolls

S. 139

S. 142

S. 144

S. 92 Cabo
Norfeo

S. 51

Lagunen

San Pedro
Pescador

Rio FLUVIA

Bon
Relax

Golf von Rosas

5-Meter-linie

S. 159

N

San Pedro
de Ampurias

Ruinen
von
Ampurias

S. 153

S. 157

S. 156

S. 151

S. 149

LA ESCALA

S. 161

Punta Trenca Brasos

Puerto
de La Escala
S. 149

Cala
de Monga

S. 173

Cala Furriola

Punta de Cabo Castell
(La Foradada)

Cala Pedrosa

S. 169

Maßstab
kilometer

0 1 2 3 4 5

Seemeilen

0   1   2   3

EL ESTARTIT

S. 166

Playa
de
Pals

S. 179

S. 181

Las
Islas Medas
S. 178

127

Beschreibung in Kurzform

Da die langen, einheitlichen Küstenstrecken mit Sandufer mehr trennen als verbinden, orientiert sich dieser erste kurze Überblick an den drei Regionen mit Häfen, Liegeplätzen und Buchten.

Die Bai von Rosas

Dies ist die nördliche Einbuchtung des großen Golf von Rosas, ein etwa 3 Kilometer breiter Zipfel des großen Golfes. Eine harmonische Mischung von Felsbuchten (auf der Strecke bis zum Cabo Norfeo) und von großer Wasserfläche mit Sandstrand. Die Bai ist vom Seegang des offenen Meeres gut abgedeckt. Der Tramontana weht ablandig, wenn auch zuweilen erheblich hart. Das flache Hinterland macht guten Segelwind — Seebrise am Tag und Landwind des Nachts. So ist es wohl das beste Segelrevier an der Costa Brava. Es gibt unzählige Boote, viele Liegemöglichkeiten, mehrere Häfen und Hotelplatz in fast beliebiger Menge.

Der Golf von Rosas

Man muß sehr genau unterscheiden zwischen der Bai von Rosas und dem großen Golf von Rosas. Die Bai ist geschütztes Gebiet. Der Golf ist streckenweise nahezu ungeschützte Seeküste mit flachem Ufer. Die Bai taugt gut für kleine Boote. Der Golf von Rosas soll dagegen von kleinen Booten nur mit sehr großer Vorsicht befahren werden.

Das Revier um La Escala

Zwischen Rosas und dem Hafen von La Escala sind zwar 16 Kilometer Sandküste, aber es gibt doch drei Unterbrechungen dort: den neuen guten Sportboothafen Ampuriabrava, die abwechslungsreiche Flußfahrt bis San Pedro de Ampurias. Dann die Buchten bei den Ruinen des antiken Ampurias, wo wieder Felsküste einsetzt. Im Ort La Escala ist eine reizende Fischerbucht. Und vor allem liegt 3 Kilometer vom Ort der gute, freundliche Hafen von La Escala. Auch die große Bucht Cala de Mongó, mit der die hohe Felsküste ihren ersten Höhepunkt erreicht, zählt noch dazu. Dennoch darf man sich nicht täuschen: als festes Standquartier ist La Escala wohl das am wenigsten Begünstigte der drei.

Das Revier um El Estartit

Zwischen der Cala de Mongó und El Estartit liegen mit der gleichen Hartnäckigkeit, mit der es vorher nur Sand gab, nun 8 Kilometer Felsenküste. Überaus steil, überaus hoch, einer der gigantischen Abschnitte der Costa Brava. Kaum ein Korn Sand ist hier über Wasser. Es gibt aber ein paar gute, schützende Einschnitte. Und unzählige wunderbar schöne Details sind an dieser nur scheinbar abweisenden Küste. Vor allem Höhlen, viele davon mit unglaublicher Farbenpracht, mit Seeanemonen, Korallen, Algen und felsbewohnenden Fischen.

Der lachende, gut geschützte kleine Hafen El Estartit ist dann wieder der rechte Gegensatz zu dieser nackten, gigantischen Felsenküste. Gelber Strand, tropische Pflanzen. Und dem engeren Revier tut hier der Tramontana nichts mehr an! Es ist ein Revier auch für die ganz kleinen Boote. — Dicht dabei auf See liegen dann die phantastisch geformten Seeräuberinseln Islas Medas. Ein vielseitiges und schönes Revier. Besonders lieben es die Sporttaucher und die Jollensegler.

Die Winde in dieser Region

Auch nautisch ist dies das Revier der Gegensätze. Beginnen wir beim Wind.

Der Wind bei gutem Wetter	An 25 Tagen im Monat ist im Sommer „gutes Wetter". Die Ziffer ist abgerundet und sowieso nur im Durchschnitt richtig. Aber sie vermittelt eine Vorstellung. Im Gegensatz zu den hochfelsigen Küsten, wo bei gutem Wetter meist überhaupt kein Wind ist, der das Wort verdient, macht dann vor den großen flachen Strandzonen die Sonne mit großer Zuverlässigkeit Landwind und Seebrise.
Tramontana und seine regionale Auswirkung	Der Golf von Rosas ist ein berüchtigtes Tramontana-Gebiet, weil der Verlauf der Bergketten den Wind verstärkt. In La Escala wurden im Herbst einmal 160 Stundenkilometer Windgeschwindigkeit gemessen (das wäre Windstärke 13 oder 14). Wenn man auch im Hochsommer selten mehr als 3 oder 4 Tramontana-Tage im Monat hat und der Sommertramontana schwächer ist, sollte man doch das Kapitel über Tramontana auf Seite 36 f nochmal aufschlagen. In einem bergigen Gebiet mit so unterschiedlich verlaufender Küstenlinie ist die örtliche Auswirkung des Tramontana natürlich völlig verschieden. Nicht nur ein Kleinbootschiffer, auch der Führer einer großen Yacht muß sich darüber Gedanken machen.

An der Küste von Cabo Norfeo bis Rosas ist der Tramontana ablandig. Es ist kein Seegang, aber es gibt Fallböen. Ein segelndes Boot muß darauf mit äußerster Aufmerksamkeit achten. Es sind schwarze Flecken im Wasser, die wandern. Manchmal auch weiß hochgewehter Gischt. Motorbooten pflegt dabei von Deck zu fliegen, was nicht festgezurrt ist.

Die Bai von Rosas hat Windlee und Seegangslee. Fallböen sind weniger ausgeprägt und gehen meist in der allgemeinen großen Böigkeit des Tramontana unter. Dicht bei den Häusern kann es auch örtliche Fallböen geben. Die See wird einige hundert Meter von dem Ufer rauh, und weiter vom Ufer ruppig und grob. Kleine Boote müssen trachten, bei Tramontana dort dicht unter dem Ufer zu laufen.

Zwischen der Bai von Rosas bis etwa zur Mündung des Rio Fluvia steht meist noch keine nennenswerte Brandung an der Küste (doch scheint dies unterschiedlich zu sein). Im Südteil des Golf von Rosas ist jedenfalls kräftige Brandung, obwohl der Wind parallel zur Küste oder leicht ablandig ist. Weiter von der Küste ab läuft Windsee in Richtung des Windes. Bei der Hafeneinfahrt von La Escala schätze ich die Seegangshöhe bei einem 7-Windstärken-Tramontana auf 1½ Meter. Laien, die ich nach ihrer Meinung fragte, hielten ihn für 2 bis 3 Meter hoch. Aber Laien schätzen Seegang immer höher.

An der Felsküste südlich von La Escala ist dicht unter Land der Wind weniger stark. Hoher Seegang aber läuft aus Nordost(!) quer zu dem schwächeren Windseegang auf die Küste zu. Es ist der Tramontana-Seegang des Golf du Lion, der um Cabo Creus herum gelenkt worden ist. Man hat hier oft überraschend hohen Seegang manchmal ganz ohne Wind.

Südwärts der Cala de Mongó ist man aus dem Tramontana-Wind im wesentlichen heraus, wenn man dicht unter der Küste läuft. Aus der Cala de Mongó fährt der Tramontana ablandig heraus. Leider steht aber Seegang aus Nordost dann so unerfreulich in diese Bucht herein, daß ich, wenn sonst alles wohlauf ist, nicht in dieses Schlingerloch einlaufen würde, sondern nach La Escala oder El Estartit.

Auf die Felsküste zwischen Cala de Mongó und El Estartit setzt bei Tramontana der Seegang etwa aus Nordost fast auflandig zu. Er macht sagenhaft hohe Kabbelsee. Zwischen den Islas Medas und dem Festland marschiert der Seegang (meist fast ohne Wind) eindrucksvoll hoch, aber ohne zu brechen, majestätisch hindurch. Hat man diesen Sund passiert, so ist man im Bereich ruhigen Wassers.

Im Hafen von El Estartit und im engeren Revier bis etwa 2 Kilometer südlich davon ist die Windabdeckung nahezu vollkommen (aber oben auf der Steinsteppe pfeift es!). Selbst bei starkem Herbsttramontana (Beaufort 9 bei Cap Béar) gab es im Hafen El Estartit nur selten sanfte Windstöße von etwa 4 Windstärken, wenn überhaupt. Ein gutes Herbstrevier!

Südwärts von El Estartit werden an der Playa de Pals die Brandung und bei starkem Tramontana auch der Wind immer stärker, je weiter man am Strand nach Süden kommt. Im Südteil der Playa de Pals und der anschließenden Felsküste ist bei Herbsttramontana die Brandung enorm. Sie läuft auflandig schräg gegen den Wind. Windschutz man weiter nach Süden erst hinter Kap Negre, Seegangsschutz erst ab Kap Bagur. Darüber auf Seite 195. Meist reicht bei Sommertramontana der Wind nicht weiter nach Süden als etwa bis zur Cala Mongó. Auch ein schwacher Herbsttramontana hört dort oft auf. Dagegen läuft der Seegang bei Tramontana als hohe Dünung aus Nord oder Nordost an der spanischen Küste entlang bis weit nach Süden. So trifft man an der südlichen Costa Brava sehr häufig auf Seegang aus Nord oder Nordost ohne einen Hauch von Wind aus dieser Richtung. Dies ist einer der Gründe, warum es an der Costa Brava so viel angenehmer ist, nach Süden zu fahren als nach Norden.

Für unser Gebiet gilt die Regel nicht mehr, daß Seegang aus Norden Tramontana ankündigt. Im Golf von Rosas kommt der Tramontana sowieso, ohne daß Seegang ihn ankündigen kann. Und im Bereich weiter südlich kann man dann nur sagen „aha, da oben weht es mal wieder". Daß der Wind nachfolgt, ist nur nördlich von Cabo Creus eine zuverlässige Regel.

Alles in allem spielt der Tramontana im Golf von Rosas eine große Rolle und erfordert alle Beachtung.

Etwas Tramontana-Strategie

Von El Estartit bis nach Rosas oder Cabo Creus wird sich ein solide gebautes Kleinboot im Sommer gegen Tramontana meist durchboxen können. Eine Jolle oder ein Jollenkreuzer unter Segel aber eindeutig nicht. Vor allem sollte man mit einem nicht für die Seefahrt gebauten Boot stets bereit sein umzukehren, wenn es zu viel wird.

Man soll mit dem ersten Tageslicht aufbrechen. Dann schläft der Tramontana oft noch. Das nimmt zwar nicht die große See aus Nordosten weg, aber die hat Dünungscharakter und hindert ein kleines Boot kaum. Was einem kleinen Boot viel mehr zu schaffen macht, ist die Windsee im Südteil des Golfs von Rosas. Die beste Aussicht, sie zu vermeiden, bietet frühestes Aufstehen. Weht der Tramontana auch manchmal nachts durch, so hat er doch selten vor etwa 10 Uhr seine volle Kraft.

Die härteste Ecke ist wohl das Stück etwa von der Cala de Mongó bis Ampurias. Danach wird der Wind mehr und mehr ablandig. Man soll dicht unter der Küste fahren, aber natürlich außerhalb der Brandungszone.

Aber eines ist klar: Wenn man mit einem kleinen Boot bei Tramontana zu einer solchen nassen und nicht völlig risikofreien Fahrt über den Golf von Rosas keine Lust hat, dann soll man sie seinlassen und abwarten. Der Golf von Rosas ist keine Kleinbootbucht!

Was sollen eine Jolle oder ein Jollenkreuzer tun, wenn sie im Südteil des Golf von Rosas weit von der Küste von Tramontana überrascht werden? Am besten, diese Situation gar nicht eintreten lassen. Ist sie eingetreten, so ist die allerwichtigste Regel: unter keinen Umständen kentern! An der menschenleeren Küste sieht das kein Mensch. Und das nächste Festland in Windrichtung sind die Balearen oder Afrika!

Ich würde mit ersten Anzeichen von Tramontana sogleich auf die Küste zuhalten. Ich würde das Großsegel sehr stark reffen und wenn das nicht geht, bergen, bevor der Wind zu stark wird. Hat man einen Motor, so sollte der nun zeigen, zu was er nütze ist. Hat man keinen, so soll man versuchen, vor Fock den Hafen von La Escala anzuliegen. Wenn man dazu nicht genug Höhe laufen kann, soll man an die Cala de Mongó denken. Aber um in sie einzulaufen. muß man imstande sein, aufzukreuzen, denn der Wind bläst böig aus der Bucht heraus. Sonst bleibt El Estartit. Aber wenn ich an die hohe Kabbelsee vor der Felsküste denke und an die flachen Hecks moderner Jollen, ist mir bei dem Gedanken gar nicht wohl.

So bleibt es bei der Regel, daß kenterbare Boote sich auf die Bahia de Rosas beschränken sollten. Wenn sie schon auf den Golf von Rosas fahren, dann nie weiter aufs Offene, als daß sie unter Fock auch bei ungünstigsten Bedingungen, bei stürmischem Nordwestwind, noch La Escala anliegen können.

Anregungen für ein Boot auf Wanderfahrt

Auf einer normalen Landkarte von Spanien ist der Golf von Rosas etwa wie ein Fingernagel groß. „Lächerlich" sagt der Autotourist, wenn er von 29

Kilometern Luftlinie zwischen Cabo Norfeo und der Playa de Pals hört. Auch daß es 63 Kilometer Küstenlinie sind, beeindruckt ihn gar nicht. Er tritt auf's Gaspedal, und — Schrumm — ist er an allem Schönen vorbei.

Für den Wasserfahrer gelten andere Maßstäbe. Auch ist dieser Küstenteil den Landtouristen ja überhaupt unzugänglich, außer an den drei Touristenzentren. Dies macht, daß dem Sportbootfahrer die langen Gebiete zwischen den drei Orten fast alleine gehören.

Ein Boot auf Wanderfahrt sollte diesem Küstenabschnitt doch mindestens 4 oder 5 Tage widmen. Kommt es von Norden, so mag es sich seinen ersten Übernachtungsplatz irgendwo in den Buchten zwischen Cabo Norfeo und Rosas suchen. Ein bißchen wird man am nächsten Tag in Rosas einkaufen wollen und mal durch Touristenstraßen flanieren (es ist ja, von Norden kommend, der erste größere Touristenort). Vielleicht ist Ampuriabrava der Hafen für die Nacht.

Wenn möglich, würde ich danach die 3 Kilometer Flußfahrt nach San Pedro de Pescador machen. Nach den Felsbuchten im Norden ist eine Flußwelt so absolut anders, daß auch die hartgesottensten „Hochseeleute" in meiner Crew immer gern an die Faszination einer Flußfahrt zurückgedacht haben. Der Hafen für die Nacht ist entweder Puerto de La Escala. Wenn das Wetter sicher ist, aber viel lieber die Fischerbucht in La Escala.

Ein Tag wird wohl der griechisch-römischen Stadt Ampurias gehören. Wenn es angeht, würde ich in einer der Buchten unter der antiken Stadt festmachen. Auch Badelustige kommen dort auf ihre Kosten.

Danach ist die Fahrt an der Felsküste nach El Estartit an der Reihe. In die große Höhle bei Punta Trenca Brasos kann man vielleicht hineinfahren, und wenn das Wetter und Boot dazu passen, sogar an der anderen Seite wieder heraus. An der Cala Mongó würde ich vorbeifahren. Aber die Mittagspause könnte in dem Kreek hinter den Inseln Iliots de la Ferriol sein. Die „Bucht der Höhlen" sollte schon einmal orientierend besehen werden. Gewiß kommt man am nächsten Tag noch einmal hierher zurück. Zur Nacht dient wohl El Estartit.

Am nächsten Tag würde ich nochmal ein paar Kilometer nach Norden laufen. Die Höhlen, die ganz großen wie die sehr kleinen, verdienen Erkundung. Manche mit dem Schlauchboot, manche tauchend oder schwimmend. Das Felstor will durchfahren sein. Und vielleicht verliebt man sich in den Kreek bei der Isla Pedrosa. Der Nachmittag oder der folgende Tag wird wohl den Islas Medas gehören. Und schon wieder ist dann ein Tag vorbei. Die folgende Fahrt wird dann wohl in die „phantastische Küste" weiter im Süden führen, nicht etwa, weil man schon alles gesehen hätte, sondern weil die Costa Brava noch so lang ist.

B. Die Bahia de Rosas und ihre Häfen

Einführung (Plan S. 127)

Die Bai von Rosas ist eines der großen Wassersportzentren an der Costa Brava. Sind zweitausend Sportboote dort? Oder mehr? Es ist schwer zu schätzen, weil sie sich an den 6 Kilometern Küste ebenso verteilen, wie in den etwa 30 Kilometer langen Wasserarmen und Kanälen im Binnenland. Denn das Hinterland ist Lagunenlandschaft, fast wie bei Venedig, doch im Charakter ganz anders.

Der Hauptort ist **Rosas**. Etwa 4000 Einwohner, wichtiger Fischerort, aber vor allem ein Ort des Tourismus. Das ursprüngliche Rosas ist vollkommen untergegangen zwischen den unzähligen großen Hotels, Appartementshäusern und Villen, die sich kilometerweit den Strand entlangziehen und die Berge heraufsteigen. Läuft man von Süden her in die Bai, so ist der Navigator verzweifelt. Überall sind Häuser. Aber wo ist Rosas? Und wo sein Hafen? (Der Berg Piug Rom, der dem Schiffer aus der Verlegenheit hilft, wird später beschrieben).

Was hat die Bahia von Rosas zu einem solchen Sammelpunkt von Kleinbooten gemacht? Ich denke, in erster Linie die schöne Wasserfläche. Und dann der Tourismus schlechthin. Etwa 4 Kilometer mißt die Öffnung der Bai nach Süden. Die Breite des innersten, besiedelten Teiles der Bai mag 2½ Kilometer sein. Etwa 2 Kilometer tief reicht sie ins Land. Dies ist vor allem für Jollen ein sehr schönes Revier. Eines der wenigen Gebiete an der Costa Brava, die dem sportlichen Segler den Wind bieten, den er sich für zünftiges Segeln wünscht. Eine flache Küste, wo die tägliche Land- und Seebrise sich entfalten kann. Und an ein paar Tagen während des Urlaubs wird es sogar so hart blasen, daß eine Jolle damit nichts mehr anfangen kann.

Im Sommer ist die Bahia de Rosas von der Natur begünstigt. Nicht so sehr, was die Schönheit des unmittelbaren Ufers angeht — das ist im Osten flacher, klippenreicher Fels, im Westen Sand. Aber im Hinblick auf den Kleinbootsport. Der Tramontana bläst ablandig und wirft dicht am Ufer noch keinen Seegang auf. Nautisch ist die Bai vollkommen unkompliziert. Es ist ein Revier für den stationären Kleinbootsport. Für schnelle Flitzer, für Wasserski, für Jollen.

Für Fahrten bis in die Fels- und Buchtenwelt um Cabo Creus ist es für in Rosas stationierte Boote eigentlich schon zu weit. Gottlob! So bleibt es dort einsam.

Man findet sowieso in der Bahia von Rosas oft eine andere Einstellung zu dem schwimmenden Untersatz als in den Revieren nördlich vom Cabo Norfeo. Manchmal denke ich, daß man in der einsamen nördlichen Felsbuchtenwelt mehr mit seinem Boot lebt, als an den großen Touristenstränden, wo das Gesellige mehr im Vordergrund steht. Aber das sind so Ansichten. — Doch helfen sie vielleicht bei der Wahl des Urlaubsortes.

Die Bai von Rosas bietet ein phantastisch schönes Panorama. Man sieht es nicht vom Ort, aber man sieht es von See und zum Beispiel auch von der Griechenstadt Ampurias. Der gelbe Sand, das blaue Meer und dahinter die s e h r hohen Berge von Cadaques. Das ist schon unglaublich schön. Genau, wie man sich das Mittelmeer denkt! Und so sind die Werbeslogans der großen Siedlungsgesellschaften auch entsprechend hochgestochen. Das Miami Europas soll es sein oder jedenfalls werden. Das Florida an der Küste des Mittelmeeres.

In den Ferienmonaten wimmeln in Rosas die Menschen und die Bai ist voll von Booten. Aber im Herbst, Winter und frühen Frühjahr ist Rosas fast erschreckend leer. Dann ist die Bai von Rosas auch kein gutes Revier mehr für Trailerboote, deren Seefähigkeit ja doch Grenzen hat. Unglublich hart stürmt dann der Tramontana aus dem flachen Hinterland heraus, wie in einer Düse eingeengt durch die sehr hohen Berge. Da haben starke Yachten ihre Sorgen. Auch steigt dann die Tramontanahäufigkeit erheblich an. Von drei oder vier Tagen pro Hochsommermonat auf 8 oder 15 Tage im Monat und mehr. **Boote auf Wanderfahrt** müssen das ins Kalkül ziehen. Im Spätsommer und Herbst soll man, wenn man nach Norden fährt, zwischen Cala di Aigua Blava (das ist südlich von El Estartit) und Rosas bei ruhiger Wetterlage nicht trödeln, sondern sehen, bis nach Rosas voranzukommen.

Trailerboote gehören bei Herbst- und Frühjahrtramontana und meist auch bei Sommertramontana auf den Strand oder in den sichersten Hafenplatz, der zu finden ist. Und auf dem Strand zurre man leichte Boote fest, sonst wehen sie weg. — Im Herbst, Winter und frühen Frühjahr jedenfalls findet in Rosas kein Florida statt. Dann fahre man mit einem Trailerboot lieber nach El Estartit oder z. B. nach San Feliu de Guixols weiter im Süden der Costa Brava.

Häfen und Liegeplätze in der Bai von Rosas

Das ist etwas kompliziert: Es gibt zwei regelrechte Häfen: Puerto de Rosas und Ampuriabrava, letzterer 5 Kilometer von Rosas entfernt. Dann gibt es die zur Zeit noch unsichere Einfahrt Santa Margarita in die Lagunenkanäle dicht westlich der Stadt. Es gibt für leichte Boote den langen Strand. Und es gibt eine große, aber doch unzureichende Zahl von Liegeplätzen vor Grundgeschirr. Ein großzügiger Sportboothafen ist geplant.

Es wäre sehr schön, wenn der Bau eines besseren Hafens bei Rosas bald vollendet wäre. Denn der jetzige Haupthafen, der Puerto de Rosas, ist eigentlich der einzige Hafen an der Costa Brava, von dem man sagen muß, daß er für Sportboote auch im Sommer sehr schlecht geeignet und unzulänglich ist.

Der Ort Rosas und seine Umgebung

Rosas hat etwa 4000 feste Einwohner. Es hat sich dem Tourismus verschrieben. Große Hotels und Appartementshäuser bestimmen das Bild. Am Ort habe ich wenig Bemerkenswertes auffinden können.

Es gibt eine von starken Mauern umgürtete, verlassene Festungsstadt, die C i u d a d e l a, am Westrande des Ortskernes. Aber diese aus dem 16. Jahrhundert stammende ehemalige Festung (Vauban hätte sie erbaut haben können) ist vernachlässigt. Wohnlauben und Halb-Zigeuner sind darin. Das Eindrucksvollste waren für mich am Festungstor die bei der Belagerung von Vollkugeln getroffenen und aufgesplitterten Steine. Es muß eine langwierige Sache gewesen sein, damals eine Festung mit Vollkugeln zu zerschießen.
Die sehr viel ältere Festung C a s t e l l o d e l a T r i n i d a d 2 Kilometer südlich der Stadt ist von unten sehr eindrucksvoll. Oben enttäuscht sie etwas. Wirklich sehr schön ist der Blick von dem hohen Puig Rom auf Hafen, Golf und die Kanäle im Lagunengebiet. Man sollte aber den Weg auf den 230 Meter hohen Berg abends machen. Bei Sonne am Tage tötet er selbst harte Männer. Eine westgotische Burg soll es geben. Ich war nicht dort. Es würde mich wundern, wenn Nennenswertes hinterblieben ist. Es war nicht die Art der halbnomadischen Westgoten, bleibende Bauwerke zu errichten.
Der anfangs asphaltierte K ü s t e n w e g n a c h C a d a q u e s (nicht die Hauptchaussee) ist landschaftlich überaus schön. Aber weit und etwas strapaziös. Er gehört aber zu den schön-

sten Gebirgswegen, die ich kenne. Unglaublich schön ist vor allem der Blick hoch von den Bergen auf die Bucht von Cadaques und die ganze Küste bis Cabo Creus. Der Weg führt an fast allen Buchten der Küste vorbei. Man sollte, wenn man zu Fuß geht, daraus einen Tagesausflug machen. Man kann von Cadaques aus gegen 17 Uhr mit dem Autobus nach Rosas zurückzufahren. Bis Cadaques etwa 18 Kilometer. Gaststätten sind an der Cala Montjoy und Cala Jonculs.

Castello de Ampurias ist ein kleines Landstädtchen 18 Kilometer landeinwärts. — Sonntags sind Stierkämpfe in Figueras. Leider sind oft mehr Touristen als Spanier dort. So fehlt die Atmosphäre.

Autobusse fahren nach Cadaques über eine schöne hochbergige Straße. Sie fahren auch nach Figueras, wo die Bahnstation ist und alles das zu beschaffen, was es an speziellem Bootsbedarf in Rosas nicht gibt. Dort sind auch die Service-Stationen für die gängigen Outbord-Marken. In Rosas ist ein Geschäft für Kleinbootsbedarf fast 2 Kilometer vom Hafen entfernt hinter den drei großen Hochhäusern, welche am westlichen Ende des Ortes stehen, und zwar direkt beim Kleinbootliegeplatz Santa Margarita (Seite 137).

Ein Boot auf Wanderfahrt versäumt wohl nicht sehr viel, wenn es Rosas ausläßt. Ich könnte mir vorstellen, daß man von Cadaques oder einem anderen Platz im Norden kommend, in Rosas nur tagsüber anlegt und zur Nacht nach Ampuriabrava (vieleicht auch nach Santa Margarita) fährt. Von dort kann man am nächsten Tag die Reise nach La Escala weiterführen, wobei man, wenn möglich, einen Abstecher nach San Pedro de Pescador macht.

Für die Reise nach Norden gilt sinngemäß das gleiche. — Bei genügend ruhigem Wasser kann man in Rosas zum Einkaufen auch an der Kaje direkt vor dem Ort festmachen (siehe aber dazu Seite 136).

Puerto de Rosas (Plan S. 127 und 135)

Der Hafen von Rosas ist als kleiner Handelshafen und als Fischerhafen gebaut. Als Fischerhafen hat er erhebliche Bedeutung. Im jetzigen Zustand ist er für Sportboote nicht sehr günstig. Eine großzügige Erweiterung ist geplant. Man darf nicht darauf vertrauen, daß, hat man sein Schiff an der Mole festgemacht, es dort unter allen Umständen sicher liegt. Durch die Stärke des Tramontana und die (für Handelsschiffe unproblematische) ziemlich offene Lage nach Süden, ist Rosas vor allem im Spätsommer, Herbst und Frühjahr für Sportboote ein recht trickreicher Platz, wo es mindestens scheußlich ungemütlich, im extremen Fall sogar etwas gefährlich sein kann, wenn man am falschen Platz liegt. Wo der falsche Platz ist, hängt vom Wind ab.

Die Handelsmole (Muelle Commercial)

Beschreibung
des Hafens Dies ist der eigentliche „Hafen". Die breite Mole ist 300 Meter lang. Mehrere Gebäude stehen darauf. Ein Leuchtfeuer (rot) ist auf der breiten Frontseite. Die Kaje ist 2 Meter hoch. Einige Steintreppen, Poller und Ringe sind auf beiden Seiten. Eine Steinstufe im Wasser ist zu beachten. Hier ist der normale Liegeplatz für große Yachten, mittelgroße Boote und für Fischerboote, soweit diese nicht ankern. Man liegt längsseits! An der Nordseite ist tiefes Wasser bis zu einem kleinen Häuschen, welches etwas über die Kaje vorsteht. Dahinter nimmt die Wassertiefe rasch auf 1 Meter bis 0,3 Meter ab, und es sind Steinklippen dort. An der Südseite beginnen Wrackteile und Klippen etwa 80 Meter vom Ufer. Die Handelsmole ist über 50 Meter breit und belebt. Frachtschiffe habe ich dort nicht gesehen. An der Südseite sind ein Kran, die neue Fischhalle, Wasser und Dieselöl.

Wenn kein starker Tramontana weht, liegt man an der Nordseite besser. Bei mäßigem Sommertramontana mag man nahe der Wurzel der Mole mit vielen Fendern gerade noch liegen können. Bei starkem Herbsttramontana muß man sich an die Südseite der Handelsmole legen. Man soll dann den Platz frühzeitig wechseln. — Ist aber Südwindlage, so liegt ein Sportboot an der Südseite der Mole sehr unruhig. Auch der Schwell der Fischerboote macht die Südseite zu einem sehr schlechten Platz. Man wechselt bei Südwind wieder an die Nordseite der Mole. (Es tut mir wirklich leid, aber ich kann es nicht ändern.)

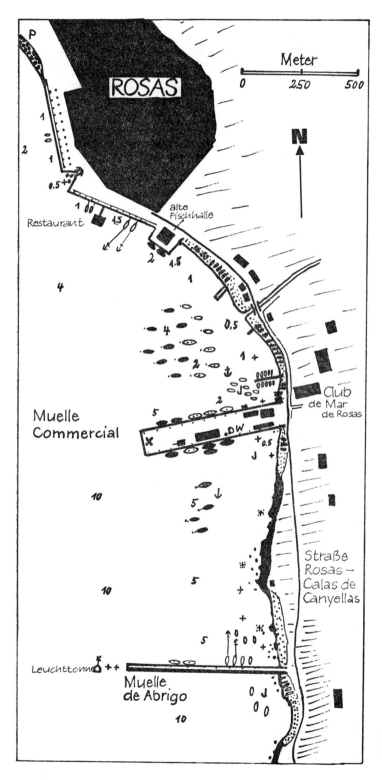

*Die Molen
und Kajen
von Rosas.*

Der Yachtclub von Rosas (Club de Mar de Rosas) hat sein kleines Gebäude an der Wurzel der Handelsmole. Auf dem Gelände des kleinen Clubs befindet sich ein schräger Betonslip für Trailer. Ferner gehört dem Club der Holzsteg etwa 100 Meter nördlich der Handelsmole. Der Steg ist etwa 60 Meter lang. Er ist für kleine Boote und höchstens noch für mittelgroße Boote geeignet und meist voll besetzt. Moorings liegen aus. Die Wassertiefe neben dem Steg ist stark wechselnd 0,3 bis 0,8 Meter. Am Ufer ist Abstellplatz für Trailer. Auch Platz zum aufs Ufer holen leichter Boote ist da. Dicht bei dem Steg liegt das Hotel Univers. Liegeplatz für kleine und mittlere Boote vor Grundgeschirr ist vor dem Holzsteg. Der Kran ist auf der Handelsmole.

Nach Norden zu ist **Strand** zum Aufholen von Booten. Dort liegt die Mehrzahl der kleinen Fischerboote. Man muß wissen, daß die Wassertiefe vor diesem Strand sehr unterschiedlich ist. Wo kein Boot ankert, ist sehr oft eine flache Klippe! Besonders flach (bis 0,3 Meter) ist es im Bereich der Mündung des im Sommer trockenen Baches. — Ein paar kurze Anleger dienen den Fischern und können nicht benutzt werden.

Betonkaje beginnt wieder im Bereich der **alten Fischhalle** etwa 50 Meter nördlich der Handelsmole. Da die neue Fischhalle auf der Handelsmole inzwischen fertig sein wird, könnte der Platz an dieser etwa 20 mal 30 Meter großen Betonpier frei werden. Jetzt ist er nur tagsüber zum zeitweiligen Anlegen frei. Abends löschen die Fischer dort den Fang.

Betonkaje mit 1,5 bis 1 Meter Wasser und Pollern setzt sich dann nach Nordwesten fort. Ein Restaurant steht dort auf Pfählen im Wasser. Bei ruhigem Wasser ist dort schönes Liegen direkt am Ort. Man findet genug Platz, nur ist es zu ungeschützt, um Dauerliegeplatz zu sein. Der Ankergrund ist gut haltender Sand. Bei dem Knick der Kaje nach Norden mündet ein im Sommer trockener Bach. Davor ist flacher Steingrund. Dann folgt weitere Betonkaje mit etwa 1 Meter Wassertiefe, Pollern und Sandgrund. Hier ist es meist unruhiger als an der südlicheren Kaje. — Weiter nordwärts folgt Steinschüttung. Danach eine Steinbuhne und dann endloser Kiesstrand.

Die Schutzmole (Muelle de Abrigo) liegt etwa 600 Meter südwärts von der Handelsmole, an der sich der eigentliche Hafenbetrieb abspielt. Die Schutzmole ist 400 Meter lang. Sie war früher länger, bis ein Sturm ihren Molenkopf zerstörte. Die Trümmer liegen unter Wasser. Eine Leuchttonne (grün) liegt etwa 50 Meter vor dem jetzigen Molenkopf und warnt vor den Unterwassertrümmern. An der Nordseite der Schutzmole ist die Wassertiefe anfangs sehr groß. Etwa 100 bis 200 Meter vom Land ist für ein Sportboot die beste Wassertiefe zum Ankern.

Die Kaje der Mole ist etwa 2 Meter hoch. Es gibt Steintreppen an mehreren Stellen. Streckenweise ist eine Unterwasserstufe zu beachten. Im inneren Teil der Mole sind Ketten so gespannt, daß Boote und Yachten, die vor Buganker liegen, daran die Heckleinen belegen können. Die Schutzmole wird meines Wissens von Berufsfahrzeugen nicht benutzt. Im Sommer sind fast immer ein paar Yachten da. Es ist vom Land her recht ruhig und ungestört. Aber Achtung! Tramontana steht auf die Mole. Bei starkem Tramontana darf man des Seeganges wegen nicht längsseits liegen. Bei starkem Tramontana mit Buganker und Heckleinen zu liegen und alles darauf zu setzen, daß der Buganker hält, halte ich für etwas riskant. Ich meine, dieser Platz taugt nur bei Sommerwetter. Dann ist er sehr angenehm und vor allem ganz ungestört.

Die wichtigsten **Ankerplätze** für kleine und mittlere Boote sind im Plan mit halbem Anker eingetragen. Kleine Boote haben aber auch zwischendrein ihre Plätze dicht unter dem Strand. Wegen der unvermittelt vorhandenen flachen Stellen den Platz vorher gut absuchen. Gutes Grundgeschirr!

Liegeplätze für kleine und mittelgroße Boote

(a) Kleine und mittlere Boote, die im Wasser bleiben, finden den besten Liegeplatz an dem Steg des Yachtclubs dicht nördlich der Wurzel der Handelsmole. Leider ist hier fast immer alles belegt. Die weiteren Liegemöglichkeiten sollen von Norden nach Süden besprochen werden: (b) Kaje vor der Stadt südlich der Steinschüttung: Etwa 1 Meter Wassertiefe. Poller vorhanden. Oft steht Schwell. Nur mit gutem Anker liegen und Boot von Kaje wegziehen. Kein Dauerliegeplatz. Nur bei gutem Wetter. (c) An der Kaje an beiden Seiten des ins Wasser vorgebauten Restaurants. 1 bis 1,5 Meter Wassertiefe. Sand. Kein Dauerliegeplatz. Aber bei gutem Wetter durchaus möglich. Nicht längsseits gehen, so verlockend es ist, außer, das Boot

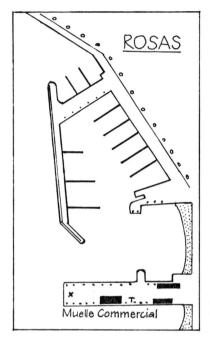

ROSAS

Muelle Commercial

Plan des projektierten neuen Hafens von Rosas, nördlich von der bestehenden Handelsmole (Muelle Commercial).

ist unter Aufsicht. Für ein durchreisendes mittleres oder kleines Boot, das den Ort sehen will, ich halte dies für den günstigsten Platz. Ankerleine stramm durchsetzten. (d) Längsseits an der Handelskaje. Ist für ein Kleinboot unschön wegen der großen Höhe der Kaje. Vorsicht bei starkem Tramontana. Dann an die Südseite wechseln. (e) Am Steg des Yachtclubs: Ideal wenn Platz ist. (f) An der Muelle de Abrigo. Ruhiger Platz. Muß aber bei starkem Tramontana verlassen werden.

Praktische Hinweise — Dieselöl und Wasser auf der Handelskaje. Benzin im Ort. Ein Kran ist auf der Handelskaje. Tragkraft 10 Tonnen. Winterlager von Booten ist landwärts der Handelskaje möglich. Werkstätten sind im Ort. Slip für schwere Boote gibt es nicht. Rosas ist der größte Ort bis zur französischen Grenze. Speziellere Dinge bekommt man in Figueras (18 Kilometer von Rosas). Figueras ist aber von den anderen Orten der nördlichen Küste auch zu erreichen.

Ansteuerung — Der 230 Meter hohe, auffällige B e r g P u i g R o m liegt etwa ½ Kilometer östlich der Schutzmole. Auf den Berg zieht in weit geschwungenen Kehren eine Straße herauf. Die Straße hat sehr große weiße Randsteine, die schon von ferne zu sehen sind. Nachts brennt an dieser Straße die Straßenbeleuchtung. So ist Piug Rom die beste Landmarke bei Rosas. Auf ihn hält man zu, bis die Hafenmolen in Sicht sind. — Rosas kann auch nachts gut angelaufen werden.

Santa Margarita (Plan S. 127 und 138)

Kilometerweit erstreckt sich westlich von Rosas im Binnenland Lagunengebiet. Ein Teil davon (man sagt, 16 Kilometer Wasserwege) sind von der privaten Siedlungsgesellschaft Santa Margarita ausgebaut worden, so daß Parzellen an Kanälen liegen. Auch das unregulierte Lagunengebiet ist landschaftlich nicht ohne Reiz. Die eingefaßten Kanäle und die Liegeplätze daran sind Privatgelände. Es ist — wie man mir sagte — nicht der Wunsch, fremde Sportboote als Dauerlieger dort zu haben. Aber ich hatte den Eindruck, daß man sich gegen Sportboote als kurzfristige Gäste wohl nicht sträuben wird. Vor allem dann nicht, wenn Interesse gezeigt wird, gegebenenfalls auch an den Kauf einer Parzelle zu denken. Es wäre sicher sehr interessant, über Erfahrungen späterer Besucher zu hören. Denn wenn die Einfahrtsmole fertig ist, ist hier mit Abstand der beste Liegeplatz für ein kleines oder mittelgroßes Boot, den Rosas gegenwärtig zu bieten hat.

Die Einfahrt

Die Einfahrt in das Lagunengebiet wurde bisher nur im Sommer freigebaggert. Im Herbst versandete sie durch den starken auflandigen Seegang zu vollkommener Unkenntlichkeit und Unbefahrbarkeit. Es ist geplant, durch eine Mole und Steineinfassungen die Einfahrt ständig offen zu halten. Da an der Steinmole Ende 1969 tatsächlich gearbeitet wurde, gibt die Skizze die Einfahrt i n d e m g e p l a n t e n Z u s t a n d wieder. Die Wassertiefe in der Einfahrt soll dann 2 bis 3 Meter sein. Im bisherigen Zustand konnten jedenfalls nur kleine Sportboote im Sommer passieren.

Die Einfahrt liegt etwa 100 Meter westlich von den vier hohen und großen, sehr auffälligen Hotelgebäuden, welche die Bebauung von Rosas nach Westen zu abschließen.

Das Innere

Nach Passieren der im bisherigen Zustand im Sommer etwa 20 Meter breiten Sanddurchfahrt gelangt man in eine Art breiten Flusses. Die linke Seite ist unbebautes Wiesen- und Schilfgelände mit zahlreichen Nebenarmen und Verzweigungen (für flachgehende Boote gewiß auch interessant zu erkunden). Die rechte Seite besteht aus Betonwand. Darin sind kleine rechteckige Becken von 6 mal 6 Meter Größe mit Festmacheringen und einem kleinen Betonslip eingebaut. Sie sollen, wenn einmal Häuser dort stehen, deren Privathafen sein.

Schematische Darstellung der Einfahrt und des teilweise kanalisierten Lagunensystems der Urbanisation Santa Margarita. An den die Einfahrt festlegenden Steinmolen wurde Ende 1969 gebaut. Fertiggestellt waren sie jedoch nicht. Landeinwärts setzt sich das Kanalsystem ebenso wie das noch unberührte Lagunensystem noch kilometerweit fort. An vielen der mit Betonwänden eingefaßten Kanäle sind die im Text beschriebenen kleinen „Häfen". Bebaut war Ende 1969 erst ein sehr kleiner Teil der Parzellen.

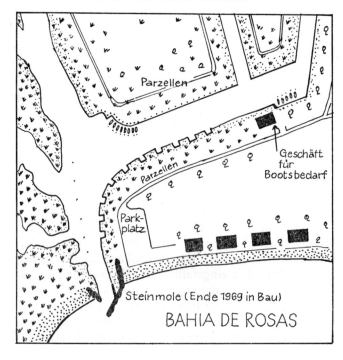

Santa Margarita.

Die unregulierte Lagune läuft geradeaus weiter. Der betonierte Wasserarm zweigt nach rechts ab und bildet einen etwa 250 Meter langen, etwa 60 Meter breiten Kanal. An beiden Seiten ist Betonmauer mit Festmacheringen. An der linken Seite zweigen noch zwei weitere Kanäle gleicher Art ab. Am Ende des Hauptkanals ist eine Art allgemeiner Liegeplatz. Da ist auch ein gut eingerichtetes Bootsausrüstungsgeschäft (mit Outbord-Reparaturdienst). Dort ist wohl der beste Platz, die Frage nach einer Liegemöglichkeit anzubringen. Lebensmittelgeschäfte und Restaurants sind in der Nähe. Zum Ortszentrum Rosas ist 1 Kilometer Weg. **Für Boote auf Wanderfahrt** ist dies zu übernachten kein schlechter Platz. J e d o c h b e - a c h t e n : Bislang war auf die unbezeichnete und unbefestigte Einfahrt kein rechter Verlaß.

Ampuriabrava (Plan S. 127 und 139)

Ampuriabrava ist eine künstliche Gründung der neuesten Zeit mit dem Ziel, ein Gegenstück zu Miami in Florida zu schaffen. Sei es damit, wie ihm wolle, zu der im Wesentlichen noch zu bebauenden, aber parzellierten und mit Straßen durchzogenen ganz flachen Landschaft gehört auch ein großer Hafen für Sportboote. Er ist Ende 1969 benutzbar geworden und soll nach Auskunft weiterhin auch fremden Booten offenstehen.

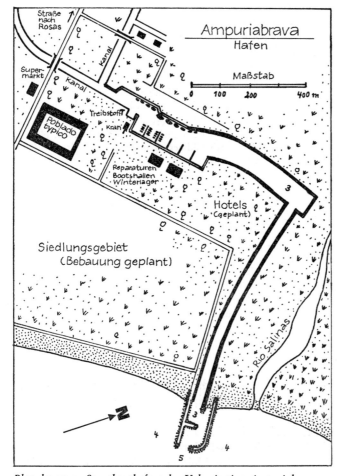

Plan des neuen Sportboothafens der Urbanisation Ampuriabrava.

Es ist in der Tat der ideale Sportboothafen, gut anzulaufen und mit absolut sicheren Liegeplätzen. Mit Winterlager im Wasser und im Trockenen. Kein Zweifel, daß dies für Sportboote ein bedeutender Stützpunkt werden wird, jedenfalls, bis der neue Hafen von Rosas Realität geworden ist. Zum jetzigen Zeitpunkt liegt Ampuriabrava recht verloren 8 Straßenkilometer von Rosas entfernt in einer flachen Landschaft ohne Schatten und isoliert von allem, was Spanien ausmacht. Aber es ist ein überaus nützlicher Hafen, wo man ein großes oder kleines Boot auch für lange Zeit sich selbst überlassen kann. Und ein guter Nothafen zwischen Rosas und La Escala ist es auch.

Eignung als Standquartier für kleine Boote

Da es sich um ein erst im Aufbau befindliches Siedlungsgebiet handelt, ist an Land überwiegend noch gar nichts. Es gibt allerdings ein Hotel und auch Gaststätten.

Das unmitelbare Fahrrevier bietet nur viel offenes Wasser und Sandufer. Bis zum Beginn schöner Felsküste sind mindestens 8 Kilometer zu fahren. Das Kapitel über Wind und Wetter im Golf von Rosas (Ampuriabrava liegt schon mehr am Golf als in der Bai) ist denen, die das Siedlungsgebiet interessiert, sehr zu empfehlen.

Einrichtungen des Hafens

Der Hafen liegt fast 1 Kilometer im Land. Das Wichtigste zeigt der Plan. Von See her sind die hohen Steinmolen etwa 4 Kilometer südwestlich der auffälligen Hochhäuser am Westende von Rosas die deutlichste Landmarke. Andere auffällige Punkte gibt es noch nicht.

Die Einfahrt zwischen den Molen mag etwa 50 Meter breit sein. Provisorische Hafenlichter (einlaufend: rechts grün, links rot) standen 1970 auf den Molenköpfen. Die Einfahrtstiefe wurde auf 5 Meter gebaggert. Sie soll immer tief genug auch für sehr große Yachten gehalten werden. Nach letzter Information ist sie z. Zt. nur noch 2 bis 3 Meter tief.

Innerhalb der Steinmolen schließt sich ein etwa 30 Meter breiter Kanal mit Betonwänden an. Hier kann man für kurzzeitigen Aufenthalt schon festmachen. Nach etwa ½ Kilometer biegt der Kanal rechtwinklig nach Südwesten um und verbreitert sich auf etwa 80 Meter. Überall ist Betonkaje mit Festmacheringen. Der eigentliche Hafen folgt dann nach etwa 300 Metern.

Die W e s t s e i t e ist für größere Yachten vorgesehen. Zur Zeit ist Platz, längsseits zu liegen. Die Wassertiefe ist 3 Meter. Trinkwasser ist an der Kaje.

Die O s t s e i t e ist für die kleineren Boote bestimmt. Hier sind 4 feste Stege von je etwa 40 Meter Länge. Kleinboote liegen dort an Bojen, und zwar besser mit dem Heck an der Mooring und dem Bug zum Steg. Zwei Hallen für Bootslagerung sind da. Dort ist auch ein elektrischer Kran. Es ist sehr viel freier Platz rundum. Ende 1969 wurde in dem gerade fertiggestellten privaten Hafen noch kein Hafengeld erhoben. Über die voraussichtliche Höhe des Hafengeldes war noch keine Auskunft zu erhalten.

Von diesem Hafen aus laufen Kanäle, an denen Parzellen liegen, weit ins Innere des Landes. Sie haben ebenfalls Betonufer und größtenteils Festmacheringe. Einkaufsmöglichkeit ist etwa 500 Meter vom Hafen. Nicht zu vergessen: Privatflugplatz ist vorhanden.

San Pedro de Pescador (Plan S. 127)

Ich sehe die erstaunten Gesichter der Costa-Brava-Schiffer. Denn daß dicht südlich von Ampuriabrava noch eine Hafenstelle ist, weiß so gut wie niemand. Der Ort San Pedro de Pescador liegt an dem breiten und für die Region wichtigen Fluß R i o F l u v i a . Er mündet 4 Kilometer südlich von Ampuriabrava. Mit Booten bis etwa 1 Meter Tiefgang kann man ihn 3 Kilometer weit aufwärts laufen bis zu der kleinen in ihrer Art freundlichen und typisch spanischen Stadt S a n P e d r o P e s c a d o r .

Der Fluß ist etwa 40 bis 60 Meter breit. Teilweise hat er sich einige Meter in den Lößboden des Schwemmlandes eingefressen und erinnert auf diesen Strecken ganz an die Flüsse in Nordafrika. In seinem Unterlauf liegt weiteres Lagunengebiet an beiden Seiten. Der gut fahrbare Teil endet an der Straßenbrücke von San Pedro de Pescador. Dort liegen an beiden Seiten Fischerboote in kleinen Einbuchtungen. Regelrechte Kajen gibt es nicht.

Etwas schwierig ist d i e M ü n d u n g d e s F l u s s e s zu beschreiben, weil Landmarken fehlen. Ein weißes Gaststättenhaus mit gewölbten Bögen steht etwa 1 Kilometer weiter südlich. Eine kleine weiße Hütte etwa ½ Kilometer südlich. Flache Steindämme sind zwar da, aber halb im Sand vergraben. Nach allen Auskünften der Fischer ist die Wassertiefe in der Mündung immer 1,5 Meter. Von Bänken, die die Einfahrt hindern könnten, wußten sie nichts zu berichten. Ich habe die Einfahrt noch nicht bei starkem auflandigem Seegang gesehen. So würde ich sie als Ortsfremder nur bei einigermaßen ruhigem Wasser fahren und nur mit einem Boot von nicht mehr als etwa 1 Meter Tiefgang.

Als Kontrast zu den unbewachsenen Felsbuchten ist ein solches Stück Flußfahrt in dem grünen, von Pflanzen strotzenden Land ein ganz seltsames Erlebnis.

Einem Boot auf Wanderfahrt würde ich durchaus zu diesem Abstecher raten. Erst recht einem in Rosas oder La Escala fest stationiertem Boot. Da es ein praktisch touristenfreier Ort ist, ist es jedenfalls einmal das wirkliche Spanien.

C. Von Rosas bis zum Cabo Norfeo

Zusammenfassung (Plan S. 127)

9 Kilometer lang ist die Felsküste von Rosas bis zum Cabo Norfeo am Nordrand des Golf von Rosas. Für Boote mit Standort in der Bai von Rosas ist sie erweitertes Fahrtgebiet.

Für Boote auf Wanderfahrt ist es ein Teil des 15 Kilometer langen Weges zwischen Rosas und Cadaques.

Die Küste beginnt bei Rosas flach. Aber allmählich werden die Felsabbrüche höher, und bei Cabo Norfeo sind sie rundweg gigantisch. Es ist der Bereich des Überganges vom langen Sandstrand bei Rosas zu großen, freundlichen Strandbuchten und von diesen zu nackten Felsenkliffs. Gibt es bei Rosas noch grünen Pflanzenbewuchs, so regiert bei Cabo Norfeo der nackte Fels.

Zwischen Rosas und Cabo Norfeo gibt es drei große Strandbuchten und mehrere kleinere unbesiedelte Einbuchtungen. Die drei großen Strandbuchten kommen auch für einen Daueraufenthalt in Frage. Es sind die dicht besiedelte C a l a d e C a n y e l l a s P e t i t a s, die etwas lockerer bebaute schöne C a l a d e C a n y e l l a s G r o s a s und die schon recht einsame C a l a d e M o n j o y. Östlich von der Cala Monjoy hört dann die Besiedlung auf, und es beginnt die steile, wilde Felsenwelt von Cabo Norfeo. Nördlich vom Kap liegt dann die an wilder Naturschönheit reiche C a l a d e J o n c u l l s (Seite 91 f).

Zu den absoluten Höhepunkten der Costa Brava zählt in diesem Küstenstück das Gebiet um Cabo Norfeo.

D e r T r a m o n t a n a ist an der Felsküste ablandig. Dicht an der Küste ist ruhiges Wasser. Erst wenn man — nach Rosas fahrend — Punta de la Batteria gerundet hat, bekommt man Wind und kurzen Seegang von vorn. Man läuft dicht unter dem Ufer, um bald in die Abdeckung der Schutzmole zu kommen. Stärkere südliche Winde sind hier im Sommer sehr selten.

Rosas bis Cala de Canyellas Petitas (Plan S. 135 und 142)

Vom Anleger von Rosas kommend, muß man die Tonne vor der Schutzmole seewärts runden. Ostwärts der Schuzmole ist am Ufer S a n d s t r a n d. Danach folgt wenig attraktive Felsküste. Die erste Huk ist P u n t a   d e   l a   B a t t e r i a.

Auf einem Berg dicht bei Punta de la Batteria steht steil hochragend die Ruine des **Castello de la Trinidad**. Es ist eine sehr auffällige Landmarke. Noch auffälliger aber ist dicht nordöstlich davon der über 200 Meter hohe **Berg Puig Rom**, der die Gegend beherrscht. Recht unscheinbar ist dagegen der Leuchtturm auf seiner niedrigen Huk.

Ostwärts von Punta de la Batteria folgt steinige, zunehmend höhere, unzugängliche Felsküste. Mehrere große Hotelhäuser stehen darauf. Nach etwa 1 Kilometer Fahrt steht man vor der Strandbucht Cala de Canyellas Petitas. Seewärts aber — südlich der Canyella Petitas — liegen etwa ½ Kilometer vom Land die Klippeninseln Los Branch Canyellas.

Los Branchs Canyellas (Plan S. 142)

Dies sind etwa 8 bis 10 kleine freundliche, aber nackte Felseninselchen. Sie liegen in zwei Gruppen beieinander. Insgesamt ist ihre Ausdehnung etwa 200 Meter. Die höchsten sind 2 oder 3 Meter hoch. Viele sind niedriger. Einige liegen in Wasserhöhe. Schutz vor Seegang gewähren sie kaum. Sie sind durch kleine und mittelgroße Boote gut zu erkunden und ein interessantes Revier für Sporttaucher oder einfach für Badende. — Im unmittelbaren Bereich der Inseln muß man auf Unterwasserklippen achten. Überwiegend aber fällt der Grund steil ab.

Cala de Canyellas Petitas (Plan S. 127 und 142)

Diese geräumige Bucht hat einen etwa 250 Meter breiten Strand. Weiße Einzelhäuser und Hotels ziehen sich dicht gebaut die Hänge herauf und machen

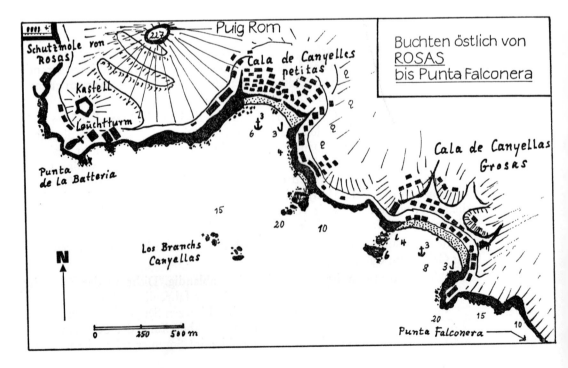

aus der Bucht ein großes, freundliches Amphitheater. — Der Strand ist für den Wasserfahrer nicht übermäßig breit. An seiner Westseite liegen große Steine über und zum Teil auch unter Wasser. In der Mitte direkt vor dem Strand ist noch einmal eine kleine Klippengruppe. Die Ostseite des Strandes scheint gänzlich sauber zu sein. Nach Süden schließt sich an den Sandstrand hohes Felsufer an. Steine liegen davor. Eine Kette von Klippeninseln verlängert die Osthuk der Bucht sehr weit seewärts. Wo die Klippen an das Festland stoßen, ist ein sehr kleiner und flacher Betonanleger, der aber nur zum Ausbooten kurzzeitig zu benutzen ist. Dort ist auch noch ein weiterer kurzer Strand.

Die Bucht hat vor dem Haupstrand ziemlich gleichbleibend 3 bis 4 Meter Wassertiefe über Sand. Dauerliegeplätze für kleine und mittlere Boote sind im Sommer besonders an der Ostseite des Strandes. Yachten ankern frei von den vielen kleinen Booten mehr in der Mitte der Bucht. Im Sommer gilt es als sicherer Ankerplatz, wenn es auch bei Winden aus südlichen Richtungen unruhig ist. Wohnt die Crew auf dem Boot, dann sollte man bei Winden aus Süd nach Rosas laufen, bei Südwest vielleicht auch zur Cala de Monjoy. Sonst nach Port Lligat oder La Escala. Bei Tramontana liegt man in Cala de Canyellas Petitas oft besser als im Hafen von Rosas.

Weitere Küstenfahrt

Aus der Cala de Canyellas Petitas auslaufend, passiert man die der Osthuk vorgelagerte Kette von Klippeninseln. Etwa 500 Meter ostwärts erstreckt sich eine weitere Klippenkette von Land zur See. Hinter dieser liegt Cala de Canyellas Grosas. Bis dahin ist die Küste felsig, aber nicht sehr hoch. Große Wassertiefe ist bis ans Ufer. Anlandemöglichkeit ist bei ruhigem Wasser hinter den Klippeninseln, wo man natürliche Miniaturhäfen für Kleinboote findet.

Cala de Canyellas Grosas   (Plan S. 127 und 142)

Dies ist eine angenehme, recht große Bucht mit etwa 400 Meter Breite zwischen den Huken und fast 400 Meter langem, schönen Strand. Die weit vorspringenden Huken machen die Bucht zu einem recht geschützten Liegeplatz im Sommer. Sie ist besiedelt, aber weniger dicht als Cala de Canyellas Petitas. Wenn man die Wahl hat, ist Cala Canyellas Grosas als Ankerplatz vorzuziehen. Kleinbus und Vedetten verbinden die Bucht mit Rosas. Als Standquartier für kleine und mittlere Boote ist Canyellas Grandes gut geeignet. Das Revier ist ideal für jede Art von Wassersport und auch zum Tauchen. Vor Tramontana ist die Bucht gut geschützt. Segler müssen an Fallböen denken. Viele kleine und mittlere Boote liegen unter der Osthuk vor Grundgeschirr. Auch unter der Westhuk sind einige Boote.

Die nautischen Verhältnisse zeigt der Plan. Zu erwähnen ist eine kleine, sichtbare Klippengruppe in der Mitte vor dem Strand. Der Ankergrund ist bis etwa 100 Meter vom Strand Sand mit ziemlich gleichmäßig 3 bis 4 Meter Wassertiefe. Seewärts wird es tiefer mit Algenbewuchs. Je weiter man sich zum Ankern und besonders als Dauerlieger hinter die Osthuk legen kann, desto besser ist es.

Weitere Küstenfahrt bis Cabo Falco   (Plan S. 127, 142 und 144)

Von Cala de Canyellas Grosas bis zu der vorspringenden wichtigen Huk P u n t a   F a l c o n - e r a sind es etwa 1,3 Kilometer. Die Küste ist steiler Fels, nur mittelhoch, aber kaum zugänglich. Der Grund fällt sogleich tief ab und ist steinig. Nicht ankern! Selbst wenn das Wetter es erlaubt, sollte man hier nicht landen, da Militärgebiet.

P u n t a   F a l c o n e r a ist mittelhoher Felsabbruch. Landmarken darauf sind ein graues Haus mit rotem Dach sowie Geschützstände. Bei Punta Falconera biegt die Küste scharf nach Nordost. Nach etwa 300 Metern folgt C a b o   F a l c o. Danach wird es wieder buchtenreich, zuerst noch rauh, weiter innen immer zahmer.

Buchtenfahrt bis zur Cala de Monjoy

Drei mittelgroße Buchten liegen zwischen Cabo Falco und der großen Strandbucht Cala de Monjoy. Einige haben kleine Strände. Alle sind interessant,
vor allem für Taucher. Auf die blinde Klippe vor Cabo Trencat muß sehr
geachtet werden.

Zwischen Cabo Falco und Cabo Trencat, der nächsten Huk, liegt eine felsig-zerrissene Bucht. Gemäuerruinen stehen dort auf einem Felsvorsprung. Die Bucht ist um-säumt von großen Steinen und taugt bestenfalls für kleine oder mittelgroße Boote. Von Cabo Trencat steht in meinen Notizen, daß es überhaupt nur aus Riesenklamotten besteht. Das ist zwar übertrieben, aber nur etwas.

Achtung   **Etwa 150 Meter südostwärts von Cabo Trencat liegt eine blinde Klippe, über der kaum 10 Zentimeter Wasser stehen. Da es nur eine schmale Felsspitze ist, wirft die See nur bei stärkerer Dünung Brandung auf. Man sieht die flache Stelle an der Braunfärbung des Wassers.**

Man steht in der gefährlichen Richtung, wenn Cabo Trencat mit dem höchsten Berg im Hintergrund (Puig del Gall) nordwest in Linie peilt. Am besten ist es meist, dicht unter Land zu bleiben und etwa 30 bis 50 Meter von der Küste entfernt zu fahren.

Die folgende Bucht heißt **Cala Murtra**. Sie schneidet tief ins Land ein, ist aber ziemlich schmal. Große Steine liegen an den Seiten, Kies- und Geröllstrand ist in der Mitte. Wald reicht bis ans Ufer. Der Ankergrund hat brauchbare Tiefe, ist aber teilweise steinig. Man muß sich einen passenden Platz aussuchen. Eine „Bereicherung" hat die Bucht im letzten Herbst durch ein **Wrack** erfahren. Ein sehr großes Motorboot lag gesunken und halb von Wasser überspült mitten vor dem Strand.

Sehr interessant, geräumig und von Sporttauchern sehr geschätzt ist die **Cala Rustella**. Ihre Hauptattraktion ist das **Wrack eines Küstenfrachters**, der mit dem Bug hoch auf den Felsen sitzt und mit dem Heck unter Wasser. Als ich es das erste Mal sah, war das Schiff noch gut unter Farbe. Jetzt kommt der Rost durch. Man kann gut auf dem Wrack herumlaufen. Eindrucksvoll ist das Riesenleck im Bug. Bei allen drei Besuchen waren Sporttaucher am Wrack und den umliegenden Klippen.

Die Bucht ist unbewohnt. Sie hat etwa 60 Meter Kiesstrand. Einige Klippen liegen unter den Ufern. Klippeninseln sind vor den Huken, eine auch in der Bucht. Besonders gern landet man an der langgestreckten Klippeninsel El Bergantin. Das Wrack liegt ganz dicht neben ihr. — Etwa 100 Meter vom Scheitel der Bucht führt der Fahrweg von Rosas nach Cadaques vorbei.

Cala de Monjoy   (Plan S. 144, 92 und 127)

Dies ist eine fast 800 Meter ins Land reichende, an den Huken etwa 500 Meter breite Bucht. Für Bootsurlauber, die es sich abgelegen und ruhig wünschen, kommt sie als Standquartier durchaus in Betracht. Ein sehr schönes Revier ist ja unmittelbar um die Bucht. Und der schönste und wildeste Teil der nördlichen Costa Brava liegt in bequemer Tagesfahrt-Distanz (11 Kilometer bis Port Lligat). Die Bucht ist recht geschützt.

Boote auf Wanderfahrt können, falls nicht gerade starker Seegang aus Süd bis Ost steht, auf angenehmes Liegen in der Bucht rechnen. Auch große Yachten können gut in Cala Monjoy ankern, vor allem auch bei Tramontana.

Cala Monjoy hat zwei Sandstrände. Der eine ist über 200 Meter, der andere etwa 50 Meter lang. Seewärts ist die Bucht über 20 Meter tief. Erst etwa 200 Meter vor dem Strand beginnt für Sportboote brauchbare Ankertiefe. 50 bis 100 Meter vom Strand sind 3 bis 5 Meter Wassertiefe auf Sand. Im Sommer liegen in der Bucht zahlreiche Boote als Dauerlieger vor Grundgeschirr. Beim Ankern bei Tramontana ist der starke Winddruck zu berücksichtigen.

An Land sind um die Bucht verteilt etwa 20 Häuser, Bungalows, kleine Hotels, kleine Gaststätten, ein Campingplatz. Baumbestand bietet Schatten. Ein nettes Tal öffnet sich weit ins Hinterland. Die Nebenstraße Cadaques-Rosas führt im Scheitel der Bucht vorbei. Mehrmals täglich laufen Vedetten von Rosas die Bucht an.

Achtung **An der Nordhuk der Cala Monjoy ist eine ausgedehnte Klippe stellenweise nur 50 Zentimeter unter Wasser (Baja de la Ferrera). Sie liegt 150 bis 200 Meter südlich von der flachen Felszunge, welche die Nordhuk der Cala Monjoy bildet. An der Braunfärbung des Wassers kann man sie erkennen. Man steht auf der gefährlichen Linie, wenn die flache Felszunge Nord peilt.**

Cala Pelosa (Plan S. 92, 127 und 144)

Diese fast 800 Meter breite, felsige Bucht geht nach Osten zu in das Felsmassiv von Cabo Norfeo über. Sie ist praktisch unbesiedelt. Es gibt zwei längere Strände und ein paar kleine Winkel mit Kiesstrand. Als Standquartier kommt die Bucht mangels Unterkunft nicht infrage. Für Tagesausflüge bietet sie interessante Winkel. Leider ist wenig Schatten. Süßwasser gibt die Quelle in Cala Jonculls (zu Fuß reichlich ½ Kilometer).

Über den beiden Stränden im Nordteil der Bucht sind zwei kleine meist unbewohnte Fischerhütten. Die Ankertiefe ist vor den Stränden sehr groß. Überwiegend, aber nicht überall ist der Grund unrein. Der Fahrweg Rosas-Cadaques führt am Scheitel beider Buchten vorbei.

An die breite Sandbucht schließt sich nach Süden zu Felsküste an. Eine sehr hübsche Huk ist da mit schattenspendenden Pinien drauf und einer Höhle darunter. Gleich an ihrer Südseite ist ein Kiesstrand, an dessen Seite große Felsbrocken liegen. Dieser Strand — der letzte größere vor Cabo Norfeo — liegt unter einer äußerst hohen, felsigen Abbruchkante. Zugänglich ist er gewiß nur von See aus. Für Camper müßten Huk und Strand eine sehr „urige" Stelle sein.

Die Südseite des Felsmassivs von Cabo Norfeo (Plan S. 92)

Von der Cala Pelosa bis Cabo Norfeo sind 1½ Kilometer sehr hohe, steile Felsküste von gigantischer Herbheit. Nichts Eindrucksvolleres gibt es, als ganz dicht unter dieser klippenfreien und gleich auf große Tiefe abfallenden, zerklüfteten Felswand entlang zu fahren. Praktisch ist diese Küste unzugänglich. Eine sägezahnartig in die Küste eingeschnittene kleine Felsbucht mit einer Art Tunnel oder Höhle am Ende (im Plan auf S. 92 unter Nr. 11) taugt wohl nur für kleine Boote mit Experimentierfreude.

Carall Bernat heißt die sehr hohe, steile Klippeninsel, die der Südostspitze des Felsmassivs von Cabo Norfeo vorgelagert ist (Plan S. 92, Nr. 10). Hinter dieser Insel und halbwegs unter den überhängenden Felswänden ist eine Einbuchtung, in welcher man überraschend stilles Wasser findet, so unruhig es sonst vor dem Kap auch oft ist. Die Bucht oder gigantische Halbhöhle hinter der Insel kann angelaufen werden, und zwar bei ruhigem Wasser und einiger Vorsicht auch von mittelgroßen Booten. Es ist wirklich ein unvergleichbarer Platz. Übrigens sind fast immer Angler oder Boote mit Sporttauchern unmittelbar bei oder in der Höhlenbucht (vgl. Abb. 2).

D. Das Revier um Puerto de la Escala

Einführung (Plan S. 127 und 159)

Dieser Küstenabschnitt umfaßt das lange, flache Sandufer des Golf von Rosas bis zum Beginn neuen Felsufers bei der Griechenstadt Ampurias. Er enthält die Buchten beim antiken Ampurias, die so typisch spanische Fischerbucht in dem Ort La Escala und dem kleinen, freundlichen Hafen von La Escala 3 Kilometer vom Ort. Schließlich die Küste bis zur großen Bucht Cala de Mongó, wo die Felsen dann wieder zu wirklich großartiger Höhe aufsteigen. Das Kapitel über die regionale Auswirkung des Tramontana (Seite 129 f) verdient gerade in diesem Küstenbereich besondere Beachtung.

Von Rosas zum Hafen von La Escala (Plan S. 127, 153 und 149)

Zwischen dem Hafen von Rosas und dem von La Escala liegen in Luftlinie 16 Kilometer. Fährt man dicht an der Küste entlang (und bei Tramontana-Situation sollte ein kleines Boot das tun) sind es 19 Kilometer. Von Ampuria-brava sind es 15 Kilometer bis La Escala-Hafen. Etwa auf halbem Wege, nämlich etwa 10 Kilometer von La Escala und 9 Kilometer von Rosas, mündet der Rio Fluviá, in den man mit Booten bis etwa 1 Meter Tiefgang einfahren kann. Bei Tramontana kann der Fluß für ein kleines Boot ein erwünschter Zufluchtsplatz sein. Bei stärkerem auflandigem Seegang rate ich ortsfremden, tiefgehenden Booten von der Einfahrt ab.

Das Hinterland ist auf dieser Strecke bis kurz vor La Escala vollkommen flach. Das Ufer ist eine Sandbarriere. Dahinter ist Lagunengebiet; im Südteil stehen auch Bäume. Es ist praktisch unbesiedeltes Ödland ohne Straße. So sind Orientierungspunkte spärlich.

In der Bai von Rosas läuft die 5-Meter-Linie etwa 200 Meter vom Ufer. Im Golf von Rosas, vor allem südlich von Ampuriabrava, ist die 5-Meter-Linie 500 bis 600 Meter vom Ufer entfernt. Bei auflandigem Seegang (und der ist nicht so selten, weil der Seegang in den Golf hinein umgelenkt wird) sollten auch kleine Boote die 5-Meter-Linie nicht unterschreiten, da der Seegang auf dem flacheren Grund steil aufläuft. Bei schwerem auflandigem Seegang brandet es schon 100 oder 300 Meter weit vom Ufer entfernt. Ich halte es für ausgeschlossen, dann ein kleines Boot heil durch die Brandung ans Ufer zu bringen. Es ist praktisch offene Seeküste, mag bei der guten Sicht auch alles noch so nahe aussehen.

Beschreibung der Küste (Plan S. 127)

Aus dem Hafen von Rosas kommend, passiert man die Hotels und Häuser des Ortes. Die flache Festung La Ciudadela ist wenig auffällig. Aber etwa 500 Meter südwärts stehen an der Küste vier große und breite, auffällige Appartementhäuser. Es sind die letzten großen Häuser von Rosas. Etwa 100 Meter südwestlich davon ist die Einfahrt von **Santa Margarita** (Seite 138). Von Santa Margarita gibt es in dem flachen Gelände 3 Kilometer weit keine besondere Landmarke mehr bis zu den Molen von **Ampuriabrava** (Seite 139). Die Mündung des Rio Salinas liegt etwa 100 Meter nordostwärts, ist aber fast immer durch Sand verschlossen. Südlich von Ampuriabrava gibt es zunächst keine Landmarken. Hinter dem hohen Sandufer ist flacher Bewuchs durch Schilf oder Gesträuch.

Etwa 5 Kilometer südlich von Ampuribrava mündet der **Rio Fluviá**. Steindämme sind da. Seine Mündung ist immer offen und hat etwa 1,5 Meter Wassertiefe. 3 Kilometer landein erreicht man **San Pedro de Pescador** (Seite 140). Etwa ½ Kilometer südlich der Flußmündung steht eine kleine weiße Hütte, etwa 1 Kilometer südlich ein weißes Gasthaus mit gewölbten Mauerbögen. Dies ist **Playa de San Pedro**. Von dort führt eine Straße nach San Pedro de Pescador. Ein Posten der Guardia Civil ist da. Im Inneren des Landes stehen etwa 1 Kilometer von der Küste etwa südwestlich des Gasthauses vier auffällige Hochhäuser, der Touristenplatz **Bon Relax**, eine nützliche und weit erkennbare Landmarke. Die Kirche von San Pedro de Pescador ist schlechter auszumachen. Peilt sie mit den Hochhäusern in Linie, so hat man eine gute Standlinie.

Von dem Gasthaus Playa de San Pedro bis zu dem Dorf **San Pedro de Ampurias**, der ersten Siedlung am Wasser, sind 6 Kilometer Distanz ohne Landmarke. Im Hinterland überwiegen jetzt Bäume. San Pedro de Ampurias ist ein kleines Dorf auf einem etwa 15 Meter hohen, 150 Meter großen Felsplateau am Wasser, die erste Erhebung an der bisher flachen Küste. Die auffällige Kirche sieht wie ein Wehrturm mit Schießscharten aus. Hier landeten vor 2500

Jahren griechische Schiffsbesatzungen und gründeten eine Siedlung, die Palaiopolis von Ampurias. Damals war das Felsplateau noch Insel. Später wurde von den Griechen am Festland eine ummauerte Stadt gebaut, die Neapolis von **Ampurias**. Auf dem flachen Hügel an Land stehen wie abgesägte Bäume die Säulen dieser griechischen und später römischen Stadt. Buchten sind davor, in denen man unmittelbar unter der antiken Stadt liegen kann (Plan S. 153). 2 Kilometer südöstlich liegt die dichte Häusermasse von La Escala. Besonders auffällig ist das 13 Stockwerke hohe, halbkreisförmige Hochhaus an der Ostseite des Ortes. In La Escala ist bei ruhigem Wetter sehr interessanter Liegeplatz mitten im Ort (die Fischerbucht von La Escala, Seite 150). Bei stärkerem auflandigem Seegang oder Tramontana läuft man an La Escala vorbei zum Puerto de La Escala (siehe unten). Er liegt im Südostteil der Bucht Cala de la Clota. (Text S. 158, Plan S. 159). Von La Escala aus erstreckt sich bergige und später hochfelsige Küste weiter nach Südosten. Die auffällige Huk ist Punta Trenca Brasos an der Seeseite des 104 Meter hohen, schon von sehr weitem sichtbaren Berges Mongó. Der breite Steinturm Torre Mongó auf diesem Berg prägt seine Silhouette.

Puerto de La Escala (Plan S. 149 und 159)

Der Hafen liegt an der Südwestseite der Bucht Cala de la Clota, 3 Straßenoder 1½ Bootskilometer vom Ort La Escala entfernt. Es ist ein kleiner, sehr ruhiger Hafen. Er dient nur für Sportboote und zahlreiche kleine Fischerboote, die nachts mit Lampen fischen. An den Stegen des Club Nautico können etwa 150 Boote liegen. Große Yachten finden Liegeplatz an der Mole. Der Hafen ist erst kürzlich erweitert worden und daher bei Fahrtenbooten noch wenig bekannt. — Unter jedem Gesichtspunkt ist der Hafen der Ausgangspunkt für alle Unternehmungen im Südteil des Golfes von Rosas.

In unmittelbarer Nähe des Hafens ist außer vier Appartementshäusern und einigen Villen keine Ortschaft. Man bekommt dort im Sommer aber Lebensmittel. Ein einfacher Campingplatz liegt direkt am Hafen. Einige Eigentümer der Appartementshäuser vermieten ihre Wohnungen während der Ferienzeit. Durch seine abseitige Lage ist Puerto de la Escala auch in der Ferienzeit ein ungewöhnlich stiller, freundlicher Platz.

Eignung als Standquartier für kleine Boote

Der Hafen ist gut und sicher. Der Club Nautico ist auf Ausländer eingestellt. Bisher gibt es Aufenthaltsraum, Stege und Kran. Wasch- und Duschraum sind in Bau. Der Hafen hat kaum Strand und keinen Badebetrieb. Dieses Abseitsliegen hat Vorzüge und Nachteile. Landschaftlich bieten der Hafen und seine unmittelbare Umgebung nichts Besonderes.

Das Fahrtrevier ist der Südteil des Golf von Rosas. Für ein kleines Boot kann die Wasserfläche schon etwas zu groß sein. Tramontana wirft kräftigen auflandigen Seegang auf, und an ein Auslaufen ist dann oft nicht zu denken. Die meisten Buchten der Küste sind dem Tramontana und seinem Seegang voll ausgesetzt. Die Buchten in unmittelbarer Nähe des Hafens sind auch nicht besonders schön.

Als Positives bleiben: die große Wasserfläche des Golfes, die antike Stadt Ampurias, das spanisch-typische La Escala und die sehr gigantische, aber doch bei manchen Wetterlagen schwer zugängliche Felsküste bis El Estartit. Ein robustes, maschinenstarkes Boot wird aus dem Revier vielleicht mehr herausholen können. Und vor allem die ruhige, touristenarme Lage des Hafens! Ich erwähne sie, weil sie weiter im Süden nicht mehr zu haben ist.

Anlagen des Hafens

Der Hafen hat eine Betonmole mit einer Kaje von etwa 150 Meter Länge. Sie wird durch eine Mole aus großen, unbehauenen Steinen um weitere 60 Meter verlängert. An der Betonkaje liegen die Fischerboote. Es ist schwer, dazwischen Platz zu finden. Etwa von der Mitte der Betonmole ab wird die Wassertiefe flacher als 1,5 Meter. Es liegen dann einzelne Steinklippen im Wasser. Loten hilft also wenig.

Die Steinmole, welche die Betonmole verlängert, ist der Platz für große Yachten oder Boote, die nicht an den Stegen des Club Nautico liegen. Auch in der Ferienzeit war dort bisher immer Platz. Auf den ersten Blick sieht es an dieser Mole aus riesigen

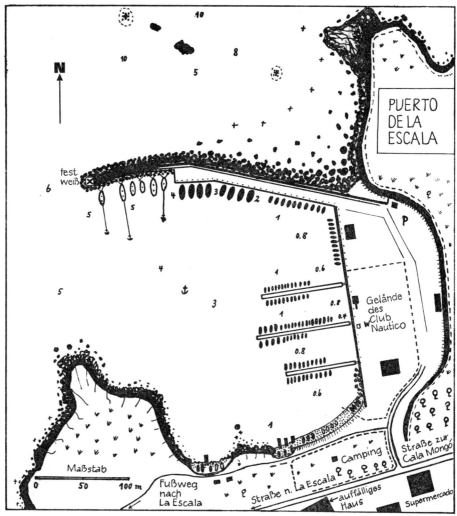

Hafen von La Escala.

Steinblöcken unfreundlich aus. Aber eigentlich ist es ein recht schöner Platz. Man liegt fast wie hinter einer Insel und überblickt landwärts den ganzen Hafen und von der Steinmole aus das Meer, ohne durch eine Betonmauer von der kühlenden Brise und der Sicht abgesperrt zu sein.

Man liegt dort bei jedem Wetter sicher und meist ruhiger als die Boote beim Club Nautico. Man macht mit Buganker und Heckleinen fest (oder umgekehrt). Wohl immer ist das direkte Übersteigen vom Boot auf die Steine möglich. An mehreren Steinen sind Vorkehrungen zum Belegen von Leinen vorhanden. Wo nicht, belegt man die Leinen um passende Steinspitzen Die Wassertiefe ist 4 bis 6 Meter. Der Ankergrund ist wegen Pflanzenbewuchs nicht der Allerbeste. Man muß prüfen, ob der Anker wirklich gegriffen hat.

Im Innern des Hafens liegt eine etwa 200 Meter lange B e t o n k a j e. Ihre Nordhälfte gehört kleineren Fischerbooten, ihre Südhälfte dem Club Nautico. Vom Club sind drei etwa 60 Meter lange Schwimmstege ausgelegt. Daran liegen kleine und am Kopf der Stege auch mittelgroße Boote. Die Wassertiefe ist sehr ungleichmäßig. Am Kopf der Schwimmstege habe ich 1,5 bis 2 Meter gelotet. Landwärts nimmt sie unregelmäßig bis auf etwa 0,5 Meter ab. Starke Sprünge sind in der Wassertiefe. Vor den Schwimmstegen liegen meist drei oder vier

Festmachetonnen. Auf der Kaje ist ein moderner Kran. Es gibt reichlich Abstellplatz für Trailer und Boote sowie Parkraum.

Die Südseite des Hafens ist das natürliche Ufer der Bucht. Dort sind Fischerboote und Sportboote auf den Sand geholt. Nur ein kleiner Teil dieses Strandes gehört dem Club, der übrige ist frei. Die Fischer haben dort ein paar kurze Anleger aus Beton.

Schutz bei stürmischem Wetter

Puerto de la Escala ist ein guter Hafen für jedes Wetter. Einige Sportboote überwintern hinter der Steinmole. Bei stürmischem Tramontana weht allerdings Wasserstaub und manchmal auch etwas Gischt über die Mole, und das Boot ist hinterher voll Salz. Aber sonst geschieht nichts. Bei Sturm aus Ost läuft Schwell quer zur Mole, aber weniger, als in vielen anderen Häfen. Elastische, lang belegte und starke Vorleinen sind dann wichtig. Boote dicht an der Spitze der Steinschüttung liegen besser als weiter am Ostteil der Steinschüttung.

Praktische Hinweise

Tankstelle ist nicht am Hafen. Wasser gibt es am mittleren Steg. Lebensmittel sind im Sommer bei den großen Appartementshäusern zu haben. Sonst in La Escala. Ein Campingplatz ist am Hafen. Bescheidene Einrichtung, aber günstige Lage zum Wasser. — Geht man zu Fuß nach La Escala, so kann man den Weg etwas abkürzen, wenn man statt der Straße den Fußpfad am Hafen entlang nimmt. Hotels in unmittelbarer Hafennähe habe ich nicht gesehen, wohl aber auf halbem Weg nach Escala. Ein kleine Segelschule betreibt ein Engländer.

Ansteuerung

Das Anlaufen des Hafens ist leicht. Man muß nur wissen, daß den beiden Klippeninseln, die nordwärts von der Hafenmole gut sichtbar liegen, eine blinde Klippe etwa 40 Meter westnordwestwärts vorgelagert ist (siehe Hafenplan). Man ist von dieser blinden Klippe mit großer Distanz frei, wenn man die Molenspitze mit dem sehr auffälligen, 7-stöckigen Appartementshaus in Linie hält (Abb. 14). Als Ortskundiger kann man auch landwärts von den drei Klippen passieren.

Auf der Molenspitze steht auf niedrigem Dreibein ein kräftiges Hafenfeuer. Es war 1969/70 abweichend vom Leuchtfeuerverzeichnis fest weiß (Vorsicht! nicht mit Lampenfischer verwechseln).

Der Ort La Escala (Plan S. 127, 153 und 151)

Rund 3000 Einwohner hat La Escala. Im Sommer gibt es dazu die Touristen. Aber das Bild des Ortes wird nicht von ihnen geprägt. Es ist noch viel „Spanien" hier zu sehen.

Direkt im Ort La Escala gibt es keinen sicheren Hafen. Wohl aber eine Bucht, in der kleine Boote auf den Strand verholen oder an einer kleinen Kaje liegen können. Tiefgehende Boote ankern. Drei Tage habe ich mit meinem großen Boot in dieser Fischerbucht gelegen; fast in der Mitte des Ortes mit seinem lebhaften Getriebe und seinem Fischerstrand. Zu meinen schönsten Erinnerungen gehört das Bild, wenn abends im Dunkeln, gegen 9 oder 10 Uhr, die Lampenfischer ihre Boote vom Strand ins Wasser holen und zum Fang ausfahren. Immer ein großes, unglaublich breites Boot mit den Netzen und ein kleines Boot mit den Lampen. Das Knarren der schweren Blöcke, die fremdartigen Rufe, die Gestalten, die von den hellen Lampen halb angeleuchtet, halb im Dunkeln hantieren, das Arbeiten mit den langen und schweren Riemen, der von hellen Lampen erleuchtete Meeresboden — all dies ist so unglaublich reich an Atmosphäre!

Morgens gegen 7 Uhr kehren dann die Fischer zurück. Gelegentlich geschieht es, daß ihnen ein Thunfisch ins Netz geraten ist und erlegt werden konnte, statt nur das Netz zu zerreißen. Das ist dann ein wahrhaft riesiges Stück Fisch! Drei Meter lang, ganz Jagdmaschine, nur Muskeln und Magen. Die Ärmeren des Ortes sind dann an der Fischerbucht. Und keiner geht ohne einen Teil an der Beute. Es gibt viele sehr menschliche Züge in diesem Spanien. Um 8 Uhr sind die Fischerboote wieder auf dem Strand, die kleine Kaje ist leer, und die

*Die Fischerbucht
in La Escala.*

Fischer sind zum Schlafen gegangen. Leider ist diese Fischerbucht kein absolut sicherer Liegeplatz (siehe unten).

Knapp 2 Kilometer von La Escala liegt die griechisch-römische Ruinenstadt Ampurias.

Die Fischerbucht in La Escala (Plan S. 151 und 153)

An der Nordseite des Ortes La Escala liegen zwei Buchten. Die ostwärtige ist kleiner, hat etwas Strand mit Booten darauf und kleinen Kajen. Aber man soll diese Ostbucht nie anlaufen! Bei Dünung oder mäßiger Windsee entwickeln sich dort im Nu Sog und Kabbelsee. Schon bei mäßig schlechtem Wetter ist diese Bucht ein Hexenkessel.

Die westliche der beiden Buchten ist die eigentliche Fischerbucht. Sie liegt mitten im Ort. An zwei Seiten sind Häuser, an der dritten der Strand mit den Fischerbooten. Die vierte Seite ist der Golf von Rosas mit den hohen Pyrenäenzügen im Hintergrund. Eine ziemliche große Klippen-

151

insel liegt seitlich vor der Bucht und gibt etwas Schutz. Diese Bucht ist ein überaus schöner Liegeplatz. Ein Jammer, daß man sie zuweilen Seeganges wegen verlassen muß.

Kajen und Ankerplätze

Einzelheiten zeigt der Plan auf S. 151. An der etwa 50 Meter langen, niedrigen Kaje sind nur 30 bis 50 Zentimeter Wassertiefe. 1 bis 2 Meter vor der Kaje ist es ein wenig tiefer. Das tiefste Wasser findet man vor der kleinen Kaje, die vom Fischerstrand aus vorspringt. Hier nimmt die Wassertiefe rasch zu. So können hier oft sogar Kielyachten mit Heckanker und Bugleinen liegen.

Beim Ankern in der Bucht ist auf zwei Dinge zu achten: Man darf den Fischern nicht im Wege liegen und man muß von den Steinen freibleiben, die an der Westseite der Bucht unter Wasser sind. Ihre ungefähre Lage zeigt der Plan. Aus beiden Gründen kann man ein Boot also nicht frei schwoien lassen. Man legt es mit dem Bug zur See vor reichlich Kette oder Leine und hält das Heck mit einem Heckanker zum Land. Damit liegt das Boot auch gegen Tramontana-Seegang günstig. Man soll möglichst weit an der Westseite ankern, damit die Fischer Platz behalten. Der Haltegrund ist gut. Ein Ankerlicht sollte man setzen.

Wann kann man in der Fischerbucht liegen?

Wenn ein Boot in der Bucht vor Anker liegt, ist es wesentlich unempfindlicher gegen Wind oder See. Dagegen läuft auf dem flachen Grund vor den Kajen Seegang rasch steil auf. Stärkerer Seegang brandet an der Kaje entlang. Herbstliche Sturmsee brandet schlicht über die ganze Kaje hinweg, und Gischt weht dann über den Autoparkplatz. Die kritische Richtung des Seeganges ist NW bis Ost.

In den drei Hochsommermonaten sollte ein gut vor Anker gelegtes Boot wohl vor keinem Wetter Sorge haben müssen. An den Kajen werden Boote an 2 oder 3 Tagen pro Monat (nämlich bei Tramontana) nicht liegen können. Man holt sie auf den Strand oder verholt sie zum Hafen von La Escala. Am Rande der Sommersaison soll man Boote an den Kajen nur zeitweilig festmachen. Ein vor Anker liegendes Boot sollte den Platz verlassen, wenn Tramontana angekündigt ist oder zunehmende Dünung aus Nordost oder Ost einläuft. Am zuverlässigsten liegt man, solange Südwind weht. Im Winterhalbjahr sollte ein Boot an den Kajen nie ohne Aufsicht liegen. Ankern würde ich dann nur, solange Südwindlage ist. Natürlich folgt Tramontana nach. Dann muß man rechtzeitig im Hafen von La Escala sein. — Nützlich ist vielleicht folgende Regel: Wenn die Fischer ihre Boote von der Kaje weg auf den Strand holen, dann soll man zum Übernachten die 2 Kilometer zum Hafen von La Escala fahren. — Am besten sind, wie immer, Boote dran, die sich auf den Strand verholen können.

„Club Nautico" de Ampurias (Plan S. 153)

Gegründet wurde er durch griechische Kleinbootfahrer etwa im Jahre 575 vor Christi. Sie kamen aus Phokaia in Kleinasien, also auch ziemlich weit her, hatten in Rosas Station gemacht (da gab es bereits einen griechischen „Club Nautico", leider weiß man nicht genau, an welcher Stelle). Dann waren sie die Sandküste am Golf von Rosas entlanggefahren. Und hinter der etwa 150 Meter großen Felsinsel, die als erste Erhebung dicht vor dem hier schon wieder etwas höheren Festland lag, waren sie des Ruderns leid, fanden auch an der Südseite der Insel geschützten Sandstrand. Dort holten sie die Boote an Land, blieben da, nannten die Insel Emporion und begannen Handel mit den Landesbewohnern, den Iberern, wobei sich die Insellage als ganz nützlich erwies. Sie brauchten an der Steilwand der Felsinsel nur an wenigen Stellen Mauern zu bauen, und das taten sie denn. Die Mauern sind freigelegt. Die Archäologen nennen diese älteste griechische Stadt die Palaiopolis von Ampurias (siehe Plan). Auf den Mauern des Tempels steht heute die christliche Kirche. Ein kleines spanisches Dorf ist jetzt auf der früheren Insel. Man sollte hingehen.

Später dehnten die Griechen ihre Siedlung auf das Festland aus. Sie besetzten das erhöhte Ufer 300 Meter von der Insel entfernt. Und da sie viele begehrte Dinge in ihren Warenlagern hatten, die die Iberer lieber geplündert als gekauft hätten, bauten die Griechen sehr starke Mauern um ihre neue Stadt auf dem Festland. Mörtel gab es nicht. Damit die Mauern hielten, mußten sie also

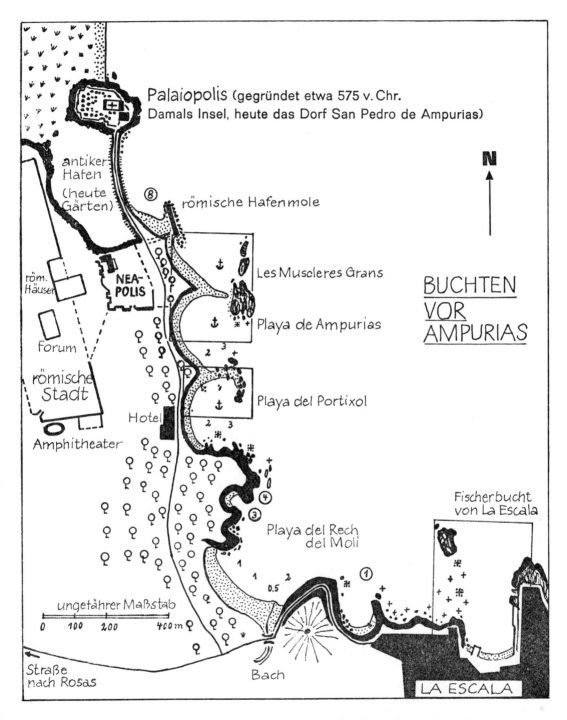

Palaiopolis (gegründet etwa 575 v. Chr.
Damals Insel, heute das Dorf San Pedro de Ampurias)

antiker Hafen (heute Gärten)

⑧ römische Hafenmole

röm. Häuser

NEA-POLIS

Les Muscleres Grans

Forum

Playa de Ampurias

römische Stadt

Playa del Portixol

Amphitheater

Hotel

Playa del Rech del Moli

BUCHTEN VOR AMPURIAS

Fischerbucht von La Escala

ungefährer Maßstab

0   100   200   400 m

Straße nach Rosas

Bach

LA ESCALA

Plan der Buchten zwischen La Escala und der griechisch-römischen Ruinenstadt Ampurias.
Einige Angaben über die Lage der drei antiken Städte sind in den Plan eingefügt. Über die
Möglichkeiten, dort zu ankern oder festzumachen, berichten der Text und die beiden Spezial-
pläne.

aus möglichst großen, möglichst schweren Steinen errichtet werden, die durch
ihr Gewicht unverrückbar waren. Das Löwentor im griechischen Mykene ist
ein bekanntes Beispiel dieser Zyklopenmauern, Tarragona, Sagunt und eben
Ampurias sind es in Spanien. Nur ein einziges Tor hatte diese neue Stadt,
die Neapolis. Kaum 200 Meter ist sie lang, etwa 150 Meter breit. Wie klein
war das alles! Wie klein die Handwerkshäuschen (vorn der Arbeitsraum,
hinten der Schlafraum, wie in Marrokko noch heute). Wie klein die Tempelchen des Asklepios und der Hygieia (allerdings war der Haupttempel auf der
Insel). Wie klein die Agora, wo man zusammenkam und Klönschnack hielt.
Zwischen der alten Stadt auf der Insel und der Neapolis auf dem Festland
lag die Hafenbucht. Heute ist sie mit ganz niedrigem Schwemmland aufgefüllt
und die Insel ist ein Teil der langsam vorgewanderten Küste geworden.
Dann vergingen die Jahrhunderte. Zu der einen Weltmacht Carthago kam
eine neue, Rom. Die Carthager besetzten Teile Spaniens. Ampurias verbün-
dete sich (ebenso wie Sagunt) mit Rom. Sagunt wurde von den Carthagern
erobert, und die iberischen Einwohner von Sagunt stürzten sich mit Frauen
und Kindern in die selbst bereiteten Scheiterhaufen. Dann beschlossen die
Römer, Spanien zu erobern. Ampurias war ihr erster Stützpunkt. Der Censor
Cato („ceterum censeo . . .") landete hier mit einem Heer. Später war Ampurias, bis Tarragonas Mauern standen, Stützpunkt und Winterlager der
Scipionen. Etwas landeinwärts von der griechischen Stadt bauten die Römer
eine neue, größere Stadt. (Nur Teile davon sind bisher ausgegraben worden.
Im Wesentlichen zwei reiche Villenhäuser, das Forum und die Arena).
Dann vergingen wieder Jahrhunderte. Die Einwohner rissen die Mauern um
die Stadt nieder, weil man in der Zeit des Friedens keine rechte Notwendig-
keit mehr sah, mal wieder Mauern zu brauchen. So wurde die Stadt leichte
Beute der Germanenzüge. Sie blieb, dürftig und armselig, noch einige Jahrhunderte lang bewohnt. Dann zerstörten Normannen, also Wikinger, den
Rest. Der Tramontana wehte Sand über die Trümmer. Die Stadt wurde vergessen. — Aus den Dünen hat man sie in den letzten 70 Jahren wieder ausgegraben. Das sind die Zeitläufe.

Für die Archäologen hat Ampurias eine sehr große Bedeutung. Hier sind Gefäße und Gegenstände der Griechen, deren Alter man sehr gut kennt, in den verschiedenen Schichten des
Bodens gemeinsam mit Gegenständen der einsässigen iberischen Bevölkerung gefunden worden. So konnte man aus dem gemeinsamen Vorkommen gut datierbarer griechischer
Gegenstände in gleichen Schichten wie die iberischen Funde das unbekannte Alter der
iberischen Gegenstände ermitteln. Aus diesem Grunde ist über Ampurias eine sehr große
wissenschaftliche Fachliteratur entstanden. Und in der Tat stammt fast alles Wissen über die
Vorgeschichte Spaniens und vieles über die Carthagische Welt aus den Funden von Ampurias.
Interessant sind die Ausgrabungen auch dem nicht „vorbelasteten" Besucher. Aber man muß
schon ein wenig Interesse aufbringen, wenn sich die Mauerreste mit Leben füllen sollen und
vor dem geistigen Auge ein Bild der Lebensweise dieser Zeiten entstehen soll. Im
Museumsgebäude gibt es ein nicht teueres, kleines Büchlein über Ampurias. Dies und ein
halber oder ganzer Tag konzentrierter Tätigkeit, den Spuren nachzugehen, lassen sowohl
die griechische Stadt vor allem die beiden vornehmen römischen Häuser vor dem inneren
Auge vollständig erstehen. Man sieht den Raum vor sich, wo die Familie schlief, den großen
Empfangsraum, in dem der Herr des Hauses auf seinem Ruhebett liegend seine Klienten
empfing, seine Bäder, die Räume für die Frau und die Kinder, für Vorräte und Personal.
Auch die kleine griechische Stadt Neapolis mit ihren Handwerkerhäuschen, der Agora und
die kleinen bescheidenen Tempel (Kapellen würden wir sie nennen), all dies erwacht dann zu
Leben. Nur braucht das etwas Mühe, Liebe und Geduld.

Eindrucksvoll ist die von den Römern für ihre Kriegsgaleeren und schweren Handelsschiffe gebaute Mole (Abb. 12). Diese Schiffe konnte man nicht mehr aufs Ufer ziehen, und gleich damit begann der Ärger mit den Häfen. — Heute steht die Mole halb auf dem Trockenen, weil der Hafen versandet ist. Wie ja auch die erste Griechenstadt, das heutige Dorf San Pedro di Ampurias, keine Insel mehr ist. — Aber ein flachgehendes Sportboot kann auch heute noch hinter der hohen römischen Mole liegen, dort, wo früher die Hafenkneipen waren.

Die Buchten vor Ampurias   (Plan S. 153, 156 und 157)

Zwischen La Escala und Ampurias liegen mehrere Buchten an der Küste. Meine besondere Liebe gehört den beiden Buchten direkt unter der antiken Stadt.

Für ein Boot auf Wanderfahrt sind sie einen Aufenthalt wert. Eine Vollmondnacht auf römischen Mosaiken verträumt, wo gibt es das sonst? Es geht aber nur, wenn man auf dem Boot lebt. Camping ist ausdrücklich untersagt.

Die Buchten sind nützlich, um in Ruhe die Ruinenstädte zu durchstöbern. Beliebte Badebuchten sind es außerdem. Playa de Portitxols mit seinem Hotel kommt auch als S t a n d q u a r t i e r infrage. — Verleiden kann einem den Aufenthalt starker auflandiger Seegang aus östlicher Richtung. Im Sommer ist das selten.

Beschreibung der Buchten
Die Beschreibung geht von La Escala in Richtung auf Ampurias. Die F i s c h e r b u c h t v o n L a E s c a l a ist schon beschrieben worden (Seite 151). Die große Klippeninsel vor dieser Bucht würde ich als Ortsfremder mit einem auch nur leidlich schweren Boot unbedingt seewärts runden. — Auf mittelhoher, felsiger und klippenreicher Küste folgen nach Westen zu die Häuser von La Escala. Wo die Häuser enden, liegt eine B u c h t. Sie ist im Plan mit „1" markiert. — An der Ostseite hat sie Kiesstrand. Viele Fischerboote liegen dort auf dem Strand. Die Huken sind unrein (blinde Klippe, siehe Plan S. 153, Nr. 1). An der Westseite der Bucht sind große Steine und dann Geröllstrand. Aber die Bucht ist bei Seegang aus Ost wesentlich geschützer als die Fischerbucht von La Escala. Es kann nützlich sein, dies zu wissen.

Playa del Rech del Moli   (Plan S. 153)

Diese schöne Badebucht hat einen etwa 200 Meter breiten Strand. Sie sieht sehr geschützt aus, sollte aber bei stärkerem auflandigem Seegang n i c h t aufgesucht oder wieder verlassen werden. Es mündet ein Bach dort, und der Grund ist ungleichmäßig und oft flach. Stärkerer Seegang läuft dort steil auf oder brandet. Tiefgehende Yachten müssen darauf achten, genug Wasser unter dem Kiel zu behalten.

Die felsige N o r d h u k von Playa Rech del Moli war die Nekropolis, der Friedhof der antiken Stadt. Er ist durchforscht. Zu sehen ist hier nichts mehr. Unter der Nekropolis ist eine kleine felsige Einbuchtung (im Plan mit „3" bezeichnet). Sie taugt für mittlere Boote und vielleicht auch für kleine Yachten und ist recht geschützt.

Für z e i t w e i l i g e s L i e g e n ist eine interessante Stelle h i n t e r d e n K l i p p e n i n s e l n (im Plan „4"). Zwischen den Klippeninseln und dem Festland ist etwa 15 Meter Platz, genug, dazwischen das Boot festzumachen. Hinter den Klippeninseln ist eine Höhle, die tief ins Land reicht. Leider war ich nicht drin.

Playa de Portitxol   (Plan S. 153 und 156)

Dies ist eine der Buchten, die zum Ankern oder Festmachen für den Besuch von Ampurias infrage kommt. Man kann die Bucht auch mit großen Yachten anlaufen, doch ist die nördlich liegende Bucht geräumiger. Dafür liegt man hier nach meinem Empfinden irgendwie intimer. Mit einem kleinen oder mit-

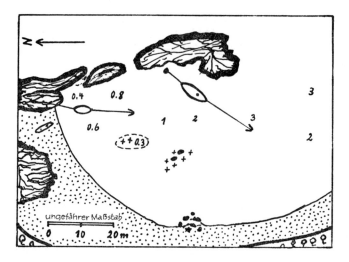

Playa de Portixol vor Ampurias. Die Skizze zeigt den Nordteil der Bucht, der durch die Kette der Klippeninseln Les Muscleres Grandes geschützt wird. Im Plan sind zwei Möglichkeiten angegeben, Boote oder mittelgroße Yachten dort festzumachen.

telgroßen Boot würde ich wohl zuerst hier einen Platz suchen. Der Sand in der Nordseite der Bucht ist, wie die Skizze zeigt, unrein.

Im Innern der Bucht steht hinter dem Strand das weiße „Hotel Ampurias". In der Südseite der Bucht ist ziemlich dicht unter dem Ufer und eigentlich weit aus dem Weg eine blinde Klippe (siehe Plan). An der Nordseite liegt eine Kette von Klippeninseln vor der Bucht. Sie ist schmal und lang wie ein Südseeatoll. Ich würde ein Boot hinter dieser Klippenkette festmachen, wie die Skizze zeigt. Wenn es der Tiefgang und die Größe des Bootes erlauben, lieber im inneren Winkel der Bucht.

Denn von der äußeren (südlichen) Klippeninsel kommt man nicht trockenen Fußes an Land. An dieser südlichen Klippeninsel bietet sich ein kleiner Klippenstummel wie ein Poller zum Festmachen an. Das in der Skizze gezeichnete südwärts liegende Boot hat seine Heckleine dort. Bei Tramontana werden die Boote hier zwar unruhig liegen, aber wenn zuverlässige Leinen gut belegt sind, sehe ich keinen Grund, sich Sorgen zu machen.

Playa de Ampurias (Plan S. 153 und 157)

Diese Bucht ist größer als die Bucht Playa de Portitxol. Sie mag in Nord-Süd-Richtung fast 200 Meter messen und von den Klippeninseln zum Strand 150 Meter. Selbst für eine große Yacht ist genug Platz. Genau hinter dieser Bucht ist der Eingang zu der Ruinenstadt. Die Bucht wird von einem recht ausgedehnten Paket von Klippeninseln geschützt. Les Muscleres Grans nennen es die Fischer.

Die Einfahrt in die Bucht ist an beiden Huken nicht sauber (siehe Pläne). Es bleibt aber reichlich genug Einfahrtsbreite übrig. Eine Klippe mit etwa 1 Meter Wasser darüber liegt etwa 25 Meter vor der Südhuk. An der Nordseite sind zwei blinde Klippen (eine davon mit der Spitze meist sichtbar) ebenfalls etwa 25 Meter von der Huk entfernt. Man soll also etwa die Mitte der Einfahrt nehmen. Innen ist die Bucht viel sauberer als Playa de Portixol.

Als ich das erste Mal dort war, war es Mitte November. Wir waren sehr erpicht auf Ampurias, die erste Griechenstadt, die wir im Mittelmeer sahen! Wir hatten die genaueste französische Seekarte, die es gibt, und in der waren (wie es bei dem Maßstab ja nicht anders geht) kleine Unregelmäßigkeiten in der sonst glatten Küstenlinie alles, was auf die Buchten hinwies. Wir hatten uns hineingelotet und bei Flaute innen frei geankert. Gerade eine Stunde waren wir in den Ausgrabungsfeldern, als Tramontana aufkam, und zwar tüchtiger. Also erfolgte unter allgemeiner Trauer eiligster Rückzug. Das Boot hatte geschwoit, lag nun mehr im Südteil der Bucht und damit genau vor der Öffnung zur See. In dem dort hereinstehenden Schwell stampfte es erheblich, so daß, zumal bei dem Winddruck, ein Ausbrechen des Ankers durchaus im Bereich des Möglichen lag. So ließen wir Ampurias sein, gingen ankerauf und liefen vor der Fock zum Hafen von La Escala. — Heute würde ich das Boot anders belegen, nämlich mit Leinen am Festland, und alles wäre in Ordnung.

Wenn man länger als nur für einen Badeaufenthalt in dieser Bucht mit ihrem schönen Strande ist, dann sollte man also das Boot mit einer oder zwei Heckleinen an die nordwärts gelegenen Klippen holen. Es bleibt denn auch bei Tramontana gut im Schutz der Klippeninseln.

Je kleiner und flachgehender ein Boot ist, desto tiefer kann man es in den Nordwinkel der Bucht legen. Die großen Steine bei der Klippeninsel geben gute Punkte zum Belegen der Leinen ab. Kleine Boote kann man auch ohne Anker zwischen zwei Klippen festmachen. Sollten alle Plätze bei den Klippen besetzt sein, dann würde ich den Hauptanker am Strand eingraben und das Schiff mit einem Heckanker am Schwoien hindern. Alle Möglichkeiten zeigt die Skizze.

Auf die Wassertiefen in der Skizze soll man sich nicht fest verlassen. Es ist Treibsand, und die Tiefe mag nach Stürmen wechseln. — Das Wichtigste ist das zuverlässige Festmachen nach Nordwest, denn der Winddruck bei Tramontana ist erheblich. Dann aber, denke ich, kann man das Boot mit gutem Gewissen alleine lassen und unbesorgt die Ruinenstädte durchstöbern. Ich habe die Buchten mehrfach auch bei stürmischem Herbsttramontana gesehen, und meine, daß ein Boot hier ungefährdet liegen kann. Wird es zu unkomfortabel für das Leben an Bord oder kommt grober Seegang aus Ost, so ist La Escala-Hafen nahe und gut erreichbar.

Die Bucht vor der römischen Mole

(Plan S. 153 und 157)

Ich nenne sie so, weil ich keinen Namen dafür erfahren konnte. Die Bucht liegt zwischen der römischen Mole und dem Nordteil der Klippeninseln Les Muscleres Grans. Das imposante 2000-jährige Bauwerk der Römer bestimmt das Bild der Bucht. Sie ist geräumig, hat schönen Sandstrand, aber ist nach Norden offen. Bei Tramontana stehen Wind und See voll herein. Kleine Boote bis etwa 0,4 Meter Tiegang und 2,5 Meter Breite können dann vorsichtig durch den Sund zwischen Klippeninseln und Sandzunge in die Südbucht bugsiert werden. Andere Boote müssen ankeraufgehen und den Platz wechseln. In der Bucht vor der römischen Mole liegt man jedoch bei Schwell von See oder bei starkem Südwind ruhiger.

Skizze der Nordseite der Bucht Playa de Ampurias und der Bucht vor der römischen Mole. Beide werden durch die ausgedehnten Klippeninseln Las Muscleres Grans geschützt. Der Plan gibt einige Möglichkiten an, Boote und Yachten dort festzumachen. Die Wassertiefen können sich nach Stürmen etwas verändern.

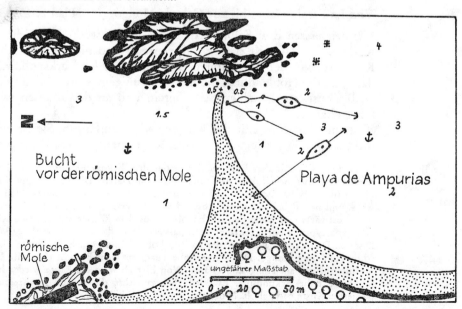

Als letztes sei noch erwähnt, daß kleine und mittlere Boote bei ruhigem Wetter auch d i r e k t im Schutz der römischen Mole festmachen können. An der Nordseite ist eine etwa 20 Meter tiefe Einbuchtung („8" im Plan). Wenn Wind oder Seegang aufkommt, muß man diesem Platz, der in erster Linie zum Photographieren tauglich ist, verlassen, denn er bietet kaum Schutz.

Von La Escala bis zum Hafen El Estartit   (Plan S. 127 und 159)

Dieser Küstenstrich ist felsig, arm an Stränden und geschützten Buchten und reich an Klippen. Hier muß die Regel beachtet werden, daß man sich nur außerhalb der 50-Meter-Distanz unbesorgt tummeln kann. — Die Küste ist anfangs recht flach. Erst in der Nähe des Mongó, des hohen Berges, der mit seinem Turm eine weithin sichtbare Landmarke bildet, wird die Küste hoch und nun wieder sehr eindrucksvoll.

Von der Fischerbucht zum Puerto de la Escala   (Plan S. 159 und 149)

Aus der Fischerbucht auslaufend, biegt man ostwärts. Man passiert die zerrissene Felshuk P u n t a d e C a s a G r a n. Ein weißes, etwa 2-stöckiges Restaurantgebäude steht etwas von der Felsspitze zurückgesetzt auf dieser Huk.
Südwärts öffnet sich die fast 1½ Kilometer breite und tiefe C a l a d e l a C l o t a. Ein breiter Strand mit sehr flachem Wasser davor ist in dieser Bucht. Im übrigen ist sie nahezu überall mit steinigem, sehr klippenreichen Felsufer umgeben. Man muß mit blinden Klippen bis 40 Meter vom Ufer entfernt rechnen. Schon bei leichtem Seegang sind die steinigen Ufer mit einem Boot schwer anzulaufen. Bei Starkwind steigt meterhohe Brandung hoch. Ein 13 Stockwerke hohes, halbrund gebautes H o c h h a u s an der Westseite dieser Bucht südlich von La Escala ist eine weithin sichbare Landmarke (Plan). In ihrem Südostteil liegt der Hafen P u e r t o d e l a E s c a l a.
Will man von La Escala aus P u e r t o d e l a E s c a l a ansteuern, so läuft man als Ortsfremder von der Huk Punta de Casa Gran am besten zunächst Südostkurs. Es kommt dann im Inneren der Bucht die Hafenmole in Sicht. Dahinter stehen einige hohe Häuser. Man bringt die Molenspitze und das 7-stöckige, breite, sehr auffällige Appartementhaus in Linie und läuft auf dieser Linie in den Hafen ein (Hafenbeschreibung Seite 148 f).

Von La Escala Hafen bis zur Cala de Mongó   Plan S. 159, 149 und 161

Mit den ersten drei Kilometern dieses Küstenstückes ist nicht viel Staat zu machen. Das Ufer ist steinig, klippenreich und nicht schön. Aber der letzte Kilometer vor der Cala Mongó ist wieder sehr eindrucksvoll. Mit das Tollste daran ist die Höhle, durch die man bei ruhigem Wetter, wenn das Boot nicht zu breit ist, an der einen Seite herein und an der anderen wieder herausfahren kann.
Bis zum Mongó ist mit der Küste wenig anzufangen. Sie ist auch eigentlich nicht schön. So verliert man nichts, wenn man größere Distanz von ihr hält.

Durchlaufende Fahrt

Wenn man sich mit den Buchten der ersten drei Kilometer nicht näher beschäftigen will, dann fahre man wie folgt: Auslaufen aus dem Hafen. Die drei Klippeninseln vor dem Hafen (die äußerste ist oft von Wasser bedeckt) rundet man seewärts. Man läuft dann ostwärts und hält dabei 100 Meter Abstand von der ersten Huk. Dann sieht man etwa 1 Kilometer ostwärts eine hohe Felsnadel 5 Meter aus dem Wasser ragen. Diese Klippennadel hat eine ganz typische Form (Skizze). Man passiert sie an der seewärtigen Seite in etwa 50 Meter Distanz. Danach hält man auf die nächste hohe Felshuk zu. Es ist Punta Grosa. Sie gehört schon zum Berg Mongó. Der breite, hohe Turm auf dem Berg ist eine gute Landmarke. Die Siedlungshäuser am Hang sind es auch. Von hier ab wird die Küste wieder hoch, schön und lohnt die nahe Erkundung. Es wird aber zunächst die genaue Beschreibung der bereits passierten Küste nachgeholt. Man kann sie auch überblättern.

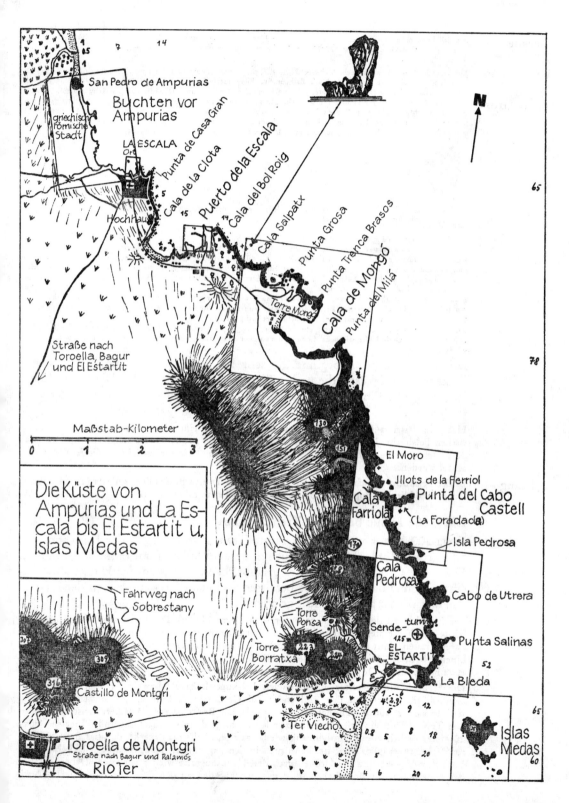

Die Küste von Ampurias und La Escala bis El Estartit u. Islas Medas

Genaue Küstenbeschreibung bis Punta Grosa

An sich kann man die Klippeninseln nördlich der Hafenmole von Puerto de La Escala auch landwärts passieren. Man hält sich dazu dicht, etwa 20 Meter, landwärts von der höchsten der Klippeninseln. Die Angler lieben diesen Platz.

Die erste Huk ist ziemlich flach. Mehrere flache Klippen liegen davor. Es folgt eine mäßig geschützte Bucht. Geröllstrand ist teilweise am Ufer. Nach flachem Steilhang erstreckt sich Wiesengelände dahinter. Es folgt eine weitere Huk und eine ähnlich geartete, aber noch offenere Einbuchtung. Danach wird das Ufer erheblich höher. Fast 300 Meter ostwärts von dieser Huk steht die schon erwähnte, steile, unverkennbar geformte Klippennadel im Wasser. Man kann mit Booten landwärts passieren, obwohl es dort einige flachere Stellen gibt. Boote mit mehr als 1 Meter Tiefgang sollten die Klippennadel, die eine prächtige Orientierungsmarke ist, besser seewärts runden. Eine blinde Klippe liegt etwa 15 Meter seewärts von der Klippennadel.

Die kleine, steile Klippeninsel, das natürliche Seezeichen vor der Cala de Salpatx.

Landwärts folgt wieder eine Einbuchtung (ab hier Plan S. 161). Die Küste ist hoch felsig. Am Ufer sind große Steine. Es ist hier schwer anzulanden in dieser Bucht. Eine kleine, aber steile Klippe steht vor der Huk. Die nächste Einbuchtung reicht ziemlich tief ins Land. Ihre Osthuk ist Punta Grosa. Eine Felsinsel steht in der Bucht. Häuser sind am Ufer. Diese Bucht mit ihrer Insel könnte sehr schön sein, wenn sie auch nur ein Stückchen Strand hätte. Es sind nur Felsbrocken und große Steine. Eine Kuriosität: Ein Wrack liegt am Fuße des Felsens. Ein kleines Frachtschiff oder großes Fischerboot. Nur die Seite schaut aus dem Wasser. Sporttaucher finden das Wrack sehr interessant. D i e I n s e l in der Bucht ist etwa 10 Meter hoch, steilwandig, nackter Fels. An sich ist sie hübsch, aber nur bei stillem Wasser zugänglich. Steht Seegang in die Bucht, so bietet sie keinen Seegangsschutz. Auch bei Tramontana darf man dort nicht bleiben.

An der Ostseite der Bucht ist zuerst ein flacherer, felsigklippenreicher Vorfuß: Dann beginnt hohe Felsküste. Die eigentliche Osthuk ist die sehr hohe P u n t a G r o s a. Hier vereinigen sich die beiden Beschreibungen wieder.

Bei P u n t a G r o s a beginnt die sehr hohe, steilwandige und äußerst eindrucksvolle Felsküste, die nach Süden bis El Estartit reicht. Die Cala Mongó ist eine große Einbuchtung darin. Eine große Höhle liegt noch vor der Cala de Mongó.

Hat man P u n t a G r o s a passiert, so steht man vor einer etwa 500 Meter breiten gigantischen Felsbucht. Ihre Osthuk ist Punta T r e n c a B r a s o s. In der sonst von mir bis etwa 20 Meter vom Fels klippenfrei gefundenen Bucht muß eine ausgedehnte blinde Klippe beachtet werden.

Achtung

In der Felsbucht zwischen Punta Grosa und Punta Trenca Brasos liegt südostwärts von Punta Grosa eine blinde Klippe 40 bis 50 Meter von der Felswand entfernt.

Die große Höhle bei Punta Trenca Brasos (Plan S. 161)

Etwa 200 Meter westlich von Punta Trenca Brasos ist in der Felswand eine sehr große Höhle. Man kann auch mit einem hohen Boot in sie hereinfahren. Wenn die Größe des Bootes es erlaubt, kann man von der Haupthöhle aus einen Tunnel unter dem Fels befahren und etwa 20 Meter neben der Haupteinfahrt wieder ans Tageslicht gelangen.

Die Einfahrt zu der Höhle liegt unter dem Torre Mongó. Da dieser aber dicht unter der Küste durch die steilen Felsen abgedeckt wird, kann man sich an einem kleinen, unscheinbaren grauen Haus orientieren, das hoch über der Haupteinfahrt zu der Höhle in den Fels hineingebaut ist. Die große gähnende Höhlenöffnung ist jedenfalls leicht zu finden. Ob es etwa hier war, wo Odysseus in die Unterwelt einfuhr?

Die Haupthöhle ist unter einer riesigen Felskuppel. Eine Abzweigung führt nach rechts ziemlich tief unter den Fels und endet auf Geröllstrand. Eine andere Abzweigung führt nach links. Sie läuft als Tunnel unter dem Fels. Die Breite ist etwa 3 Meter, meist aber mehr. Der Tunnel läuft ein Stück parallel zur Küste, biegt dann seewärts um und öffnet sich etwa 20 Meter östlich vom Haupteingang wieder zur See. Falls man merkt, daß das Boot für diesen Nebenausgang zu breit ist, kann man in den geräumigen Hauptraum zurückkehren, das Boot dort drehen und die Höhle durch den Hauptausgang wieder verlassen. Dabei läßt sich das Boot leicht mit Bootshaken oder mit den Händen an den Felswänden dirigieren. Nach

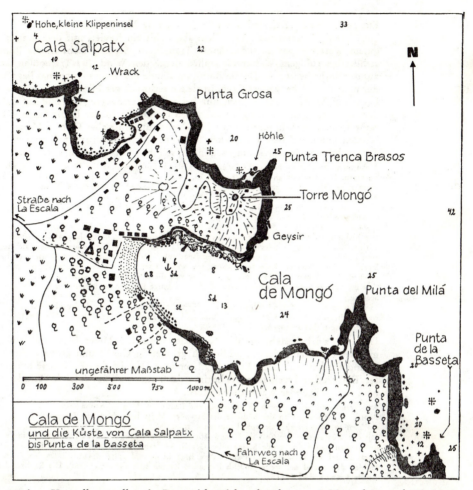

Cala de Mongó
und die Küste von Cala Salpatx
bis Punta de la Basseta

meiner Vorstellung sollte ein Boot nicht viel mehr als etwa 5 Meter lang und 2½ Meter breit sein, um die Passage durch den Nebenausgang zu machen. Um in die Haupthöhle einzulaufen, kann das Boot aber ein gutes Stück größer sein.

Dicht östlich dieser Höhle ist das hohe Kap Punta Trenca Brasos. Von hier läuft die Küste mehr südwärts gerichtet. Sehr steile, praktisch klippenfreie Felswand hat man zur Seite. Es ist eine ganz eigenartige Felsstruktur. So, als ob die sehr hohe Felswand aus einzelnen, grauen Steinen von Menschenhand hochgemauert wäre. Ein paar wenig klar ausgebildete Höhlen und Grotten sind da. Einen „Geysir" gibt es, aus dem bei starkem Seeschlag das Wasser im fauchenden Gischtstrahl nach oben herausschießt. Aber der funktioniert nur bei wirklich starkem Seegang, wie es ihn im Sommer kaum gibt. Ich habe ihn auch erst im letzten Herbst entdeckt. Danach öffnet sich hinter einer flachen Klippeninsel die Cala de Mongó.

Cala de Mongó   (Plan S. 159 und 161)

Rechnet man die Außenbucht ein, so ist die Cala de Mongó fast 1 Kilometer tief. Leidlichen Schutz hat man aber nur in der Innenbucht, die etwa 400 mal 400 Meter groß ist. Es gibt fast 200 Meter Sandstrand. Restaurants und kleine Hotels stehen am Strand, Campingplätze sind etwas entfernt in dem flachen, bewaldeten Tal, welches die Bucht fortsetzt. Einige Kleinboote sind auf den Strand geholt, 6 oder 8 liegen in der Ferienzeit vor dem Strand vor Grundgeschirr. Leider ist die Bucht kein begünstigtes Revier.

Ein gutes Standquartier scheint mir die Cala de Mongó nicht zu sein. Die Bucht als solche bietet wenig Interessantes. Vor allem aber fehlt ein Revier, mit dem man auch bei weniger gutem Wetter etwas anfangen kann. Tramontana-Seegang steht in die Bucht. Segelbooten stehlen bei ruhigem Wetter die hohen Berge den Wind. Bei Tramontana wehen Fallböen aus der Bucht heraus. — Da die Bucht am Rande des Touristenstromes liegt, und nach Süden nur noch Bergpfade weiterführen, ist sie ein recht ruhiger Platz.

Boote auf Wanderfahrt können nur bei Stille oder Seegang aus Süd auf ruhiges Wasser in der Bucht rechnen. Bei Seegang aus Nord bis Ost ist in der Bucht kaum ein Platz, an dem nicht Schwell stark hindert. Von wirklichem Nutzen ist aber Cala de Mongó, wenn man von Norden kommend hier auf starken Süd- oder Südostwind trifft. Bei stürmischem Ostwind, der gottlob im Sommer kaum vorkommt, soll man Cala de Mongó meiden.

Beschreibung der Ufer

Wenn man von Norden her in die Innenbucht einläuft, findet man an der Huk eine flache Klippeninsel ein Stück vorragen. Das Ufer ist an dieser Huk unrein. — An der Nordseite der Bucht bis etwa zum Strand bildet die eigenartige Felsstruktur zahlreiche waagerechte Stufen. Das schafft natürliche Kajen und zahlreiche kleine Einbuchtungen. Bei ruhigem Wasser ist diese Nordseite eine einzige Ansammlung idealer natürlicher Liegeplätze. Nur, leider, kann man sich nicht darauf verlassen, daß das Wasser ruhig bleibt. Bei Seegang sind diese kleinen Naturkajen heikle Plätze.

Etwa 200 Meter vom Strand entfernt springt eine Felszunge etwa 20 Meter vor. Sie ist mit Zement zu einer Art kleiner, recht flacher K a j e ausgebaut. Bei ruhigem Wasser liegen hier auch Kleinboote. Man muß aber wissen, daß bei Seegang Schwell starken Sog macht oder Seegang über diese kleine Kaje schwappt. Ich denke, man kann mit einem kleineren oder mittleren Boot auf Wanderfahrt bei ruhigem Wasser vor Buganker mit Heckleine an dieser kleinen Kaje festmachen. Ich würde aber den Anker weit auslegen und lange Achterleinen nehmen, so daß man das Boot mit dem Anker von dieser Klippenkaje mehrere Meter wegholen kann, um aus dem Bereich des Soges herauszukommen. — Es gibt einige Klippen im Bereich der kleinen Kaje, vor allem an der Seeseite.

In Richtung auf den Strand folgt dann eine kleine, ziemlich tiefe, aber leider klippenreiche Einbuchtung. Innen ist Geröllstrand, 2 oder 3 Meter breit, und teils von einem privaten kleinen Slip besetzt. Man kann mit der Einbuchtung nichts anfangen.

D e r S t r a n d besteht an der Nordseite etwa 150 Meter breit aus feinem Sand. Dann mischen sich Steine darein. Schließlich geht er in Geröll und große Steine über. Vor dem Strand wird es früh flach. Etwa 40 Meter vom Ufer ist die Wassertiefe nur noch etwa 1 Meter. Entsprechend weit seewärts beginnt dann auch steil auflaufende See oder Brandung. Man muß auf genügender Wassertiefe ankern.

Am Strand sind kleine Hotels, Restaurants und Pensionen. Man bekommt Wasser und Lebensmittel. Ein weißes Bootshaus (privat) ist an der Südseite des Strandes. Meist liegt dort eine Festmacheboje aus. Ist sie frei, wird ein Boot zur Wanderfahrt wohl benutzen dürfen.

Mit der S ü d s e i t e der Cala de Mongó läßt sich wenig anfangen. Es ist Fels- und Steinufer. Die flachen Einbuchtungen haben nur große Steine oder Geröll. — Nahe der Südhuk der Cala ist eine H ö h l e breit und ziemlich tief im Fels. Ein Klippeninselchen liegt klein und spitz davor. Einem Vergleich mit den anderen Höhlen dieser und der weiter südlich liegenden Region hält sie nicht stand. Die Südhuk der Cala de Mongó ist die P u n t a d e l M i l á.

Von Cala de Mongó bis Cala Furriola   (Plan S. 159 sowie 161 und 173)

Cala Furriola (Seite 175 f) ist ein schützender Felseinschnitt mit Strand landwärts der Iliots de la Ferriol und dicht nordwärts von dem auffällig vorragenden Cabo Castell. Von der Cala de Mongó bis zur Cala Furriola sind etwa 3 Kilometer zu fahren. Von dort bis zum Hafen El Estartit sind dann noch etwa 5 Kilometer Distanz.

Schon wenn man Punta del Milá, die Südhuk der Cala de Mongó passiert hat, ist die weit seewärts vorragende Punta de Cabo Castell in 3 Kilometer Distanz gut zu sehen (Skizze Seite 174). Bis dahin ist die Küste sehr hoch, überwiegend abweisend, aber landschaftlich über alle Maßen eindrucksvoll. Die Kenner der Küste Korsikas und Sardiniens sagen, genau so hoch, wild, unbewachsen und von der See zerschlagen sei es dort auch.

Die Kraterbucht

Etwa 100 Meter südwärts von P u n t a d e l M i l á liegt eine runde Felsbucht in der hohen Küste. Man kann sie mit einem Krater vergleichen. Ob hier einmal eine sehr große Höhle war, die von der See unterminiert, zusammengestürzt ist? Die Wände sind steil. Im Wasser sind riesenhafte Steine, aber tief.

Die Gralsburgbucht (Plan S. 161 und 159)

Südwärts von der Kraterbucht folgt eine flachere Einbuchtung der Küste. Sie ist etwa 800 Meter breit. Eine kleine Felsinsel liegt davor etwa 200 Meter weit seewärts. An der Nordseite dieser Bucht gibt es eine sehr auffällige Landmarke: Auf der hohen, aber unregelmäßig zerrissenen Küste ragt oben eine ganz steilwandige Felsbildung. Sie hat die Größe einer Ritterburg und ganz phantastische Formen. Da weder Seekarte noch Handbuch die Bucht nennen und auch mit den Fischern darüber nicht einig zu werden war, nenne ich sie die Gralsburgbucht. Punta de la Basseta begrenzt sie im Süden (Plan S. 161).

Die Gralsburgbucht zeichnet sich dadurch aus, daß an ihrem Ufer und teilweise auch weit seewärts Klippeninseln und Unterwasserklippen liegen. Hier muß man sich entscheiden, ob man die Bucht erkunden will oder ob man sie seewärts passiert. Sie lohnt das Erkunden, denn unter Land sind ein paar sehr schöne Stellen. Nur ist die Lage der Unterwasserhindernisse zu kompliziert, als daß ich sie genau beschreiben kann.

Passage seewärts: Merkzeichen dafür ist eine etwa 200 Meter von der Küste entfernt liegende kleine Klippeninsel. Sie ist etwa 10 Meter lang, 5 Meter hoch und liegt etwa 800 Meter südlich von Punta del Milá. Von der Nordseite dieser Insel muß man sich aber mindestens 150 Meter entfernt halten, denn etwa 100 Meter nordwärts von ihr liegt eine blinde Klippe. Manchmal ist ihre Spitze erkennbar.

Achtung **100 Meter nordwärts von der Klippeninsel, die 800 Meter südsüdostwärts von Punta del Milá liegt, ist eine Klippe.**

Hat man Klippe und Klippeninsel vor der Gralsburgbucht gerundet, so findet man südwärts von der etwa 300 Meter entfernt liegenden Huk an der Küste wieder sauberes Wasser bis dicht unter Land.

Im Inneren der Gralsburgbucht liegen am Felsufer zahlreiche Klippeninseln, kleine Einbuchtungen und Höhlenbildungen. Blinde Klippen sind spärlich, kommen aber vor. In dem klaren Wasser sind sie gut zu erkennen. Eine liegt zwischen der Südhuk der Gralsbucht und der Klippeninsel auf See. Von den vielen schönen Stellen ist besonders erwähnenswert die etwa 100 Meter lange Felsinsel, die nahe der Gralsburg ganz dicht an der Felsküste liegt. Zwischen ihr und dem Festland läuft ein Kanal, durch den man bei ruhigem Wasser passieren kann. Er ist an der schmalsten Stelle 4 bis 5 Meter breit, meist überaus tief und durch sein klares Wasser und die sauberen Unterwasserwände der Felsen schön zu erkunden, besonders für Taucher und Schnorchler. Im mittelsten Teil erweitert sich die Passage zu einem kleinen Naturhafen.

Südwärts der Gralsburgbucht ist die Küste wieder bis dicht an das Felsufer heran sauber. Sie ist etwa 1½ Kilometer lang buchtenlos und steigt steil zu immer größerer Höhe an. Aus 110 Meter Höhe fällt der Fels senkrecht oder sogar überhängend ab. Man sollte hier dicht an der Küste fahren. Es ist eine der eindrucksvollsten Steilküsten der Costa Brava.

Dicht südwärts von El Moro folgen die wunderschöne „Bucht der kleinen Höhlen", die Iliots de la Ferriol und die Cala Furriola. Diese und die Küste bis El Estartit werden auf Seite 167 genauer beschrieben.

E. El Estartit und sein Revier

Einführung (Plan S. 159)

Zum Revier um den Hafen El Estartit gehören der phantastisch geformte Inselarchipel der Islas Medas, der lange Sandstrand Playa de Pals und vor allem die eindrucksvoll-wilde Felsküste nordwärts vom Hafen. Es ist ein sehr vielseitiges Revier, wo das Liebliche und das Karge eng beieinander wohnen.

Hier wird zuerst El Estartit beschrieben. Ein freundlicher, kleiner Hafen, in den man (entgegen verbreiteter Meinung) auch mit tiefgehenden Booten und Yachten bis etwa 14 Meter Länge einlaufen kann. Danach die 8 Kilometer lange Küste, die ganz einsam und vom Menschen überhaupt noch nicht berührt ist und die so sehr an Korsika oder Sardinien erinnert; dieser wild-steile, vollkommen nackte Felsabbruch eines hohen Steinplateaus zwischen El Estartit und der Cala Mongó. Keine Straße läuft in diesem Gebiet, kein Haus steht an der Küste. Es ist „die absolute Landschaft". Etwas wie Ehrfurcht oder Andacht hat mich in diesem Stück menschenleerer Urwelt jedesmal überkommen.

Diese Felsküste ist unbedingt des Sehens und Erkundens wert, und zwar des genauesten Erkundens, denn ihre Schönheit liegt nicht allein im gigantischen Großen, sondern viel mehr noch in den Einzelheiten. Hier kann man wirklich noch Unbekanntes entdecken!

Einzelne der großen landschaftlichen Höhepunkte dieses Küstenstückes sind natürlich weit bekannt. Die Foradada, dieser schiffbare Felstunnel quer durch das Cabo Castell, ist auf Postkarten zu finden. Auch die Cala Pedrosa oder die Iliots de la Ferriol. Aber wer weiß schon von den „Covas", den Riesenhöhlen? Oder wer hat auch nur eine Ahnung davon, daß es außerdem sehr zahlreiche kleinere Höhlen gibt, die den Vergleich mit der Blauen Grotte in Capri nicht scheuen müssen, — aber noch viel bunter sind. Und vor allem ganz einsam! — Zu Land kann man nicht hin, also scheiden sie für den Normal-Touristen aus. Naturliebhaber unter den Wasserfahrern wissen davon, aber hüten ihr Geheimnis. Die Sporttaucher kennen sie wohl, aber die haben bei den Islas Medas so viel zu tun, daß sie seltener in diesen Teil der Küste kommen. Überhaupt ist dieses Küstenstück so reich an abenteuerlichen Stellen. Obwohl ich mich wochenlang hier mit meinem Dingi herumgetrieben habe, bei gutem und bei schlechtem Wetter, es gibt noch viele Felsgänge, Unterwasserhöhlen und Bergtäler, die ich noch nicht bis in den letzten Winkel kenne.

Die Steilküste ist fast überall bis dicht an den Fels klippenfrei. Es ist schön und über die Maßen eindrucksvoll, dicht unter der Felswand zu fahren. Ich wüßte nicht, warum man es nicht tun sollte. Nur eine Situation kenne ich, bei der die Küste unfreundlich ist, und das ist starke Dünung oder Seegang aus Ost oder Nordost. Im Sommer ist dies selten. In den anderen Jahreszeiten muß man damit rechnen.

Bei ruhigem Wasser geben zahlreiche kleine, felsige Einbuchtungen vielfältige Liegemöglichkeiten, und da die Küste recht einsam ist, braucht man sie fast nie mit anderen Booten zu teilen. Bei unruhigem Wasser ist die Zahl der geschützten Plätze kleiner. Bei starkem Seegang, wo ein kleines Boot Schutz sucht oder einfach nur ruhig liegen will, findet man auf der Strecke bis zum Hafen La Escala drei ganz gut **geschützte Plätze**:

Cala Pedrosa (3 Kilometer nördlich El Estartit),
Cala Furriola (5 Kilometer nördlich El Estartit)
und Cala de Mongó (8 Kilometer nördlich El Estartit).

Für ein **Boot auf Wanderfahrt** kommen diese Plätze im Sommer auch zum Übernachten infrage.

Noch ein Wort über schlechtes Wetter: Man muß wissen, daß diese steil auf große Tiefe abfallende Felsküste auflandigen Seegang nicht bricht, sondern reflektiert. Dann laufen zwei Wellenzüge durcheinander: der natürliche Seegang und der fast ebenso hohe reflektierte Seegang. Das führt zu einer sehr steilen Kreuzsee, einer Art von Seegangchaos.

Es ist recht unkomfortabel, darin zu fahren. Der Ausdruck „Hexenkessel" trifft für wirklich schweres Wetter wohl durchaus das Richtige. — Bei allem noch so hohen Seegang ist dabei unter der steilen Küste meist sehr wenig Wind. So ist der durcheinanderlaufende Seegang zwar steil und hoch, aber nie brandend und sehr selten brechend.

Ich war im Sommer und längere Zeit im Herbst an dieser Küstenstrecke und habe mit meinem Dingi dort viel bemerkenswert hohen Seegang abgeritten. Das Fahren in dieser Kreuzsee ist zwar widerlich dümpelig, aber ich habe mich immer wieder gewundert, wie gut ein kleines Boot damit fertig wird. Nur überladen darf es nicht sein.

Für Boote auf Wanderfahrt, die am Ende der Saison bei Tramontana nach Norden wollen, ist folgendes wichtig. El Estartit ist ein sehr geschützter Hafen. Man merkt erst nach Passieren der Huk La Bleda und von Punta Salinas, was wirklich los ist. Mit einem nicht für Seefahrt gebauten Boot, vor allem, wenn es wenig Freibord hat, drehe man dann lieber um. Es wird in Richtung auf Cala Mongó nicht besser, sondern eher noch ruppiger. Es nützt einem kleinen Boot auch nicht viel, zur Vermeidung der Kabbelsee weit von der Küste entfernt zu laufen. In 2 Kilometer Distanz ist es rauher als dicht unter der Küste, denn dort sind noch Wind und Windsee, von denen man unter der Küste abgedeckt ist.

Den großen Yachten allerdings sind die intimen Schönheiten dieser Küste verschlossen. Ich weiß zwischen El Estartit und der Cala de Mongó keine Bucht, wo man mit einem tiefgehenden Schiff von mehr als 15 Meter Länge gut liegen kann. Vor El Estartit oder in der Cala de Mongó ankern und mit dem Beiboot auf Entdeckungsfahrt gehen, das ist mit einem großen Boot der beste Weg.

Hafen El Estartit (Plan S. 166 und 169)

Der kleine Hafen von El Estartit ist gut geschützt und für Kleinboote ideal. Für Boote mit weniger als 70 Zentimeter Tiefgang gibt es keine Probleme. Einlaufen können aber auch Yachten von 2 Meter Tiefgang. Sie müssen sich sehr strikt in der tiefen Rinne halten. Nur für Yachten mit mehr als etwa 15 Meter Länge ist der Hafen zu klein. Solche großen Yachten ankern vor dem Hafen. Sie liegen dort — ausgenommen bei starkem Südwind und Ostwind — ebensogut wie innen.

El Estartit war ursprungs ein kleiner Fischerort. Wenn die vielen Touristen weg sind, ist er es auch heute. Die etwa 400 Einwohner leben von Ende Oktober bis zum April ihr Fischerleben, und der dann viel zu große Ort wirkt fast erschreckend ausgestorben. — El Estartit ist heute ein wichtiger Touristenplatz mit sehr vielen großen, modernen Appartementshäusern und Hotels.

Der kleine Hafen ist von der Natur sehr begünstigt. Er liegt unter der steilen Südwand des hohen Bergplateaus. Die bewaldeten, mit Villen bebauten Hänge fallen ganz steil zu dem Hafen ab. Wenn im Frühjahr oder Herbst starker Tramontana bläst, spürt man unter den hohen Hängen davon fast nichts. Die hoch-felsigen Islas Medas liegen vor dem Hafen. Tauchsport und Unterwasserjagd werden betrieben. Die Badegäste haben den langen Strand von Pals.

Ein Boot auf Wanderfahrt sollte El Estartit bestimmt besuchen. Es ist der Stützpunkt für die Fahrt an die Küste im Norden und zum Besuch der Islas Medas.

Das Fahrrevier El Estartit bietet ein schönes und begünstigtes Revier. Will man etwas weiter ausgreifen, so ist die unglaublich schöne „phantastische Küste" im Bereich der Cala di Aigua Blava (14 Kilometer südwärts) in durchaus noch erreichbarer Nähe. El Estartit liegt geschützter als das Revier der Bahia de Rosas. Und es ist, wenn man es so ausdrücken kann, familiärer: kleiner, aber persönlicher. Besonders die vielen Sporttaucher sind Sportsleute von Passion.

Mag auf den ersten Blick auch das Revier der Felsküste „spröde" erscheinen — man wird sich rasch darein verlieben. Von den Islas Medas schon gar nicht zu reden.

Als praktisch Tramontana-freies Gebiet ermöglicht das Revier von El Estartit auch leichten und sehr kleinen Booten volle Entfaltung. Nächst Rosas und vielleicht gleichrangig mit Palamós scheint es mir auch für Jollen einer der besten Plätze zu sein. Außerhalb der Sommermonate würde ich es Rosas für leichte Boote eindeutig vorziehen.

Eignung als Standquartier

Der Club Nautico hat an seinen 2 Stegen Platz für 160 kleine Boote. Wie ich hörte, soll der Liegeplatz für 1 Monat 3000 Peseten kosten, also rund 160 DM. Frühe Voranmeldung ist nötig. Man kann aber auch unabhängig vom Club im Hafengebiet seinen Platz finden — von den Booten, die sich einfach auf den langen Strand packen, gar nicht zu reden. Hotels gibt es in großer Zahl.

Der Hafen

Die sehr hohe Mole ist etwa 160 Meter lang. Etwa 95 Meter mißt die rechtwinklig zur Mole laufende Hafenkaje. Dort steht ein elektrischer Kran zum Einsetzen von Sportbooten. Im nordwestlichen Teil ist dieser Kaje etwas niedriger am Wasser eine hölzerne Plattform vorgebaut. Sie erleichtert den Zugang zu kleinen Booten. Im Sommer sind dort die Schwimmstege des Club Nautico. — Nach Westen zu folgt ein kurzes Stück Steinschüttung und dann der flache, lange Sandstrand.

Wassertiefe

Der größte Teil des Hafens von El Estartit ist sehr flach. An manchen Stellen bis 70 Zentimeter (vgl. Hafenplan). Es ist aber eine 3 bis 4 Meter tiefe Rinne entlang der Mole bis in den innersten Teil des Hafens gebaggert. Sie endet bei dem Kran. Sie ist etwa 25 bis 30 Meter breit, wovon etwa 15 Meter durch die an der Mole liegenden Boote eingenommen werden. Der Manövrierraum ist also nicht groß. Boote mit mehr als etwa 70 Zentimeter Tiefgang müssen sich strikt in dieser Rinne halten. Der Grund im Hafen ist Sand. Vereinzelt liegen aber Ankersteine auf den flachen Stellen! Auf diesen Kunstriffen kann es flacher als 60 Zentimeter sein! Man sieht sie aber in dem klaren Wasser.

Liegeplätze, Ankerplätze

Liegeplätze für **kleine Boote** sind an der Landmarke oder an den Schwimmstegen. Mittelgroße Boote liegen an der Innenkaje oder an der Mole. **Große Boote** an der Mole. Man liegt durchweg mit Buganker und Heckleinen. Dabei müssen Boote, die an der Mole in der Fahrrinne liegen, durch ein Gewicht (z. B. einen an der Leine hängenden Stein) die Ankerleine gleich hinter dem Boot tief ins Wasser ziehen, so daß andere Boote in der Fahr-

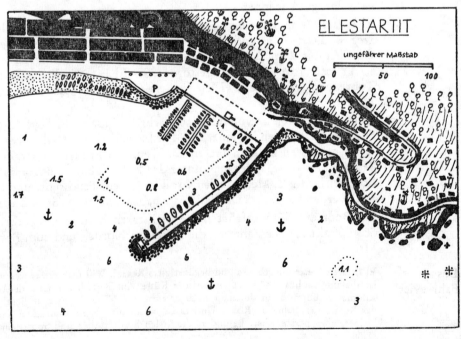

166

Die „gotische" Klippeninsel La Bleda mit der stumpfen kleinen Klippeninsel davor. Beide bilden Punta del Molinet, die Huk von El Estartit. La Bleda aus 150 Meter Distanz von Südwesten gesehen.

rinne darüber hinwegfahren können, ohne mit der Leine unklar zu kommen. Eine Ankerkette darf nicht zu stark durchgesetzt werden.

Ankern Große Yachten, d. h. tiefgehende und dabei lange Boote, werden es im Sommer manchmal vorziehen, kurzerhand vor dem Hafen zu ankern. Dies kann man auch ohne weiteres tun, ausgenommen, es weht ungewöhnlicherweise einmal starker Wind aus Süd oder Südost. Die wichtigsten Ankerplätze sind im Plan angegeben. Es ist guter Haltegrund aus Sand. — Außerhalb des Sommers würde ich mit einer großen Yacht bei starkem Wind aus Süd bis Ost den Hafen nicht anlaufen, sondern La Escala-Hafen vorziehen. Bei starkem Nordost oder Nord ist das Anlaufen kein Problem.

An stürmischem Wetter habe ich nur Tramontana und Südwind erlebt. In beiden Fällen liegt man gut. Tramontana merkt man nur am Wetterbericht und am Seegang, der weit vom Hafen entfernt auf die Playa de Pals zuläuft.

Bei starkem Südwind kommt entgegen aller Erwartung kaum Seegang in den Hafen. Die Wellen werden wohl durch das flachere Ufer auf die Küste umgelenkt.

Die Küste von El Estartit bis Cala de Mongó

El Estartit bis Punta Salinas   (Plan S. 169)

Auf der kurzen Strecke von kaum 2 Kilometern sind mehrere kleine Schönwetterbuchten für Kleinboote und viele interessante Stellen zum Tauchen. Die markanteste Huk auf halbem Wege ist das ganz steile, hohe Felsinselchen La Bleda mit ihrer senkrechten „gotischen" Spitze.

Zwischen der Mole und La Bleda ist die Küste klippenreich. Der hohe, bewaldete Berghang ist mit weißen Villen bebaut. Eine durch eine Mauer gesicherte Uferstraße führt bis an die Felsinsel La Bleda (Skizze). Ein kleines Stückchen Strand ist an der Wurzel der Mole. Vom Ufer soll man hier 50 Meter Distanz halten. Eine blinde Klippe und einige flache Stellen liegen etwa 40 Meter vom Ufer entfernt. Die steile Felsklippe La Bleda ist mit der Küste verbunden. Eine kleine, stumpfere Felsinsel liegt seewärts vor ihr. Eine blinde Klippe ist nordwärts von La Bleda.

Nordwärts von La Bleda beginnt die wilde Felswelt. Etwa 800 Meter voraus ist die flache Huk Punta Salinas. Punta Salinas ist kaum 10 Meter hoch, ist fast eine Insel und die einzige flache Huk in diesem Gebiet. Zwischen der „gotischen" La Bleda und Punta Salinas liegt eine große, halbrunde Felsbucht mit senkrechten hohen Wänden aus gelbem Gestein. Ein wahres Amphitheater. Im Südteil dieser Bucht vor dem Ufer große Steine. Besonders auf die blinde Klippe an der Nordseite von La Bleda muß man achten. In der Mitte und im Nordteil ist es bis etwa 10 Meter an den Fels heran tief.

Südwärts von der Punta Salinas liegen vier kleine Einbuchtungen, die bei ruhigem Wetter zum Anlanden infrage kommen. Ganz ideal sind sie nicht, denn sie sind nicht gut geschützt. Sie haben auch noch nicht die hohe Schönheit der Küste weiter nördlich. Aber sie liegen gewissermaßen vor der Haustür von El Estartit. Und sie sind interessantes Gebiet zum Tauchen.

Am Nordende der steilen Felswand des „Steinzirkus" ist die hohe Felsküste auf eine kurze Strecke unterbrochen. Eine kleine Einbuchtung ist da („a" im Plan).

Eine flache Klippeninsel liegt fast genau in dieser Einbuchtung. An der Nordseite dieser kleinen Klippeninsel ist es voller Steine. An der Südseite hat man aber eine 4 Meter breite, 15 Meter tiefe kleine Bucht mit etwa 0,6 Meter Wassertiefe. Klarstes Wasser. Große Steine am Grund. „Aufhängen" des Bootes in dieser Einbuchtung sollte möglich sein. Auch das Anlanden an dem flacheren Hinterland. Restlos ideal ist es allerdings nicht. Doch bietet die Bucht ab mittags Schatten. Gutes Tauchgebiet.

Achtung **Eine blinde Klippe liegt etwa 10 Meter seewärts der Klippeninsel, welche die Bucht ausfüllt.**

Gleich nordwärts liegt eine weitere kleine Einbuchtung („b" im Plan). Vor ihr liegt die kleine Felsinsel Islote d'els Arquets, ein steiles hohes Ding und an den Seiten weit von Wasser unterwaschen. An der Nordseite dieser Islote d'els Arquets sind mehrere kleine Einschnitte, in die man einlaufen kann. Etwa 10 Meter breit und 25 Meter tief muß man sich den größten dieser Einschnitte vorstellen. Sie taugen bei gutem Wetter also auch für mittelgroße Boote. Interessantes Klippenrevier ist rundum, und Schnorchler werden Freude haben.

Achtung **Etwa 15 Meter südwärts von der Islote d'els Arquets liegt eine ausgedehnte Klippe. Zwischen ihr und der Insel kann man hindurchfahren.**

Nördlich der Islote d'els Arquets passiert man Punta de la Trona, ein mittelhohe, unzugängliche Huk. Nordwärts von Punta de la Trona öffnet sich eine tief ins Land einschneidende **schmale lange Cala** („c" im Plan). In ihr trifft man auch dann ruhiges Wasser an, wenn die anderen Buchten durch Seegang unfreundlich geworden sind. Sie kann von kleinen und mittelgroßen Booten angelaufen werden.

Die Cala beginnt breit und verengt sich trichterförmig bis auf etwa 4 Meter. Dann erweitert sie sich nochmal bis auf etwa 7 Meter. Der Grund ist tief, mit Ausnahme eines innersten Zipfels, in den man sowieso nicht einläuft. Sie hat flache und einem Boot freundliche Felsränder, so daß man auch am Fels festmachen kann. Es gibt eine ganz kleine Nebencala und eine Minihöhle. Ein Tal führt ins bergige Hinterland. Das Wasser ist ganz klar. Tauchende können von hier aus gut die Nachbargebiete erkunden.

La Calella ist die letzte der vier kleinen Buchten. Sie liegt direkt an der Südseite von Punta Salinas („d" im Plan). Es ist eine kleine halbrunde Felsbucht für kleine und mittelgroße Boote bei ruhigem Wasser. Sauberer Fels bildet das Ufer. Ankern ist schwierig, aber das Boot läßt sich gut zwischen den Felsen festmachen. Bei ruhigem Wasser kann man es auch mit Fender an die Felswand legen. Die Halbinsel von Punta Salinas steht nur durch einen etwa 1 Meter breiten Felssteg mit dem Land in Verbindung. So hat man auch die Nordbucht vor Augen. Ein freundlicher Platz. Leider rasch unruhig bei Seegang.

Die Bucht der großen Höhlen (Las Covas) (Plan S. 169)

Punta Salinas ist eine flache und schmale Huk. Man könnte sie zart nennen. Etwa 700 Meter weit nordwärts liegt Cabo Utrera. Das ist ein hoher, trutziger Felsklotz. Zwischen diesen beiden weit vorspringenden Huken liegt die Felsbucht mit den großen Höhlen, den Covas. Die Bucht ist etwa 700 Meter breit und reicht 300 Meter ins Land. Die sehr hohen, steilen Felswände machen die Bucht landschaftlich großartig. In diesen steilen Felswänden sind mehrere riesige, hochinteressante Höhlenbildungen. Man darf sie sich bestimmt nicht entgehen lassen. Sie reichen zwar nicht so sehr tief in den Fels, sind aber außerordentlich hoch. Um den Mast braucht man keine Sorge zu haben. Selbst die „Gorch Fock" paßt hinein.

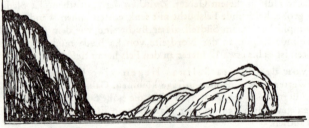

Die „zierliche" Huk Punta Salinas. Dies ist die einzige flache Huk in dieser sonst so gigantischen Region. Punta Salinas aus etwa 100 Meter Distanz von Süden gesehen.

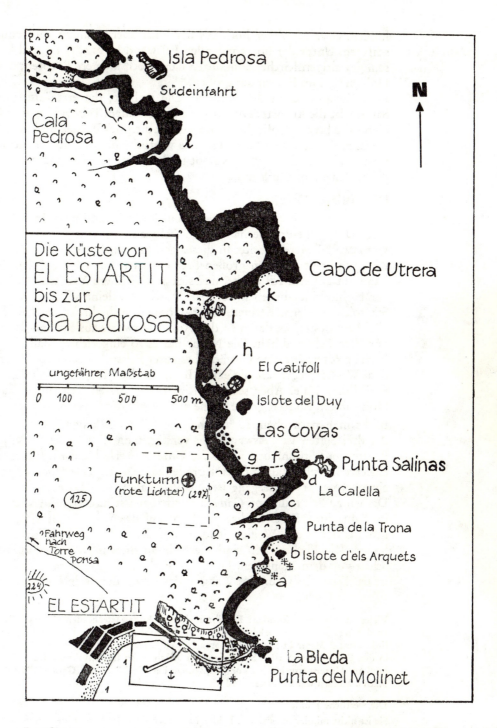

Die Küste von EL ESTARTIT bis zur Isla Pedrosa

ungefährer Maßstab

0   100   500   500 m

Las Covas

Drei gigantische, hohe Höhlen liegen an der Südseite der Bucht. Eine andere ist unter der Nordhuk. Riesenhafte „Hohle Zähne" sind diese Covas. Halb-

höhlen, etwa 50 Meter hoch aus der hoch überragenden Felswand herausge-
schlagen. Unter der überhängenden Felswand ist es schattig und kühl. In diesem gewaltigen Kirchendom liegen dann noch kleinere Buchten; d. h. kleinere
Höhlen sind im Innern der großen.

Drei Covas sind an der Südseite. Die östliche, die erste also hinter Punta
Salinas, ist die kleinste. Die mittlere hinter einem Felsgrat ist die schönste. Sie
bietet die beste Möglichkeit zum Festmachen des Bootes und zum Anlanden.
Sie ist auch am besten geschützt. Die westliche hat die interessantesten Unterwasserhöhlen. Ich würde das Boot in der mittleren festmachen und von dort
die beiden anderen erkunden.

Die mittlere Höhle   (Plan S. 169 f)

Etwa 50 Meter hoch ragt die Felswand überhängend weit über das Boot hinweg. Unter dieser überhängenden Felswand ist eine kleinere Einbuchtung
von etwa 30 Meter Breite. In dieser geräumigen Bucht in der Riesenhöhle ist
Kiesgrund mit wenigen großen Steinen darin bei 4 bis 6 Meter Tiefe. Man
kann gut ankern. Ich denke, daß sich auch größere Yachten in diese Bucht in
der Höhle hineinbegeben können. Durch Heckleine sollte man das Boot am
Schwoien hindern. Kleinere Boote können auch direkt am Fels festmachen.
Wohl am besten so, daß man den Anker seitwärts auslegt und damit das Boot
von dem Felsen abhält. Die Natur hat es so eingerichtet, daß ein von koral-
lenartig rotem, hartem Gewächs besetzter Felssockel etwa 10 Zentimeter über
dem Wasserspiegel fast die ganze Bucht in der Höhle umzieht. Eine Art von
natürlicher Kaje. Aber scharfkantig! Im innersten Teil dieser Bucht in der
Höhle liegen ein paar große Steine dicht unter der Wasseroberfläche.

Blickt man nach oben, so hat man hoch über sich den überhängenden Fels.
An drei Seiten ist Felswand. Sie verstärkt die Geräusche. Es gibt schaurige
Pruste- und Stöhnlaute, wenn die Unterwasserhöhlen sich füllen und wieder
entleeren. Geht man auf der Korallenkaje an der Felswand entlang, so bläst
einen, wenn etwas Seegang ist, aus Felsspalten und Löchern feuchte Luft an.
Der ganze Fels muß von Gängen durchzogen sein. Unten im Wasser ist es wie
im Aquarium. Da kein direktes Licht auf das Wasser fällt, leuchtet es grün-
lich aus der Tiefe. Weißer Sand ist auf dem Grund. Dazwischen sind große
Steine. Die Fische darin sind hier wie an diesem ganzen Küstenstrich ohne
Scheu vor dem Menschen. Dann die Farben! Roter, korallenartiger Bewuchs
ist da. Dazu das Grün des Wassers, das Braun der Seeigel, die schwarzen oder
silbernen Fische.

Vieles ist hier zu erkunden: Es gibt mehrere Unterwasserhöhlen. Etwas sieht man davon
an der Westseite. Aber erleben kann man sie wohl nur tauchend. Dann ist an der Felswand
links etwa 2 Meter über dem Wasserspiegel ein gut mannsgroßes rundes Loch. Es führt weit
in den Fels, und von allen Seiten faucht Luft einen an im Rhythmus des Wellenschlages. Sie
muß aus Unterwasserhöhlen kommen. Junge Leute müßten den Gang mal zuende erkunden.
Nach 8 Metern war es finster, und ich hatte kein Licht.

Die westliche Höhle   (Plan S. 169 „g")

Sie ist nicht minder interessant. Leider kann man dort das Boot schlechter festmachen. Sporttaucher ankern natürlich einfach. Verklemmt sich der Anker, so ist es ihr Metier, ihn tauchend wieder freizubekommen. Hier sind viele Unterwasserhöhlen. In einige kann man vom
Boot aus hineinsehen, aber zum Hereinfahren sind sie zu niedrig. Schwimmend kann man sie
erkunden. Überall faucht es einen in dieser Höhle aus kleinen Geysiren an. Und dumpf pol-

tert das Wasser in den innersten Höhlengängen. Es war ein Tag mit kräftigem Seegang. Ob es auch bei ruhigem Wasser diese dramatische Akustik gibt, kann ich nicht sagen. An der Ostseite führt an der Felswand wieder ein Gang ins Unbekannte.

Die östliche Höhle („e" im Plan) ist kleiner und weniger bedeutend. Danach gibt es zunächst keine weitere Höhle mehr, sondern ein Chaos großer Felsbrocken. Ich denke, hier war früher noch eine vierte Höhle, die in einer wüsten Sturmnacht heruntergepoltert ist.

Die übrige Bucht bis Cabo de Utrera (Plan S. 169)

Nach den drei Höhlen und dem Felschaos folgt die **Islote del Duy.** Dies ist eine etwa 30 Meter große, sehr steilwandige unzugängliche Insel. Hinter ihr läuft ein gut fahrbarer Kanal von etwa 20 Meter Breite. An der Insel selbst kann man schlecht festmachen. Aber hinter ihr sollte es gehen. Am Festland ist Anlanden an großen Steinen möglich. Man hat Schatten, kann aber nicht ins Hinterland. Nennenswerten Seegangsschutz bietet Islote del Duy nicht.

Nordwärts von der Islote del Duy ist die **Huk El Catifoll.** Etwa 15 Meter seewärts von ihr liegt eine sehr flache Klippe knapp über Wasser. Sie hat eine aparte scharfe Felsspitze als „Plankenöffner". Da man sie sieht, bietet sie aber keine Gefahr. Direkt an der Nordseite dieser Huk ist eine **Kleinbootbucht,** etwa 4 mal 6 Meter groß und ziemlich geschützt. Blinde Klippen sind einfahrend rechts dicht unter dem Ufer.

Nur etwa 30 Meter von dieser kleinen Bucht entfernt ist eine **tiefe, schmale Höhle** („h" im Plan). Sie ist ganz anders gebaut, als die großen Halbhöhlen. Als flacher Schlauch mit einer inneren Erweiterung reicht sie tief in den Fels. Ist das Boot klein genug, kann man in ihren innersten Teil hereinfahren. Sonst kann man die innere Höhle von der obengenannten Kleinbootbucht aus schwimmend erkunden. Sie lohnt es!

Von außen sieht diese Höhle ganz unscheinbar aus. Läuft man auf sie zu, muß man auf Unterwasserklippen rechts (nördlich) von ihrem Eingang achten. Die äußere Höhle ist etwa 5 Meter breit und hat für ein Boot ohne Mast wohl genug Höhe. Daran schließt sich nach einer Engpaßstelle, die leider für die meisten Boote der Höhe wegen nicht passierbar sein wird, eine innere Höhle an. Sie ist 1 bis 2 Meter hoch, mehr als 4 Meter breit und reicht tief in den Fels. Die Lichteffekte sind bezaubernd.

Weiter nach Norden trifft man nach steiler Felswand in der Nordwestecke der Bucht auf stark gegliedertes flaches Ufer. Ein ausgedehntes Bergtal tritt dort an die Küste. Am Ufer liegen mehrere sehr unregelmäßig geformte, meist flache Klippeninseln. Sie bilden eine **Anzahl von kleinsten Buchten und Kleinsthäfen** („i" im Plan auf S. 169). Es ist allerdings auch reich an Klippen. Dort sind genug Plätze, wo man kleine und flachgehende mittelgroße Boote festmachen kann. Es gibt keinen Strand. Aber dieses System von kleinsten Buchten ist bei gutem Wetter ein guter Platz zum Anlanden, Baden und Erkunden der Bergwelt.

Auf der weiteren Fahrt nach Cabo de Utrera passiert man dann wieder steiles Felsufer. Zuerst hat es ganz eigenartige senkrechte Spalten. Danach öffnet sich wieder eine **riesige Halbhöhle** („k" im Plan). Tropfsteinartige Bildungen sind oben am Felsgewölbe. Große Felsbrocken liegen in ihrem Inneren. Sie hat nicht die Schönheit der Farben wie die Covas im Süden der Bucht. Aber bei Seegang aus Nordost bietet sie leidlich ruhiges Wasser. Bei grobem Herbstseegang aus Nordost ist man ganz froh, hier mal kurz unterzuschlüpfen. Festmachen kann man nicht gut. Aber da die Riesenhöhle geräumig ist und drinnen kein Wind ist, kann man Kreise fahren oder das Boot einfach mal treiben lassen.

Isla Pedrosa und Cala Pedrosa (Plan S. 169 und 173)

Etwa 1 Kilometer nördlich von Cabo de Utrera steht die Isla Pedrosa. In ihrem Schutz liegt im Land die Cala Pedrosa, ein sehr tiefer Felseinschnitt mit etwas Strand am Ende. Die geschützte Cala Pedrosa ist eine wichtige Station an dieser an gut geschützten Einbuchtungen nicht sehr reichen Küste. Da sie als Zufluchtsplatz bei schlechtem Wetter infrage kommt, habe ich sie auch unter Schlechtwetterbedingungen beschrieben.

Die Küste

Fährt man dicht an der Küste nordwärts, so ist die Isla Pedrosa zunächst gar nicht als Insel zu erkennen, weil die davor liegende Felshuk den Sund zwischen ihr und dem Festland verdeckt. Was man von Cabo Utrera aus sieht, ist zunächst nur die sehr steile Abbruchkante der seewärtigen Seite der Insel.

Nordwärts von Cabo Utrera ist die Küste hoch, steil und überwiegend unzugänglich. Aber etwa 300 Meter südwärts der Isla Pedrosa öffnet sich eine schmale Cala („1" im Plan). Sie ist seewärts trichterförmig breit und wird innen immer schmaler. Sie macht ein paar flache Windungen und endet in einem etwa 2 Meter breiten Schlauch. Leider bietet sie bei Dünung oder grobem Seegang keinen guten Liegeplatz, da sich der Seegang innen verstärkt. Bei kleiner Windsee liegt man aber ruhig. Drinnen ist Chaos-Landschaft. Als solche sehenswert! Schöner ist aber wohl doch die Cala Pedrosa.

Isla Pedrosa   (Plan S. 173 und 169)

Die Insel ist felsig und steil. Es ist weder ganz leicht an ihr anzulanden, noch sehr bequem, sie zu ersteigen. Sie trägt etwas Gras, und man kann sich zur Not auf ihr lagern. Aber sie hat keine Sträucher und Bäume und somit keinen Schatten. Zeltend würde sie einem allein gehören, aber ich glaube nicht, daß man auf ihr glücklich wäre. Sie ist gar zu unwirtlich.

Die Isla Pedrosa hat eine kuriose Naturbildung. An ihrer Südseite führt von Land her ein Felsspalt von 2 bis 3 Meter Breite als steilwandige, mit Wasser gefüllte Schlucht stracks in die Insel hinein, ja durch sie hindurch. Tauchend würde ein Schwimmer an der Seeseite wieder zutage kommen. — Mit einem kleinen Boot kann man in den Felsspalt hineinfahren. Man gelangt in einen Naturhafen von 4 bis 5 Meter Breite. Der endet dann über Wasser dicht vor dem Meer. Aber unter Wasser strahlt breit das Sonnenlicht hindurch. Unter Wasser führt diese Schlucht also seewärts wieder heraus.

Es ist ein ganz eigenartiges Elebnis, wenn einem vor den Füßen aus dem Wasser das viele helle Licht entgegenquillt. Die Unterwasser-Öffnung hat aber auch eine praktische Konsequenz: Bei Dünung oder grober See quillt Wasser von unten in diesen nur scheinbar vollkommen geschützten Miniaturhafen hinein. Dieses Wasser läuft dann im Schwall durch die enge Einfahrt landwärts wieder hinaus. Also Vorsicht bei Dünung oder Seegang. Sowieso passen nur schmale Boote hindurch.

Einsteuerung in die Cala Pedrosa Die Isla Pedrosa liegt genau vor der Cala Pedrosa.

Die Südeinfahrt hinter der Insel ist fast 150 Meter breit und recht tief. Bei stärkerem Seegang verdient sie vor der Nordeinfahrt unbedingt den Vorzug. Die Nordeinfahrt ist schmaler, insgesamt etwa 40 Meter breit. Durch eine blinde Klippe, die fast in der Mitte der Einfahrt liegt, wird sie zusätzlich stark eingeengt. Bei starkem Seegang ist die Nordeinfahrt nicht passierbar.

Achtung Eine breite Unterwasserklippe liegt in der Nordeinfahrt zwischen Festland und Insel. Sie liegt fast in der Mitte, aber etwas dichter am Festland. Die Klippe ist etwa 8 Meter breit. Etwa 60 Zentimeter Wasser stehen auf ihr. Bei Seegang muß sie auch von flachgehenden Booten beachtet werden.

In der Norddurchfahrt läuft man am besten zwischen der blinden Klippe und der Insel hindurch. Diese Passage ist etwa 15 Meter breit und reichlich tief. Die Fahrtanweisung würde ich dem Rudergänger mit folgenden Worten geben: „Zum Passieren der Nordeinfahrt halte Dich sehr dicht an die Insel, aber nicht dichter als 5 Meter". — Hat man sich die Sache einmal in Ruhe angesehen, ist auch die Norddurchfahrt bei gutem Wetter kein Problem.

Bei starkem herbstlichen Seegang aus Nordost ist allerdings in der Nordeinfahrt der Teufel los, denn es brandet auf der blinden Klippe, und auch auf dem flachen Vorfuß der Insel steht Brandung.

So mußte ich bei meinem ersten Versuch, Ende Oktober bei hohem Seegang aus Nordost die Cala Pedrosa anzulaufen, doch tatsächlich schmählich umkehren, da überall in der Nordeinfahrt wüste, absolut unpassierbare Brandung stand. Da meine spanische Seekarte, die genaueste, die es gibt, die Nordeinfahrt etwa 100 Meter breit darstellt, mehr als 6 Meter meldete und von einer Klippe nichts berichtete, war ich über die unbegreiflich hohe, absolut unpassierbare Brandung natürlich sehr erstaunt. Und da die Südeinfahrt (irrtümlicherweise) viel enger dargestellt war als die Nordeinfahrt, habe ich mich an diese gar nicht erst herangetraut. — Obwohl ich mir eine ruhige Bucht nachgerade von Herzen zu wünschen begann.

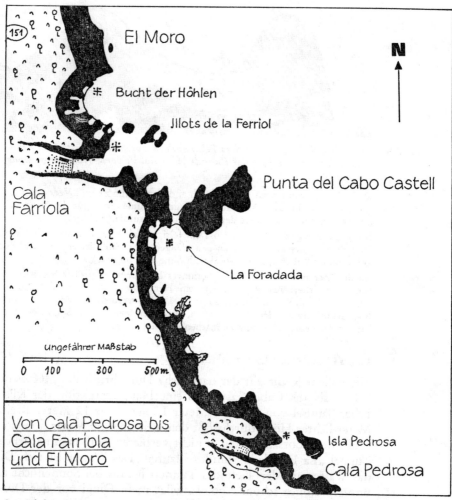

Spezialplan der Küste zwischen Cala Pedrosa und der Cala Farriola einschließlich der „Bucht der Höhlen" bis El Moro. Unter dem hohen Vorgebirge Punta del Cabo Castell ist der Felstunnel „La Foradada de Castell".

Cala Pedrosa

(Plan S. 173)

Die Cala Pedrosa ist ein Felsschlauch von etwa 150 Meter Länge. Ein schmaler Strand aus grobem Kies ist am Ende. Hier kann man auch bei rauhem Wetter anlanden. Allerdings taugt die Cala Pedrosa nicht für ganz große Yachten. Aber für mittelgroße Boote auf alle Fälle, für Fahrtenyachten bis etwa 10 Meter Länge und mäßigem Tiefgang wohl auch.

Der Felsschlauch der Cala verläuft schwach gewunden. An der Mündung mag er etwa 40 Meter breit sein, im Mittelteil etwa 20 Meter, vor dem Strand 12 Meter. Die Wassertiefe nimmt von etwa 4 Meter am Eingang der Cala allmählich und gleichmäßig ab. 2 bis 1,5 Meter sind es im mittleren Teil und 1 bis 0,5 Meter im Innersten nahe dem Strand. Dicht vor dem flachen Strand sind kleine Steine und grober Kies, weiter draußen Steine. Also kein sehr guter Ankergrund. F e s t m a c h e n kann man das Boot fast überall an den Felswänden. Entweder mit Fendern wie an einer Kaje. Oder mit Leinen bei quer ausgebrachtem Anker.

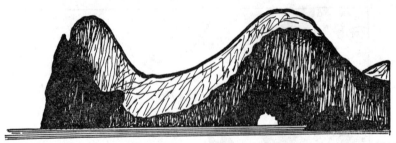

Punta de Cabo Castell mit dem Felstunnel La Foradada aus etwa 1,5 Kilometer Distanz von Norden her gesehen. Eine der Iliots de la Ferriol ist vorne rechts zu erkennen.

Da im Sommer einiger Verkehr durch andere Sportboote und Vedetten ist, muß die Einfahrt frei passierbar bleiben. Aber außerhalb des Sommers oder für die Nacht würde ich das Boot mit Leinen frei in der Mitte des Felsschlauches „aufhängen".

Innen öffnet sich zur Cala Pedrosa ein felsiges Tal. Aber es macht seinem Namen Ehre. Viel Steine gibt's! Etwas Wald ist an den Hängen. Ansonsten ist es karg und dürr und natürlich vollkommen unbewohnt und praktisch ohne Weg und Steg.

Im Sommer und außerhalb des Sommers bei normaler grober See halte ich die Cala Pedrosa für sicher. Bei wirklich ernstem Herbststurm aus Ost oder Nordost wird es aber sehr ungemütlich, wenn nicht sogar gefährlich werden. Im Ernstfall würde ich lieber das Boot frühzeitig auf den Strand holen, als es bei dem starken Sog in der Cala von der Haltbarkeit der Leinen abhängig zu machen, ob alles gut geht.

Cabo Castell und La Foradada   (Plan S. 173 und Skizze)

Mit vollem Recht gilt der natürliche Durchbruch des Meeres durch das hohe Felsmassiv des Cabo Castell als eine Hauptattraktion der Küste. Ein natürlicher Tunnel von etwa 50 Meter Länge, 8 bis 12 Meter Breite und etwa 3 Meter lichter Höhe durchstößt den weit über 50 Meter hohen Fels, Wenn die Höhe der Bootsaufbauten es nicht verbietet, muß man natürlich durch diesen Tunnel „La Foradada" hindurchlaufen! Das Wasser ist tief. Die Farben, die das Wasser aus der Tiefe des Tunnels heraus bei Sonnenlicht annimmt, sind unbeschreiblich schön. Abb. 16 zeigt mein Dingi vor der Durchfahrt durch La Foradada von Süden her.

Die Bucht südlich von Cabo Castell

Kommt man von der Isla Pedrosa, so liegt das C a b o   C a s t e l l als Massiv aus gelbem Fels in seiner ganzen eindrucksvollen Schönheit vor einem. Z w i - s c h e n   d e r   I s l a   P e d r o s a   u n d   C a b o   C a s t e l l ist zunächst wieder eine große tiefe E i n b u c h t u n g. Sie ist etwa 800 Meter lang und fast 500 Meter tief. Es ist eine der schönsten Buchten der Küste. Ihre Ufer sind hoher, ganz steil abfallender Fels. Einige Kiefern klammern sich an Felsvorsprünge. Anlanden kann man nur bei ruhigem Wasser. Ein paar kleine Einschnitte sind da, Halbhöhlen gewissermaßen. Sie erstrecken sich ein Stück weit in den Fels und enden dann. Es ist sehr schön, an dieser Küste ganz dicht entlangzulaufen. Es ist noch schöner, wenn glatte See es erlaubt, für eine Erkundung in eine der Halbhöhlen hineinzustöbern. Das Ufer fällt sogleich auf große Wassertiefe ab. Es ist etwa 10 Meter vom Land sauber, mit einer einzigen **Ausnahme:**

Achtung   Im Nordwestwinkel der Bucht dicht bei dem Tunnel ist eine blinde Klippe mit etwa 30 Zentimeter Wasser darüber. Sie liegt etwa 70 Meter vom Land.

An der Wasserfärbung ist die Klippe gut erkennbar. Man bleibt frei von ihr, wenn man in der Nordecke der Bucht nicht weiter nach Westen läuft, als daß man durch den Tunnel stets in seiner vollen Breite hindurchblicken kann. Steht man so dicht unter dem Festland, daß sich die Öffnung des Tunnels zu verdecken beginnt, dann ist man nahe an der gefährlichen Linie. Fahrtanweisung: An der Südseite von Cabo Castell soll man nicht dichter unter Land, als daß man durch den Tunnel immer voll hindurchsehen kann. Oder aber, man soll sehr dicht unter Land laufen, etwa 20 bis 40 Meter von der Felswand entfernt, so daß die Klippe seewärts liegt.

Ich selber würde es anders machen: Ich würde durch vorsichtiges Erkunden feststellen, wo die Klippe liegt, nämlich etwa 70 Meter südwärts vom Tunnel, Man sieht sie sehr gut in dem ganz klaren Wasser. Und danach würde ich in den Winkel der Bucht, vor dem diese Klippe liegt, ganz nahe an das Felsufer heranfahren. Es gibt nämlich eine überaus schöne Stelle dort: Der hohe Felsen hängt dort sowieso schon weit über das Wasser herüber, und ein bißchen muß man sein Herz in beide Hände nehmen, wenn man nach oben blickt. Unter diesem gewaltigen Überhang öffnen sich zwei weitere Höhlenansätze. Eine davon reicht ziemlich tief in den Fels. Sie hat viele Nebenkämmerchen. Es ist leidlich gute Möglichkeit zum Anlanden bei ruhigem Wasser. Da das Ganze ab Spätvormittag im Schatten liegt, ist man im Dämmerlicht, während die Sonne durch das Wasser leuchtet. Es ist dann eine so unglaubliche Farbenpracht, daß es ein Jammer wäre, an alledem in großer Distanz und eilig vorbeizufahren. Segelboote müssen dort auf ihre Masten achten.

Durchfahrt durch La Foradada   (Plan S. 173, Abb. S. 24)

Die Passage durch den Tunnel La Foradada bietet eigentlich keine Probleme. Ein Boot mit mehr als 2 Meter hohem Aufbau muß gut die Mitte halten. Ich denke, daß man mit 3 Meter hohen Decksaufbauten noch gut hindurch paßt. Ist die Höhe des Bootes kritisch, so sollte man von Süden einfahren. Der niedrigste Teil des Tunnels ist gleich am Südeingang. Ich habe die Durchfahrt mehrmals auch bei recht grober See gemacht, wie sie im Sommer wohl nicht vorkommt. Brandung oder für die Durchfahrt gefährlichen Seegang habe ich nicht festgestellt.

Im Tunnel selbst gibt es mehrere Ausbuchtungen. Das Schönste aber sind die Farberscheinungen des Sonnenlichtes im Wasser. Man sollte nicht durchbrummen, sondern ruhig unter dem Felsmassiv den Motor ausstellen und etwas herumtrödeln. Man kann das Boot ruhig mit der Hand oder dem Bootshaken von der Felswand absetzen. Dann hört man auch alle die Geräusche, die das Wasser unter den Felsen macht. — Fast überall ist es in dem Tunnel sehr geräumig. Im Nordteil ist das Dach weit über 5 Meter hoch.

Kaum 300 Meter nordwärts von dem Tunnel La Foradada liegen dann die beiden Iliots de la Ferriol mit ihrer Cala. Und gleich dahinter liegt, als letzter Höhepunkt, die Bucht der kleinen Höhlen.

Iliots de la Ferriol und Cala Furriola   (Plan S. 173, 159)

Zwei kleine Felseninseln und dahinter eine etwa 30 Meter breite, durch die Inseln etwas geschützte Cala mit Kiesstrand. In einer kleinen, schilfgedeckten Hütte gibt es im Sommer Schatten, Erfrischungen und vielleicht auch einen Imbiß. Zwischen El Estartit (5 Kilometer) und La Escala (7 Kilometer) ist Cala Furriola ein natürlicher Haltepunkt. Bei gutem Wetter kann ein Fahrtenboot hier auch übernachten. Es ist ganz einsam und unbewohnt. Bei rauher See aus Nordost ist in der Cala Pedrosa ruhigeres Liegen. Bei südlichem Starkwind liegt man aber hier besser.

Ob man die benachbarte „Bucht der kleinen Höhlen" von hier aus erkundet oder ob man das Boot dazu in eine der dortigen kleinen Felsbuchten legt, hängt von den Umständen ab.

Die Iliots de la Ferriol sind kleine Felseninseln, stehr steil und vollkommen nackt. Gegen kleine Windsee findet man an ihrer Landseite etwas Schutz. Anlanden kann man aber nur bei sehr ruhigem Wasser. Die Inseln haben sehr groteske Felsenformen. Auch Durchbrüche gibt es unter und über Wasser. Zum Schwimmen und Tauchen ist es — auch wegen des ganz klaren Wassers — ein herrliches Gebiet.

Die Cala Furriola reicht etwa 100 Meter tief ins Land. Außen mag sie 50 Meter, innen 25 Meter breit sein. Innen engen allerdings Steine und Klippen die nutzbare Breite auf etwa 15 bis 20 Meter ein. Mittelgroße Boote und kleine Yachten können gut in die Cala einlaufen und dort liegen. Für eine große Yacht ist es wohl schwieriger, zumal der Ankergrund vor der Cala schlecht ist. Aber die Spitzen der großen Steine an den Seiten der Cala können zum Belegen von Leinen sehr nützlich sein.

Die Einfahrt ist leicht. Es liegt zwar an der Nordseite eine blinde Klippe etwa 30 Meter vom Land, aber so weit aus dem Weg, daß sie eigentlich nur bei der nahen Küstenerkundung wichtig ist.

Die Wassertiefe nimmt von See her allmählich ab. Außen sind große Steine. Im Mittelteil der Cala sind kleinere Steine, auf denen man schon ankern kann. Nur hält es schlecht. Dicht vor dem Strand ist Kies. Der Strand selbst hat teils feinen Sand, teils Kies. Zum Aufholen eines Bootes taugt er gut.

Der Strand geht in ein weites unbewohntes Bergtal über. In ihrer Art finde ich diese ganz leere Urlandschaft sehr eindrucksvoll. Bei den winterlichen Regengüssen müssen im Nu überall Sturzbäche entstehen, in denen Geröll und Wasser herunterpoltern. Die Sonnenglut des Sommers schafft Risse im Gestein. So ist die Natur dabei, sich dieses noch unbehauene Felsmassiv zurechtzustutzen. — Am Strand sickerte im Herbst eine kleine Quelle, die aber arg nach Schwefel schmeckte.

Die Bucht der kleinen Höhlen (Plan S. 173)

Der Höhepunkt an Felslandschaft und an Höhlenbildungen ist in der Felsbucht unmittelbar nördlich der Iliots de la Ferriol. Das ist eine etwa 200 Meter große und ziemlich geschützt liegende, halbrunde Bucht, ausnahmslos mit sehr hohen Felswänden an den Seiten. Den Abschluß dieser Bucht nach Norden bildet eine ungeheuerlich hoch erscheinende Felshuk. 110 Meter fällt die Felswand dort steil und teilweise sogar überhängend zum Wasser ab. Seltsam ist hier die Struktur des Gesteines: Als wären die riesigen Felswände von Menschenhand aus rechteckigen Steinen Schicht für Schicht aufgemauert worden.

In dieser Bucht also direkt an der Nordseite der Iliots de la Ferriol liegen die vielen kleinen und so unglaublich farbenreichen Höhlen. Die Bucht hat tiefes Wasser mit einer wichtigen Ausnahme:

Achtung **Zwei blinde Klippen liegen etwa 30 bis 40 Meter vom Ufer entfernt an der Nordseite der Bucht.**

Man findet sie vor einer Bildung im Felsen, die exakt so aussieht wie ein von Menschen gemauerter, flacher Brückenbogen oder wie ein flaches Gewölbe. Ich würde, ehe ich mich an die Erkundung der Bucht mache, zuerst diese beiden Klippen aufsuchen. Weiß man, wo sie sind, machen sie einem keine Sorge mehr.

Das Erkunden der Höhlen

Es kann von Süden nach Norden erfolgen. Die Beschreibung geht diesen Weg im Uhrzeigersinn.

Die erste Höhle liegt gleich landwärts der kleineren der beiden Iliots de la Ferriol. Ein wassergefüllter Felsschlauch zieht sich etwa 15 Meter unter den Fels. Er ist außen etwa 6, innen 3 Meter breit. Das Felsdach darüber ist sehr hoch. Wo innen das Wasser aufhört, schließt sich eine recht geräumige Landhöhle an. Als schattiger kleiner Naturhafen kommt der an Seerosen und roten Korallen reiche Platz sehr in Betracht.

Die zweite Höhle scheint mir die schönste von allen zu sein. Ein kleine Ausgabe der Blauen Grotte zu Capri. Auch in die kann ja ein großes Sportboot nicht hinein. Hier paßt ein kleines Boot ohne Mast noch in die Vorhöhle. Aber zu der innersten Höhle — und diese ist die eigentliche schöne — führt ein recht enger Zugang. Mit meinem Dingi habe ich einfahren können, aber den Kopf mußte ich einziehen. Drinnen ist dann wieder reichlich Platz. Blaugrünes Licht dringt herein, und zwar weniger durch den engen Eingang, als von unten aus dem Wasser heraus. Die Felswand, welche den engen Eingang in die innere Höhle bildet, hängt nämlich frei über dem Wasser, und das durch das Wasser gefilterte Licht tritt unter der Felswand hindurch in die Höhle. Drinnen ist ein Wunder an Farben. Wenn das Boot zu groß ist, sollte man hinein schwimmen. Viel macht hier auch die Tageszeit. Am frühen Vormittag ist es am schönsten.

Die dritte Höhle ist ein felsüberdachter Miniaturhafen, sauber, etwa 3 Meter breit, etwa 8 Meter tief und sogar mit Sandgrund von 4 bis 6 Meter Tiefe! Dies ist nicht der schlechteste Platz, dort das Boot festzumachen, während man schwimmend oder mit dem Schlauchboot oder Luftmatratze auf Höhlenuntersuchung geht.

Die vierte Höhle ist die reichste. Es ist eine Doppelhöhle mit einer gemeinsamen Außenhöhle und zwei engen Eingängen in das Innere. Die linke Innenhöhle hat den geräumigsten Zugang. — Schon vor der eigentlichen Höhle befindet man sich unter einem hohen und breiten, überhängenden Felsdach. An der linken Seite führt eine Vorhöhle etwa 15 Meter tief in den Fels. Sie mag etwa 4 Meter breit sein und 1,5 Meter hoch. Sauberer Grund aus Steinen. Dann folgt ein enger Durchlaß zur inneren Höhle. Mit meinem Dingi konnte ich bequem hindurch. Ich denke, knapp 2 Meter darf ein Fahrzeug für die Einfahrt in die Innenhöhle breit sein, und nicht sehr hochbordig. — In der Innenhöhle ist es wieder recht geräumig. Saubere, glatte Felswände, farbenreich durch Flechten auf dem Fels. Sauberer Felsgrund, herrlich klar zu sehen. Und dann die Lichteffekte! Und die Akustik! Überall schmatzt, faucht und blubbert es, daß es ganz gruselig ist. Was ist doch diese Küste schön! Und was für arme Hascherl sind die Touristen, die nicht wissen, was es hier alles gibt. — Diese Höhle hat noch einen Zwilling unter dem gleichen Vordach. Aber dort ist die Einfahrt selbst für ein kleines Boot zu klein.

Über die fünfte Höhle ist nach dem Gesehenen kein Wort mehr zu sagen. Sie ist unbedeutend. Gerade, daß die Art der Steine sie aussehen läßt, als wäre sie von Menschen gemauert worden. An ihrer Seeseite liegen die beiden schon erwähnten Klippen.

Nach Norden zu folgt nun fast buchtenlose, sehr hohe, eindrucksvolle Felsküste. Dann nach 3 Kilometern die Cala de Mongó (Seite 161).

F. Islas Medas und die Playa de Pals

Die Islas Medas   (Plan S. 159, 178. Abb. 15)

Mit das Schönste an dem schönen Revier um El Estartit ist der Archipel der Islas Medas. Er liegt nur etwa 1 Kilometer vor dem Hafen. Es gibt eine 600 Meter lange Hauptinsel, die Isla Meda Grande, die kleinere Isla Meda Chica und 5 oder 6 steile, praktisch unbetretbare Klippeninseln. Alle sind sehr hoch. Insgesamt dehnt sich der Inselkomplex über etwa 1½ Kilometer. Als Seeräuberstützpunkt hatte er Reputation.

Ein Boot auf Wanderfahrt sollte unbedingt vor der Isla Meda Grande festmachen, vielleicht sogar für die Nacht.

Isla Meda Grande   (Plan S. 178 und 179)

Die Insel ist heute von ihren Einwohnern verlassen. Fünf oder sechs Steinhäuser stehen als Ruinen, teils mit Dach, teils ohne. Auch das Leuchthaus ist nicht mehr benutzt. Ein automatisch gesteuerter Turm steht jetzt dicht daneben. Von der Lampenstation des alten Leuchthauses bietet sich ein etwas melancholischer Blick auf das verlassene, mit Gras, Gesträuch und Kakteen bewachsene hohe Plateau der Insel. Und unglaublich schön reicht der Fernblick über die nördliche Costa Brava von Cabo Creus bis Cabo Bagur. Im Herbst und Frühjahr gehört dem Besucher die Robinsoninsel allein. Sie besteht aus drei Landschaften: Dem fast 100 Meter hohen, ziemlich ebenen Plateau der Insel. Es mißt 200 bis 300 Meter. Einem sehr weiten Talkessel im Ostteil der Insel. Und schließlich ringsum felsigen Steilhang, der an manchen Stellen mehr als 80 Meter vollkommen senkrecht zum Meer abfällt.

Zwei Kiefern habe ich auf der Insel gezählt und zwei Feigenbäume, dazu noch einige Büsche. Aber sehr viele große Agaven und viele mehr als mannshohe Feigenkakteen. Auf dem Wege

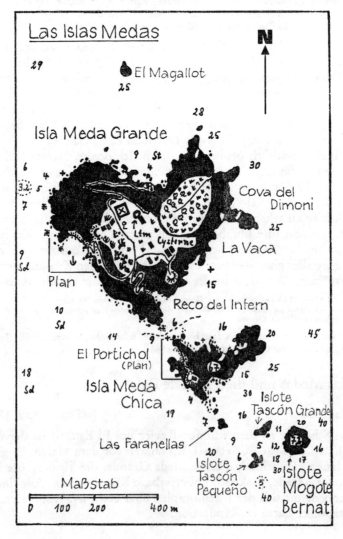

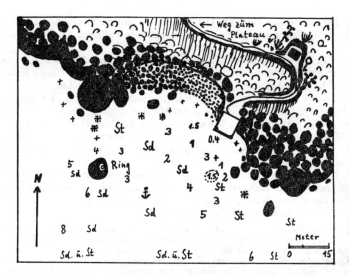

Der Anlandeplatz auf der Isla Meda Grande an der Südwestseite der Insel. Es handelt sich um eine Skizze, und Maßstab und Wassertiefen stammen von keinem Kartographen. Vergleiche dazu die Beschreibung im Text.

nach Süden das erste Mal, daß man auf solche Ansammlungen „richtiger" Kakteen trifft. An Getier zahlreiche Kaninchen. Seevögel in Mengen: Möwen, fast 100 Kormorane, mehrere Falken und vereinzelt ein Singvogel. Überall bleichen die langen, dünnen Knochen von Seevögeln und Kaninchen. — Leider gibt es kein Wasser auf der Insel. Die Zapfhähne der beiden großen Zysternen sind unbrauchbar gemacht, wahrscheinlich mit Absicht. Ich habe nicht klären können, ob man auf der Insel offiziell campieren darf. Auf dem eigenen Boot sollte man gewiß dort bleiben können. Viele Zeichen sprechen dafür, daß die Insel im Sommer mehr als nur die übergesetzten Tagestouristen als Gäste hat.

Die schönsten Stellen auf der Insel? Einmal die gemauerte Sitzbank beim alten Leuchthaus über der Anlegestelle. Und dann — wohl noch schöner, der Platz östlich von der Zysterne. Ein natürlicher Balkon 80 Meter über dem Meer zwischen Agaven. Die wildeste Seite der kleinen Schwesterinsel liegt dort vor einem. Ein verlassener Stollen ist dicht bei dem Felsbalkon, und Felshöhlen gibt es auch. Geht man von dem Balkon noch etwa 50 Meter auf einem Felspfad südwärts, so steht man auf einer Plattform, von der aus man die gesamte Isla Meda Chica mit Sund und allen Höhlenbuchten übersehen kann. Nachts sind die Lampenfischer um die Insel herum am Werk, tagsüber die Sporttaucher. Ich finde es vor allem abends ganz unbeschreiblich schön.

Die Islas Medas sind ein beliebtes Tauch- und Fischjagdgebiet. So stammen die Felszeichnungen an der großen Steinwand beim Anlegeplatz nicht von Steinzeitmenschen, sondern von Fischjägern. Wenn man ihnen glaubt — und ich denke, man darf — so wog der schwerste dort gespeerte Fisch 80 Kilogramm. Das Tauchen nach Korallen wurde bis vor kurzem dort als Gewerbe betrieben.

Landeplätze

Die Insel hat keine Strände. Fast überall ist ihr Ufer steiler Fels. So gibt es eigentlich nur drei Plätze, wo man anlanden und auf das Inselplateau herauf kann. Für Boote, die man aufs Ufer nimmt, gibt es nur Geröllstrand. Der wichtigste und beste Landeplatz ist an der Südwestseite. Bei stärkerem Südwind (der im Sommer selten ist) ist die Landestelle an der Nordseite der Insel vorzuziehen. Dann gibt es noch den wenig benutzten Platz Raco del Infern und ein paar Schönwetterplätze.

Der Hauptlandeplatz   (Plan S. 178 und Skizze S. 179)

Er liegt in einer Einbuchtung an der Südwestseite der Insel. Eine etwa 4 Meter breite hölzerne Plattform steht auf zwei mit Beton ausgegossenen Treibstoffässern am Ufer. Eine steile Felsklippe mit einem Eisenring ist etwa 40 Meter von der Plattform entfernt in der Bucht in tiefem Wasser. An der Plattform sind stellenweise nur etwa 40 Zentimeter Wasser.

Es fällt aber zur See hin rasch ab. Die Wassertiefe und die Grundbeschaffenheit in der Bucht habe ich in der Skizze angegeben. Ich hoffe, daß alle wichtigen Klippen richtig eingezeichnet sind.

G r o ß e   Y a c h t e n ankern auf den Stellen mit Sandgrund. Sie können, besonders wenn sie dort länger bleiben wollen, das Boot mit einer Heckleine an der Klippe festlegen, am besten mit Bug nach Süden. Die Zufahrt zum Anleger muß aber freibleiben.

K l e i n e   B o o t e : Sie lassen am besten einen Heckanker heraus und machen eine Vorleine an der Plattform fest. Aber nicht zu dicht! Mindest 2 Meter Distanz, besser mehr, damit das Boot, wenn Sog ist, schwingen kann. Man kann statt des Heckankers auch eine Heckleine zu der Klippe legen. Wenn am Steg der Platz gebraucht wird, soll man die Vorleine an den Klippen am Ufer belegen. Aufs Land holen kann man Boote auch, aber schlecht. Denn es sind recht große Steine.

M i t t e l g r o ß e   B o o t e : Dabei denke ich besonders an Boote, deren Tiefgang größer ist als die Wassertiefe am Anleger. Ich meine, daß man es bis zu etwa 0,8 Meter Tiefgang noch einrichten kann, vom Boot auf die Plattform überzusteigen. Dabei muß man dann allerdings die tiefen Stellen vor dem Anleger aussuchen.

Die Fischer haben eine Leine von der Plattform zu der Klippe gelegt. Ich würde sie mit dem Bootshaken aus dem Wasser greifen. Dann kann man an ihr das Boot vorsichtig soweit an die Plattform holen, daß einer mit einer langen Vorleine herüberjumpt und sie dort festmacht. Dann würde ich das Boot an der Leine der Fischer an die Klippe holen und dort eine lange, elastische Heckleine an dem Eisenring belegen. Nun kann man die Leine der Fischer fahren lassen und das Boot zwischen Plattform und Klippe auf genügender Wassertiefe festlegen. Will man an Land, so holt man das Boot mit der Vorleine so dicht wie nötig an die Plattform. Ist man drüben, zieht die elastische Perlonleine das Boot wieder ins Tiefe zurück.

E i n e s   i s t   w i c h t i g : Auch wenn die Plattform frei ist und der Tiefgang es zuläßt, soll man dort nie längsseits festmachen. Bei Seegang aus Nordost, der ohne Wind oft sehr plötzlich einsetzt, ist zwar an sich in dieser Bucht ruhiges Wasser. Aber unmittelbar vor dem Anleger ist dann starker Sog, der am Boot Schaden machen würde.

Der Landeplatz an der Nordseite

Dieser Platz ist vollkommen geschützt gegen Seegang aus Süd. Da ich bei Südwind stets vorbeigesegelt bin, um Nord zu gewinnen, war ich nie mit dem Boot auf diesem Platz. Ich habe dort aber immer Boote liegen gesehen. Für größere Yachten taugt der Platz nicht. Der Ankergrund sind große Steine. Für kleine und mittelgroße Boote gibt es zwei Klippenbuchten. In erster Linie kommt die östliche der beiden in Betracht. Von dort führt ein Weg bzw. Treppe zum Plateau der Insel hoch. Sobald der Südwind aufhört, sollte man diesen Platz besser verlassen, denn bei stärkerem Seegang aus Nord ist dort der Teufel los.

Raco del Infern an der Südseite der Insel muß früher häufig benutzt worden sein, denn ein breiter, heute aber überwachsener Weg führt auf die Insel herauf. Es ist ein etwa 25 Meter ins Land reichender Einschnitt von innen etwa 8 Meter Breite. Überwiegend Sandgrund mit großen Steinen dazwischen. Wenn man den Anker von den Steinen klarhält, muß man mit Buganker und Heckleine liegen können. Aber es ist ein komplizierter Platz. Bei Seegang aus Nordosten ist er unruhig, bei starkem, herbstlichem Seegang bis zur Unnutzbarkeit.
S c h ö n w e t t e r p l ä t z e gibt es noch an einigen Stellen, besonders, wenn man nicht auf die Insel herauf will. So ist eine kleine, steilwandige Einbuchtung direkt unter dem schon erwähnten hübschen Platz bei der Zysterne südlich von der Bucht La Vaca. Diese kleine Bucht ist auch gegen Seegang aus Nordost ganz gut geschützt.

Isla Meda Chica   (Plan S. 178 und Skizze S. 181)

„Die Kleine" heißt sie. Und tatsächlich ist sie nur auf ihrer Westseite einigermaßen begehbar. Da sie fast die gleiche Höhe hat, wie die große Schwester, ist sonst überall nur steiler Felsabsturz. An der Westseite gibt es ein kleines Häuschen und ein paar nette Plätze zum Sitzen. Mir wäre sie als Robinsoninsel zu klein.

Einziger Landeplatz ist E l   P o r t i c h o l sowie bei ruhigem Wetter noch eine Felsnase gleich südwärts von El Portichol (Skizze). Auf dem Plan der Insel (1 cm gleich etwa 100 Meter) sieht El Portichol ganz brauchbar aus. Besieht man ihn sich aber genauer, so gibt es dort für Boote mit mehr als 40 Zentimeter Tiefgang eigentlich nur einen guten Liegeplatz. Ich habe die Lage für ein tiefgehendes Boot in der Skizze als Boot mit Mastbaum gezeichnet. Flachgehende Boote können auch an den anderen Plätzen festmachen.

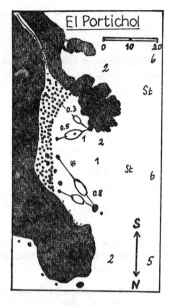

El Portichol, der Anlandeplatz auf der Isla Meda Chica, von Norden aus gesehen (so, wie man ihn von El Estartit anläuft). Die besten Möglichkeiten, kleine und mittelgroße Boote festzumachen, sind in die Skizze eingetragen.

Recht gut liegt man auch in der kleinen Einbuchtung gleich südlich von El Portichol (vielleicht liegt man dort bei ruhiger See sogar besser).

Ist man darauf eingerichtet, einen zwischen Steinen verklemmten Anker tauchend freizumachen, so können mit Buganker und Heckleinen zu der Klippe bei El Portichol Boote jeden Tiefganges festmachen.

Die übrigen kleinen Inseln

Die übrigen kleinen Inseln sind fast alle sehr hoch und teilweise bizarr geformt. Die Islote Mogote ist mit 72 Meter Höhe bei teilweise nur 40 Meter an der Basis ein vollkommener Zuckerhut. Das gleiche gilt für die etwas kleinere El Magallot im Norden. Anlanden ist hier weniger ein nautisches als ein alpinistisches Problem.

Die Seefahrt zwischen den Inseln (Plan S. 178, 159)

Es ist ein Revier, das man selber erkunden muß und bei dem ganz klaren Wasser auch gut selbst erkunden kann. Hier nur einige Stichworte:

Zwischen den Inseln, insbesondere den kleinen, hohen Inseln, fällt der Grund fast überall steil auf große oder sogar sehr große Tiefe ab. Eine Ausnahme bildet die Isla Meda Chica. Um die Isla Meda Chica herum liegen in breitem Gürtel Überwasser- und Unterwasserklippen. Man kann zwischen ihnen fast überall hindurchlavieren. Zum Tauchen und „Schnorcheln" ist dies natürlich genau das rechte Revier.

Die Passage zwischen Isla Meda Grande und Chica (Plan S. 178)

Sie ist auch für große Yachten möglich. Und sie führt durch eine der bizarrsten Felslandschaften, die man sich denken kann. Bei der ersten Durchfahrt sollten große wie kleine Boote ruhiges Wetter wählen. An der engsten Stelle soll man, bis man die Verhältnisse kennt, sehr langsam fahren. Boote mit mehr als 1 Meter Tiefgang müssen sich an die tiefste Rinne halten, die mehr als 6 Meter Wasser hat.

Zwei Klippen gibt es in der engsten Stelle der Durchfahrt: Eine blinde Klippe etwa 6 Meter vor der letzten gut sichtbaren Felsspitze der Isla Meda Grande. Diese müssen auch Kleinboote sorgfältig meiden. Ferner eine breite und stumpfe Klippe etwa 1,5 Meter unter Wasser etwa 20 bis 25 Meter nordwestlich der Landspitze der Isla Meda Chica. Sie ist nur für Boote ab etwa 1 Meter Tiefgang wichtig.

Mit anderen Worten: Hält man genau die Mitte zwischen allem, was von beiden Inseln über Wasser sichtbar ist, liegt man richtig. Da man auch die anderen, tiefer liegenden Unterwasserklippen durch das sehr klare Wasser vollkommen deutlich erkennt, hat der Schiffer bei der ersten Durchfahrt meist ein paar spannende Momente. Also beim ersten Mal sehr langsam!

Höhlen und Einschnitte

Die seewärtige Seite der Isla Meda Grande ist wildeste, von der See gezeichnete Felslandschaft. Sie läßt sich nicht beschreiben, sondern nur erleben. Deshalb nur Stichworte. Sie folgen dem Uhrzeigersinn. Gleich nach Runden der steilen, seevögelreichen Nordhuk (bei richtigem Wind riecht es kräftig nach Guano) steht man vor einem tiefen Höhlenspalt. Besonders der Landteil der Höhle reicht weit in den Fels.

Zwischen der ersten und zweiten Westhuk liegt die Cova del Dimoni. Sie liegt tief einschneidend genau im Felswinkel. Ich denke, daß bei ruhigem Wasser auch ein mittelgroßes Boot mit Vorsicht hineinfahren kann. Sie lohnt die Erkundung.

Die Bucht La Vaca ist gut geschützt, hat aber die unsinnige Wassertiefe von fast 25 Metern. Im innersten Winkel dieser Bucht ist eine niedrige, aber tief in den Fels einschneidende Höhle.

Die Isla Meda Chica hat drei Höhlen an ihrer Nordseite. Man erkundet sie bei ruhigem Wasser. Sie sind nicht klippenfrei! Wenn man von den Höhlen an der Küste nördlich von El Estartit bereits verwöhnt ist, werden sie einen weniger beeindrucken.

Die Playa de Pals   (Plan S. 159 und 185)

Dieses reichlich 8 Kilometer lange Stück Sandküste hat einiges mit dem Golf von Rosas gemeinsam, anderes nicht. Gemeinsam sind der flache, ereignislose Sandstrand, die Lagunen dahinter, die ausgeprägte Seebrise am Tag und Landwind des Nachts. Auch den guten Schutz, den die Nordseite bietet und die schlecht geschützte Südseite.

Was sie unterscheidet, ist, daß der Tramontana im Sommer nur noch sehr selten bis in diese Region reicht. Als starker Wind spielt er eigentlich nur im Herbst und Frühjahr eine Rolle. Dann kann er besonders im Südteil des Strandes recht heftig sein. Er ist dort nahezu ablandig, und zwar bei hohem auflandigem Seegang.

Aber ein wichtiges Phänomen spielt auch im Sommer eine große Rolle! Man ist morgens bei ganz ruhigem Wasser zur Mitte oder an den Südteil der Playa de Pals gefahren. Man hat das Boot etwas aufs Ufer geholt und ist wandern gegangen. Rückkehrend findet man eine donnernde Brandung vor. Ganz ohne Wind. Hat man Glück, ist nur im Boot alles naß. Hat man Pech, gibt es alle Variationen bis zum Totalverlust. Ist gar ablandiger Wind, so ist das Boot auf den Felsen bei Bagur oder auf dem Wege nach Afrika. Meist aber ist nur hohe Brandung und kein Wind.

Dieser Seegang kommt meist sehr plötzlich und häufig um die Mittagszeit. Er ist im Golf von Lion durch Tramontana entstanden und läuft nun um Cabo Creus herum als hohe nordöstliche Dünung. Ist man mit dem Boot auf See, so stört der Seegang kaum. Am Strand macht er jedoch erhebliche Brandung. Seegangs- und brandungsfrei sind dann nur die etwa 1 bis 2 Kilometer Strand bei El Estartit.

Die Playa de Pals bietet Sportbooten wenig Interessantes. Allerdings viel Strand zum Baden. An der alten Mündung des Rio Ter, etwa 1 Kilometer südlich von El Estartit, sind hinter dem Strand ausgedehnte Lagunen. Zu Wasser kan man nicht hin. Die Mündung der Lagunen ist mit Sand zugespült.

Eine Bank mit etwa 2,8 Meter Wasser liegt auf sonst tieferem Grund dort etwa 600 Meter vor der Küste und 1 Kilometer südlich von El Estartit. Bei starkem Seegang aus Nordost habe ich keine Brandung gesehen. Bei hohem Seegang aus Ost mag sie eine Rolle spielen.

Die jetzige Mündung des Rio Ter liegt 4 Kilometer südlich von El Estartit. Der Fluß mündet zwischen steilen Uferböschungen von 2 oder 3 Meter Höhe. Er ist aber sehr flach. Das breite Flußbett ist von dem normalerweise sehr wasserarmen Fluß nur teilweise ausgefüllt. Der Fluß taugt bei bestem Willen nicht zur Wasserfahrt. Vor der Flußmündung muß man mit wechselnden Bänken rechnen.

Im Südteil der Playa de Pals stehen die hohen Funkmasten der Deca-Station. Dort beginnt auch wieder Felsküste. Sie und ihre erste Bucht, die Cala Sa Riera, werden auf Seite 194 beschrieben.

IV. Die phantastische Küste — El Estartit bis Palamós

A. Einführung

Zwischen El Estartit und Palamós liegt landschaftlich der Schwerpunkt der südlichen Costa Brava. Gerade dieses schönste und wildeste, dabei aber doch schon so südländisch geprägte Stück der Costa Brava hat eine Einsamkeit und Exklusivität bewahrt, die neben der Großartigkeit der Landschaft seine wichtigste besondere Eigenschaft ist. Erst im südlichsten Teil dieses Reviers beginnt mit den großen Badebuchten dann auch der Massentourismus.

Beschreibung in Kurzform

Welch eine Überfülle von landschaftlichen Höhepunkten auf dem kurzen Raum von etwa 30 Kilometern? Stets ist es etwas bedenklich, in Superlativen zu reden, aber für viele, lange Abschnitte dieser Küstenstrecke darf man das getrost.

Im Nordteil beginnt es allerdings zuerst regelrecht enttäuschend: Der lange flache Strand von Pals wurde bei El Estartit beschrieben. Darauf folgt flache Felsküste, ungünstig zum Anlanden, aber schon dicht bewaldet. Die große Bucht Cala Sa Riera liegt dort; hübsch, aber nautisch schwierig. — Südwärts von Cap Negre gibt dann die große, schöne Doppelbucht Cala Sa Tuna und Cala Aiguafreda schon eine Probe vom Reiz der kommenden Landschaft. Dann folgt das eindrucksvolle Cap Bagur.

Hier beginnt die wirksame Abdeckung des Tramontana. Die Küste zeigt mehr und mehr nach Süden. Die Fülle des südlichen Pflanzenwuchses ist nicht mehr die Ausnahme, sondern die Regel. Agaven, Feigenkakteen, Eukalyptus und vor allem Wald: Pinien, überall Pinien. —

Südwärts von Cap Bagur folgt die vielgestaltige, große Bucht Cala di Aigua Blava. Manche halten sie für die schönste der ganzen Costa Brava. — Hoch über dieser Region thront auf beherrschendem Gebirgsstock das Bergdorf Bagur, gekrönt von der Burg. Nach allen Richtungen reicht von dort der Blick in die Felsbuchten herab. Man versäumt viel, wenn man die 4 Kilometer Fußmarsch nach Bagur scheut.

Südlich der Cala di Aigua Blava beginnt dann der goldgelbe Granit. Die Art des Gesteins, die Höhe der Felsküste und die unglaublich starke Gliederung der Küste machen folgenden Kilometer zu einem der absolut schönsten Gebiete der Costa Brava. Buchten und Schluchten, Inseln und Höhlen in solchem Übermaß, daß der erste Ausflug oft auf halbem Wege endet, einfach weil man überwältigt ist, übersättigt mit Bildern.

Kaum möglich, hier Höhepunkte zu nennen, da alles großartig ist. Die große Felsschlucht in Punta del Mut mit dem Naturhafen ist ein solcher Höhepunkt, ebenso Port d'Esclanya, die großen Höhlen Cueva d'en Gispert und Cueva del Bisbe, aber auch die zahllosen kleinen Höhlen sind es nicht minder. Unglaublich toll ist die Bucht mit den ganz steilen goldgelben Felsinseln darin.

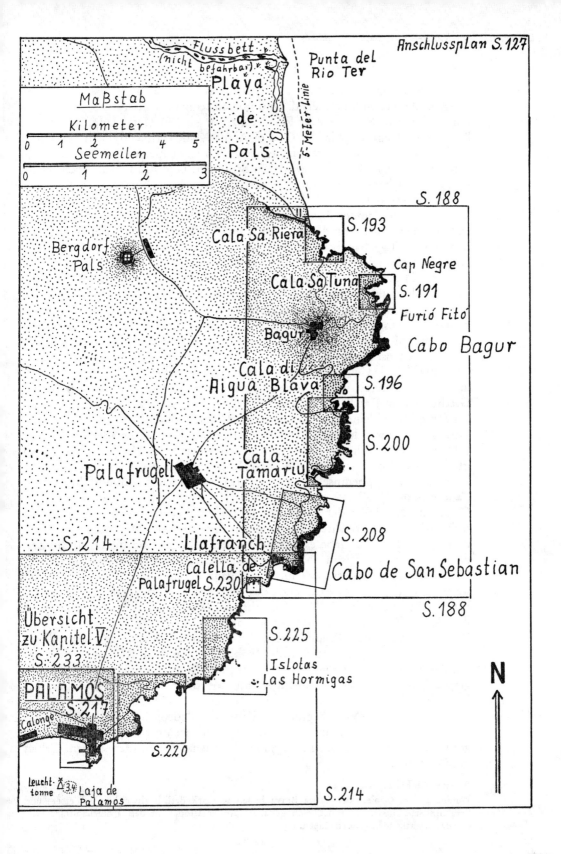

Anschlussplan S. 127

Flussbett
(nicht befahrbar)

Punta del
Rio Ter

Playa
de
Pals

5-Meter-Linie

Maßstab

Kilometer

0   1   2   4   5

Seemeilen

0   1   2   3

S. 188

Bergdorf
Pals

Cala Sa Riera

S. 193

Cala Sa Tuna

Cap Negre

S. 191

Furió Fitó

Bagur

Cabo Bagur

Cala di
Aigua Blava

S. 196

S. 200

Palafrugell

Cala
Tamariu

S. 214

S. 208

Llafranch

Cabo de San Sebastian

Calella de
Palafrugel S. 230

S. 188

Übersicht
zu Kapitel V

S. 233

S. 225

Islotas
Las Hormigas

PALAMOS

S. 217

Calonge

N

S. 220

Leucht-
tonne △ 3.4 Laja de
Palamos

S. 214

Grüne Pinien gegen den blauen Himmel stehend, sich hoch über den Menschen an die Felsen klammernd. Und überall schmale Wasserarme, stille Buchten, verborgene Strände. Der Fjord Cala Longa, 150 Meter lang, ist nur ein Beispiel. — Dann liegt in der Cala di Aigua Xellida jener idyllisch versteckte Fischerplatz: Zwei oder drei Fischerhäuser auf einer kleinen kakteenstrotzenden Felsinsel zwischen zwei winzigen Stränden. Und dicht dabei eine Quelle im Fels. — Überall Dutzende von Kleinboot-Buchten. Niemand muß sie mit einem anderen teilen.

Wie durch ein Wunder öffnet sich dann plötzlich in der menschenleeren Felswelt die lachende Strandbucht von Tamariu. Eine Fischersiedlung mit 100 Bewohnern. Tags Badebetrieb, aber abends beschaulicher Frieden.

Und noch einmal holt die Küste in großartiger Einsamkeit zu einem neuen Höhepunkt aus. Schwarzgrau ist nun der Fels und steil fällt er aus unvorstellbarer Höhe zum Wasser ab. Dort aber, wo man bei bloßem Vorbeifahren nichts als ungastliches Gestein vermutet, sind bei nahem Hinsehen einsame, kleine Buchten. Felsspalten bilden Höhlengänge, und ein kleines Boot kann sie fahren, bis vom Tageslicht nur noch ein schmaler Spalt zu sehen ist. Wer kennt diese Costa Brava?

Auch die Cala de Gens wird nur von wenigen Liebhabern besucht und ist doch in ihrer Einsamkeit in der hohen Felsenwelt wie ein Bergsee in den Alpen. Geschützt vom Kap San Sebastian folgt die Badebucht von Llafranch. Weißer Strand. Ein kleiner Sportboothafen und wimmelndes Leben.

Noch zweimal wandelt sich vor Palamós das Bild der Küste: flaches, goldgelbes Felsgestein mit zahllosen kleinen, wunderschönen Kiesbuchten beginnt. Wald ist dahinter. Davor auf See die Islas Hormigas. An der Küste 30 goldgelbe Buchten, von Klippeninseln geschützt. Sie gehören den Kleinbootfahrern, den Tauchern, den Anglern.

Der letzte Abschnitt der Küste vor Palamós bietet dann große, freundliche, weitgeschwungene Buchten, Badebuchten mit zahllosen Menschen und Hunderten von Booten. Gäbe es nicht die stillen Abende und die friedliche Zeit der Vor- und Nachsaison, so könnte man erschrecken vor der Betriebsamkeit. Aber verborgen gibt es auch hier noch ganz einsame Plätze — für den der sie weiß und begehrt. Aber auch das betriebsame Leben vor den Stränden hat ja sein Lockendes. Jollen lassen ihre Segel sehen, Wasserskifahrer ziehen ihre Bögen, Traumyachten liegen vor Anker.

Der Ort und Hafen Palamós ist das Zentrum des Wassersportes an dieser Küste. In der Ferienzeit ist er voller fröhlicher Menschen. Riesige Hochhäuser künden von Komfort und Massentourismus. Es wird „mit tausend Zungen gesprochen." Die Yachten sind hier fast so groß, so weiß und so teuer, wie in Nizza oder Cannes. Aber um eine Nuance ist es doch familiärer. — Wie dem nun sei, in Palamós beginnt die Küste der Badebuchten und der Massentourismus. Streng genommen, hat sie schon ein wenig weiter im Norden begonnen. Die in der Ferienzeit noch menschenarme Zone endet etwa im Gebiet um Llafranch.

Nautische Hinweise

Wenige andere Gebiete der Costa Brava haben so stark örtlich abweichende Wetter- und Seegangsverhältnisse. So findet man genauere Informationen in den Unterkapiteln. Hier nur das Wichtigste in großen Zügen.

Grundsätzlich ist es ein sehr begünstigtes Revier im Sommer. Doch der Südteil von Playa de Pals und die anschließende Küste bis Punta de la Sal wollen auch im Sommer ernster genommen werden. Denn Tramontana-Seegang, auch wenn er fern im Golf du Lion entstanden ist, läuft hier auflandig auf die Küste zu. Als Wind reicht der Tramontana in den Hochsommermonaten nur sehr selten bis in diesen Küstenstrich.

Gute Segelwinde gibt es vor der Playa de Pals und im südlichen Teil dieser Strecke etwa ab Kap San Sebastian. Vor der hohen Felsküste ist man mit einer Jolle etwas unglücklich daran. Um so besser haben es die Eigner von recht kleinen, motorisierten Booten. Ihnen bietet die Küste mehr als einem schwerem Boot.

Navigatorisch ist die Küste einfach. Außer den Passagen bei den Islas Hormigas wüßte ich keine Stelle, wo das Fahren in 50 Meter Distanz oder seewärts davon besondere Aufgaben stellt. Jedenfalls bei Tageslicht.

Daß es an einigen Abschnitten d i c h t unter dem Ufer sehr klippenreich ist, ist bei dem klaren Wasser kaum ein Hindernis. Viele Abschnitte der Felsküste, und sogar fast immer die schönsten und des Erkundens wertesten, sind ausgesprochen klippenarm.

Außerhalb des Mittelmeersommers will mehr bedacht sein, vor allem bei Tramontana. Abdeckung bei Tramontana-Seegang gibt im Norden El Estartit. Dann aber ist man erst wieder südlich von Cabo Bagur von Tramontana-Seegang geschützt. Darüber wird in den verschiedenen Kapitel recht viel an Einzelheiten mitgeteilt, damit vermieden wird, in eine ungeeignete Bucht einzulaufen und dort ungemütliche oder sogar ängstliche Tage zu durchleben. Es sind zwei deutsche Boote — ein Jollenkreuzer und ein hübscher, trailerbarer Kajütkreuzer — die ich vor meinem geistigen Auge bei Herbsttramontana in den „falschen Buchten" an ihren Leinen reißen sehe. — Bei Herbsttramontana ist Cabo Bagur eine Art Wetterscheide. Südlich vom Kap ist man an der Küste aus dem Schlimmen heraus.

D i e W i n d e kommen — wenn man von Seebrise und Landwind absieht — vorherrschend aus nordwestlicher oder nordöstlicher Richtung. Vorausgesetzt, daß überhaupt Wind ist. Im Sommer ist es sehr windarm, besonders unter der hohen Felsküste. Vor den großen Gebieten mit flachem Hinterland trifft man dagegen recht zuverlässig Landwind und Seebrise an. Südwind ist im Sommer selten. Im Spätsommer und Herbst muß man aber mit Garbi rechnen. Er ist aber selten stürmisch und dann nur für kurze Zeit. Fast immer geht ihm Dünung aus Süd voraus. Oft kommt er um die Mittagszeit und geht abends wieder zu Bette. S e e g a n g o d e r D ü n u n g aus Nord oder Nordost sind häufig, oft auch dann, wenn gar kein Wind ist oder nur die örtliche Land- und Seebrise. Dies ist der große Kummer segelnder Boote, die an der Küste entlang nach Norden wollen.

Ein schwacher Strom setzt an der Küste entlang nach Süden. Man spürt ihn, wenn überhaupt, eigentlich nur vor den Kaps. 0,4 Knoten ist das Normale. Er läuft etwas stärker, wenn „oben" Tramontana weht. Durch einen kräftigen Südwind kann er auch einmal für einen Tag oder zwei umgekehrt werden.

Stichworte zur Urlaubsplanung

Dieses Stück der Küste ist eines der schönsten, und zwar für den Wasserfahrer noch weit mehr als für den Landtouristen, der ja zu den schönsten Stellen nicht hin kann. Sei es, weil es keine Wege gibt, sei es, weil sie direkt am oder im Wasser liegen. — Der Eigner eines Bootes mit festem Standquartier hat schwere Entscheidungen zu fällen, denn Quartier ist sehr knapp.

**Boote
mit festem
Standquartier**

Die sehr schönen nördlichen Teile dieses Küstenbereiches haben sich dem Massentourismus verschlossen. Das bedeutet, daß es dort nur wenige Hotels gibt und diese dann oft recht exklusiv sind. Das ist nicht jedermanns Sache für den Sommerurlaub. Die Spanier und auch Franzosen, die sehr wohl wissen, wo die südliche Costa Brava am schönsten ist, mieten sich oft ein Fischerhaus. Am Beispiel der Cala Sa Tuna habe ich das genauer beschrieben. Dieses muß jedoch sehr früh vereinbart werden. Am besten noch im Spätherbst des vorausgehenden Jahres. Spätestens wohl um die Winterzeit. Zumal wenn man sich das Schönste aussuchen will. — So stellt sich also für den Nordteil dieser Küstenstrecke weniger die Frage, wo das Revier schön ist, als: ob und wo man Unterkunft findet.

Reichlicheren Hotelraum gibt es nach Süden zu erst in T a m a r i u und dann vor allem ab L l a f r a n c h. Da Llafranch sehr günstig liegt und ein kleiner Sportboothafen neu

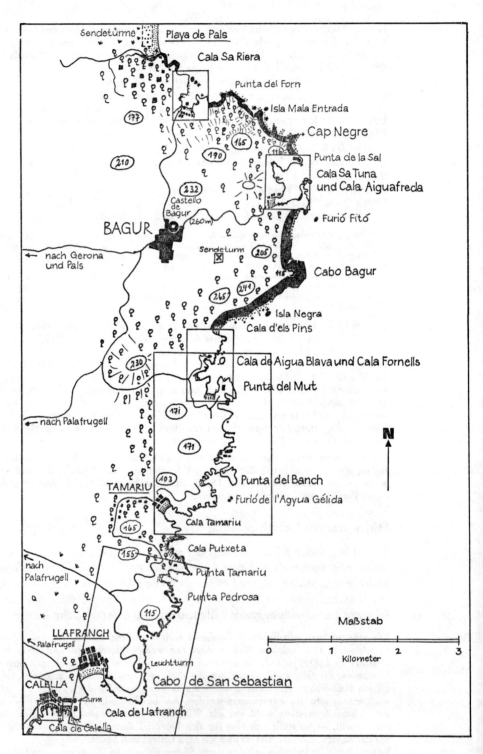

Playa de Pals bis Cabo de San Sebastian und Llafranch.

erbaut ist, verdient der Ort alle Beachtung. Das eigentliche Touristenzentrum ist P a l a m ó s, auch C a l e l l a d e P a l a f r u g e l l kann schön sein. Und gar nicht erst zu reden von den ganz kleinen, verborgenen Fischerplätzen in C a l a A l g e r oder C a l a M a r g a r i d a. Aber da bin ich schon wieder bei den ganz kleinen Plätzen. — Mein Faible, daß ich es mir gern einsam und urtümlich wünschen würde.

Boote auf Wanderfahrt

Mit einem leichten oder mittelgroßen Boot auf Wanderfahrt würde ich an diesem Küstenstück viele Stationen einlegen. Regelrechte Häfen sind im nördlichen Nachbargebiet El Estartit. In unserem Gebiet L l a f r a n c h (20 Kilometer von El Estartit). Danach P a l a - m ó s (9 Kilometer von Llafranch). Es liegen aber so viele schöne und in der Sommerjahreszeit sichere Buchten am Wege, daß man von allen guten Geistern des Wasserwanderns verlassen sein muß, daran vorbeizufahren. Man lasse sich nicht davon abschrecken, daß es „nur" Buchten sind und keine Häfen. Die Buchten auf dieser Strecke zählen zu den schönsten der ganzen Küste.

Wie würde ich es machen? Wenn ich von El Estartit käme, würde ich je nach Lust und Wetterlage entweder **Cala Sa Riera** anlaufen (9 Kilometer von El Estartit) oder, zumal wenn Nordwind ist, lieber die **Cala Sa Tuna** (11 Kilometer von El Estartit). Von hier würde ich abends unbedingt landein zu dem Bergdorf Bagur wandern. Der nächste Platz wäre dann die **Cala di Aigua Blava** (5 Kilometer von Sa Tuna). Dort könnte man schon mit dem Erkunden der Höhlen und Buchten dicht südwärts beginnen. Bei gutem Wetter würde ich dann ganz abenteuerlich eine Nacht in **Port d'Esclanya** zubringen und am Tage die Höhlen und Inseln erforschen. Mit einem kleinen Boot würde ich in die Innenbucht von **Cala Aigua Xellida** einlaufen und dort eine Nacht bleiben. Mit einem größeren Boot würde ich in der **Cala Tamariu** ankern.

Auf dem Wege südwärts würde ich gewiß versuchen, einige der tollen Höhlen unter dem Felsmassiv von Kap San Sebastian anzulaufen. Ob die **Cala de Gens** einen Abend verdient, hängt von der Stimmung, dem Weinvorrat und dem Wetter ab. Und jedenfalls ist der kleine neue **Hafen von Llafranch** ein guter Platz für die Nacht. Ein abendlicher Spaziergang sollte bestimmt auf das sehr hohe Kap San Sebastian mit seinem ehemaligen Kloster führen. Hat man Glück, sieht man von dort Mallorca.

Für die nächste Nacht sollte die Stimmung darüber befinden, ob südlich der Islas Hormigas eine der Felsbuchten der roten Küste der Ankerplatz wird, ob ich mich in der kleinen Klippenbucht des Fischerdorfes in der C a l a A l g e r zu Gaste lade oder ob es geradenwegs nach **Palamós** geht.

Mit einer schweren Yacht

Das „Cannes" der Costa Brava ist Palamós. Eine durchreisende Yacht findet dort auch in der Ferienzeit Liegeplatz. Tagsüber und manchmal auch nachts liegen große Yachten in der Cala de Aigua Blava. Geankert wird bei ruhigem Wasser vor Tamariu, öfter noch vor Llafranch. Es gibt aber viele andere Plätze, die man auch mit einem schweren Fahrzeug noch gut anlaufen kann. Die werden in der genauen Küstenbeschreibung genannt.

B. El Estartit bis Cala di Aigua Blava   (Plan S. 159, 185, 188)

15 Kilometer Küstenfahrt trennen den Hafen El Estartit von der Cala di Aigua Blava. Davon laufen 8 Kilometer vor der Playa de Pals und 7 Kilometer an felsiger Küste. Fährt man in die Buchten ein, so ist die Strecke wesentlich länger.

Die Playa de Pals wurde schon beschrieben (Seite 182). An ihrem Südende liegt die Felsbucht Sa Riera. Es folgen 2 Kilometer Fahrt an weniger schöner Felsküste. Dann öffnet sich die reizende Doppelbucht Cala Sa Tuna und Aiguafreda. An der darf man nicht vorbeifahren! Mindestens einlaufen muß man in sie und eine Rundfahrt machen. Vielleicht gefällt sie einem so sehr, daß man dort übernachtet.

Danach führt die Fahrt an dem gewaltigen Felsmassiv von Cabo Bagur vorbei. Gute Buchten gibt es dort nicht. Noch ist die Küste eher abweisend als einladend. Dies endet schlagartig bei der Doppelbucht Cala Aigua Blava und Cala Fornells.

Diese wichtige Bucht ist für ein **Boot auf Wanderfahrt** wohl jedenfalls der Haltepunkt für die Nacht und der Ausgangspunkt für die weiteren Unternehmungen. Denn südlich von der Cala di Aigua Blava wird die Küste ganz einmalig schön.

So führt dieser erste, hier beschriebene Abschnitt der Fahrt von zuerst nur mäßig schöner Küste in allmählicher Steigerung in einen der landschaftlichen Höhepunkte der Costa Brava hinein. Einzelheiten der Küste werden auf Seite 194 f beschrieben.

Cala und Ort Sa Tuna und Cala Aiguafreda (Plan S. 188 und 191)

Es ist eine reizende Doppelbucht von insgesamt etwa 500 Meter Breite und Tiefe. Ein sehr netter, kleiner Fischerort liegt in der Cala Sa Tuna. Ein großes Hotel steht auf der Nordhuk.

Ansteuerung Die am weitesten vorspringende Landspitze ist C a p N e g r e . Die am stärksten auffallende Huk ist aber P u n t a d e l a S a l mit dem sehr großen Hotel.

Cabo Negre ist ein flaches Kap mit einem langen Vorfuß aus Klippeninseln. Die äußerste sichtbare Klippe soll man in mindestens 20 Meter Distanz runden, da es noch einige Steine unter Wasser gibt. Auf **Punta de la Sal**, etwa 500 Meter nordwärts von Cabo Negre, steht das sehr große Hotel. Die seewärtige Seite von Punta de la Sal ist sauber. Nach Passieren von Punta de la Sal steht man vor der Doppelbucht. Sie hat tiefes Wasser. Die Einfahrt ist fast 400 Meter breit und ohne Probleme.

Cala Sa Tuna (Plan S. 191)

Dies ist eine reizende kleine Bucht mit etwa 100 Meter Strand und einem sehr kleinen, idyllischen Ort. Ursprungs Fischersiedlung, ist Sa Tuna heute Urlaubsplatz überwiegend für Spanier und Franzosen. Es gibt keine großen Hotels. Man mietet für einen Monat ein früheres Fischerhaus. Es ist einfach eingerichtet, aber sehr sauber und sehr zweckmäßig. Wäsche, Geschirr und Küche mit Eisschrank und Dusche sind einbegriffen. Etwa 15 Häuser stehen direkt an der Bucht, weitere auf den Hängen. Auf dem Platz vor den Häusern am Strand wird abends Sardegna getanzt. Kleine Treppengassen führen zwischen den sauberen, sehr hübschen Häusern hindurch. Ein kleines Restaurant ist da. Nur „los" ist sonst nichts. Ich persönlich halte diese Art des stillen Urlaubs für sehr schön.

Tagsüber kommen während der Badestunden Badegäste aus Bagur. Und vom November bis April schläft der Ort. Nur vier Fischerfamilien wohnen dann dort. (Von einer, welche die Häuser betreut, habe ich die Anschrift: Juan Grau Pi, Bagur - Sa Tuna. Casa Sres. Bona.) Am schönsten ist es in dem wirklich bemerkenswert hübschen Sa Tuna außerhalb der Ferienzeit.

Liegeplatz bietet die kleine Bucht unbegrenzt auf dem Strand. Im Wasser vor Grundgeschirr ist für maximal etwa 20 Boote Platz. Da in der Ferienzeit etwa ²/₃ der Bucht durch schwimmende Seile mit kleinen Bojen für die Badenden abgeteilt sind und das übrige Drittel durch dort stationierte Boote belegt ist, können größere Yachten nur in der Vorbucht ankern. Dort ist leider die Wassertiefe mit 6 bis 9 Metern recht groß. Außerhalb der Ferienzeit nimmt man deshalb dichter vor den Strand. Es gibt drei sehr kleine Betonanleger mit flachem Wasser davor an der Nordseite der kleinen Bucht. Weiteres zeigt auch der Plan.

Ein mittelgroßes **Boot auf Wanderfahrt** kann sowohl damit rechnen, einen günstigeren Liegeplatz weiter im Innern der Bucht zu bekommen. Falls es wirklich zu voll ist, läuft man in die Nachbarbucht Cala Aiguafreda oder zur Cala di Aigua Blava 4 Kilometer entfernt.

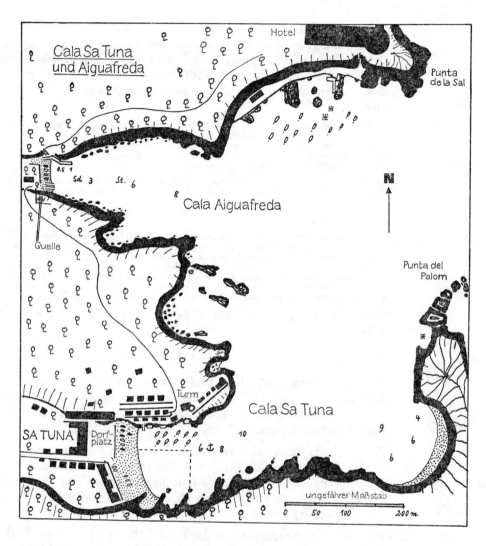

Bei stürmischem Wetter außerhalb der Sommerzeit ist Cala Sa Tuna für ankernde Boote kein unbedingt sicherer Platz mehr. Bei starkem Tramontana steht Seegang in die Bucht herein. Bei gutem Grundgeschirr wird ein leichtes Boot damit fertig werden. Um ein schweres Boot hätte ich Sorge. Bei starkem Herbsttramontana verholt man besser in die Cala di Aiguafreda. Dort liegt man sicherer. Bei Oststurm muß man beide Buchten verlassen oder das Boot auf den Strand holen. Im Sommer gilt Cala Sa Tuna als sicherer Platz.

Cala Aiguafreda   (Plan S. 191 und 188)

Die Außenbucht wird von dem sehr großen Hotel beherrscht, welches auf Punta de la Sal mehrere Stockwerke hoch eindrucksvoll aufgebaut ist. Ein Luxushotel, das erste, das an der Costa Brava erbaut wurde. Zahlreiche Kleinboote liegen in der felsigen Einbuchtung südlich vom Hotel an Bojen. Nur als Hotelgast hat man Chance, dort einen Platz zu bekommen. Ein paar kleine Betonanleger sind da. Wasserskifahrer und Flitzer bringen Betrieb und Unruhe in die Außenbucht.

Die Innenbucht von Aiguafreda ist stiller geartet. Die lange, fjordartige Bucht hat karge Felsufer. Darüber steht jedoch schöner Wald. Der innerste Teil der Bucht ist nur noch etwa 30 Meter breit. Dort ist eine kleine B e t o n -

pier für Sportboote. Praktisch ist die Innenbucht unbewohnt. Nur zwei oder drei ehemalige Fischerhäuser stehen in dem engen schattenreichen Tal. Zu dem Ort Sa Tuna mit Restaurants sind etwa 400 Meter Waldweg. Eine asphaltierte Autostraße führt über Sa Tuna nach Bagur. Dicht am Strand ist in dieser intim-schönen Innenbucht eine allgemein zugängliche Süßwasserquelle.

Der kleine Betonsteg ist niedrig, ist etwa 15 Meter lang und hat 1 bis 0,5 Meter Wasser längsseit. 1970 war der Außenteil der Pier etwas eingesunken, aber noch benutzbar. — Am Ende der Bucht ist ein etwa 10 Meter langer Kiesstrand. Dort sind zwei kleine, einfache Betonslips mit einzementierten, queren Holzleisten. Für ein Boot auf Wanderfahrt gibt es die wichtige Einrichtung einer Quelle mit gutem Wasser. Bei der Steinbalustrade etwa 15 Meter vom Strand fließt sie aus einem Rohr.

Für ein Boot auf Wanderfahrt bis ungefähr 10 bis 12 Meter Länge ist die Cala di Aiguafreda ein sehr schöner Platz. Für eine sehr große Yacht ist es zu eng. Dies umso mehr, als der Ankergrund erst etwa 30 Meter vor dem Strand von großen Steinen in Kies und Sand übergeht. Bei unruhigem Wasser empfiehlt es sich, einen Anker schräg voraus anzubringen, der das Boot von der Kaje abhält. Sind mehrere Boote da, wird man sowieso mit Buganker und Heckleinen liegen.

Schutz bei stürmischem Wetter: Für den Sommer gilt Cala di Aiguafreda als sicherer Liegeplatz. Außerhalb des Sommers kann es bei stürmischem Tramontana sehr unkomfortabel sein (dann liegt man in der Cala di Aigua Blava weit besser). Ist man bei stürmischem Tramontana in der Bucht, so macht man das Boot mit guten Leinen rechts und links an Land (oder mit allen Ankern) mit dem Bug gegen die einlaufende See fest und hält das Heck gegen den ablandigen Wind durch eine Heckleine zum Land. Es ist dann ungemütlich, aber wohl nicht gefährlich. — Bei Oststurm muß man die Cala verlassen oder das Boot auf den Strand holen. Etwas besser, wenngleich schlecht genug, liegt man bei Oststurm in der Nachbarbucht Sa Tuna.

Küstenbeschreibung von Cala Sa Tuna bis Cala di Aigua Blava siehe Seite 194.

Cala Sa Riera (Plan Seite 193 und 188)

Dies ist eine etwa 250 Meter breite, landschaftlich schöne Bucht. Sie liegt am Südende der Playa de Pals im Beginn der felsigen Küste. Wenn man, von Norden kommend, zur Cala Sa Tuna gelangt ist, ist man an der Cala Sa Riera bereits vorbeigefahren.

Zwei Gründe haben mich veranlaßt, die Cala Sa Riera auszusparen und einem größeren Fahrtenboot nicht zum Anlaufen zu empfehlen: Die Bucht ist gegen Tramontana-Seegang offen. Und sie hat unfreundliche Unterwasserklippen. Für alle leichten Boote, die man abends oder bei schlechtem Wetter auf den Strand holt, ist sie ein guter Platz, vor allem auch für Jollen.

Die kleine Fischersiedlung in der Cala Sa Riera ist im Begriff, sich zu einem Ferienort umzuwandeln. Es gibt Hotels, Gaststätten und Fischerhäuser.

Als Standquartier kommt die Cala Sa Riera nur für leichte, flachgehende Boote infrage, die auf den Strand genommen werden können. Im Sommer liegen einige Boote vor Grundgeschirr im Wasser und besetzen die wenigen leidlich geschützten Plätze. Sowohl der Seegang bei Tramontana als auch der Wind stehen in die Bucht voll herein. Die umliegende Bergküste wird erst südwärts Cap Negre schön.

Achtung | **In der Cala Sa Riera gibt es gefährliche Unterwasserklippen. Vor dem Anlaufen muß die folgende Beschreibung gelesen werden.**

Beschreibung der wichtigsten Klippen

Die folgende Beschreibung geht auf eigene Beobachtungen zurück. Für Ergänzungen bin ich dankbar. Die gefährlichste Klippe für ein einlaufendes Boot ist die unter c) beschriebene, weil sie fast in der Mitte der Einfahrt in die Bucht liegt.

a) Etwa 80 Meter vor dem Hauptstrand der Bucht liegt eine ausgedehnte Unterwasserklippe mit 10 bis 20 Zentimeter Wasser darüber. Von See einlaufend, findet man sie an der Grenze zwischen dem mittleren und westlichen (also dem rechten) Drittel des Strandes.

b) Es liegt eine blinde Klippe mit etwa 20 Zentimeter Wasser darüber etwa 60 Meter von der Westhuk der Bucht. An dieser Westhuk steht eine auffällige und sehr hübsche, steile Insel aus gelb-rotem Fels mit ein paar

nördlichster der Sendetürme
Playa de Pals
Cala Sa Riera
N
Insel
0,6 genaue Position unsicher
Maßstab
0   100   300 m
nach Bagur

Kiefern. Fährt man aus der Bucht heraus, so ist man vor dieser Klippe sicher, solange die Insel noch alle Funktürme auf der Playa de Pals abdeckt. Sobald der erste Funkturm in ganzer Länge sichtbar geworden ist, steht man knapp 30 Meter innerhalb der Linie, auf der die Klippe liegt. Von See her kommend, ist also die kritische Linie, wenn die Insel bereits etwa die Hälfte der zahlreichen Funktürme abdeckt und nur noch wenige Türme frei zu sehen sind. Steht man weiter als 100 Meter von der Insel ab, so ist man auf jeden Fall von dieser Klippe frei. Man muß dann aber bereits an Klippe c) denken.

c) Es gibt eine Unterwasserklippe mit 0,5 bis 0,6 Meter Wasser darüber, etwa 200 Meter ostwärts von der Westhuk der Bucht. Ich habe bei starkem Tramontana-Seegang diese Klippe an ihrer Brandung von Land her gesehen. Später habe ich in der Bucht mit dem Dingi lange gesucht, ohne die Klippe auffinden zu können. So kann ich keine Peilung für sie angeben.

Mit einem Boot von mehr als 40 Zentimeter Tiefgang oder bei Seegang sollte man in die Bucht also dicht an der südöstlichen Seite einlaufen und die Mitte der Zufahrt zur Bucht und die Westseite meiden.

d) Man muß wissen, daß an der ganzen Westseite der inneren Bucht unvermittelt aus 3 bis 6 Meter tiefem herrlichem Sandgrund Riesensteine hochragen und bis 2 Meter oder 1 Meter (und dicht an dem Ufer noch weniger) unter die Wasseroberfläche reichen. In der Westhälfte der Bucht soll man also nicht ankern, ohne den Schwoikreis des Schiffes auf solche Unterwassersteine abgesucht zu haben.

Ein ortsfremdes Boot muß die beschriebenen Stellen vorsichtig passieren. Die Klippen sind aber kein Hindernis, diese landschaftlich schöne Bucht nicht auch mit großen Yachten anzulaufen.

Liege- und Ankerplätze

Bei Sommerwetter oder südlichen Winden ist in der Cala Sa Riera glattes Wasser und ruhiges Liegen. Aber Tramontana-Seegang (der z. B. im Golf du Lion entstanden ist) läuft als nordöstlicher Seegang in die Bucht hinein. Das kann bei völliger Windstille der Fall sein, kann aber auch — zumal im Herbst — mit kräftigem oder stürmischem nördlichen Wind einhergehen. Bei schwerem Herbsttramontana beginnt die See bereits am Eingang der Bucht zu brechen und läuft als gewaltige Brandung auf den Strand!

Der sicherste Liegeplatz ist auf dem Strand. Die größtenteils französischen Sommergäste wissen schon, **warum sie** sich Winschen mitbringen, teilweise herrliche, museumsreife Modelle, und am Strand installieren.

Kajen gibt es in der Bucht nicht. Nur in der kleinen östlichen Nebenbucht ist eine einladend aussehende **Beton-** wand. Aber auch dort sind stark springend nur 0,1 bis 0,5 Meter Wasser.

Vor Grundgeschirr liegen einige Boote in der kleinen östlichen Nebenbucht. Dort kann ein Boot Sommertramontana gut überstehen. Und vor sehr gutem Grundgeschirr vielleicht sogar stürmischen Herbsttramontana.
Ankergrund: In der gesamten Osthälfte der Bucht ist sauberer Sand von 3 bis 5 Meter Tiefe. Bei sicherer Wetterlage im Sommer ist die Bucht ein freundlicher Ankerplatz.

Küstenbeschreibung El Estartit bis Cala di Aigua Blava

(Plan S. 159, 185, 188, 196)

Die Fahrt an der Playa de Pals ist bereits beschrieben worden (Seite 182). Vom Südende der Playa de Pals bis zur Cala Sa Tuna sind 3 Kilometer Distanz. Die große Bucht C a l a S a R i e r a liegt auf dieser Strecke (Seite 192 f). Auf die blinden Klippen vor dieser Bucht muß geachtet werden. Zwischen Cala Sa Riera und Cabo Negre bietet das etwa 2 Kilometer lange Küstenstück nichts, was nähere Erkundung verlohnt.

Es hat mir aus einiger Distanz, 200 oder 300 Meter, gut gefallen. Waldtäler treten ans mittelhohe Felsufer. Aber es gibt keine Buchten oder anziehende Punkte. Dicht unter Land ist es innerhalb der 50-Meterzone reich an Klippen, und ein paarmal haben mir blinde Klippen dort, wo man sie am wenigsten vermutet, einen gehörigen Schrecken eingejagt.

Bei **Cap Negre** biegt die Küste nach Süden um. Cap Negre ist ein flaches Kap aus schwarzem Fels mit zerrissenem, und aus Klippen gebildetem Vorfuß. Es ist sehr zerklüftet (aber ein gutes Angelrevier).
Nach einer mit Steinen gefüllten, praktisch unzugänglichen Einbuchtung folgt die hohe Felshuk **Punta de la Sal**. Dort steht als weithin sichtbare, gute Ansteuerungsmarke das große Hotelgebäude von Aiguafreda. Südwärts davon öffnen sich C a l a S a T u n a und C a l a d i A i g u a f r e d a (Seite 190 f).
Südwärts dieser Doppelbucht beginnt es zuerst noch zahm. **Punta del Palom** ist die Südhuk der Bucht. Sie ist nur etwa 10 Meter hoch und besteht an ihrer Spitze aus isolierten kleinen Felsinseln. Eine nach Süden offene Einbuchtung ist seewärts zwischen diesen Felsinselchen für flachgehende Boote bei ruhigem Wasser.

Achtung | **Etwa 400 Meter südlich von Punta del Palom liegt etwa 100 Meter vor der Küste eine niedrige Klippeninsel, F u r i ó F i t ó.**

Furió Fitó ist etwa 10 Meter groß, ragt aber nur 1/4 Meter aus dem Wasser. Sie ist sehr steilwandig. Schon 5 Meter vom sichtbaren Teil der Insel sind keine Unterwasserklippen mehr, die ein Sportboot gefährden können. Zwischen dem Festland und Furió Fitó kann man ohne weiteres passieren. Am Tage ist Furió Fitó keine Gefahr. Nur bei Nacht muß man hier sehr aufmerksam navigieren, wenn man dicht unter der Küste läuft.

Während man auf Cabo Bagur zuhält, wird die Küste immer höher. Teilweise ragt der Fels über das Wasser vor.

Eine Höhlenbucht ist etwa 200 Meter von der Spitze des Kaps entfernt. Die Küste ist landwärts eingeknickt. Hier hängt das Felsdach fast 100 Meter hoch gewaltig über. Im innersten Teil dieser riesigen Halbhöhle ist noch eine kleine H ö h l e. Wirklich kurios ist die Naturbildung, daß man aus dieser kleinen Höhle heraus an der Felswand emporblickend mit aller nur denkbaren Deutlichkeit die Konturen eines Gesichtes in der Felswand sieht. Es gleicht den in den Fels gemetzten Präsidentenhäuptern in den USA. Deutlich erkennt man die Nase des Mannes. Hat es geregnet, so rinnt sie, und zwar erheblich.

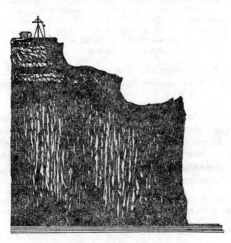

*Die Silhouette von
Cabo Bagur mit der
Signalstation,
von Süden gesehen.*

Cabo Bagur ist ein seewärts vollkommen klippenfreies, überall aus großer Höhe steil abfallendes, sehr eindrucksvolles Felsmassiv. Eigentümlich weißlich ist dieser Fels. Die Kontur von Cabo Bagur ist sehr typisch und weit zu erkennen (Skizze).

Vor Capo Bagur habe ich eigentlich immer dümpeligen Seegang getroffen, auch bei ruhigem Wetter. Es mag an der Reflektion von den steilen Felswänden liegen und an dem Strom, der meist bei dem Kap läuft.
Ist Tramontana-Seegang aus Nord, so hört er südwärts von Cabo Bagur zunächst auf. Ist man vor starkem Tramontana-Seegang südwärts gelaufen, so kann man also nach Passieren von Cabo Bagur aufatmen. Umgekehrt muß ein Boot, nordwärts fahrend, damit rechnen, von Cabo Bagur ab dann Seegang von vorn zu haben. Es ist dann immer schwer zu unterscheiden, ob der oft erhebliche Seegang, den man vor Cabo Bagur nordfahrend trifft, nur der örtliche Seegang vor dem Kap ist, oder ob das nun die ganze Zeit so bleiben wird. Häufig wird man ein Stück nordwärts vom Kap etwas handiger finden.

Cala di Aigua Blava liegt 2½ Kilometer von Cabo Bagur entfernt. Die küstennahe Fahrt ist auf Seite 199 f beschrieben. Man kann aber auch direkt auf die Bucht zuhalten. Ansteuerungspunkte sind die auffällige Villa im Nordteil der Bucht (Skizze S. 199) sowie Punta del Mut

Punta del Mut ist an einer großen, meist schwarz erscheinenden Felsspalte zu erkennen, die senkrecht durch die breite Huk zieht. Ferner an dem weißen, flachen Gebäude des Touristenhotels darauf. Für die direkte Fahrt steuert man am besten Punta del Mut an und läuft von dort in die Cala di Aigua Blava ein.

Cala di Aigua Blava und Cala Fornells (Plan S. 196, 185 und 188)

Dies ist eine Gruppe von Buchten, die geschützte Liegeplätze für einige hundert Sportboote bilden. Manche sagen, hier sei die schönste Bucht der Costa Brava.
Von der Gruppe von Buchten ist die Cala di Aigua Blava die größte und am besten geschützte. Für durchreisende Sportboote und Yachten kommt sie in erster Linie in Betracht. Boote liegen aber in allen Buchten. Der Einfachheit wegen spreche ich von der „Cala di Aigua Blava" oder einfach von „Aigua Blava" auch dann, wenn ich die Gesamtheit der Buchten meine.

Für ein Boot auf Wanderfahrt ist Aigua Blava eine sehr wichtige Station. Sie bietet im Sommer den gleichen Schutz wie ein Hafen. Vor allem aber grenzt an sie im Süden ein so reiches Küstengebiet an, daß ich dringend rate, die Cala di Aigua Blava zum Liegeplatz für die erste Nacht zu machen und von hier aus am nächsten Tag die Küste im Süden zu erkunden. Dann mag man entscheiden, ob man für die folgende Nacht in einer der vielen dortigen Buchten oder Naturhäfen bleibt, oder zur Cala di Aigua Blava zurückkehrt. Manchmal liegen hier tagsüber bemerkenswert schöne Traumyachten vor Anker.

Die Besiedlung

Es gibt keinen „Ort" im üblichen Sinne. Es gibt zwar die Ortschaft Fornells. Aber das ist eine weit auf den Hängen ausgebreitete Villensiedlung. Eine schwach angedeutete Art von Ortskern ist nahe bei den kleinen Einbuchtungen westlich der Isla Blanca. Dort ist das bekannte, große und gute Hotel „Ayguablava". Man bekommt auch Lebensmittel. Für alles andere muß man aber zum Bergdorf Bagur (4km. Plan S. 188. Ansteigende Straße. Zu Fuß nichts für Mittagshitze) oder nach Palafrugell (11 Kilometer). — Auf dem Felsrücken zwischen Cala Aigua Blava und dem Meer ist in sehr schöner Lage noch ein staatliches Touristenhotel (ein „Parador"). Einige Fischerhäuser (jetzt Sommerhäuser für Spanier) stehen am Wasser. Jedenfalls ist erreicht, dieses Stück der Costa Brava außerhalb des Massentourismus zu halten. Es ist — ähnlich wie S'Agaró — bewußt exklusiv. Nicht im Sinn von unangenehmem Snobismus, sondern von „sein eigenes Leben führen wollen".
Mit einem Boot auf Wanderfahrt kann man darüber nur glücklich sein. Für einen festen Aufenthalt will dies sehr bedacht sein.

Eignung als Standort für ein kleines Boot

Die Frage ist hier nicht, ob das Revier günstig ist. Nicht ohne Grund liegen im Sommer einige hundert Boote in allen Winkeln der Buchten. Die Frage ist nach der Unterkunft. Der sehr schön gelegene Parador ist für Durchgangsreisende bestimmt, die in gemäßigtem Luxus die einmalige Umgebung kennenlernen sollen (Aufenthalt nicht über 5 Tage). Das

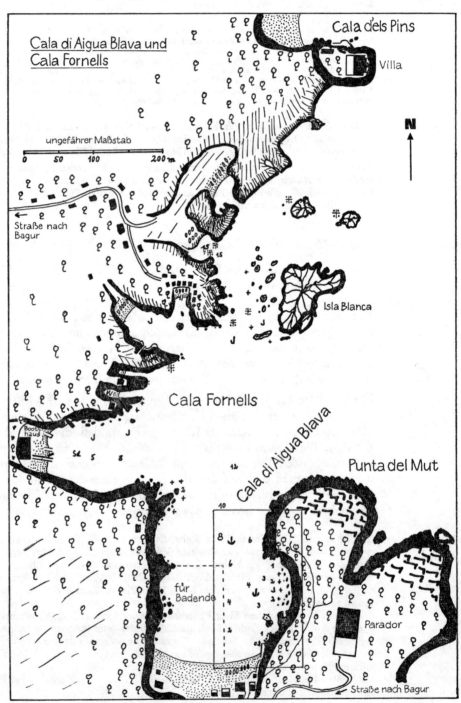

Cala dels Pins

Cala di Aigua Blava und Cala Fornells

Villa

N

ungefährer Maßstab

0   50   100   200 m

Straße nach Bagur

Isla Blanca

Cala Fornells

Boots haus

Cala di Aigua Blava

Punta del Mut

für Badende

Parador

Straße nach Bagur

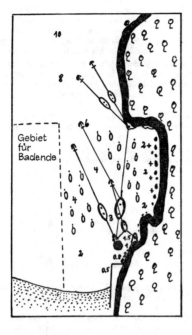

Skizze der Ostseite der Cala di Aigua Blava. Darstellung der Liegeplätze. Es sind auch die geloteten Wassertiefen eingetragen. An den Stellen, zu welchen Leinen hinführen, sind Eisenringe vorhanden. Während der Schulferienzeit ist die Zahl kleiner Boote, die vor Grundgeschirr liegen und großen Booten im Wege sind, wesentlich größer, als es die Skizze zeigt. Manchmal ist es die beste Methode, ein solches um seine Mooring schwoiendes Boot mit einer Leine längsseits zu halten und Fender dazwischen zu legen.

Hotel „Ayguablava" verlangt mehr an Etikette, als für einen Sommerurlaub jedermanns Sache ist. Und eines der reizenden Fischerhäuser an der Bucht wird man als Ausländer in der Ferienzeit wohl kaum bekommen. Ob man daran glücklich sein wird, in Bagur zu wohnen oder in Palafrugell? So bleibt wohl nur, an Tamariu als Strandquartier zu denken oder an Llafranch mit seinem kleinen neuen Hafen.

Beschreibung der Buchten und ihrer Liegemöglichkeiten

Cala di Aigua Blava

(Plan S. 196, 197)

Die nach Süden in das Land einschneidende Bucht ist von allen hier die größte und am besten geschützte. **Für Boote auf Wanderfahrt ist sie die wichtigste Bucht.**
Cala di Aigua Blava ist durchschnittlich 150 Meter breit. Sie reicht fast 200 Meter tief ins Land. Ein Badestrand ist an ihrem Ende. Dort sind einige kleinere Restaurants. Im Sommer ist in den Badestunden lebhafter Badebetrieb. Abends ist es ruhig. Im Winter wohnt nur eine Fischerfamilie dort.

Die Seitenwände der Bucht sind felsig-steil und hoch. Nur dicht unter dem Ufer liegen Steine. Oft kann man sogar bis unmittelbar an die Felswand heran.

Die Wassertiefe ist an der Mündung der Bucht groß, nämlich 10 Meter und mehr zwischen den Huken. Man sagt, daß der Ankergrund dort schlechte Haltekraft habe. Zum Strand hin wird der Grund allmählich flacher. Dort ist es Sand mit einzelnen, umgrenzten Algenfeldern dazwischen. Die Wassertiefe zeigt der Plan. Der Haltegrund ist dort gut. Man muß natürlich den Anker auf Sand legen.

Im inneren Teil der Bucht ist während der Badesaison das im Plan gestrichelt umgrenzte Areal für Badende abgeteilt. Der verbleibende Teil der Bucht ist dann oft reichlich mit Dauerliegern besetzt, die ihre Moorings dort haben. Dann kann es für eine Yacht schwer sein, im inneren Teil der Bucht Platz zu finden.

Eine kleine Betonkaje ist an der Ostseite des Strandes. An der Seite sind etwa 0,5 Meter, an der Frontseite bis 0,8 Meter Wassertiefe. Diese Kaje kann aber nur zum Ausbooten benutzt werden. Jedenfalls in der Ferienzeit. Außerhalb des Sommers würde ich ein Boot dort ungern längere Zeit ohne Aufsicht lassen. Wenn draußen Dünung ist, bildet sich dort leicht kräftiger Sog.

Die besten Liegeplätze sind an der Ostseite der inneren Bucht. Dort ist, wie der Plan zeigt, eine Art flacher Nebenbucht. In der liegt man äußerst gut geschützt. Es gibt einige Eisenringe dort. Besonders die kleine hohe Klippeninsel an der Strandseite dieser Nebenbucht ist ein sehr guter Festmachepunkt für Heckleinen (Eisenringe). Besser als eine lange Beschreibung gibt die spezielle Skizze die verschiedenen Möglichkeiten des Festmachens wieder.

Große Yachten ankern tagsüber zwischen den Huken der Bucht soweit einwärts, wie möglich. Da sie dort wegen der großen Tiefe viel Kette stecken müssen, brauchen sie viel Raum zum Schwoien. Ich selber habe mit meinem großen Boot in der Ferienzeit dort nur provisorisch geankert, dann mit dem Dingi einen passenden Platz im Inneren der Bucht ausgekundschaftet und danach das große Schiff dorthin verholt.

Beim Ankern in der inneren Bucht muß man ein etwas größeres Schiff am Schwoien hindern, denn dafür reicht einfach der Platz zwischen den vielen Kleinbooten nicht aus. Ich habe deshalb einen oder zwei Buganker gelegt und eine Heckleine zu einem der Eisenringe gegeben (siehe Skizze). Hat man sich erst einmal im Inneren der Bucht eingefädelt, so liegt man dort ruhiger als in manchem Hafen. Auf Fallböen mäßiger Stärke muß man aber auch im Sommer eingerichtet sein.

Ein Boot auf Wanderfahrt sollte keinesfalls für die Nacht im äußeren Teil der Bucht liegenbleiben, sondern in den Innenteil verholen. Fast immer wird man es einrichten können, daß man vom Boot auf das Felsufer direkt übersteigen kann.

Außerhalb der Badesaison ist die Begrenzung für Badende nicht ausgelegt. Dann ist viel Platz. Tagsüber würde ich an beliebiger Stelle vor dem Strand ankern. Für die Nacht würde ich aber in die östliche Nebenbucht hinein verholen. Ist unsichere Wetterlage, so kann eine lange Leine zu einem der Festmacheringe an der Nordseite der Nebenbucht nicht schaden.

Cala di Aigua Blava bei stürmischem Wetter

Ich selber habe mit dem Boot stürmisches Wetter in Cala di Aigua Blava nicht mitgemacht. Aber ich habe bei stürmischem Herbsttramontana, während mein Boot in La Escala lag, diese Buchten ein paarmal mit „Rosinante" besucht (dem Motorrad). Und als ich in diesem Spätherbst mit dem Boot in Aigua Blava lag, habe ich auch mit dem Fischer nochmal lange darüber geschnackt. Dabei ist etwa folgendes herausgekommen:
Für sommerliches Schlechtwetter gilt Cala di Aiguva Blava als sicherer Platz.

Bei stürmischem Garbi (Südwestwind) liegt man in der Bucht gut. Aber die Fallböen sind stark, und man muß sich gut festmachen.

Bei stürmischem Herbst- und Wintertramontana ist es ungemütlich, aber nicht gefährlich. Es steht Schwell in die Bucht. Und vor allem gibt es erhebliche Fallböen, meist aus West, zwischendurch aber auch aus allen anderen Richtungen. Man soll seine besten Leinen zu den Ringen legen und einen schweren Anker etwa nach NW ausbringen. — Es kann einem im Herbst, Winter oder Frühjahr durchaus passieren, vor Tramontana hier Schutz suchen zu müssen, denn südwärts von El Estartit ist dies die erste Bucht, wo man bei stürmischem Tramontana ohne Angst liegen kann. Für die Küstenfrachter war es und ist es zuweilen auch heute noch der Zufluchtsplatz, wenn sie den Versuch, Cabo Bagur nach Norden zu passieren, aufgeben.

Bei Oststurm soll man nicht in Aigua Blava sein. Es entsteht überaus starker Sog in der Bucht.

Die Bucht mit dem Bootshaus (Plan S. 196)

Diese Bucht ist nach See hin offen und landschaftlich weniger schön. Sie hat nur Kies- und Geröllstrand. Ein großes Bootshaus für die Ortsansässigen hat dort, halb in den Fels eingebaut, seinen Platz. Einige Betonanleger sind vorgebaut, sind aber zu offen, als daß man sie selbst im Sommer benutzen sollte, außer, man bleibt bei dem Boot. Zahlreiche Kleinboote liegen im nördlichen Teil der Bucht vor Grundgeschirr, aber auch nur während der Sommermonate.

Buchten und Liegemöglichkeiten hinter der Isla Blanca

Die **Isla Blanca** ist in zahlreiche selbständige Klippeninseln aufgegliedert. Der Plan kann ihre Vielfalt nur schematisch wiedergeben. Seewärts ist die Insel klippenfrei. An ihrer Landseite muß man aber das Wasser sorgfältig beobachten. Es gibt dort mehrere blinde Klippen. Dennoch ist die Passage zwischen Festland und Insel für kleine und mittelgroße Boote bei vorsichtigem Fahren ohne weiteres möglich. Am Festland öffnen sich im Bereich der Insel mehrere kleine Buchten und Einlässe. Als Dauerlieger liegen sehr zahlreiche Boote vor Grundgeschirr im Schutze der Insel.

Cala Fornells (Plan S. 196)

Diese westliche Bucht ist zwar die kleinste der drei Buchten, aber sie ist die schönste und intimste. Wenn ein Boot auf Wanderfahrt hier einen Platz für die Nacht finden kann, dann ist dies das Schönste, was man sich wünschen kann. (Abb. 18 zeigt die Nordseite dieser Bucht.)

An der Südseite dieser etwa 30 Meter breiten Bucht gibt es mehrere kleinere B e t o n k a j e n mit Ringen. Natürlich haben die privaten Erbauer dieser Kajen Vorrecht. Aber ich habe die Kajen oft unbesetzt gesehen. — Im inneren Teil dieser Einbuchtung ist ein S t r a n d, auf dem eine ganze Anzahl von Booten liegt und wohl auch noch Platz für ein dazukommendes ist.

An der Nordseite ist eine kleinere, aber für mittelgroße Boote noch gut zugängliche **Nebenbucht**. Eine kleine, steile Klippeninsel liegt in ihrer Mitte. Ein Slip, ein Stückchen Kaje und

Die Villa an der Nordseite der Cala di Aigua Blava.

ein schmaler Strand sind da. Freundliche Häuser stehen an den Seiten. Es ist dies die Haupt-anlegestelle des ursprünglichen, kleinen Fischerortes Fornells. Heute sind die Häuser Ferienplätze, und zwar so Original-Spanisch in ihrem Blumenschmuck und ihrer ganzen Gestaltung, daß man sich außerhalb eines Touristengebietes glaubt. Von dieser Nebenbucht aus hat man den besten Zugang zur „Hauptstraße" (es gibt nur diese eine Straße), zum Hotel und nach Bagur.

Mehrere Felseinschnitte liegen westlich und nördlich der Isla Blanca. Es sind teilweise sehr schmale Öffnungen in dem Felsufer, einige nur zwei oder drei Meter breit. Manche mit Klippen rechts und links. Aber für kleine und z. T. auch für mittelgroße Boote passierbar.

Die schmalen Felsdurchfahrten führen zu Stränden, die manchmal bis zu 20 Meter breit sind. Manche haben einen Betonslip. Die Straße führt dorthin. Viele leichte Boote liegen dort hinter den Felsen an Land. Man kann Boote gut vom Trailer nehmen oder aufladen.

Für ein Boot auf Wanderfahrt, das klein genug ist, durch diese Felseinschnitte einfahren zu können, ist das ein guter Platz, das Boot zum Einkaufen oder für einen Gang zu dem Bergort Bagur gut geschützt allein zu lassen.

Das Revier bis Cabo Bagur

(Plan S. 196 und 188)

Man kann die Cala di Aigua Blava und ihre Nebenbuchten als Teil einer Großbucht ansehen, deren nördliche Huk das hohe Cap Bagur ist. In dieser Großbucht hat man fast immer recht geschütztes Wasser. Es ist das Gebiet für alle Arten von Wassersport und ein reiches Revier zum Tauchen und Angeln. So soll es außerhalb der durchlaufenden Küstenbeschreibung abgehandelt werden:

Nördlich der Isla Blanca liegen dicht dabei noch zwei kleinere Klippeninsel. Die Festlandküste bleibt noch etwa 300 Meter lang niedrig bis zu einer steilen hohen Huk. Auf ihr steht auffällig eine **Villa**, die als Landmarke sehr nützlich ist (Skizze). An der Nordseite der Villa sind eine kleine B e t o n k a j e und ein Kleinbootkran, beides aber Privatbesitz.

Cala d'els Pins

Dies ist ein etwa 300 Meter langer Kiesstrand nördlich der auffälligen Villa. Er ist unbewohnt. Graue Felsen mit Pinien schließen ihn nach Land zu ab. Landschaftlich hat er mir nicht besonders gefallen. Große Steine liegen im Wasser vor dem Strand und, erst dicht vor dem Ufer beginnt Kiesgrund. Ankern kann man also nur mit leichten Booten.

Die Küste nordöstlich der Cala d'els Pins wird zunehmend höher. Es ist steiler Felsabbruch, abweisender, grauschwarzer Fels. Eine Unzahl von riesigen Felsblöcken ist hier von der Höhe ins Meer gestürzt. Sie liegen oft auch recht weit vom Ufer entfernt. Sichtbare Klippen und blinde Klippen steigen 30 oder 40 Meter von der Küste oft unvermittelt aus großer Tiefe empor! In dem klaren Wasser ergibt dies eine phantastische Unterwasserwelt. Kein Wunder, daß dies für Angler und für den Tauchsport ein ideales Revier ist. Als Führer eines kleinen oder mittelgroßen Bootes muß man vor dieser Klippenwelt keine Scheu haben. Bei langsamer Fahrt kann man zwischen ihnen gut hindurchlavieren. Nur sehr aufmerksam muß man innerhalb der 50-Meter-Grenze sein.

Die Isla Negra ist eine schwarze Klippeninsel, etwa 150 Meter von der Küste entfernt. Sie liegt auf halbem Wege zwischen der auffälligen Villa und Cabo Bagur, ist sehr zerrissen und kaum 2 Meter hoch. Taucher und Angler haben hier ein ausgezeichnetes Revier. Fast immer sind Boote bei der Insel. Landwärts der Isla Negra liegen zahlreiche sichtbare Klippen. Auch Unterwasserklippen sind landwärts der Insel. Mit einer Yacht würde ich die Isla Negra immer seewärts runden. Mit einem kleineren Boot kann man bei gutem Wetter auch landwärts von ihr hindurch, aber ganz langsam und im Sinne von „Erkundungsfahrt".

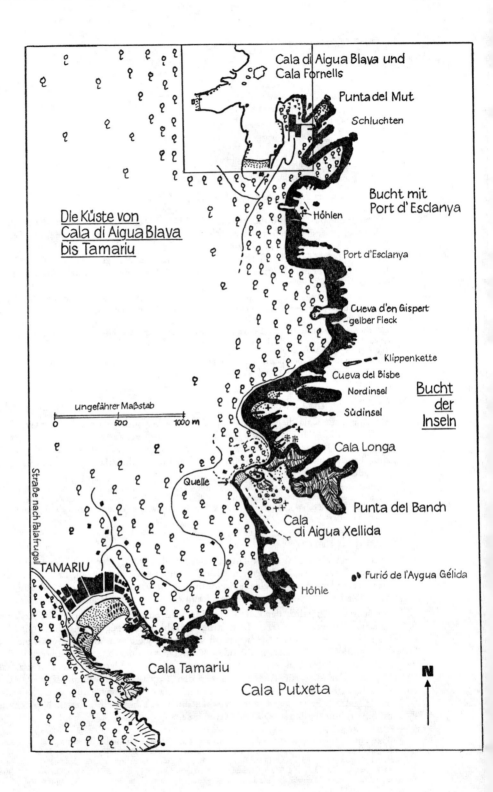

Die Küste von
Cala di Aigua Blava
bis Tamariu

Ein kleiner Kiesstrand liegt etwas eingebuchtet etwa 300 Meter nordostwärts von der Isla Negra. Er ist etwa 20 Meter lang und liegt unter einem sehr hohen Felsabbruch. Kies ist als brauchbarer Ankergrund für kleine und mittelgroße Boote vor diesem Strand. Nachmittags bietet die hohe, überhängende Felswand Schatten. Vom Lande her ist der Strand unzugänglich. So gehört er den Wasserfahrern.

Cabo Bagur ist gänzlich frei von Klippen. Die Felswand ist hier ganz steil und sehr, sehr hoch. Cabo Bagur mit seinem gewaltigen, weißlich gefärbten Felsmassiv ist eines der eindrucksvollsten Kaps der Costa Brava (Skizze Seite 194).

C. Cala di Aigua Blava bis Tamariu   (Plan S. 185 und 200)

Das kurze Küstenstück zwischen Cala di Aigua Blava und der Ankerbucht Cala Tamariu bietet in konzentriertester Anordnung eine Naturschönheit neben der anderen. Die Abbildungen 17, 18 und 24 stammen aus diesem Bereich.

Gigantentreppe und Schluchten in Punta del Mut

Drei tief einschneidende Felsschluchten, die man mit Booten und leichten Yachten (die größere auch mit einer schweren Yacht) befahren kann, liegen in dem Vorgebirge Punta del Mut. Eindrucksvoll sind alle drei. Aber die größte und gewaltigste ist die südlichste. Mindestens in dieser muß man drinnen gewesen sein. Die Felsschluchten sind nicht nur tolle Landschaftsbildungen. Sie der Streifen des Himmels zu sehen. Pinien klammern sich hoch über einem an geben auch gute Liegeplätze ab. Die südlichste, die fast 150 Meter tief in den hohen Fels hineinreicht, ist auch ein abenteuerlicher Platz für eine Sommernacht.

Die Gigantentreppe rundet man, wenn man von Aigua Blava aus Punta del Mut passiert. Ich habe sie so genannt, weil sie genau an den berühmten Giants Causeway in Nordirland erinnert oder an die noch tollere, aber weniger bekannte Insel Ailsa Craig in der äußeren Clyde. Wie eine Riesentreppe sind die nackten Felsquadern aufgebaut. Gut, daß es hier nicht die starken Tidenströme von Nordirland gibt. Dort ist es kein Kleinbootrevier.

Die erste Felsschlucht öffnet sich mitten in dieser Gigantentreppe. Sie ist die unbedeutendere der drei. Als Tagesliegeplatz ist sie dennoch schön.

Ein Inselchen liegt in ihrem inneren Teil, und ein Stein mit etwa 80 Zentimeter Wasser darüber ist an der Innenseite des Inselchens (also südlich von ihr. Vergleiche Plan S. 196).
An der Ostseite des Inselchens fährt man durch einen etwa 15 Meter breiten Kanal mit tiefem Wasser an dem Inselchen vorbei in das Innere des Einschnittes. Dort ist der eigentliche Liegeplatz. Mit kleinen und mittelgroßen Booten kann man dort festmachen und, wenn man will, die Gigantentreppe ersteigen.

Eine gemeinsame Vorbucht liegt vor der zweiten und der dritten Felsschlucht. Eine auffällige, hohe Insel (die durch flaches Geröll mit dem Festland zusammenhängt) bildet die Südhuk dieser Vorbucht. Alle Felswände sind hier überaus hoch und vollkommen steil.
Die mittlere Felsschlucht ist 15 bis 20 Meter breit und reicht etwa 50 Meter weit in den Fels. Aber ein schmaler Ausläufer führt dann nochmal etwas weiter. In ihrem innersten Ende liegen einige Klippen und Steine. Sie können zum Festmachen dienen. Diese an sich eindrucksvolle Felsschlucht wird leider dadurch etwas entwertet, daß sie direkt 80 Meter unter der Aussichtsplattform des Hotels liegt. Man ist nicht „allein".

Die dritte Felsschlucht ist die größte und bedeutendste. Sie ist unbedingt sehenswert. Auch ist sie gut zu befahren. Sie ist etwa 150 Meter lang, 25 bis 15 Meter breit und hat überall tiefes Wassser

Aus etwa 80 Meter Höhe stürzen die Felswände von allen drei Seiten der Schlucht senkrecht ins Meer. Man fühlt sich wie in einer Höhle. Doch ist oben der Streifen des Himmels zu sehen. Pinien klammern sich hoch über einem an die Felsen. Schmal und wie ein Spalt erscheint aus der Tiefe dieser Schlucht die Öffnung zur See. — Die Schlucht ist ein guter Liegeplatz. Im heißen Sommer ist es hier angenehm kühl und schattig. Landtouristen kommen hier nicht her. Eine Teufelsschlucht, gemildert durch südländischen Charm. Unnötig, die Klarheit des Wassers zu erwähnen. Mich hat dieser Platz sehr beeindruckt. Die Yacht auf Abb. 17 ankert vor dieser Schlucht.

Auch Yachten können hier einfahren. Die Wassertiefe ist etwa 5 Meter, am Eingang mehr. Am Grund sind große Steine mit Sand dazwischen. Die Felswände sind überwiegend so glatt und steil, daß man mit Fendern wie an einer Mauer liegen kann. Etwa in halber Länge teilt ein Klippenvorsprung an der Westseite einen inneren Teil der Schlucht von einem äußeren ab.

Innen liegt man ruhiger und hat bessere Festmachegelegenheit. Der inselartige Klippenvorsprung an der Westseite hat ein paar Klippenspitzen, an denen man Leinen belegen kann. Auch achtern wird man Steine zum Belegen von Steinen finden. Sonst legt man einen Heckanker. Man kann aber auch in der äußeren Hälfte der Felsschlucht liegen. Manchmal sind schon Kollegen da. Es ist aber Platz für mehr als nur ein Boot.

Die Bucht mit Port d'Esclanya (Plan S. 200)

Etwa 500 Meter südwärts von Punta del Mut liegt eine hochfelsige Einbuchtung. Sie ist durch eine kleine Klippeninsel in ihrem Inneren gekennzeichnet. Sie bietet mehrere interessante Höhlen und Felseinschnitte. Vor allem aber hat sie einen wunderbaren Naturhafen, den Port d'Esclanya, hinter einer Klippenkette.

Port d'Esclanya ist ein richtiges Seeräuberversteck. Ob schon andere Boote drinnenliegen, sieht man erst direkt vor der Einfahrt. Port d'Esclanya ist geräumig genug für mehrere kleine Boote. Selbst zwei oder drei Yachten könnten dort Platz finden. Dieser Naturhafen liegt im Südteil der Bucht und ist auf den ersten Blick kaum zu erkennen. Unnötig zu sagen, daß es vollkommen wild, unbewohnt und von Land her ganz unzugänglich ist.

Ansteuerung: Kommt man aus der Cala di Aigua Blava, so passiert man nach dem Runden der Punta del Mut die drei schon beschriebenen Felsschluchten. An der Südhuk der letzten steht eine mit dem Festland verbundene, hohe runde Insel. Man folgt danach der steilen Felsküste etwa 300 Meter weit. Dann steht man vor der wenig ausgeprägten, reichlich 200 Meter breiten Felsbucht. Eine kleine Klippeninsel, etwa ½ Meter hoch, liegt in ihrer Mitte. Im Südteil dieser Bucht liegt die Klippenkette, die Port d'Esclanya von der eigentlichen Bucht abgrenzt. Im Nordteil der Bucht sind mehrere kleine Höhlen und einige Felseinschnitte als gute Tagesplätze für kleine Boote.

Port d'Esclanya (Plan S. 200)

Dies ist ein durch eine hohe, lange Klippenkette geschützte felsige Einbuchtung. Natürlich kein Hafen. Kein Mensch wohnt weit und breit. Aber der herrlichste Liegeplatz, den man sich denken kann. Genügend geschützt, um im Sommer dort auch nachts zu bleiben. Auch für größere Yachten noch zugänglich.

Die Einfahrt mag etwa 10 Meter breit sein. Innen erweitert sich die Felsbucht auf 20, vielleicht 25 Meter. Ihre Länge schätze ich auf 60 Meter. Im innersten Teil gliedert sie sich in drei kleine Einzelbuchten auf — ideale Minihäfen für Kleinboote. Das Wasser ist tief. Unfreundliche Klippen habe ich nicht gesehen. Es ist gute Möglichkeit, kleine und auch große Boote mit Leinen an den Felsen festzumachen. Ein sehr schöner Platz in seiner begeisternden Umgebung! Einladend zum Baden, Tauchen und — nicht zuletzt — zum Erkunden der Höhlen.

Die Höhlen der Bucht   Etwa 100 Meter nördlich von Port d'Esclanya sind in dieser Bucht zwei Höhlen. Sie sind kleiner als die bekannteren Höhlen Cueva d'en Gispert und die Cueva d'en Bisbe. Aber das Ansehen lohnt eine von ihnen unbedingt. Ihre Farben finde ich sogar viel schöner.

Die südliche der beiden Höhlen in dieser Bucht ist schöner. Etwa 50 Meter weit gelangt man mit Booten bis 2,5 Meter Breite in das Innere der Felsen, mit einem kleinen Boot nochmal 20 Meter weiter. Dann wird es so niedrig, daß die Fahrt enden muß. Die Beleuchtung in dieser Höhle ist günstig. Auf dem sauberen Grund sieht man die Fische, die sich überhaupt nicht stören lassen. Rot sitzen die Seeannemonen an den Felswänden. Blaugrün leuchtet das Wasser.

Einfahrt: Man findet die Höhle leicht. Sie liegt genau unter einem sehr breiten Band aus grauschwarzem Fels, das sich in der sonst gelbbraunen Felswand senkrecht nach unten zieht.
Wassertiefe: In der Höhle ist tiefes Wasser. Aber die drei Klippeninselchen, die gut sichtbar nahe dem Eingang liegen, haben in ihrer Umgebung Stellen mit flacherem Wasser. Boote mit mehr als 0,8 Meter Tiefgang müssen hier besonders vorsichtig fahren. — Die beste Art, mit tiefgehenden Booten von Unterwasserklippen frei zu zu bleiben, scheint mir, nordwärts von allen drei Klippeninseln zu bleiben und zwischen dem Festland und den drei Klippeninselchen auf die Einfahrt der Höhle zuzufahren.

Eine weitere Höhle liegt unmittelbar nordwärts. Sie ist kürzer und schmaler.

Kleinboot-
Tagesplätze

Diese Bucht ist voller Miniaturhäfen für kleine oder mittelgroße Boote. Manchmal sind Inselchen darin, was das Festmachen erleichtert. Man kann diese Plätze leicht selber erkunden. Als Tagesliegeplatz, zum Schwimmen und zum Tauchen, sind sie schlichtweg ideal.

Cueva d'en Gispert (Plan S. 200)

Das ist die größte Höhle in diesem Küstenabschnitt. Ob sie die schönsten Farben hat, bezweifle ich. — Die Cueva d'en Gispert ist für einen Unkundigen sehr schwer aufzufinden. Ich habe tatsächlich zwei Tage gesucht, bis ich ihren Eingang herausgefunden hatte. Der Fischer sprach bei diesem Thema stets nur catalanisch, denn es ist ja seine Einnahmequelle, Besucher zu führen. Er wird sich nun auf Landtouristen beschränken müssen.

Die Cueva d'en Gispert ist ein großer steinerner Saal, der sich etwa 150 Meter weit in den Fels erstreckt. Im Inneren ist dieser Felssaal sehr geräumig. Ich schätze ihn 15 bis 18 Meter breit. Die Höhle ist durchschnittlich etwa 12 Meter hoch, jedoch nirgendwo niedriger als etwa 6 Meter. Die Breite an der Einfahrt ist etwa 3 Meter. Die Gesamtlänge der Höhle soll 250 Meter sein.

Das Innere der Höhle ist braunes Felsgestein. Die Wände fallen fast senkrecht sauber ins Wasser hinein ab. Nur ist der ganze Raum entsprechend der Felsschichtung etwas schräg verkantet. Der Grund in der Höhle ist überwiegend heller Sand, etwa 4 bis 6 Meter tief. Klippen habe ich nicht festgestellt. Ein Boot kann sich im Inneren des großen Saales ohne weiteres frei bewegen.
Hat sich das Auge an das Dämmerlicht gewöhnt, was einige Zeit dauert, so stellt man fest, daß sich noch ein z w e i t e r S a a l anschließt. Er liegt einfahrend am Ende des ersten Saales an der linken Seite. Dieser zweite Felsraum ist mehr als 12 Meter breit. Er ist aber weniger lang. Zwei große Felsplatten liegen in seiner hinteren Hälfte. Eine davon ist etwa ½ Meter hoch und hat eine vollkommen ebene Oberfläche. Schwimmer finden hier eine gute Raststätte. Ich habe diesen zweiten Raum fast noch schöner als den ersten gefunden.
Verglichen mit den anderen Höhlen erschien mir die Cueva d'en Gispert etwas ärmer an Farben. Es fehlen die roten, grünen und gelben Agaven, welche die Höhlen sonst so farbenprächtig machen. Eindeutig am schönsten ist die Cueva d'en Gispert am Morgen oder Vormittag, wenn die Sonne vor dem Eingang auf das Wasser scheint.

Die Einfahrt in die Cueva d'en Gispert ist etwa 3 Meter breit, vielleicht etwas weniger. Die Wassertiefe ist größer als 4 Meter. Die Höhe der Einfahrt ist so, daß eine Jolle wohl bei leichtem Krängen durchfahren kann. Da die Einfahrtsöffnung aber etwas schräg verkantet ist, mag ein Boot mit hohem, breiten Kajütaufbau es vielleicht schwieriger finden.
Die Lage der Einfahrtsöffnung ergibt sich aus dem Plan. Sie ist aber nicht ganz leicht zu finden. Kommt man von Port d'Esclanya, so rundet man die anschließende Huk nach Süden. Der erste g r ö ß e r e Einschnitt in dieser Huk enthält die Zufahrt zur Höhle. Da es jedoch zahlreiche Felseinschnitte gibt, ist die Frage, welche der erste „größere" ist, schwer zu beantworten.
Man kann es deshalb auch anders machen: Man fährt aus Port d'Esclanya kommend langsam nach Süden zu dicht am Ufer die Einbuchtungen in der Felswand ab. Eine dieser Einbuchtungen trägt als charakteristisches Merkmal einen 4 Meter großen rundlichen, gelben Fleck an der Felswand (irgendeine seltsame Beimischung

muß da im Gestein sein. Es sieht aus wie Schwefel). Diese Einbuchtung hat auch eine Höhle. Aber die ist klein und belanglos. — Wendet man das Boot vor dieser Einbuchtung mit dem gelben Fleck und fährt dicht am Ufer wieder etwa 30 bis 40 Meter nach Norden zurück, so steht man vor einer gannz ähnlichen Einbuchtung in den Fels. Die ist die rechte! Dort ist im hintersten Ende klar abgesetzt die Einfahrt in die Cueva d'en Gispert.

Die Bucht der phantastischen Inseln (Plan S. 200)

Hier ist wohl der Höhepunkt an reicher und wilder Schönheit. Eine etwa 600 Meter breite Bucht. Darin zwei riesig hohe, ziemlich große Felsinseln. Ferner zahlreiche Felsvorsprünge, viele Einbuchtungen, mehrere Klippeninseln, zahlreiche Kanäle und Durchfahrten zwischen all diesem hindurch, ein langer Fjord, eine große, schöne Höhle und schließlich auch noch ein paar kleine, aber weniger schöne Strände.

Das Tollste aber bleiben die großen, ganz hohen, ganz steilwandigen Inseln aus goldbraunem Fels zwischen blauem Himmel und blauem Wasser und den grünen Kiefern, die sich darauf festklammern. — Von Land her ist dies alles nicht zugänglich. Es gehört dem Eigner eines Bootes.

In dieser so reich gegliederten Bucht verliert man leicht die Orientierung. Deshalb zuerst die beiden Huken als die markantesten Punkte:

Die Nordhuk ist eine niedrige, aber sich auffällig weit seewärts vorschiebende Kette von Klippeninseln. Es sind drei schmale, lange, 2 bis 4 Meter hohe Felsgrate. Sie liegen in Reihe seewärts vorspringend. Die äußerste ist die kürzeste.

Die Südhuk ist Punta del Banch. Diese Huk springt ebenfalls weit seewärts vor. Punta del Banch ist auch für die großräumigere Navigation ein wichtiger Orientierungspunkt.

Punta del Banch ist ziemlich flach, nur etwa 20 Meter hoch. Die Huk ist über jedes Vorstellungsvermögen hinaus zerrissen und aufgegliedert. Genau betrachtet, ist es sogar eine Insel.

An der Seeseite ist Punta del Banch glatter, brauner Felsen ohne Bewuchs. Südwärts von Punta del Banch liegt eine weitere größere Bucht, die Cala de Aigua Xellida.

Der Nordteil der Bucht der Inseln Dieser Nordteil der Bucht ist landschaftlich von einer unübertreffbaren Großartigkeit. Hier liegen die beiden großen, steilen Felsinseln. Hier liegen auch die Cueva del Bisbe, die schönsten der Felskanäle und auch die Strände.

Die nördliche Insel ist die größere (etwa 150 Meter lang) und die höhere. Ganz steilwandig. Goldgelbes Gestein, durch welches einzelne schwarze Steinadern senkrecht oder schräg wie zum Schmucke hindurchziehen. Oben klammern sich Pinien fest. Besteigen kann man diese Insel wohl, aber nicht überall und nur als ernsthafte Kletteraufgabe.

Ein Wasserarm läuft an der Nordseite um diese Insel herum. Eine lange, steilwandige Schlucht an vielen Stellen. Sein äußerer Teil kann von kleinen Yachten wohl noch befahren werden. Innen wird es schmaler, bleibt aber für kleinere Boote passierbar. Bei seiner Länge bietet er guten Schutz, durch die hohen Felswände Schatten, wobei dies nur die profanen Eigenschaften dieses bermerkenswerten Stückes Natur sind.

An der Südseite der Nordinsel kann man durch einen reichlich breiten Fahrweg zwischen den beiden Inseln hindurch in den inneren Teil der Nordbucht einlaufen.

Die südliche Insel ist etwas niedriger, etwas kleiner und ohne Baumbestand. Seewärts ist ihr eine niedrige Klippenkette weit vorgebaut. Um diese südliche Insel kann man an allen Seiten herumfahren, wenn man vorsichtig fährt, auch mit Yachten. — Auch ohne daß dies immer erwähnt wird, ist klar, daß es hier eine Unzahl von verlockenden Liegeplätzen gibt. So lädt zum Beispiel die lange Kette der Klippeninseln seewärts von der südlichen Insel zum Tauchen und „Schnorcheln" ebenso eindringlich ein, wie zum einfachen Baden.

Die kleinen Strände der Bucht sind durch die vorgelagerten Inseln gegen sommerliches Schlechtwetter geschützt. Sie könnten begeisternd schön sein, wenn nicht doch recht viele Steine dicht vor ihnen im Wasser lägen und das Anlanden manchmal selbst für ein kleines Boot schwierig machen. — Alle Strände liegen in sehr wilder, uriger Landschaft. Keiner ist vom Hinterland her zugänglich, es sei denn auf Kletterpfaden. Zum Campen könnten sie infrage kommen, falls einem die wilde Umgebung nicht doch zu sehr das Gemüt bedrückt.

Der nördliche „Strand" ist keiner, sondern eine Ansammlung von grobem Geröll. Zum Anlanden wird er kaum taugen. Aber für ein Boot, das man in dieser Bucht hinter der nördlichen Insel vor dem Geröllstrand mit Leinen im Wasser festlegt, ist es ein sehr schöner Platz.

Der mittlere Strand ist etwa 15 Meter breit und hat Sand und Kies. Er liegt in der tiefen Einbuchtung landwärts von der Südinsel. Man könnte ein Boot dort gut auf den Strand holen, wenn man einige der dabei im Wege liegenden mittleren und größeren Steine beiseite räumt.

Der südliche Strand liegt dicht daneben und ist nur 3 Meter breit. Nur für kleine Boote geeignet.

Cueva del Bisbe: Die Höhle des Bischofs liegt ganz im Nordteil der Bucht der Inseln. Sie reicht etwa 60 Meter tief in den Fels. Sie ist innen etwa 8 Meter breit. Der Grund ist tief, kleine Steine, alles in hellen Farben und gut zu erkennen. Farben und Licht haben mir besser gefallen als in der Cueva d'en Gispert. Die Einfahrt ist hoch und bietet auch Booten mit hohem Aufbau, wenn sie mit der Breite auskommen, keine Schwierigkeit.

Die Einfahrt zur Cueva del Bisbe liegt dicht südwärts von jener weit auf See reichenden Kette von Klippeninseln, die als Nordhuk der Bucht der Inseln beschrieben wurde. Um die Cueva del Bisbe aufzusuchen (und das sollte man gewiß tun, wenn das Boot nicht wesentlich über 2 Meter breit ist) fährt man zuerst zu dieser Kette von Klippeninseln. Dort läuft man dicht an ihrer Südseite auf das Festland zu. Man gelangt so direkt vor die Einfahrt.

Die Einfahrt hat gleich an ihrem Beginn einen Engpass von knapp 2½ Meter Breite. Die Wände sind aber sauber und der Grund ist tief. Hat man diesen Engpass hinter sich, so wird es innen gleich viel breiter.

Der Südteil der Bucht

Das Schönste ist hier die Cala Longa. Schön ist auch die seewärtige Seite von Punta del Banch. Aber die inneren Teile der Bucht nordwärts von der Cala Longa sind stellenweise flach und sehr klippenreich.

Cala Longa: Dies ist ein richtiger, kleiner Felsfjord, etwa 150 Meter lang, durchschnittlich 20 Meter breit. Ein ruhiger Liegeplatz an steilen, aber zugänglichen Felswänden. In die Nachbarbucht Cala Aigua Xellida kann man hindurchsehen. Cala Longa ist kein schlechter Platz, um von dort zu Fuß die Cala Aigua Xellida mit ihrer reizenden Innenbucht zu besuchen. Im übrigen ein uriger, geschützter Liegeplatz für kleine und mittelgroße Boote und auch für Yachten.

Cala Longa ist an der Mündung etwa 40 Meter breit und verjüngt sich allmählich auf 20 und schließlich auf 12 Meter Breite. Das Wasser ist tief und sauber. Zwei kleine Nebenbuchten sind am Ende. In der Cala Longa kann man auch mit mittelgroßen Booten einfahren, in den Außenteil auch mit großen Yachten. Sie bietet auch bei rauher See recht ruhiges Liegen. Der Ankergrund ist wechselnd, aber überwiegend brauchbar. Aber man kann ein Boot auch gut an den Felsen festmachen.

Landwärts der Cala Longa ist eine breite Einbuchtung mit mehreren Nebenbuchten. Vorsichtige Navigation ist hier nötig. Blinde Klippen sind bis 30 Meter vom Ufer entfernt. Überhaupt wird mit dieser Einbuchtung und ihren Nebenbuchten wenig anzufangen sein. Sie sind klippenbesetzt und in ihrem Inneren steinig und sehr flach.

Seewärts der Cala Longa liegt eine felsige Einbuchtung. Sie ist schön bei ruhigem Wasser. Eine kleine Höhle ist an ihrem Ende.

Cala Aigua-Xellida (Plan S. 200)

Cala Aigua Xellida, Cala de l'Aygua Gélida, Cala Aigua Gelida. Es meint alles das Gleiche, nämlich eine ehemals von zwei oder drei Fischerfamilien bewohnte Bucht, an der es eine Quelle mit kühlem Wasser gibt. Die Fischer wohnen nicht mehr dort, aber ihre Häuser sind noch da und gehören — gut gepflegt — spanischen Familien. Auch die Quelle ist noch da. Sie rinnt aus einer Schilfrohrmündung von einer Felswand dicht bei dem kleinen Strand. Kalt schien es mir auch, das Wasser. Soweit also hat alles vollkommen seine Ordnung. Auch das Wichtigste ist noch da: Der unglaubliche Zauber des kleinen Felssockels in der engen Innenbucht zwischen den zwei kleinen Stränden, auf dem zwischen Riesenkakteen und dichten Bäumen halb verborgen, die Fischerhäuser stehen (Abb. 24 auf Seite 28). — Aber leider ist man dabei, eine Straße zu bauen und Parzellen abzuteilen. Wird das Idyll dies überleben?

205

Die Cala Aigua-Xellida hat wegen einer anderen Gesteinsart einen anderen Charakter. Interessant und voller Reiz und Charme ist die innerste Bucht. Und gerade die hat nur flaches und recht enges Fahrwasser. Für Boote bis etwa 40 Zentimeter Tiefgang ist es unproblematisch. Mit einem solchen **Boot auf Wanderfahrt** würde ich nicht zögern, dort eine Nacht zu bleiben. Aber schon bei einem Boot von 0,8 Meter Tiefgang wüßte ich nicht, wo ich es für die Nacht sicher festmachen würde.

Die Innenbucht

Der Mittelteil der Innenbucht ist mit flachen Klippeninseln und auch mit Unterwasserklippen angefüllt. Es gibt aber zwei Zufahrten zu den beiden kleinen Stränden.

Ein kleines Felsplateau, etwa 8 Meter hoch, steht zwischen den beiden Stränden in der Mitte der Innenbucht. Auf diesem Felsplateau sind die Häuser der Fischer. Dieses kleine Vorgebirge ist ganz mit riesigen Kakteen bewachsen. Auch Bäume sind darauf, so daß die Häuser auf dem Fels halb durch Kakteen, halb durch Bäume verdeckt sind. Der Blick von diesem kleinen Felsplateau auf die Bucht ist überaus schön.

Der Weststrand: Das ist der etwas größere Strand mit der Quelle. Er liegt an der Westseite des Felsplateaus. Er ist etwa 12 Meter breit und hat Kies. In der Mitte vor dem Strand gibt es bis zu 1 Meter Wassertiefe. Überall am Ufer wird es aber rasch flacher. Boote liegen aufgeholt. Die Quelle läuft an der Südwestseite. Es ist ein hübscher Platz (Abb. 25).

Anlaufen des Weststrandes: Den klippenreichen Mittelteil der Innenbucht muß man meiden. Im Plan sind die Kurse gestrichelt eingezeichnet. Ich würde schon in der Außenbucht an das Südwestufer der Bucht heranfahren, und zwar bis auf etwa 30 Meter. In dieser Distanz zum Ufer, die sich später bis auf 20 Meter verringert, würde ich in die Innenbucht hineinlaufen und dann auf die Mitte des Strandes zuhalten. Mit etwa 80 Zentimeter Tiefgang sollte man gerade noch einlaufen können. Mit Buganker (schlechter Ankergrund) und Heckleine mag ein Boot dieses Tiefganges tagsüber leidlich liegen können. Aber erst ab 40 Zentimeter Tiefgang kann man gut vertäut liegen.

Der nördliche Strand: Dieser kleinere Strand liegt am Ende einer gekrümmten Zufahrtsrinne regelrecht hinter dem Felsplateau. Er ist recht geschützt. Die Breite des Strandes ist nur etwa 4 Meter. Ein ganz kleines Klippeninselchen liegt etwa 8 Meter vor dem Strand in der Mitte davor. Sie hindert aber nicht. Es ist beiderseits breit genug. Zum Leinenfestmachen ist sie sehr dienlich. Ich denke, daß ein Boot von etwa 40 Zentimeter Tiefgang dort gut und sicher liegen kann. Ich würde diesen Platz dem Weststrand vorziehen.

Anlaufen des nördlichen Strandes: Ungefähr zeigt es der Plan. Ich halte es aber für das Beste, als Ortsfremder zuerst an dem leicht anzusteuernden Weststrand anzulanden und den nördlichen Strand und die Zufahrt dazu selbst in Augenschein zu nehmen.

Die Außenbucht: Zwischen den Huken ist die Außenbucht über 400 Meter breit. Sie ist schon von weitem an den ihr weit seewärts vorgelagerten Klippeninseln Furió de l'Aygua Gélida erkennbar.

Furió de l'Aygua Gèlida sind zwei dicht beieinander liegende Klippeninseln. Sie sind etwa je 10 Meter lang und etwa 1 Meter hoch. Das Wasser in ihrer Umgebung ist tief. Boote jeder Größe können ohne weiteres zwischen ihnen und dem Festland hindurchlaufen. Sie liegen etwa 250 Meter südwärts von der Punta del Banch und etwa 200 Meter ostwärts von dem Südhuk der Bucht.

Das Nordufer der Außenbucht ist ziemlich flacher Fels von 10 bis 15 Meter Höhe. Es ist eine andere Gesteinsart. Er ist uninteressant und bietet keine besonderen Einbuchtungen. Es wird flach, wo das Ufer in die Innenbucht übergeht.

Das Südufer der Außenbucht ist in seinem seewärtigen Teil wieder steil und hoch. Hier ist wieder die bisher von dieser Küste gewohnte Art von freundlichem Felsgestein. So gibt es auch zahlreiche schöne und als Liegeplatz sehr gut geeignete Einbuchtungen. Diese Art freundlich-buchtenreicher Küste setzt sich bis zu der 500 Meter entfernten Cala Tamariu fort (Seite 212 f).

Eine Höhle ist in der Südhuk der Außenbucht. Sie hat etwa 2½ Meter Einfahrtsbreite und reicht etwa 25 Meter in den Fels. In ihrem Drittel liegt ein sehr großer Stein unter Wasser mit wunderschön gefärbten Algen darauf. Überhaupt sind die Farbbildungen in dieser Höhle sehr schön. Ein nicht mehr befahrbarer Teil setzt sich noch ein großes Stück in den Fels hinein fort. Die Höhle ist etwa 6 Meter hoch.

Das Ende der phantastischen Küste (Plan S. 188 und 200)

Etwa 500 Meter von der Südhuk der Cala Aigua-Xellida entfernt liegt in einer tiefen Bucht der breite Strand des Fischerortes Tamariu. Hier setzt sich endgültig eine andere Gesteinsart durch. Damit beginnt eine vollkommen andere Struktur der Küste. Die „phantastische Küste" ist zuende. Was soll man tun?

Bei ruhigem Wetter kann man in der geräumigen Bucht vor Tamariu ankern (Seite 212 f). Man kann auch zu dem kleinen Sportboothafen von Llafranch weiterlaufen (Plan S. 208). Das Schönste aber würde mir scheinen, zu einem der Naturhäfen der eben beschriebenen Küste zurückzukehren und dort eine Nacht mit dem Mittelmeer „auf Du und Du" zu verbringen.

D. Llafranch bis Tamariu — die heroische Küste

Als ich die ersten beiden Male an dieser hochfelsigen Küste in 100 oder 200 Meter Distanz vorbeifuhr, dachte ich nicht, daß hier der Wasserwanderer anderes finden würde, als den grandiosen Anblick einer überaus hohen, steil abbrechenden, im übrigen aber ganz und gar unzugänglichen Küste. In Wirklichkeit aber gibt es hier dicht unter dem Ufer eine ganze Anzahl sehr schöner und teilweise sogar unübertroffener Stellen: Überall auf dem Wege liegen Schönwetterbuchten für kleinere Boote. An mehreren Stellen gibt es Liegeplätze, die auch für eine Fahrtenyacht infrage kommen. Reich ist die Küste an schmalen, aber überaus tiefen Höhlen. Bei nordöstlichem Seegang oder Starkwind aus Nord bis West ist die einsame und wild-schöne Cala de Gens für ein **Boot auf Wanderfahrt** ein guter Schlupfwinkel. Dort könnte es mir auch für die Nacht sehr gefallen. Bei südlichem Seegang und Wind wird man den Naturhafen nördlich von Punta Pedrosa bevorzugen.

Der landschaftlich reichste Abschnitt der Küste liegt auf den 2½ Kilometern von Llafranch bis zur Nordseite der Cala Pedrosa. Nordwärts davon beginnt flacher, abgerundeter Fels, der weit weniger schön ist. Darin liegt der lachende Strand von Tamariu. Die Küste zwischen Llafranch und dem Fischerort Tamariu ist unbewohnt und sehr einsam.

Llafranch   (Plan S. 185 und 208)

Die etwa 400 Meter breite Bucht von Llafranch westwärts hinter dem hohen Kap San Sebastian ist schon von Natur aus gut geschützt. Ein kleiner Sportboothafen ist neu erbaut worden.

Llafranch ist ein mittelgroßes, in der Ferienzeit sehr belebtes Seebad. Der sehr schöne, fast 300 Meter lange Strand hat Llafranch seine Vergangenheit als kleines Fischerdorf fast ganz vergessen lassen. Und wer von den vielen Sommergästen weiß schon, daß die Kirche des Dorfes auf den Grundmauern des römischen Tempels steht?

Im Sommer bestimmt der Badebetrieb das Bild in der Bucht. Im Herbst und Winter aber schläft der touristische Teil des Ortes. Dann fahren die recht kleinen, meist noch geruderten einheimischen Boote zum Fischen mit der Handangel oder nachts mit Lampen auf die Gründe um die Islas Hormigas und in die Klippenreviere unter der Küste.

Für Boote auf Wanderfahrt ist Llafranch durch den neuen Hafen eine sehr günstig gelegene Etappe geworden: 10 Kilometer nach Palamós im Süden, 6 Kilometer zur Cala di Aigua Blava im Norden und 19 Kilometer nach El Estartit. Besonders in der herbstlichen Jahreszeit, wo man nicht mehr bei jeder Wetterlage in Buchten übernachten will, kann man von Llafranch eines der schönsten Reviere der Costa Brava in aller Ruhe erkunden.

Mit dem Bau eines Bootshafens ist Llafranch einer der interessantesten Standorte für ein Boot an der südlichen Costa Brava geworden. Der kleine Hafen wird hoffentlich genug Liegeplatz bieten. Der Ort ist nahe beim Hafen und hat viele Hotels. Die Stadt Palafrugell ist nur 4 Kilometer entfernt. Auch liegt Llafranch noch nicht ganz so im Zentrum des Massentourismus. Außerhalb der Schulferien ist Llafranch mit seinen 400 festen Einwohnern gerade recht.

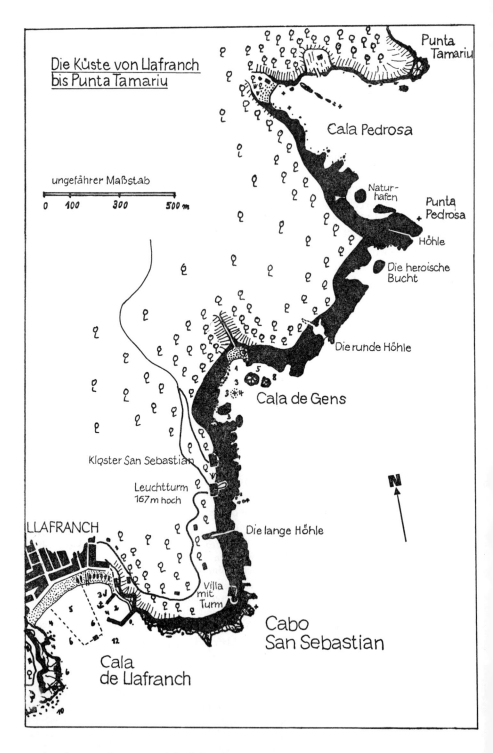

Die Küste von Llafranch
bis Punta Tamariu

ungefährer Maßstab

0   100   300   500 m

Punta
Tamariu

Cala Pedrosa

Natur-
hafen

Punta
Pedrosa

Höhle

Die heroische
Bucht

Die runde Höhle

Cala de Gens

Kloster San Sebastian

Leuchtturm
167 m hoch

Die lange Höhle

N

LLAFRANCH

Villa
mit
Turm

Cabo
San Sebastian

Cala
de Llafranch

Das Wichtigste scheint mir, daß Llafranch an der Grenze von zwei ganz unterschiedlich ge-
arteten Revieren liegt, die beide in ihrer Art Höhepunkte an der Costa Brava sind: Den

weit geschwungenen Buchten mit flacherem Hinterland, mit Strand und mit Wind für segelnde Boote. Und dem gewaltig eindrucksvollen, einsam-buchtenreichen, hohen Felsrevier im Norden. Bekannt, ja berühmt, ist das Revier um Llafranch mit den Islas Hormigas zum Tauchen und zum Angeln.

Nautisch gesehen liegt Llafranch günstig. Mit Tramontana hat man nichts mehr zu schaffen, außer im Winterhalbjahr. Dann ist er ablandig. Den Seegang aus Nord deckt das hohe Kap San Sebastian ab, so daß dann ein großes Gebiet praktisch seegangsfrei bleibt. Seegang und Starkwind aus Süd werden einem im Herbst oder Frühjahr kaum mehr als einige Tage im Monat verderben.

Mir gefiel besonders, daß selbst im späten Herbst, wo manche Touristenorte erschreckend ausgestorbene Totenstädte sind, hier ein kleines, bescheidenes Fischerleben mit einigen Fremden seinen Gang weiterlief und daß ein paar Bars und Restaurants schon wegen der Einheimischen offen waren. So wären es San Feliu de Guixols und Llafranch, zwischen denen ich bei einer Reise im Oktober und November oder Ende März und April schwanken würde.

Hafen und Liegeplätze

Bis zum Frühjahr 1970 sollen die Arbeiten an dem neuen Hafen abgeschlossen sein. Ende 1969 lagen noch große Unterwasserklippen im Hafen, die ein tiefgehendes Boot beachten mußte. Sie sollen gesprengt werden. Die Tiefe wird dann wohl 5 bis 2 Meter sein, Sandfelder mit Steinen darin. An der Nordseite wird es wohl flacher sein.

Die Anlage des Hafens zeigt der Plan. Die nach Südwesten laufende Hauptmole ist etwa 70 Meter lang. Vor ihr ist (von den noch zu sprengenden Steinklippen abgesehen) etwa 3 Meter Wassertiefe. Eine freundliche Kaje aus Beton mit Holzbeschlag war schon fertig. Ein Teil des Hafens soll vom Club Nautico de Llafranch betreut werden. — Es war wenig über Einzelheiten zu erfahren. Fraglich ist, ob im Sommer für große Yachten im Hafen Platz sein wird. Da aber die Bucht gut geschützter Ankerplatz und Palamós nahe ist, wäre dies kein Nachteil. Auch bevor der Hafen bestand, haben im Sommer viele große Yachten wochenlang in der Bucht geankert.

Über den Schutz bei stürmischem Wetter läßt sich noch nichts sagen. Ich meine daß man bei Spätherbst-Tramontana in dem kleinen Hafen sehr viel besser liegen wird als in Palamós.

Ankerplätze sind in der Bucht am günstigsten vor der Ostseite des Strandes. Viele Kleinboote liegen bisher dort vor Grundgeschirr. Große Yachten ankerten ebenfalls in der Osthälfte. Der Grund ist — außer sehr dicht unter dem Ostufer, Sand auf 3 bis 6 Meter Tiefe. Er gilt als guter Haltegrund.

In der Ferienzeit ist der mittlere Teil der inneren Bucht für Badende abgeteilt (vgl. Plan S. 208). Ein großes, weißes Sprungturmfloß ist dann in der Mitte vor dem Baderevier verankert.

Verschiedene Hinweise

Llafranch hat eine sehr schöne Umgebung. Der Spaziergang an der Küste entlang nach Calella de Palafrugell und vielleicht darüber hinaus bis Cabo Roig ist wirklich schön. Ebenso der Weg auf das hohe Kap San Sebastian zum Leuchtturm und Kloster. Es gibt eine asphaltierte Straße zum Leuchtturm hinauf, die an der Seeseite des Bergmassivs läuft. Dies ist der schönere der beiden Wege (auf vielen Straßenkarten ist er nicht eingetragen). Im Ort fängt sie ganz unscheinbar als sandige Straße an. Das frühere Kloster beim Leuchtturm ist Gaststätte. Sehr schön ist auch die Straße, die vom Leuchtturm durch Wald und gebirgige Landschaft zur Fischerbucht von Tamariu führt.

Die Stadt Palafrugell liegt 4 Kilometer landeinwärts. Mit ihren 8000 Einwohnern ist sie das Einkaufszentrum für diesen Teil der Küste, der ja am Wasser keinen einzigen größeren Ort hat. Dort sind auch die Outbord-Service-Werkstätten. Sonntags bis 1 Uhr ist dort in der Stadt Markt. Dann wird der Verkehr umgeleitet, und es ist sehr belebt und recht typisch. Das Ortsfest von Palafrugell am 22. und 24. Juli habe ich ebensowenig gesehen, wie die Fiesta von Llafranch am 30. August. Beide sind bekannt.

Die Stierkämpfe in Palafrugell sind zu sehr von Touristen besucht. Wenn nicht Spanier als Zuschauer und damit auch als Kritiker überwiegen, kommt keine Atmosphäre auf. Und ohne diese rauschhafte Atmosphäre ist es ein ganz anderes Ding, eine Pflichtübung gewissermaßen, manchmal eher abstoßend. Eine richtige Corrida im wirklichen Spanien ist eine zutiefst aufwühlende Sache, halb Opferkult, halb Katharsis der griechischen Tragödie.

Buchten und Höhlen zwischen Llafranch und Tamariu
(Plan S. 208 und 185)

Aus dem Hafen von Llafranch nach Osten auslaufend, passiert man zuerst mehrere Klippeninseln. Dann folgt noch vor der Spitze des Kaps eine nett aussehende kleine Einbuchtung, in die aber die Abwasserleitung mündet. Richtig interessant wird es erst nach Passieren des nach Osten gerichteten flachen Vorfußes von Kap San Sebastian.

Eine **Kleinbootbucht** für gutes Wetter ist genau unter dem Haus mit dem Turm beim Vorfuß des Kaps. Ein Stein liegt in ihrem Eingang, ist aber mindestens 1 Meter unter Wasesr. Nordwärts davon folgen dann dicht hintereinander noch mehrere weitere S c h ö n w e t t e r e i n s c h n i t t e in der Felswand.

Die lange Höhle   (Plan S. 208)

Etwa 300 Meter nordwärts von dem Haus mit Turm findet man ganz unerwartet eine sehr tief in den Felsen hineinreichende Höhle. Dies ist eine riesige, sehr hohe Spalte im Fels. Ich schätze die Höhe des Daches auf 30 bis 40 Meter. Ganz feierlich wird einem darin zu Mute. Etwa 3 bis 4 Meter ist sie breit. Ich habe dort mit meinem Dingi mehr als 100 Meter in das Felsmassiv von Kap San Sebastian hineinfahren können. Erst dann wurde es schmaler, führte aber noch wesentlich weiter. Ganz ferne und klein erscheint aus der Tiefe dieses Felsspaltes heraus die schmale Öffnung ins Freie. Es ist ein sehr eigenartiges Gefühl, so fern vom Tageslicht im Inneren des 150 Meter hohen Felsmassivs eingeschlossen zu sein.

Die engste Stelle ist unmittelbar am Eingang. Danach wird es breiter. Heraus muß man mit dem Boot natürlich rückwärts. Man schiebt es mit den Händen an den Felswänden entlang. Sie sind glatt und sauber. Bunte Algen färben sie in vielen Farben. Der Grund der Höhle ist sehr tief, mindestens 10 Meter, vielleicht auch 20 Meter. Dennoch erkennt man ihn vollkommen klar.

Der **Eingang** zu dieser Höhle liegt etwa 100 Meter südlich von zwei Klippeninseln, die unter dem Leuchtturm seewärts herausragen. Es gibt noch eine weitere Felsspalte weiter nördlich. Die bietet aber nichts.

Z w e i   k l e i n e   K l i p p e n i n s e l n liegen unter dem Leuchtturm. Sie erstrecken sich etwa 30 Meter seewärts und geben einen nützlichen Orientierungspunkt ab. Eine blinde Klippe liegt etwa 10 Meter seewärts von der äußersten sichtbaren Klippeninsel. Bei gutem Wetter können kleine Boote diese Inselchen auch an der Landseite vorsichtig passieren.

Eine **Kleinbootbucht** mit sauberen Felswänden liegt nördlich von diesen Klippeninseln. Dies ist ein brauchbarer Tagesliegeplatz bei ruhigem Wasser. Mehrere weitere **Felseinschnitte** als Tagesliegeplätze sind nordwärts davon bis zu der Cala de Gens.

Cala de Gens   (Plan S. 208)

Dies ist eine durch drei Inseln geschützte und nach Norden durch das Felsmassiv abgedeckte Einbuchtung. In ihrem inneren Teil hat sie etwa 80 Meter Wasserfläche. Obwohl sie nur Geröllstrand hat, ist die Bucht doch nicht ohne Reiz. Sie ist sogar ein ganz romantischer Platz.

Eine Fischerhütte steht am Ufer. Eine freundliche Steinterrasse ist davor. Mehrere Feuerstellen am Ufer zeugen von früheren Besuchern, die hier ihre Fische geröstet haben. Ein schmales, mühsam zu ersteigendes Bergtal führt in die Höhe. Agaven, Kiefern und auch hohes Schilfrohr wachsen reichlich. — Ein Abend auf dem Terrassenplatz vor der Fischerhütte in der Felseinsamkeit dieser an sich kargen Landschaft mit Brot, auf Feuer gerösteten Fischen und Wein würde mir sehr gefallen.

Im Sommer ist Cala de Gens, falls nicht gerade größere Dünung aus Ost oder Süd steht, wohl genügend geschützt. Einlaufen würde ich als Ortsfremder mit einem tiefgehenden Boot nicht von Süden her, sondern von Osten. Ich würde für einen Aufenthalt über Nacht nicht ankern, sondern den Bug des Bootes an einer der Klippeninseln festmachen und Heckleine zum Strand geben. Meist wird man vom Boot direkt auf den Uferfels übersteigen können.

Die **Osthuk** der Cala de Gens wird durch zwei Inseln gebildet. Sie liegen langgestreckt vor dem hohen Festland. Zwischen den beiden Inseln und dem Festland ist etwa 15 Meter breiter und 4 bis 6 Meter tiefer Kanal. Als Ortsfremder oder mit einer tiefgehenden, schweren Yacht würde ich die Cala de Gens durch diesen Kanal anlaufen. (Er kann auch als Liegeplatz dienen).

Der **Strand** der Cala de Gens ist Geröll aus runden, glatten Steinen. Die Wassertiefe davor ist 1 bis 4 Meter. Der Grund ist ebenfalls Geröll. Ankern würde ich deshalb nur mit leichten Booten oder für kurzdauernden

Aufenthalt. Sonst würde ich eine lange Leine auf der Klippeninsel vor dem Strand festmachen und am Bug (oder tagsüber am Heck) belegen. Ein zweite Leine wird am Land an geeigneter Stelle belegt.

Einfahrt von Süden: Man passiert zuerst eine steilwandige Klippeninsel, die mit dem Festland verbunden ist. Sie bildet eine Art von Südhuk. Nordöstlich von dieser Südhuk liegt eine Unterwasserklippe mit etwa 1 Meter Wasser darüber (deshalb zieht man die saubere Osteinfahrt vor). Danach kann man bis zum Strand durchfahren.

Nebenbuchten: Gleich nordwärts hinter der Südhuk liegt frei im Wasser eine weitere hohe Felsinsel aus glattwandigem Gestein. Man kann mit kleinen Booten nördlich wie südlich hinter diese Insel gut einfahren und findet dort kleine, ganz gut geschützte S c h ö n w e t t e r p l ä t z e . Hinter der Insel hindurchpassieren können aber höchstens ganz flachgehende Boote. Eine U n t e r w a s s e r h ö h l e liegt in der kleinen Einbuchtung südwärts dieser Felsinsel. Ob sie etwas bietet, weiß ich nicht. Eine andere Nebenbucht ist der große Felseinschnitt gleich östlich der Cala de Gens.

Die runde Höhle (Plan S. 208)

Sie führt zu Wasser zwar nur etwa 30 Meter in den Fels. Aber sie hat innen ein Bassin mit etwa 6 mal 7 Meter Wasserfläche und sauberen, steil abfallenden Rändern. Man kann drinnen das Boot gut festmachen, kann bequem auf die Felsränder übersteigen und die beiden Landausläufer der Höhle erkunden. Die Höhle hat kleine Tropfsteinbildungen. Ihr einer Landausläufer führt weit in den Fels, weiter jedenfalls als die 40 Meter, die ich ohne Taschenlampe vorgedrungen bin. In dem Landteil sind kleine Teiche mit sehr schönen Farben. Überhaupt denke ich an diese interessante Höhle gern zurück.

Die Einfahrt liegt etwa 150 Meter nordöstlich der Huk zur Cala de Gens. Eine flache Felsnase liegt an der Nordostseite der Einfahrt wie ein kleiner Wellenbrecher. Die Einfahrt ist knapp 3 Meter breit. Der Grund ist überall tief und sauber. Für ein segelndes Boot mit nicht allzuhohem Mast sollte die Einfahrt hoch genug sein. Die Höhle ist einfach zu befahren. Innen macht man an sauberen Felswänden fast wie an einer Kaje fest.

Die heroische Bucht (Plan S. 208)

Unmittelbar südlich von Punta Pedrosa liegt diese fast 200 Meter breite Einbuchtung mit ungeheuer hohen, steilen Felswänden. Wie die Fischer sie nennen, habe ich nicht erfahren können. Eine saubere kleine Felsinsel liegt in ihrer Mitte. Man kann gut um sie herumfahren. Unter den Huken gibt es zwei Tagesliegeplätze für ruhiges Wasser. Aber Landausflüge kann man nur mit Alpinistenausrüstung machen.

Die Bucht muß durch ein Abbrechen der über hundert Meter hohen Felswand erst „kürzlich" entstanden sein, wobei kürzlich ebenso gut 50 wie 1000 Jahre bedeuten kann. In den senkrechten Abbruchwänden tritt die Struktur des Gesteins besser zutage als anderswo.

Breite Bänder von hellem, gelbweißen Gestein ziehen in dem düsteren, schwarzgrauen Grundgestein. Sie laufen etwa waagerecht, aber oft als Wellenlinie und seltsamerweise häufig auch verzweigt. Hier habe ich bedauert, noch nie einen Geologen als Mitsegler gehabt zu haben. Denn es müßte interessant sein zu wissen, wie und vor wievielen hundert Millionen Jahren sich diese beiden Gesteinsarten ineinandergeschoben haben. Soviel jedenfalls ist bekannt, daß die Costa Brava vor erdgeschichtlich noch nicht allzulanger Zeit durch Einbrechen einer großen Scholle der Erdkruste zwischen den Balearen und dem spanischen Festland entstanden ist.

Die Höhle in Punta Pedrosa (Plan S. 208)

Dies ist wieder eine Felsspalt-Höhle. Etwa 40 Meter kann man mit dem Boot in den Fels hinein. Dann hört es zwar noch nicht auf, wird aber wohl zu schmal. Der Eingang ist etwa 3 Meter an der schmalsten Stelle breit. Innen ist die Höhle etwa 4 Meter breit. Das Dach ist sehr hoch, der Grund sehr tief. Die Felswände sind sauber. Es ist eine der schönen Höhlen in dieser Region. Und leicht zu befahren. Sie lohnt einen Besuch. Sie ist schöner, als diese knappe Beschreibung erwarten läßt.

Cala Pedrosa (Plan S. 208 und 188)

Dies ist eine Großbucht von fast 500 Meter Breite. Sie reicht tief ins Land. Schön und hoch ist nur ihre Südseite. Dort gibt es einen verborgenen Naturhafen mit Schatten und „privater" Höhle. Im inneren Teil der Südseite und am ganzen Nordufer aber ist das Gestein von anderer Art, weich, flach und sehr klippenreich. Meist bedeutet es ja in Spanien nichts

Gutes, wenn eine Bucht „Pedrosa" heißt, das ist, „die Steinige". — Innen gibt es einen kurzen, wenig tauglichen Geröllstrand. Von der Nordseite dieses Geröllstrandes aus zieht sich eine Kette von flachen Klippeninseln und Klippen weit in die Bucht. Sie ist, von zwei Sommerhäusern abgesehen, unbewohnt. Beim Passieren der Punta Pedrosa müssen tiefgehende Boote eine Klippe mit etwa 1 Meter Wasser darüber 30 Meter nördlich der Huk beachten.

Der Naturhafen in der Cala Pedrosa

Gleich nach Runden der Südhuk steht man vor einer steilwandigen Nebenbucht mit zwei Inseln. Hinter der östlichen der beiden Inseln ist der Liegeplatz, der mir so gefallen hat. Er genügt für mehrere mittelgroße Boote, wahrscheinlich sogar für eine größere Yacht.

Die östliche Insel ist etwa 30 Meter lang. Zwischen ihr und dem Festland ist eine Art von kleinem, natürlichen Hafen, mindestens 20 Meter lang und 4 bis 6 Meter breit. Es ist tiefes Wasser. Klippen habe ich nicht gesehen. Ein guter Platz, dort das Boot festzumachen und badend oder tauchend die Umgebung zu erkunden. Die hohe Felswand bietet ab Spätvormittag sogar Schatten!

Eine weitere Insel liegt in der gleichen kleineren Felsbucht etwas weiter westlich nahe bei dem Naturhafen. Zwischen ihr und dem Festland kann man in Kanälen von etwa 8 Meter Breite gut passieren (und auch das Boot festmachen). Hinter dieser runden Insel liegt eine etwa 20 Meter tiefe **Höhle**. Leider ist die Einfahrt nur knapp 2 Meter breit. Sehr schöne Farben hat diese Höhle. Wenn nicht mit dem Schlauchboot oder Dingi, sollte man sie schwimmend erkunden.

Hiermit hat man die schönsten Platz in der Cala Pedrosa wohl kennengelernt. In Richtung auf den Geröllstrand liegen noch verschiedene kleine E i n b u c h t u n g e n, die bei gutem Wetter vielleicht als Tagesliegeplatz dienen können. Felsinseln und viele Klippen liegen vor den Huken. Hier muß man vorsichtig fahren! Der Strand in der Cala Pedrosa ist etwa 30 Meter breit. Die eine Hälfte des Strandes ist Kies und grober Sand, die andere Hälfte Geröll. Boote mit einigem Tiefgang müssen beachten, daß große Steine schon weit vor dem Strand auf geringer Wassertiefe liegen. Zwei kleine Gebäude stehen am Strand. Ein Tal führt zu der nicht sehr weit entfernten Straße.

E i n e K l i p p e n k e t t e erstreckt sich vom Nordteil des Strandes in die Bucht hinein. Ein privates Betonslip liegt nordwärts dieser Klippenkette in einer etwas geschützten Einbuchtung. Aber das Felsufer ist flach und uninteressant. Es bleibt so bis zur Innenbucht von Tamariu. Verschiedene flache Einbuchtungen liegen an der Zufahrt zur Außenbucht von Tamariu. In der Außenbucht sind an der Südseite einige tiefere Felseinschnitte in einer größeren Einbuchtung.

Tamariu, der Ort und seine Buchten

(Plan S. 200 und 188)

Der lange, schöne Sandstrand in der Innenbucht von Tamariu freut einen nach der Fahrt an felsiger Küste. Er lacht einen an, hellgelb, 200 Meter breit, zwischen den braunen, aber bewaldeten Felswänden der tief ins Land reichenden Innenbucht.

Tamariu war lange Zeit nur eine kleine Fischersiedlung, benannt nach den Tamarindenbäumen auf den Hängen. Heute ist es während der Ferienzeit Badeort mit erheblicher Menschenmenge, aber mit freundlich-beschaulichem, fast familiärem Lebensstil außerhalb der Hauptsaison. Mit den 100 festen Einwohnern ist man bald bekannt und auch mit den Franzosen und Spaniern, die hier ihren Urlaub mit Angeln und auch mit Tauchen zubringen. Am Nordteil des Strandes stehen noch die alten kleinen Fischerhäuser. Der Ort hat einige der sehr breiten schweren Sardinenboote und viele Lampenboote. Bei gutem Wetter liegen sie im Wasser, bei schlechtem werden sie auf den Strand geholt. In der Sommerzeit ankern oft große Yachten aus Palamós hier. Tamariu liegt inmitten des höchsten, steilsten Felsgebietes der Costa Brava. Er ist eigentlich hier der einzige „Ort" am Wasser. Er hat Hotels (und Unterkunft in Fischerhäusern) und liegt doch weit genug von der Küste der großen Badebuchten und von dem Wassersportzentrum Palamós entfernt, um Einsamkeit zu gewähren. Die Stadt Palafrugell 4 Kilometer im Hinterland bietet Einkaufsmöglichkeit für das, was in dem kleinen Tamariu fehlt.

Der Ort lebt auch nach der Ferienzeit sein kleines Leben weiter, wenn die reinen Touristenorte oft öde Totenstädte sind. Bis in das Ende des Oktobers hinein scheint mir die passende Zeit zu reichen.

Ein Boot auf Wanderfahrt muß in die Innenbucht von Tamariu wenigstens einen Blick werfen. Man kann aber auch für die Nacht dort bleiben. Nur bei Seegang aus Süd oder Ost liegt man in Cala di Aigua Blava angenehmer. Das Einkaufen ist aber in Tamariu besser zu machen. Es gibt eine kleine Kaje zum Anlanden.

Die Innenbucht (Cala Tamariu) (Plan S. 200)

Die Cala Tamariu ist stellenweise nur etwa 150 Meter breit, aber fast 300 Meter lang. Der Hauptstrand ist 200 Meter breit und hat feinen Sand. Die Seitenwände der Innenbucht sind sauberes, verhältnismäßig niedriges Felsufer mit Fußwegen. Wald reicht bis dicht an das Wasser. Das Hinterland ist dort oft privat. An der Südseite hat die Innenbucht einige tief ins Land reichende felsige Einschnitte. Aber sie taugen nicht gut als Liegeplatz.

Eine kleine Steinkaje ist bei der Nordseite des Strandes im Schutze einer felsigen Halbinsel. Sie ist etwa 6 Meter lang. Wassertiefe 0,8 bis 0,3 Meter. Man soll aber nur kurzzeitig zum Ausbooten an dieser Kaje festmachen. — Dort steht in der Nähe der Kaje auch ein kleiner elektrischer **Kran** für Trailerboote bis etwa 300 kg.

Eine Nebenbucht mit Kiesstrand liegt seewärts von dem hübschen Halbinselchen, welches die Kaje schützt. Es gibt ein einfaches Betonslip und ein privates Bootshaus. Boote liegen dort auf dem Kiesstrand oder vor Grundgeschirr.

Kleinere Boote werden in Tamariu meist auf den Strand geholt. Viele Boote, vor allem die größeren, liegen im Sommer vor Grundgeschirr entweder in der Nordseite der Innenbucht oder vor der Nebenbucht.

Der Ankergrund in der Innenbucht ist in der Mitte überwiegend Sand von 4 bis 6 Meter Tiefe. An den beiden Seiten werden mittelgroße Steine häufiger. Dicht an den Seiten überwiegen sie. Größere Boote sollten also entweder ziemlich in der Mitte vor dem Strand ankern oder sich sonst erst die Grundbeschaffenheit ansehen und den Anker auf ein Sandfeld legen.

Die Außenbucht (Cala Putxeta) (Plan S. 188 und 200)

Dies ist eine große, nahezu halbrunde Felsenbucht. 1,1 Kilometer ist die Distanz zwischen den Huken. Bei einem solchen Außenrevier braucht es einen nicht zu grämen, daß in der Innenbucht von Tamariu Wasserskilauf nicht gestattet ist.

Die Südseite der Außenbucht besteht aus ziemlich flachem, abgerundetem, braunem Fels. Es gibt mehrere recht tiefe Einschnitte, eine ziemlich offene Vorbucht und in Ufernähe Klippeninseln und Unterwasserklippen, auf die man achtgeben muß. Die Südhuk ist die flache Punta Tamariu. Dahinter liegt die Cala Pedrosa (Seite 211). Mir hat diese Südseite nicht sehr gefallen.

Die Nordseite der Außenbucht ist aus dem anderem Fels. Goldrotes Gestein bildet eine steile Abbruchküste von ziemlicher Höhe. Etwa ½ Kilometer lang ist diese Küste bis zur Cala Aigua-Xellida (Seite 205). Zahlreiche sehr schöne und ziemlich große felsige Einbuchtungen liegen an dieser Küstenstrecke. Mindestens vier davon sind auch für mittelgroße Boote oder für kleinere Yachten genügend groß. Zahlreiche kleinere Einschnitte liegen dazwischen. Es ist eine sehr reiche Küste, die man mit großem Gewinn selber erkunden wird.

E. Palamós und die Küste bis Llafranch

Zusammenfassung (Plan S. 214 und 185)

Palamós

Ein wichtiger Hafenort wird in diesem Kapitel besprochen: Palamós, ein Zentrum des Wassersports, vielleicht das bedeutendste der Costa Brava. Sommerliegeplatz von über 50 großen Mittelmeeryachten, Traumyachten, weiß und mit viel Chrom. Liegeplatz von etwa 200 stark motorisierten großen Kajüt-

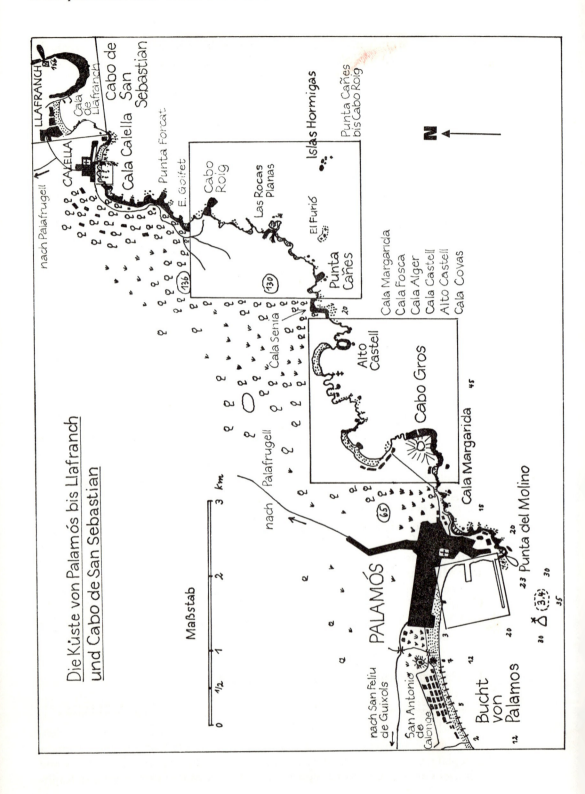

Die Küste von Palamós bis Llafranch und Cabo de San Sebastian

Maßstab

3 km

2

1

1/2

0

booten, von etwa 100 catalanischen oder mallorkinischen Fischerbooten, die mit viel Sinn für die Vorzüge dieses überaus seefesten Bootstypes zu Sport- und Fahrtenbooten umgestaltet wurden. Liegeplatz unzähliger offener oder halbgedeckter Flitzer und vieler, vieler Jollen. Was in Palamós nicht Platz findet an Booten — und das sind viele — liegt in den benachbarten Buchten, auf oder vor den Stränden. Die Nähe Barcelonas und die Lage in einem sehr schönen Revier und fast im Herzen der Costa Brava machen, daß Palamós zumindest mit großen Booten weit reichlicher belegt ist als die Bai von Rosas.

Das Revier von Palamós   Die Küste von Palamós bis Llafranch ist das Revier von Palamós. So wird dieser Küstenteil vom Hafen von Palamós aus besprochen. Es ist rundweg ein sehr schönes Revier. Aber ganz anders als die Küste im Norden. Der erste Teil sind Badebuchten mit vielen Unterbrechungen und mit einigen reizenden verborgenen Winkeln, die gottlob nur wenige kennen. So findet man sie trotz der Fülle von Booten oft leer und hat sie alleine. Es folgt ein zweiter Abschnitt mit goldgelber Felsküste und etwa 30 kleinen Buchten darin. Die meisten mit kleinem Strand. Viele so schön wie aus dem Bilderbuch.

Die Boote des Reviers   Zwischen Palamós und Llafranch ist ein gutes Revier für segelnde Boote. Denn die flache Küste läßt Seebrise entstehen. Ein Revier der Jollen. Vor allem aber auch ein Revier der starken Motorboote und der raschen Flitzer, des Wasserskis und — im Nordteil des Reviers — der Taucher. Aber selten wird man sehen, daß eine der herrlichen, großen Segelyachten ihre weißen Schwingen entfaltet. Es sind so wunderbare Schiffe dabei, so groß und so weiß und oft mit den herrlichsten Linien; nur segeln tun sie nicht. — Haben möchte ich keines dieser großen Schiffe. Sie sind zu groß. Man braucht eine bezahlte Crew. Und all die vielen Segel- und Erkundungsabenteuer, die man mit einer zur Not auch noch einhand zu segelnden Yacht (einem Boot von 9 bis 14 Meter) noch haben kann, sind diesen großen Yachten verschlossen. Sie sind dazu verdammt, in den Häfen zu liegen, allenfalls in einer großen Bucht zu ankern. Sie sind Statussymbol. —

Aber die französischen Fahrtenyachten, etwa 7 bis 10 Meter lang, die segeln noch. Und es sind viele französische Boote hier, wenn auch meist nur auf der Durchreise.

Ein Boot auf Wanderfahrt wird vielleicht in den stilleren Revieren lieber verweilen als in der schönen, aber sehr belebten Region um Palamós. Daß man Palamós und seinen Hafen aber kennenlernen muß und daß ein Schlendern an all den vielen großen Yachten vorbei sehr schön ist, steht außer Frage.

Ist ein Boot auf Wanderfahrt auf Suche nach einem stillen und dabei vielleicht ganz ausgefallenen Platz, so sollte der Schiffer die Abschnitte über Cala Alger, Cabo Gros, Cala Castell, Cala Planas und Playa de la Cadena und selbst über den Ort Calella nachlesen. Daß es in den Fingern juckt, auf den Islas Hormigas zu landen, ist für den, der Abenteuer sucht, sowieso außer Zweifel.

Palamós   (Plan S. 217 und 214)

Palamós (die Betonung liegt auf der letzten Silbe) ist ein bedeutendes Wassersportzentrum. Es ist nahezu der einzige Hafen der Costa Brava, der an die Häfen der französischen Reviera erinnert. Sehr viele Yachten sind hier im

Sommer. Es gibt einen gut funktionierenden Club. Und dennoch (oder deshalb?) gefällt es mir in Palamós gar nicht. So muß ich sehr achten, daß sich bei der Beschreibung keine Ungerechtigkeit einschleicht.

Ich war dreimal zu Wasser in Palamós, in der Ferienzeit und auch im Herbst. Aber nie hat es mich länger als höchstens 2 Tage in diesem Hafen gehalten. Später war ich noch dreimal mit „Rosinante" da, um mir Palamós bei stürmischem Wetter anzusehen, während mein Boot im benachbarten San Feliu lag. Jedesmal habe ich vergeblich ein nettes, preiswertes spanisches Lokal zum Essen gesucht und nie das Rechte gefunden. Ich habe also etwas gegen Palamós. Der Leser muß das wissen.

Der Ort Palamós

Palamós ist heute eine kleine Stadt mit 6000 festen Bewohnern. Es ist früher schon einmal größer gewesen: Im späten Mittelalter war es ein bedeutender Hafen. Cervantes fuhr von hier nach Rom. Auch Karl V war bei einer seiner vielen Reisen hier. Der 14. französische Ludwig eroberte und zerstörte es, und mühsam hat sich der Ort danach wieder emporgebracht, vorwiegend durch Herstellung und Versand von Korkstöpseln aus der Rinde der Korkeiche. Aus dieser Zeit stammen die jetzigen Hafenanlagen, denn die Korken wollten verschifft werden. — Kunststoffverschlüsse ließen diese Industrie rasch zusammenbrechen. Und gäbe es nicht den Touristenstrom, den Palamós mit seinem langen Strand gut auf sich konzentrieren konnte, so wäre der Ort wohl schlecht dran.

So gibt es heute viele und oft sehr große Touristenhäuser. Es gibt riesig große Parkplätze auf dem Gelände zwischen Hafen und Stadt. Es gibt die beiden großen Touristenstraßen, wo in allen Geschäften die gleichen Spanienandenken zu haben sind. — Nur einen kurzen Moment lang hat mir der Ort eine besondere Atmosphäre gezeigt, und das war beim Ende des Gottesdienstes vor der zwischen eng gedrängten Häusern etwas erhöht gelegenen Kirche. Auch die zwei Treppengassen von der Kirche zum Strand waren nett. Aber sonst? Mit fast jedem anderen Ort der Costa Brava verbinden sich Erinnerungen, die ich nicht missen möchte. — Doch ja, die Fischversteigerung in Palamós, die sollte man sehen.

Der Hafen, das Revier und die Eignung als Standort

Palamós wurde als Handelshafen erbaut. Das erklärt seine schlechten Eigenschaften für Sportboote. Der Handelsverkehr ist zurückgegangen, aber außerhalb der Ferienmonate liegen doch sehr oft ein oder zwei Frachtschiffe da. — Eine sehr große Fischerflotte ist in Palamós. Mehr Fischerboote, als der Hafen eigentlich aufnehmen kann. Wo immer ein Platz zum Ankern ist, liegt eine Fischermooring. — Sportboote finden hier nur in den Sommermonaten brauchbaren Liegeplatz. Im Herbst, Frühjahr und Winter haben es Sportboote, die im Wasser liegen müssen, in Palamós ernsthaft schlecht. Denn kaum einer der im Sommer verwendeten Liegeplätze ist außerhalb der Sommermonate noch geeignet.

Die Plätze, an denen ein Sportboot liegen kann, gehören fast ausnahmslos dem Club Nautico. Liegeplätze im Wasser außerhalb des Clubgebietes für Dauerlieger weiß ich nicht zu nennen. So ist die Frage eines längeren Aufenthaltes in Palamós im wesentlichen eine Frage des Arrangements mit dem Club. — Wenn das Boot im Wasser liegen muß. Auf dem Strand gibt es ausreichend Platz. Jolleneigner können also über die Sorgen der Dickschiffleute lächeln.

Der Club Nautico Costa Brava (C. N. C. B.) hat einen hohen Standard und gute Einrichtungen. Es ist der rennomierteste Club dieser Küste. Kräne, Slip, Tankstelle, Wasser, Duschräume und Winterlagerung, alles ist in guter Ordnung. Man ist auf auswärtige und auch auf ausländische Gäste eingestellt. Diese können gegen einen nicht ganz niedrigen, aber noch diskutablen Betrag (siehe Seite 44 f) einen Platz an Steg oder Kaje und das Anrecht auf die Benutzung der Clubanlagen z. B. für 4 Wochen mieten. Doch sind die Plätze für den kommenden Sommer meist im Januar schon vergeben! Nur bei äußerst früher Vorbereitung geht es also in Palamós gut. Die vielen Boote an Stränden benachbarter Buchten sind oft „im Exil" befindliche Boote von Eignern, die in Palamós wohnen. — Daß durchreisende Boote einen Liegeplatz erhalten, ist eine andere Sache. Auch ist für große Yachten an der langen Mole wohl leichter ein Dauerliegeplatz zu haben, als für kleinere Boote im geschützteren Innenteil.

Das Revier ist die Küste der Badebuchten und somit reich an Booten und Menschen. Man muß schon weit fahren, ehe man ganz einsame Küste findet. Aber ein paar stille, versteckte Buchten gibt es auch schon in der Nähe. Natürlich ist es schön, rundum „Kollegen" zu haben. Ein gutes Jollenrevier ist es auch. Da das Fahren an der freundlichen Küste im Sommer keine seemännischen Probleme bietet, tritt die gesellschaftliche Betätigung mehr in den Vordergrund. Das kann sehr nett sein. Nur sollte man es vorher wissen. Auch, daß die Spanier ihrem Naturell nach nicht eigentlich anschlußfreudig sind. Aber es sind immer einige deutsche Boote in Palamós.

Die Anlagen des Hafens von Palamós (Plan S. 217)

Dies sind die lange Schutzmole, die Anlagen und Stege des Club Nautico und die Handelsmole.

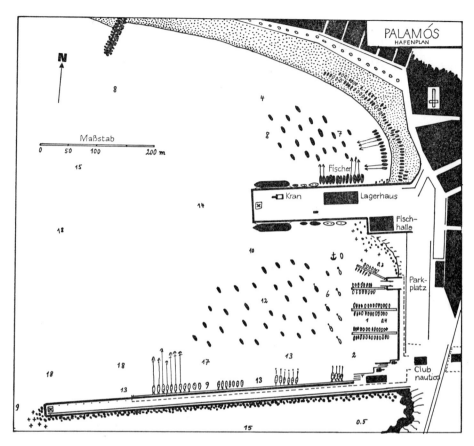

Die Schutzmole

An der Schutzmole ist im Sommer der Liegeplatz für die Sportboote. Man liegt mit Buganker und Heckleine. Die Schutzmole steht in sehr tiefem Wasser. Das muß beim Ankern berücksichtigt werden.

Die Schutzmole ist ein etwa 700 Meter langes, hohes und sehr eindrucksvolles Bauwerk. Daß ein Wintersturm sie dennoch einmal durchbrochen hat, spricht für die Fähigkeit dieses Sturmes und nicht gegen die Mole. An der Seeseite und vor allem vor dem Molenkopf liegen große Steinblöcke. So soll man den Molenkopf in 50 Meter Distanz runden.

Das seewärtige Viertel der Mole ist frei zugängliches Hafengebiet. Die Kaje ist etwa dort 2 Meter hoch und hat dicht unter Wasser eine Stufe! Dicke Fender sind in größeren Abständen befestigt, da im Winter hier gelegentlich Küstenfrachter bei Sturm Schutz suchen. Ich glaube n i c h t , daß ein Sportboot hier gut liegt.

Die inneren ³/₄ der Molenlänge gehören dem Club Nautico. Dort ist etwa 50 Zentimeter über dem Wasserspiegel ein Holzsteg angebracht. Festmacheringe sind da, Wasserleitung und Abfalleimer.

W a s s e r t i e f e : Etwa 50 Meter von der Mole entfernt, also dort, wo man den Anker fallen lassen muß, sind in der äußeren Hälfte 17 bis 19 Meter, in der landwärtigen Hälfte 15 bis 10 Meter Wasser! Flacher werden erst die innersten 100 Meter. Falls man mit Kette ankert und sie mit Winsch oder über Hand einholen muß, so ist dies harte Arbeit. Denn mit weniger als der vierfachen Kettenlänge sollte man nicht ankern. Wie sehr oft im Mittelmeer ist es sehr viel bequemer, mit langer Leine zu ankern.

S t e g e u n d E i n r i c h t u n g e n d e s C l u b N a u t i c o . An der Wurzel der Schutzmole ist ein breites, schräges Betonslip mit aufgesetzten Holzbalken. Dort werden leichte Boote ,wie Jollen oder Schlauchboote, abgestellt. Dort ist auch das Clubgelände. Vorn ist Restauration und Bar. Hinten sind die Toiletten, Waschräume und Umkleidekabinen.

Auf der Ecke des Vorsprunges der Kaje sind Zapfsäulen für D i e s e l ö l und B e n z i n. Dahinter steht auf einer neuen vorspringenden Ecke der Kaje der große Kran des Clubs. Wieviel er wirklich hebt, weiß wohl keiner genau. Aber alles spricht dafür, daß Boote bis etwa 5 Tonnen dort hochgenommen werden können (ein größerer Kran ist auf der Handelskaje). — Danach folgt zwischen Steinmolen ein Betonslip. Weiter landwärts steht dann noch einmal ein Kran für leichte Boote auf der Kaje. Danach Steinschüttung mit Betonfläche dahinter. Von hier gehen die Schwimmstege des Clubs aus.

Im Sommer sind vier S c h w i m m s t e g e ausgelegt, wie dies der Plan zeigt. Ihr Kopf ist in tiefem Wasser. An ihrem inneren Teil kann es sehr flach sein. Mit Beginn des herbstlichen Garbi werden die Schwimmstege eingenommen.

Auf der Betonbahn bei den Schwimmstegen werden Boote abgestellt oder Gerät. Es ist durch Zaun abgegrenztes Gebiet. Ausgedehnte Abstellmöglichkeit für Trailer oder Boote sind im Hafengelände des Clubs sowie in großen Hallen und auf weiteren Abstellflächen dicht bei diesen Hallen landeinwärts vom Hafen.

Die Handelsmole

Die Mole ist etwa 270 Meter lang und 50 Meter breit. Dort ist stets lebhafter Betrieb. Zum Anlegen sind nur etwa 180 bis 200 Meter geeignet, da dann Steine und Klippen beginnen. Ein Molenfeuer steht auf dem Kopf der Handelsmole. Die Kajen sind etwa 2 Meter hoch, haben unter Wasser oft eine Stufe und große Fender am seewärtigen Teil. Ein Kran ist dort. Ferner Lagerhallen, Fischhallen und sonstige Gebäude. Oft liegen kleine oder mittelgroße Frachter längsseits am seewärtigen Teil der Mole. Die Nordseite der Handelsmole gehört mit ihren landwärtigen zwei Dritteln den Fischerbooten, die dort dicht gepackt mit dem Bug an der Kaje liegen. — So wenig günstig die Handelsmole auch ist, im Winterhalbjahr und zumal bei Tramontana ist sie für eine Yacht oft der einzig brauchbare Platz. Man liegt so dicht an der Landseite der Mole, wie es möglich ist.

Ankerplätze

Was der Hafen an brauchbaren Ankerplätzen bietet, ist besetzt. In dem Raum zwischen der Schutzmole und der Handelsmole liegen die schweren Fischerboote und die Vedetten vor sehr starkem Grundgeschirr. Tagsüber ist dort ein Ruderboot oder nur ein Paket Korkrinde als „Vertreter" für die Fischerboote. Dort kann man also nicht ankern. Die besten Ankerplätze für Sportboote sind dort, wo im Sommer der Club Nautico seine Stege hat. Dort sind, wenn die Stege eingezogen sind, Moorings, und daran liegen Sportboote. Man wird als frisch Hinzukommender kaum eine Chance haben, an dieser gegen Tramontana leidlich geschützten Stelle einen freien Platz zu finden.

Die Ankerplätze nordwärts der Handelsmole sind von Fischerfahrzeugen eingenommen. B e i r u h i g e m W e t t e r kann man etwa in der Höhe des Kopfes der Handelsmole noch Platz finden (denn dort ist es bei Garbi ganz offen und deshalb ankert dort niemand). Fischerboote ankern auch noch dicht nebeneinandergepackt vor dem Strand im Schutze der Handelsmole. Sie haben ihre Anker s e h r w e i t seewärts gelegt (denn bei Garbi ist es dort auflandig). Wenn man sich durch den scheinbar freien und sonst günstigen Platz verleiten läßt, seinen Anker vor diese Reihe ankernder Fischerboote und damit zwischen deren Ankerleinen zu legen, so wird man davon wenig Freude haben.

Liegen im Sommer

Y a c h t e n u n d g r o ß e B o o t e liegen vor Mooring oder Buganker mit dem Heck an der Schutzmole. Falls einem die Bootsleute eine zufällig freie Mooring zuweisen, soll man sie unbedingt nehmen. Wenn man ankert, muß der Anker w e i t von der Mole entfernt fallen. In der Sommerzeit ist die Mole bis weit seewärts besetzt und dort sind dann 19 Meter Wassertiefe. Ich würde — außer man hat eine elektrische Winsch — lieber mit Leine ankern. Bei 18 Meter Wassertiefe sind 60 Meter Kette oder 80 Meter Leine das Mindeste! Und der Anker m u ß halten, denn wenn man auch im Hochsommer noch nicht mit Tramontana rechnet, jedenfalls steht abends der Landwind auf die Mole zu.

Man liegt an der Mole eng Bord-an-Bord. Da die Fischerboote Schwell machen (und manchmal auch der Sommerseegang) sind viele gute Fender wichtig. Wenn man genötigt ist, die Heckleinen kurz zu belegen, sollte man irgend etwas erfinden, was eine Federwirkung macht. Die ständig hier liegenden Boote haben verzinkte Stahlfedern dafür. Ich würde eine dünne elastische Perlonleine zusätzlich legen und der starken Hauptleine etwas Lose geben. Der kurze Schwell der Fischerboote beansprucht sonst die Klampen sehr arg. — Die Ankerkette muß fest durchgesetzt werden. Da man meist bei Seebrise ankommt, findet man sonst abends bei Landwind sein Boot mit dem Heck am Holzsteg.

M i t t e l g r o ß e u n d k l e i n e B o o t e liegen an den Schwimmstegen des Club Nautico, wo die Bootsleute einen einweisen. Für durchreisende Boote ist wohl immer ein zufällig freier Platz zu finden. Für Dauerlieger sind die Plätze meist schon im Winter vergeben.

Das Liegen auf dem Strand ist möglich, wo man zwischen vielen Fischerbooten Platz findet.

Liegemöglich-keiten für Sportboote außerhalb des Sommers

Außerhalb des metereologischen Mittelmeersommers sieht es in Palamós für Sportboote schlecht aus. Ab Mitte September muß man hier mit starkem Tramontana rechnen. Dann kann man an der Schutzmole nicht mehr sicher liegen. Außerdem steht bei Garbi erheblicher Schwell in den Hafen. Einen idealen Platz gibt es nicht. Daß der Hafen sehr voll ist, macht die Sache nicht besser.

Mit einer größeren Yacht würde ich, wenn dort Platz ist, an der S ü d s e i t e d e r H a n d e l s m o l e möglichst weit landwärts längsseit gehen. Bei Garbi liegt man dort herzlich schlecht, bei Tramontana aber geschützt. Bei Tramontana ist es eigentlich der einzig brauchbare Platz. — Vorausgesetzt, die Kaje ist frei. Sonst an der N o r d s e i t e d e r H a n d e l s m o l e möglichst weit landeinwärts (aber jedenfalls seewärts der den Fischern vorbehaltenen Kaje). Dort liegt man bei Garbi etwas ruhiger, wird aber bei Tramontana arg gegen die Kaje gedrückt und mit Hafenseegang bespritzt.

A n d e r S c h u t z m o l e liegt außerhalb des Sommers kaum noch ein Boot, denn bei starkem Tramontana ist der Platz extrem ungemütlich, wenn nicht sogar gefährlich. Man lasse sich nicht durch einige Dauerlieger täuschen, deren bezahlte Crew an Bord ist. Die liegen in den tramontanafreien Perioden dort längsseits oder mit dem Heck zur Kaje, haben aber sehr starke Moorings nordwestwärts liegen, an denen sie sich bei Tramontana mit der Winsch verholen. Natürlich verlockt die lange, freie und ruhige Kaje der Schutzmole, zumal es bei Garbi der ruhigste Platz ist. Aber nur wenn man die Wetterlage übersieht und das Boot mit Crew und Motorkraft reichlich versehen, kann man sich wohl auch im Herbst und Winter für kürzere Zeit dort hinpacken. Innere Ruhe wird der Schiffer an diesem Platz schwer finden können.

Wo man bestimmt niemals festmachen sollte, ist der Kopf der Handelmole.

Die Eigner kleiner Boote sollten wegen des Liegeplatzes mit den Bootsleuten des Clubs Fühlung nehmen.

Schutz bei stürmischem Wetter

Bei winterlichem O s t s t u r m liegt man — sagen die Lotsen — in Palamós besser als in San Feliu de Guixols. Am günstigsten an der Schutzmole nahe den Clubgebäuden. Sonst aber auch an der Handelmole. Wenn es hart zu werden verspricht, kann ein seitlich ausgebrachter Anker, der das Fahrzeug von der Kaje abhält, sehr nützlich sein.

G a r b i ist im Winterhalbjahr in Palamós eine rechte Plage. Es steht zwar keine direkte, steile Windsee herein, aber doch Schwell bis zu 1 Meter Höhe, wenn es hart weht. Starke, lang belegte, elastische Leinen, zahllose Fender und wenn es sich machen läßt, ein Platz an der Nordseite der Handelsmole. Am ruhigsten liegt man am inneren Teil der Schutzmole, doch folgt nach Garbi fast immer Tramontana nach. Zieht das Tief dicht nördlich vom eigenen Standort vorbei, so springt der Wind in einer widerlichen Regen -und Gewitterfront von Südwest auf Nordwest um. Dann liegt man an der Schutzmole für den neuen Wind an der ungünstigsten Stelle. T r a m o n t a n a ist außerhalb der drei oder vier Hochsommermonate in Palamós häufig. Meist — so sagen die Bootsleute — weht es Mitte September das este Mal, manchmal etwas früher, manchmal später. Dann jedenfalls immer häufiger und immer stärker. Weißer Gischt auf dem Hafenwasser ist im Winterhalbjahr keine Seltenheit. Ein guter Hafen bei Tramontana ist das benachbarte San Feliu de Guixols.

Die Küste von Palamós bis Alto Castell   (Plan S. 214 und 220)

Vier Kilometer lang ist die „Küste der Badebuchten", ehe bei dem interessanten Vorgebirge Alto Castell dann wieder typische Felsküste beginnt. Es ist das Revier der Boote aus Palamós, lachend, durch Segel belebt und besiedelt am Land. Vier große Buchten mit langen Stränden. Aber auch mit einigen von Land her unzugänglichen Stellen, wo man selbst in dieser menschenreichen Region meist alleine ist. Zwei ganz urige Fischersiedlungen, zwei Höhlen, mehrere geschützte Liegeplätze in Felseinschnitten, dazu guten Segelwind durch das flachere Hinterland — es ist schon ein schönes Revier.

Von Palamós bis Cabo Gros

Untiefen: 700 Meter südwärts von der Spitze der Schutzmole von Palamós liegt eine Leuchttonne (rot). Sie markiert die flache Stelle L a j a d e P a l a m ó s . Die geringste Wassertiefe dort ist 3,4 Meter. Für Sportboote ist diese flache Stelle, außer bei hohem Seegang, ohne Bedeutung. — Eine andere flache Stelle mit 1,9 Meter Wasser 200 Meter westwärts von Punta del Molino kann schon eher wichtig sein.

Punta del Molino, die Huk von Palamós, ist felsig niedrig. Darauf steht recht unauffällig der Leuchtturm. Eine längliche Felsinsel liegt davor. Fast immer sind hier tagsüber Fischerboote mit Handangel und nachts Lampenboote am Fischen. 1½ Kilometer nordostwärts sieht man Cabo Gros.

Cabo Gros ist ein durch Höhe und Form markantes Kap. Es ist ein abgerundeter, aber dennoch hoher Berg mit grünem Pflanzenwuchs an den Hängen (s. u.).

Cala Margarida

(Plan S. 214 und 220)

Dies ist die wenig ausgeprägte Bucht zwischen Punta del Molino und Cabo Gros. Sie ist 1½ Kiometer breit und klippenreich an den Ufern.

Die Westhälfte dieser Bucht wäre landschaftlich sehr schön, wenn sich nicht die Nähe des Ortes Palamós zu stark bemerkbar machte. Teilweise grenzen die Hinterhäuser an die Bucht, teilweise ist sie überhaupt durch eine lange Mauer abgesperrt. Dies entwertet die sonst als Tagesliegeplätze sehr gut geeigneten kleinen, felsigen Einbuchtungen. Dies verdirbt auch die kleinen, durch Klippenketten geschützten Strände P l a y a s   d e l   P a d r o. — Läuft man dichter als 50 Meter am Ufer, so muß man Erkundungsfahrt fahren.

In der Mitte der Bucht ragt eine aus mehreren Klippeninseln gebildete Huk ein Stück seewärts vor. An beiden Seiten dieser Inselhuk befinden sich kleine Kies- oder Geröllstrände, die durch Klippeninseln geschützt sind. Die Besiedlung hat hier aufgehört.

Der Ostteil der Bucht ist hübsch. Die kleine Fischersiedlung **El Margarida** bestimmt hier das Bild. Es sind etwa 40 kleine Fischerhäuser, die dort bunt getüncht und mit Loggien dicht hinter dem gelben Strande aufgereiht sind. Der kleine Ort hat seine ursprüngliche, primitive Art behalten. In den Fischerhäusern verbringen spanische Familien ihren Urlaub, natürlich mit Boot. Nur ein neueres Haus mit Kleinwohnungen steht etwas dahinter.

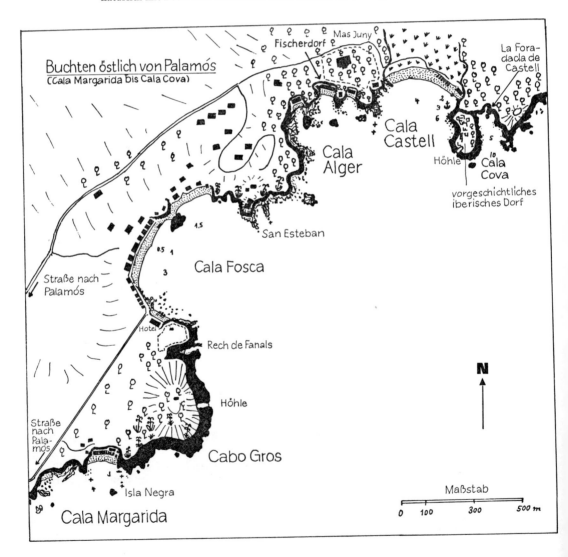

Der etwa 200 Meter breite Strand von El Margarida wird durch mehrere Klippeninseln und zahllose Klippen geschützt. Der Plan kann die Unter- und Überwasserklippen nicht einzeln wiedergeben. Das Anlaufen muß also vorsichtig und mit Ausguck im Bug erfolgen. Am besten fährt man dicht westlich der Isla Negra auf den Strand zu. Es liegen zahlreiche Boote dort, meist auf dem Strand, teils auch vor Grundgeschirr.

Cabo Gros und Rech de Fanals (Plan S. 220)

Dieser massige Berg von etwa 500 Metern Breite und 72 Meter Höhe enthält einen recht geschützten Naturhafen, mehrere kleinere als Tagesliegeplatz günstige Einbuchtungen und eine größere Höhle. Der Berg ist über und über mit Agaven und einem schwer durchdringlichen, stachligen Buschwerk besetzt (es gibt aber Pfade). Oben ist etwas Pinienwald. Der Blick reicht von dort weit über beide Seiten der Küste. Es ist ein schöner Platz, gut geeignet, wenn das Boot im Naturhafen Rech de Fanals festgemacht ist, einen Abend über dem Meer zu verbringen. Käse, Brot, Wein und Zeit, mehr braucht es dazu im Mittelmeer nicht.

Zwei kleine Einbuchtungen, durch Klippeninseln geschützt, findet man an der Südseite des Kaps. Sie ist nicht überragend schön, aber meist einsam. Dann folgt die steil zum Meer abfallende Ostseite. Darin liegt die Höhle.

Die Höhle hat schwärzere Felsen bei ihrer Einfahrt. Sie ist daran von Osten her schon aus großer Distanz zu erkennen. Die Öffnung führt ohne besondere Vorbucht direkt in den Fels. Die Einfahrt ist etwa 6 Meter breit, klippenfrei und hat sehr tiefes Wasser. In diesen äußeren Teil der Höhle können auch größere Boote einlaufen. — Im inneren Teil der Höhle war ich leider nicht drin.

Rech de Fanals heißt der Naturhafen im Cabo Gros. Er liegt etwa 200 Meter nordwärts von der Einfahrt zur Höhle. Die Länge des Einschnittes ist etwa 50 Meter. Seine Breite ist in der Einfahrt 6, innen 10 bis 12 Meter. Es gibt einen Kiesstrand im innersten Teil. Das Wasser ist tief. Nur dicht an der Südseite sowie dicht vor dem Strand liegen einige große Steine. Teilweise sind sie zum Belegen von Leinen sehr nützlich. Eine blinde Klippe liegt vor der Einfahrt etwa 8 Meter seewärts der Nordhuk und kann leicht vermieden werden.

Der Naturhafen ist gegen sommerliches Schlechtwetter ausreichend geschützt. Es ist Platz für mehrere kleine Boote, wahrscheinlich sogar für zwei große Yachten. Für Landtouristen ist dieser unbesiedelte, nur durch einen recht verzwickten Pfad erreichbare Einschnitt praktisch unzugänglich. Aber aus der Bucht kann man auf diesen Pfad hochsteigen und auf ihm auf die Höhe des Kaps und auf seine seewärtige Seite gelangen (wie erwähnt, abends mit Wein, Brot, Käse und viel Zeit, den Lampenfischern zuzusehen).

Für Boote auf Wanderfahrt, die an Palamós keine Freude haben, ist Rech de Fanals ein wichtiger Übernachtungsplatz. Denn vor den drei nach Nordosten anschließenden Buchten hat man oft Ärger mit der Küstenwache, die ankernde Boote fortschickt — wahrscheinlich, weil so vieles an wertvollen Kleinbooten dort unbewacht auf den Stränden liegt.

Zwei weitere Felseinschnitte sind nach Norden zu noch in Cabo Gros: Gleich nordwärts von Rech de Fanals liegt eine etwa 4 mal 6 Meter große Kleinbootbucht. Ein weiterer etwa 8 mal 12 Meter große Felseinschnitt folgt nach etwa 50 Metern. Dieser bietet auch für normale Fahrtenyachten bei ruhigem Wasser ausreichend Platz. — Damit endet die Steilwand des Cabo Gros und die flachere Klippenregion in der Cala Fosca beginnt.

Cala Fosca, Cala Alger und Cala Castell (Plan S. 220)

1½ Kilometer breit ist diese Dreierbucht zwischen Cabo Gros und Punta Castell. Schön sind alle drei, aber von ganz verschiedener Landschaft. In der Harmonie ihrer Farben und der Gunst ihrer Lage werden sie von anderen Buchten der Costa Brava nicht so leicht übertroffen. — Vor den Felshuken ist es oft klippenreich. Aber vor den Stränden und im ganzen Innenteil der großen Gesamtbucht hat man freies Wasser.

Diese Buchten sind das wichtigste Fahrtgebiet der Boote aus Palamós. Und der Boote, die hier auf den Stränden liegen. So ist vom frühen Vormittag bis zum frühen Abend großer Betrieb. Danach aber wird es ganz einsam. Dann kann man zum Beispiel nachts beim Mondschein durch Reihen von 50 oder 100 der schönsten Kleinboote mit höchstpferdigen Motoren hindurchgehen, die dort aufgereiht allein auf dem Strande liegen. Ich habe nie gehört, daß von den Booten etwas weggekommen sei. Es wird nichts gestohlen in Spanien.

Cala Fosca (Plan S. 220)

Diese Bucht ist zwischen den Huken etwa 500 Meter breit. Ein 400 Meter langer schöner S a n d s t r a n d bestimmt das Bild der freundlichen Bucht. Lockere B e s i e d l u n g ist am Ufer (2 Hotels, kleine Pensionen, Fischerhäuser). Im Hinterland sind große Appartementhäuser. Eine Straße führt nach Palamós. Kleinbusse verkehren. Zu Wasser laufen Vedetten. In den Badestunden ist der Strand sehr voll.

An der Südhuk der Cala Fosca passiert man von Palamós einlaufend zuerst ein dicht gesätes Feld von Steinklippen. Ein Strand ist dahinter sowie das Hotel „Rocafosca". Hinter dem Klippenfeld ist ein sehr kleiner Betonanleger für Boote. Ferner zwei einfache Slips. Man findet hinter dem Klippenfeld geschütztes Wasser. Dort liegen die Boote der Gäste des Hotels. Die Einfahrt ist aber nur etwa 3 Meter breit. Das erste Mal soll man sie nicht bei Seegang machen.

Der Strand wird in seiner Mitte von einer dunklen Felsinsel unterbrochen. Sie ist etwa 50 Meter breit und 10 Meter hoch. Der Strand reicht an sie heran. Bei Seegang ist in ihrem Schutz besseres Anlanden für Boote. **Der Ankergrund** vor dem Strand ist sauberer Sand. Dort liegen auch kleine Boote vor Grundgeschirr. Man muß aber wissen, daß es vor dem Strand rasch flach wird. Besonders etwa 100 Meter südwestlich der Felsinsel erstreckt sich ein flacher Sandrücken seewärts. Tiefgehende Boote müssen hier sehr auf die Wassertiefe achten. Auch Boote vor Grundgeschirr als Dauerlieger sollen auf genügend tiefem Wasser liegen, um außerhalb der Zone der Brandungsbildung zu sein. — Bei Seegang aus Südwest findet man hier geschütztes Gebiet.

Die Nordhuk der Cala Fosca ist klippenreich, aber landschaftlich überaus schön. Auf der etwa 15 Meter hohen Felshuk stehen die Ruinen der F e s t u n g u n d A b t e i S a n E s t e b á n . Zahllose Agaven sind um das Gemäuer verteilt, und ihre über 5 Meter hohen Blütenstämme mit den gelben Dolden und dem Grün der Agavenblätter wirken vor dem braunen Gestein der Gemäuer unglaublich stimmungsvoll. Am schönsten ist es dort, wenn die Sonne sich senkt. Auch von Land her lohnt diese Stelle einen Besuch. Normalerweise ist das Tor zum Ruinengemäuer von San Estebán wohl abgeschlossen. Als ich dort war, war die Pforte nur angelehnt. Die Erinnerung an einen sehr schönen Abend knüpft sich daran. Ist zugesperrt, so wird man die Fischersiedlung in der Cala Alger als Ersatz nicht weniger urig und schön finden.

Zwischen Cala Fosca und Cala Alger ist niedrige Felsküste. Klippengruppen ragen seewärts. Doch ist man in 50 Meter Distanz von den sichtbaren Klippen auch von Unterwasserklippen frei. Dichter als 50 Meter muß man „Erkundungsfahrt" laufen.

Dieser Küstenstreifen hat zwischen den Klippen, von den Klippeninseln geschützt, mehrere recht **tiefe Einschnitte**. Fast alle haben aber nur Geröllstrand oder große Steine am Ende. Am geräumigsten (auch für mittelgroße Boote) und am besten zum Festmachen geeignet ist die Einbuchtung unmittelbar ostwärts von den Ruinen von San Estebán.

Cala Alger (Plan S. 220)

Die Cala Alger ist die kleinste der drei Buchten. Sie ist nur etwa 200 Meter zwischen den Huken groß. Sie ist auch keine einladende Strandbucht, sondern ein von verzwickten Klippen und Klippeninseln angefülltes Ding. Dies schreckt die meisten Sportboote ab, dort nahe heranzufahren. Gottlob! Denn so bleibt es dort ungestört.

Dort liegt — vom Lande her besser zu sehen als vom Wasser — an drei kleinen Stränden eine Fischersiedlung noch ganz in ihrer urtümlichen Form. Eng zusammengedrängt, denn der Raum an den kurzen Stränden ist knapp, stehen etwa 25 Fischerhäuschen. Meist einstöckig, steingebaut, oft mit gewölbtem Dach, meist nur etwa 3 oder 4 Meter breit, weiß oder bunt bemalt, mit Loggia und mit Schilfdach vor dem inneren Raum. Das Ganze ist eng um den durch die Klippeninseln geschützten Kiesstrand gekuschelt. Es ist eine Oase der Ruhe. Ein Urlaubsplatz für Spanier und Franzosen, die dort mit ihrem Boot einen so stillen, abgeschiedenen, urtümlichen Urlaub verbringen, daß es mich vollkommen begeistert hat zu sehen, daß es dergleichen überhaupt noch gibt.

Vor den kleinen Häusern brät man seine Fische. Abends sitzt man bei Propangaslicht auf den Felsen unter den Bäumen oder fährt zum Fischen. Tagsüber spendet das Schilfdach Schatten. Es ist ein stilles, beschauliches Fischerleben, ganz unbeeinflußt vom Trubel der Zeit.

Man kann die Häuschen monatsweise von den Eigentümern mieten. Doch prüfe man sich sehr, ob einem ein so weiter Schritt in die Urform des Lebens auch wirklich noch gelingen wird. Zur nächsten Autostraße beispielsweise sind 300 Meter Bergpfad zu steigen.

Ich zweifle, ob man gut tut, den Frieden dieses stillen Dörfchens nur für eine kurze, neugierige Visite zu unterbrechen.

Ein Boot auf Wanderfahrt, das in der stillen Bucht vor der urigen Fischersiedlung eine Nacht bleiben will, und auf dem wenigstens einer an Bord genug Spanisch oder Französisch spricht, wird — denke ich — als Gast willkommen sein.

Die Einfahrt in die gut geschützte, kleine Bucht vor dem Hauptstrand der kleinen Siedlung erfolgt am besten, indem man von Süden bis etwa 30 Meter an die verhältnismäßig hohe, etwa 20 Meter große Felsinsel El Caragoll heranfährt. Ich würde dann um die Insel in 15 Meter Distanz herumfahren und sie dabei an der linken Seite lassen. Ist man auf diese Weise dicht an der Insel bis an die Nordwestseite der Insel gelangt, so kann man nun die Insel verlassen und auf die Mitte des Strandes zuhalten. Festmachen wird man, wenn man nicht aufs Ufer holt, möglichst an einer der Seiten der Bucht, um die ausfahrenden Boote nicht zu stören. Ich würde das Boot z. B. mit Leinen an den Steinen an einer der Seiten der Bucht belegen und es durch seitlich ausgebrachten Anker zur Bucht hin von den Steinen freihalten.

Man kann wohl auch mit mittelgroßen Yachten hier noch einlaufen, wenn man sein Boot im Griff hat. Die Ansässigen winken einem weg, wenn man einlaufen will. Hat man aber die ernsthafte Absicht, an diesem idyllischen Platz einen Abend zu bleiben, so lasse man sich vom Einlaufen nicht abhalten.

Es gibt an beiden Seiten vom Hauptstrand noch zwei kleinere Strände, die beide mit großen Steinen durchsetzt sind. Restaurants oder Einkaufsmöglichkeit gibt es nicht.

Im Hinterland der Cala Alger liegen mehrere private Herrschaftssitze. Der schloßartige Komplex des Besitztums Mas Juny mit seinem runden Turm ist vom Wasser zu sehen.

Cala Castell (Plan S. 220)

Der Strand ist 300 Meter breit. Die flache, klippenreiche Westhuk bietet nichts Besonderes. Aber die hohe Osthuk Alto Castell ist mit allen ihren Beigaben, vorrömischer Siedlung, Höhle, enger Inseldurchfahrt und Felsentunnel (vom guten Ankerplatz abgesehen) ein ungewöhnlich schöner Platz. Der Westhuk sind nach Süden zu zwei Unterwasserklippen vorgelagert.

Achtung **Vor der Westhuk der Cala Castell sind nach Süden zu zwei Klippen vorgelagert. Die innerste liegt etwa 25 Meter vom sichtbaren Felsen entfernt. Über ihr sind etwa 0,5 Meter Wasser. Die äußere Klippe liegt etwa 50 Meter südlich vom sichtbaren Fels. Auf ihr ist etwa 1 Meter Wassertiefe.**

Der Sandstrand ist unbesiedelt. Aber im Sommer gibt es einen Bootsverleih, Vedettenbetrieb und tagsüber viele Badegäste. Viele Boote von Eignern, die in Palamós wohnen oder hier im Hinterland, liegen auf dem Strand. **Die Osthuk ist Alto Castell.** Das ist ein etwa 40 Meter hohes Felsplateau, das auch zum Lande hin steil abfällt. So ist es fast eine Insel. Alto Castell ragt 300 Meter weit südwärts vor und gibt der Bucht guten Schutz. Alto Castell wird noch ausführlich besprochen.

Ein guter **Ankerplatz** ist in dem Winkel, wo Alto Castell und der Strand zusammenstoßen. Der Ankergrund ist Sand, 3 bis 4 Meter tief. In der Nische zwischen Alto Castell und dem Strand steht ein weißes flaches Haus. Vor dem Haus wächst eine Klippe aus dem Sand. Die ist gerade recht, bei seewärts ausgebrachtem Buganker dort eine Heckleine zu belegen. Nachts soll man hier nicht ankern.

Als wir im Hochsommer dort über Nacht vor Anker lagen, wurden wir kurz nach Mitternacht von der Guardia Civil aufgestört. Rufen vom Strand hatte bei uns müden Seeleuten nichts ausgerichtet. So hatten sie begonnen, erst kleine und dann gar nicht mehr so kleine Steine nach dem Boot zu werfen. Anfangs war ich furchtbar wütend. Vor allem über die Steine. Aber auch, daß wir ankerauf und nach Palamós laufen sollten (von wo wir kamen). Es hat sich dann aber alles geregelt. Ich sah ein, daß es mit den Steinen nicht böse Absicht war. Und nachdem wir das Boot und uns ausgewiesen hatten, konnten wir auch bleiben. — Es ist mir heute ganz klar, daß der hohe Wert der am Strand liegenden Bootsmotoren ein fremdes Fischerboot, beispielsweise von der afrikanischen Seite, durchaus veranlassen kann, dort in dunkler Nacht „größere Fische" zu fangen. Richtig überlegt, ist es also eine sinnvolle Anordnung, daß dort während der Ferienzeit während der Dunkelheit nicht geankert werden soll. Tagsüber kann man treiben, was man mag.

Alto Castell, Cala Covas und La Foradada   (Plan S. 220 und 214)

Alto Castell

Alto Castell ist ein 40 Meter hohes, allseits steil abfallendes Felsplateau zwischen zwei Buchten. Seine Westseite grenzt an die Cala Castell, die wir schon kennen. Seine Ostseite grenzt an die wild-romantische Cala Covas, welche die Tauchsportler so lieben. Dort liegt auch der Felstunnel la Foradada de Castell.

Auf dem Felsplateau von Alto Castell war bis zu der römischen Besetzung Spaniens eine **iberische** Stadt. Die Mauerreste sind teilweise ausgegraben. Natürlich muß man seine Phantasie mit zur Hilfe nehmen, um sie sich zu zyklopischen Stadtmauern und Steinhäusern zu ergänzen. Aber auch ganz unabhängig von der Ibererstadt ist Alto Castell ein schöner, schattenreicher Punkt mit weitem Blick über die Küste und auf das unten ankernde Boot.

Es heißt zwar, daß man sich den Schlüssel zum Eingang in die Ausgrabungsstätte an dem Haus am Strande geben lassen soll. Doch fand ich beide Male die Pforte zur Ibererstadt offen und das Haus unbewohnt.

Eine Höhle ist an der Westseite von Alto Castell. Heute erscheint sie mir unbedeutend. Damals war es meine erste und ich war recht beeindruckt. Etwa 20 Meter führt sie in den Felsen. Aber man kann sie nur mit einem Dingi oder schwimmend „anlaufen". Die Einfahrt ist etwa 2 Meter breit und nur 1 Meter hoch.

Agulla de Punta Castell ist eine kleine, wunderhübsche Mittelmeerinsel genau vor der Südspitze von Alto Castell. Steilfelsig, zum Land hin überhängend und mit einer zusätzlichen Steinspitze drauf. So ist sie auch als Landmarke gut. Die Durchfahrt zwischen ihr und dem Festland ist etwa 6 Meter breit und sauber. Nichts spricht dagegen, sie zu benutzen.

Cala Covas   (Plan S. 220)

Diese wild-romantische Felsbucht wird auch Cala Cobertera genannt. Taucher lieben ihre Unterwasserwelt. An ihrer Ostseite ist die Foradada de Castell, ein sehr großer, von Booten passierbarer Felstunnel. Für sehr große Yachten ist Cala Covas zu eng. Der befahrbare Raum ist etwa 40 Meter breit. Ich hätte keine Bedenken, mit einer Fahrtenyacht bis etwa 10 Meter Länge einzulaufen. Der Ankergrund ist nicht gut: Geröll an den besten Stellen, große Steine an den schlechteren. Weiter im Inneren der Bucht wird es besser.

Die Bucht ist sehr stark untergliedert. Zwei kleine Geröllstrände sind da. Es gibt auch in den Nebenbuchten so etwas wie kleine Naturkajen. — Ein größeres Boot würde ich mit Buganker und Heckleine möglichst weit im Innern der Bucht festlegen. Leichte Boote vielleicht an den kleinen Kajen der Nebenbuchten, aber besser durch „Aufhängen" des Bootes, als nur mit Fendern. Ein steiler Fußpfad führt zu der iberischen Siedlung.

Foradada de Castell ist in der Cala Covas ein eindrucksvoll — großer Steintunnel. Er ist an der Ostseite der inneren Bucht. Ein etwas gebogener Tunnel, etwa 15 Meter lang, 4 bis 6 Meter breit unter massivem Fels. Die Höhe wechselt. Flachere Kajütboote sollten hindurchkönnen. — Obwohl ich morgens etwa gegen 9 Uhr dort war, also eigentlich früh am Tage, sind mir der Schatten und der kühle Luftzug in der Foradada in angenehmster Erinnerung.

Alto Castell bis Calella und Llafranch   (Plan S. 214 und 225)

4 Kilometer Küstenstrecke liegen zwischen Alto Castell und dem kleinen Hafen von Llafranch. Die Küste ist goldbrauner Felsabbruch und besteht aus einer ununterbrochenen Serie von kleinen Buchten. Müßig, sich zu streiten, ob es 27 sind oder 22 oder 30. Es sind jedenfalls so viele, daß ich vor einer ins Einzelne gehenden Beschreibung schlicht kapitulieren muß.

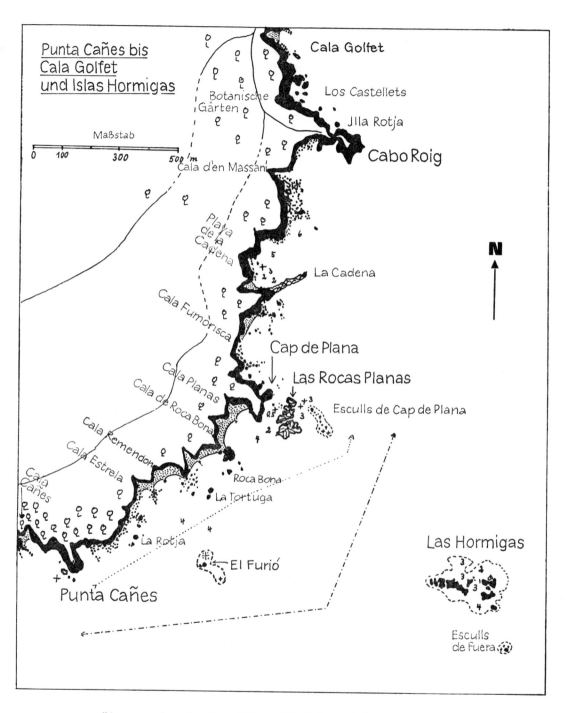

Überaus schön ist diese Küste. Die Felsen sind nur mittelhoch oder oft sogar niedrig. Aber sie haben eine so warme, goldrote oder goldbraune, oft auch goldgelbe Farbe. Dazu das Grün des üppigen Waldbewuchses, das Blau des Himmels und — wo in den Buchten Strände sind — das Goldgelb des Sandes.

Auf See ist die zackenreiche Silhouette der vorgelagerten Islas Hormigas. Das Hinterland ist meist nur dünn besiedelt. Es ist oft abgezäunt und privat. Doch stört das kaum. Es läuft kaum mehr als ein Fußpfad dort — jedenfalls bis Cabo Roig. So wird man seine Bucht zwar manchmal mit anderen Wasserfahrern zu teilen haben, aber selten mit Landtouristen.

Manche sagen, die Küste sei wegen ihres Klippenreichtums gefährlich zu befahren. Ich denke, das ist falsch. Außerhalb der 50-Meter-Grenze gibt es nur zwei Stellen, wo ein Sportboot bis 2 Meter Tiefgang aufmerksam navigieren muß. Diese beiden Stellen werden ausführlich besprochen. Von diesen beiden Ausnahmen abgesehen, ist ein Sportboot in seiner Bewegung außerhalb der 50-Meter-Grenze vollkommen frei. Innerhalb der 50-Meter-Grenze muß „Erkundungsfahrt" gelaufen werden, d. h. langsame Fahrt mit Ausguck ins Wasser. Da das Wasser von vollkommener Klarheit ist, sieht man den Grund oft schon bei mehr als 10 Meter Wassertiefe und erst recht natürlich, wenn es flacher wird.

Navigation   **Der beigegebene Plan** stützt sich nicht so sehr auf eigene Beobachtungen, sondern auf eine spanische Spezialkarte, die von diesem Gebiet existiert. Sie ist hier und da etwas ergänzt. Sie hilft, die Küstenkonturen zu ordnen. **Sie zeigt aber nicht die einzelnen Klippen an. So kann es vor Stränden und in Buchten für den Sportbootfahrer wichtige Klippen geben, die nicht verzeichnet sind. Es ist aber keine Schwierigkeit, in diesem so ganz klaren Wasser auf Sicht zu fahren.**

Hier werden nur die wichtigsten Landmarken, Passagen und besonders schöne Stellen aufgeführt. Etwas genauer sind die Islas Hormigas beschrieben. Den Rest muß jeder selbst entdecken.

Ankerplätze   Abhängig von der Seegangsrichtung sind die ruhigsten Liegeplätze in der Cala Planas oder vor Playa de la Cadena. Aber auch Cala Canes und Cala Roca Bona (der „Bucht mit dem freundlichen Felsen") liegt man gut. Daß Liebhaber des Tauchsports nicht an den Islas Hormigas vorbeifahren, ohne nach Korallen zu tauchen (auch wenn sie dabei nur einen Anker finden, wie ich) versteht sich von selbst.

An keinem Teil der Costa Brava bin ich mehr an die Bretagne erinnert worden als hier. Und wenn es ein paar Stellen an der Costa Brava gibt, wo ich mich gerne nochmal einen Monat oder zwei herumtreiben möchte, so gehört dieses Revier dazu.

Landmarken und die wichtigsten Buchten   (Plan S. 214 und 225)

Die Fahrtrichtung ist von Süden nach Norden angenommen.

Bei Cala Covas (mit dem Felstunnel) beginnt die Küstenfahrt. Vor beiden Huken der Cala Covas steht eine Felsinsel. Die vor der Westhuk von Alto Castell ist nackt, die vor der Osthuk trägt eine einzelne, sehr auffällige Pinie.

Cala Senia ist eine steilwandige Felsbucht, gut geschützt durch zahlreiche Klippeninseln. Auf der Ostseite steht ein einzelnes Haus.

Punta Cañes ist eine schmale, steilwandige Felsnase. Sie liegt etwa 1 Kilometer östlich von Alto Castell. Hier beginnt der neue Spezialplan der Küste (Seite 225). Eine gemauerte Brüstung oben auf der Huk Punta Cañes hilft bei der Orientierung.

Cala Cañes liegt dicht westlich von Punta Cañes. Hohe Felswände, ein schöner kleiner Strand und eine kleine weiße Hütte vor dem Wald kennzeichnen dieses nette Bucht. Etwa 1 Kilometer entfernt auf See liegt die langgestreckte Inselgruppe Las Hormigas (Seite 228).

El Furió ist ein wichtiges System von Unterwasserklippen etwa 250 bis 400 Meter vom Festland entfernt. Eine kleine Klippeninsel El Furió ragt etwa ½ Meter aus dem Wasser und ist 3 Meter breit. Sie ist gut auszumachen. Unter Wasser setzen sich die Klippen zum Teil sehr flach etwa 100 Meter nach Südost und 50 Meter nach Norden fort (Passage Seite 228 f), siehe auch Plan Seite 225 und 214).

Achtung

Von der Klippeninsel El Furió reichen Unterwasserklippen etwa 100 Meter nach Südost und 50 Meter nach Norden.

Cap de Plana ist die nächste wichtige Huk knapp 1 Kilometer nordöstlich von Punta Cañes. Ihm sind sehr auffällig vorgelagert die Klippeninseln Las Rocas Planas.

Zwischen Punta Cañes und Las Rocas Planas liegt eine schöne Sandbucht neben der anderen: Cala Remendón, Cala de Roca Bona und Cala Planas können auch von großen Booten und Yachten angelaufen werden. Besonders geschützt bei Seegang aus Nordost liegt man in Cala Planas. Die flache Felsinsel Las Rocas Planas bildet dort noch eine Art von Nebenbucht im Südteil des Sundes. Ein ziegelgedeckter Schuppen mit Slip in der Ostseite der Cala Planas kann als Orientierungspunkt nützen.

Las Rocas Planas sind flache, aber auffällige Klippeninseln vor Cap de Plana. Die Klippeninseln sind etwa 6 Meter hoch und vollkommen nackter, kompakt und glatt erscheinender Fels. Aus größerer Distanz sehen sie aus, als ob sie ein Teil des Festlandes wären. Ihnen ist eine Kette einzelner Steine und Klippen ostwärts vorgelagert, und zwar etwa 120 Meter weit. Einige dieser Steine sind gerade noch über Wasser sichtbar. Ein großer Teil liegt ganz dicht unter Wasser. Sobald auch nur etwas Seegang ist, ist diese Klippenkette am aufspritzenden Wasser gut zu erkennen. Wenn man die Klippenkette nicht am Aufspritzen von Wasser einwandfrei orten kann, dann passiert man sie, indem man um Las Rocas Planas einen Bogen von etwa 200 Metern fährt.

Achtung

Cap de Plana und seinem Vorfuß, Las Rocas Planas, sind bis 120 Meter weit ostwärts blinde Klippen und flache Klippeninseln vorgelagert.

Innerhalb dieser Klippenkette ist es zum Tauchen und Angeln sehr interessant. Man kann mit „Erkundungsfahrt" hinter die Klippenkette einlaufen. Meist ist das Wasser dort recht ruhig, und fast immer sind kleine Boote dort vor Anker.

Nach Norden zu folgen weitere Einbuchtungen zwischen Ketten von Klippeninseln. Nur die wichtigsten werden genannt:

Playa de la Cadena ist eine nach Süden zu vollkommen geschützte romantische Bucht mit etwa 80 Meter Kiesstrand.

Cabo Roig ist eine weit vorspringende, klippenfreie, etwa 40 Meter hohe Felsnase. Es ist rötlich gelber, steiler Fels mit Pinien darauf. Der Fels hat eine Struktur, als wäre er aus schrägen Platten aufgeschichtet. Etwas im Hintergrund steht ein Gebäude darauf mit steinernem, rechteckigem Turm von einer Form, als ob er Schießscharten hätte. Dort liegen die tropischen Gärten, die ein russischer Oberst, der Schönheit dieser Küste verfallen, dort angelegt hat und die man von Land her besichtigen kann.

Eine ganz kleine idyllische Sandbucht liegt völlig verborgen etwa 100 Meter westlich von Cabo Roig.

Nach Runden von Cabo Roig liegt die aus vier großen Buchten bestehende Küstenstrecke bis zu dem alles überragenden Cabo San Sebastian voll vor einem. Es ist ein eindrucksvolles Bild. In den beiden nördlichen Buchten liegen die Orte C a l e l l a d e P a l a f r u g e l l (mit spitzem weißen Kirchturm) und L l a f r a n c h (mit oben flachem Kirchturm). Die Häuserreihe Calella sieht mit ihren vielen Arcaden so urig-spanisch aus, wie wenige Orte sonst.

Man kann Calella de Palafrugell ansteuern (Seite 229) oder Llafranch (Seite 208). Man kann auch in einer der Buchten bleiben.

Cala Golfet ist die wichtigste Strandbucht zwischen Cabo Roig und Calella de Palafrugell. Hier werden die Landurlauber wieder zum festen Bestandteil des Landschaftsbildes.

Zahlreiche weitere Einbuchtungen und kleine, schattige Strände liegen zwischen Cabo Roig und Calella. Ein sehr schöner Weg läuft dort, teils auf Brücken und Stegen, an den Klippenhängen entlang. Sehr viele kleine, steile Inselchen gibt es hier. Ich nenne nur L o s C a s t e l - l e t s und I l l a R o t j a . Es ist eines der schönsten Küstengebiete der Costa Brava.

Islas Hormigas (Islas Formigues) (Plan S. 225)

Beide Schreibweisen sind üblich. Gemeint ist die Gruppe von unbewohnten

Felsinseln etwa 1 Kilometer vom Festland entfernt. Vier Hauptinseln zählt man in diesem Insel- und Klippenkomplex. Seine größte Ausdehnung ist etwa 250 Meter.

Eine Idee von den phantastischen und wüsten Formen, die das Meer aus diesem Inselkomplex herausgearbeitet hat, gibt die Skizze. Hier fühlt man sich wirklich in die Bretagne mit ihren abenteuerlichen Felsplateaus Les Minquiers, Les Écréhoux oder die Chauseys versetzt. Es fehlt nur der Tidenhub von 8 Metern und die starke Strömung. So ist dies letzten Endes doch ein sehr zahmes und deshalb auch leichter zugängliches Abbild.

Hormiga Grande ist die Hauptinsel. Knapp 100 Meter lang, 25 Meter breit, 9 Meter hoch. Kahler, unbewachsener Fels, bei Winterstürmen von Gischt überschüttet. **La Corva** ist die nächsthöchste Insel. Sie ragt etwa 8 Meter hoch. Die anderen sind niedriger. Keine der Nebeninseln ist mehr als 50 Meter lang. Charakteristisch ist die breitgestreckte, zerrissene Silhouette der Hormigas. Man sieht sie bei der Küstenfahrt schon von sehr weitem.

Die Südseite der Hormigas steigt steil aus tiefem Wasser. Hier ist die kleine Klippeninsel E s c u l l   d e   F u e r a dem eigentlichen Inselkomplex fast 200 Meter südostwärts vorgelagert. Zwischen L a   C o r v a   und   I s l a H o r m i g a   G r a n d e kann man in eine etwa 40 Meter breite Art von Bucht einlaufen. Bei Seegang und Wind aus nördlicher und östlicher Richtung ist dies die beste Art, in das Inselrevier heranzugehen. In dieser Bucht zwischen Hormiga Grande und La Corva sind etwa 3 Meter Wassertiefe. An der Ostseite dieses Einschnittes ist zwischen der fast 8 Meter hohen Insel La Corva und der 3 Meter hohen, aber recht großen L a   P l a n a s a eine Nebenbucht. Alle diese Einbuchtungen sind natürlich felsig.

Die Nordseite der Hormigas hat ein ausgedehntes Unterwasserplateau. Die 6-Meter-Linie im Plan gibt eine Vorstellung von der Ausdehnung des flacheren Gebietes. Die Wassertiefen wechseln dort sehr stark, meist zwischen 2 und 4 Meter. Ein kleines Boot und bei ruigem Wasser auch ein mittelgroßes Boot kann — vorsichtig fahrend — dort anlaufen. Bei Seegang und Wind aus südlicher Richtung liegt man am besten in der Nische, die an der Ostseite der Isla Hormiga Grande zwischen ihr und einer ihr ostwärts angelagerten Klippeninsel gebildet wird.

Anlanden ist möglich. Dabei stört kleine Windsee viel weniger, als lange, auf offenem Wasser kaum merkbare Dünung. Welchen von den verschiedenen Einschnitten man wählt, hängt von der Seegangsrichtung ab. Als Neuling in dem Revier wird man, wenn sonst nichts dagegen spricht, lieber von Süden anlaufen.

Der Ankergrund ist schlecht und überall steinig. Wenn der Anker verklemmt ist, hilft Tauchen fast immer. Sonst bleibt Resignation. Ein Deutscher hat eine Tauchschule in Llafranch (oder dort in der Nähe). Er findet oft Anker beim Tauchen. Vielleicht kann er — im schlimmsten Falle — einen aus seinen Vorräten abgeben.

Die Sporttaucher haben hier das dankbarste Revier der ganzen südlichen Küste. Das Korallentauchen war bis vor einem Menschenalter noch Gewerbe. — Auch für die **Angler** ist es ein reiches Gebiet. Man fischt meist mit der Handangel und abends zusätzlich mit Lampen. — So ist man selten allein bei den Hormigas.

Passagen bei den Islas Hormigas (Plan S. 225)

Es ist nicht der geringste Grund, die Islas Hormigas auf der Seeseite zu runden, sich dabei von dieser so schönen Küste fast 1 Kilometer weit zu entfernen und dann auch noch die 200 Meter südöstlich der Hormigas liegende kleine Klippe Esculls de Fuera auffinden und runden zu müssen. Die Durchfahrt zwischen dem Festland und den Islas Hormigas ist an der engsten Stelle 600 Meter breit. Die Wassertiefe im Sund ist meist 12 Meter und mehr. An der flachsten Stelle sind es 7,5 Meter.

Durch-laufende Fahrt

Mit einer Yacht, die glatt durchfahren will, ohne mit der Küste viel im Sinne zu haben, würde ich den Kurs steuern, den ich im Plan als —·—·—·— Linie eingetragen habe. Das heißt, ich würde die Islas Hormigas an ihrer Landseite passieren. Ich würde dabei die Mitte zwischen den Hormigas und dem Festland halten. Bei stürmischem Wetter oder sonstigem Zweifelsfalle würde ich lieber dichter an die Hormigas heransteuern, als an das Festland.

Skizze der Silhouette der Islas Hormigas, von Norden her gesehen.

Die Hormigas fallen auf der Festlandseite sogleich steil ab. Man kann mit Yachten bis 2 Meter Tiefgang bei ruhigem Wasser fast bis auf 30 Meter an die Westhuk der Hormigas heran; mit tiefergehenden Schiffen oder bei Sturmsee bis auf 100 Meter. Läuft man in der Mitte zwischen Festland und den Hormigas oder sogar etwas dichter an den Hormigas, so braucht man sich weder um Las Rocas Planas noch um El Furió zu sorgen.

Nahe Küstenfahrt

Für Boote und Yachten auf naher Küstenfahrt gibt es noch einen anderen interessanten und kürzeren Kurs. Fast alle örtlichen Fischerboote laufen ihn. Er führt l a n d w ä r t s   a n   E l F u r i ó   v o r b e i. Dieser Kurs ist auf dem Plan als .... Linie eingetragen. Er ist viel schöner, hält das Boot im Seegangsschutz und hat den Vorteil, den seewärtigen Vorfuß von El Furió zu vermeiden, über dessen Länge man doch immer etwas im Ungewissen ist.

Von Palamós kommend, fährt man mit 100 Meter Abstand an Punta Cañes, 100 Meter Abstand an der Isel La Rotja und 100 Meter Distanz an der flachen Klippeninsel L a   T o r t u g a (der Schildkröte) vorbei. Der seewärts liegenden Klippeninsel El Furió darf man nicht näher als etwa 50 Meter kommen. Ich bin diesen Kurs mit meinem schweren Boot mehrere Male gefahren. Das Fahrwasser ist etwa 4 Meter tief. Es erscheint als viel flacher. Dies liegt aber an der großen Klarheit des Wassers.

Passage vor Cap de Planas (Plan S. 225)

Die Klippen Esculls de Cap de Planas soll jedes Boot auf durchlaufender Fahrt s e e w ä r t s runden. Bei glattem Wasser soll man 200 Meter Distanz zu der massiven, glatten Felsinsel Las Rocas Planas halten. Sieht man bei Seegang die Klippenkette am brechendem Wasser genügend deutlich, so kann man auch dichter heran. 50 Meter Distanz von dem über den Klippen brechenden Wasser würde ich hier als durchlaufendes Boot aber nicht unterschreiten.

Erkundungs-fahrt

Man kann auch l a n d w ä r t s   v o n   d e r   K l i p p e n k e t t e   E s c u l l s   d e   C a p   d e   P l a n a s hindurch. Aber das ist dann doch eine etwas schwierige Passage, und ein Boot auf durchlaufender Wanderfahrt sollte sie nicht machen, so sehr ich sonst für enge Durchfahrten schwärme.

Dagegen kann man gut von Süden her hinter die Klippenkette einlaufen und zum Tauchen oder Angeln dort ankern. Nach Süden wieder hinauslaufen, bietet keine besonderen Probleme. Als Ortskundiger fährt man natürlich auch von Norden hindurch. Landwärts von Esculls de Cap de Planas liegen fast immer Fischerboote oder sind Taucher beschäftigt. Es ist ein sehr schönes kleines Revier!

Die Pasage l a n d w ä r t s   v o n   L a s   P l a n a s (das ist also ganz dicht am Festland) hat manches mit einer Expedition gemeinsam. Sie sollte wohl kleinen Booten vorbehalten bleiben. Zuerst denkt man, es sei überhaupt nicht durchzukommen. Das ist etwas für Schiffer, die Spaß an spannenden Aufgaben haben.

Calella de Palafrugell (Plan S. 214 und 230)

Im Grunde ist Calella auch heute noch das kleine Fischerdorf mit etwa 400 Bewohnern. Wenn sich in der Ferienzeit in den Badebuchten auf den sechs kleinen Stränden und davor im Wasser die Menschen drängen, dann paßt das eigentlich gar nicht zu dem so einfachen, ja fast primitiven Ort, der — um ein Beispiel zu geben — noch darum ringt, seine Straßen gepflastert zu bekommen.

Abends und außerhalb der Schulferienzeit macht gerade diese Bescheidenheit oder Ursprünglichkeit einen Charme, wie man ihn nur bei wenigen Orten der Costa Brava trifft. Das gilt besonders für die drei westlichen Strände, vor denen sich dann auf engstem Raum die Arbeit der Fischer, die Arkaden der Häuser, das Straßenleben und die Fischerboote ineinanderschachteln. Dies sind die Bilder, die bei dem Stichwort „Spanien" als erste vor meinem inneren Auge auftauchen. Harmonisch in seiner Art ist der Ort nur außerhalb der Badezeit. In der Ferienzeit finde ich ihn — pardon — unausstehlich.

Das Ufer von Calella ist reich an Klippen. Vor allem liegen einige blinde Klippen dort, wo normalerweise keine sind, nämlich genau vor zwei der östlichen Strände. Ich erinnere mich lebhaft an meinen heißen Schrecken, als ich nach dem Festmachen an einer gerade freien

Mooring vor dem Oststrand zu Einkauf und Mittagessen zwischen Köpfen von Badenden und Schlauchbooten plötzlich nur zwei Meter vom Heck eine blinde Klippe sah. Der Schreck **war übrigens unnötig.** Die Mooring lag gut abgezirkelt genau richtig.

Ein Boot auf Wanderfahrt hat vielleicht mehr von Calella als dem ganz nahen, touristen-cleveren Llafranch mit seinem Hafen. Man soll, anders als ich zuerst, die w e s t l i c h der Huk liegenden Strände ansteuern. Ich habe mir mit der Skizze sehr viel Mühe gegeben, denn irgendwie mag ich diesen kleinen Ort gern.

Als Standquartier für ein kleines Boot außerhalb der Ferienzeit soll man Calella nicht verachten. Das Revier ist interessant. Es hat gute Segelwinde. Und gegen herbstlichen Garbi ist es geschützter als Llafranch. Erstaunlich viele Boote lagen im Sommer vor Grundgeschirr in den durch Klippenketten gut geschützten Buchten.

Beschreibung der Buchten und Klippen	**Ansteuerung:** Nur wenige andere Orte liegen so freundlich einladend da wie das weiße Calella vor seinem grünen, flach anteigenden Hinterland. Der oben spitz zulaufende Kirchturm kommt früh in Sicht. Als nächstes muß man die Huk in der Mitte des Ortes ausmachen. Die Huk ist unten von einer grauen hohen Steinmauer umgeben. Oben ist sie bebaut. Das vorderste Haus ist rosa getüncht. Diese Huk teilt die drei östlichen Strände von den drei westlichen. Vor dieser Huk liegen Klippen.
Achtung	**Südwärts der Huk von Calella liegen zwei blinde Klippen und mehrere Unterwasserklippen etwa 150 Meter vom Land.** Zwei von diesen Klippen sind als sehr kleine, ganz niedrige Steinspitzen sichtbar. Hat man sie wahrgenommen, wird alles folgende viel einfacher. Sie heißen C u n i l l d e T i e r r a (die landwärtige) und C u n i l l d e F u e r a (die draußen liegende). Gehört man zu den Ortskundigen, dann läuft man später auch elegant zwischen diesen Klippen und dem Land hindurch.

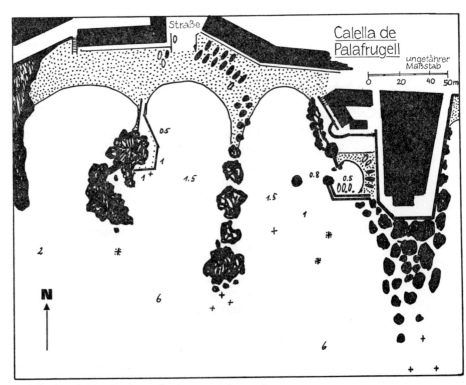

Calella de Palafrugell. Skizze der drei westlichen Buchten.

Die drei Strände westlich der Huk von Calella (Plan S. 230 und 214)

Diese Strände werden durch lange Ketten von Klippeninseln getrennt und geschützt.

Der mittlere Strand ist am besten zum Anlaufen geeignet. Dort landen auch die Fischerboote auf dem Sandstrand. Die Zufahrt zwischen den beiden Ketten von Klippeninseln ist sauber und ausreichend tief (siehe Plan).

An diesem Strand ist eine **kleine Betonpier** am Fuße der Klippeninsel. Die der See zugewandte Frontseite der Pier ist etwa 5 Meter breit. Dort ist die Wassertiefe etwa 1 Meter (aber geringer an der Stelle, wo der flache Stein direkt an der Pier liegt). Die Längsseite der Pier ist etwa 10 Meter lang. Die Wassertiefe nimmt von 1 Meter auf 0,5 Meter ab. Ringe sind vorhanden. Ein kleineres oder mittelgroßes Boot geht, wenn Platz ist, für kurzen Aufenthalt längsseits. Mit einem mittelgroßen Boot oder einer Yacht würde ich mit Buganker ankern und das Heck an die Pier holen.

Man kann für die Nacht oder bei schlechtem Wetter daran denken, zur zusätzlichen Sicherung eine Leine zu der Klippeninsel zu geben, die der Pier vorgelagert ist.

Der Ankergrund ist hier wie bei allen Stränden von Calella nicht überragend gut: Steine mit vereinzelten Sandstellen dazwischen. — Die Taljen der Fischer können zum Anlandholen von Booten mitbenutzt werden. — An diesem Strand mündet die Straße in breiter, schräger Auffahrt.

Der Strand direkt westlich neben der großen Huk hat an seiner Ostseite direkt bei der Huk ein sehr kleines geschütztes B e c k e n f ü r B o o t e. Es wird durch eine etwa 15 Meter lange, niedrige Betonpier abgeteilt (siehe Plan). Die Einfahrt ist knapp 3 Meter breit. Die Wasserfläche etwa 10 mal 10 Meter groß. Die Tiefe in diesem sehr kleinen Hafen ist etwa 0,5 Meter. Aber an der Betonpier liegen zwei Steine in Wasserhöhe.

Eine etwa 1½ Meter hohe, schwarze Klippeninsel ragt etwa 15 Meter westlich von der Einfahrt aus dem Wasser. Sie hindert nicht, sondern nützt eher beim Anlaufen. Denn zwei blinde Klippen liegen 20 bzw. 40 Meter südlich der Einfahrt. Alle übrigen Unterwasserklippen im Fahrbereich sollten Booten von etwa 0,4 Meter Tiefgang, wie sie in diesen kleinen Hafen einlaufen können, kein Hindernis sein.

Die drei Strände östlich der Huk (Plan S. 214)

Sie werden durch kürzere Ketten von Klippeninseln voneinander getrennt als die westlichen Strände.

Achtung   Vor dem ersten und vor dem zweiten Strand (von der Huk aus gezählt) liegt etwa 40 Meter seewärts fast in der Mitte vor dem Strand eine blinde Klippe.

An dem dritten der Strände unter dem Hotel del Torre ist ein k l e i n e r B e t o n a n l e g e r mit 0,4 Meter Wasser. Auch ein einfaches Slip ist da, aber kein fahrbarer Zugang zur Straße.

V. Der Südteil der Costa Brava
Die schöne Küste der Badebuchten

A. Einführung

Häfen und Orte

36 Kilometer ist dieser letzte Abschnitt der Costa Brava lang, wenn man von Huk zu Huk fährt, ohne in die Buchten einzulaufen. Er beginnt mit Palamós, dem großen Zentrum des Wassersportes. In der Mitte liegt der schöne und günstige Hafen San Feliu de Guixols. Am letzten Drittel das buchtenreiche Tossa de Mar. Und bei dem kleinen Hafen Blanes endet die Costa Brava. — Nach Südwesten schließt sich buchtenlose Sandküste an. Verlockend liegt 65 Kilometer von Blanes die Weltstadt Barcelona.

Schön ist dieser südlichste Abschnitt der Costa Brava. Der häufige Wechsel zwischen Sandstrand und Fels erhöht ihren Reiz. Oft wirkt dieser Küstenteil durch das Moment des Großartigen. Aber ebenso oft ist das Attribut „lieblich" am Platze (was nicht mit süßlich zu verwechseln ist). Es gibt viele Stellen, die wild und abweisend genug sind. Und auch an Gigantischem ist kein völliger Mangel.

Die südliche Küste

Vor allem wirkt hier die Küste „südlicher", wobei es schwer ist, diesen Eindruck zu analysieren. Andere, fremdartige Fische kommen vor. Hat man Glück, sieht man eine Schule Delphine, vielleicht auch einen Hai und jedenfalls in den Häfen unter den Booten den großen Fisch Lissa, der sich schwer angeln läßt. Der Pflanzenwuchs ist reicher. Die Agave regiert an langen Küstenstrecken, Palmen sind häufig. Große Feigenkakteen gehören zum Bild.

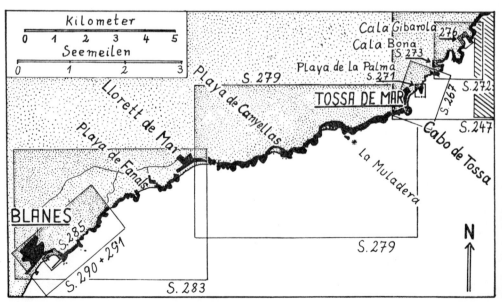

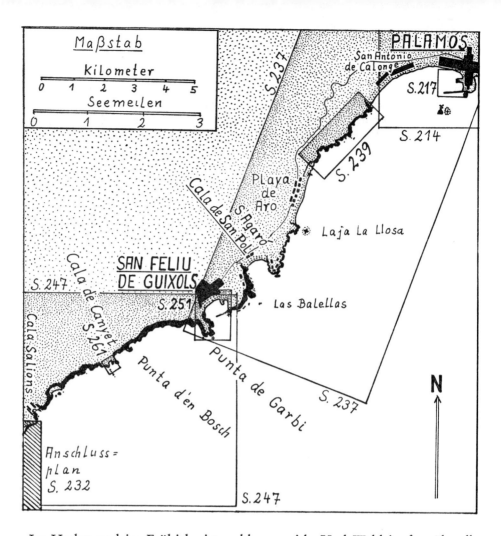

Im Herbst und im Frühjahr ist es blumenreich. Und Wald ist fast überall. Eukalyptusbäume mit ihren langen Blättern werden häufig. Die Kiefern duften würziger, und kein Küstenstrich hat so gepflegte Gärten, wie dieser Südteil. Es ist die Region der Herrensitze und reichen Villen. Wo ein Küstenstück von See her unbesiedelt erscheint, da ist oft hinter Wald in Gärten ein reicher Landsitz verborgen. Aber anders als an der Côte d'Azur zeigt sich Reichtum hier nicht protzig. — Unbesiedelte Zonen sind hier seltener. An den Küstenstrichen, die durch ihre bergige Wildheit dem Landverkehr bisher verschlossen waren, wird jetzt fieberhaft gebaut und gesiedelt. Das ist die Region der „Urbanisationen", der Siedlungsgesellschaften, die dort riesige Appartementshäuser bauen oder einzelne Villen. Es ist manchmal ein kurioses Ding um diese Kunstsiedlungen. —

Die Küste ist an vielen Stellen in der Ferienzeit sehr menschenreich. Aber der Eigner eines Bootes profitiert von der Ungleichmäßigkeit der Verteilung. Während an den Badestränden in der Ferienzeit die Menschen sich drängen, gibt es schon um die nächste Huk herum oft sehr stille Plätze. Denn oft liegen an den Seiten dieser Touristenstrände von Land her unzugängliche Küstenstreifen, manchmal selbst mit ganz einsamen Stränden. Man muß nur wissen wo.

Sportboote Groß ist die Zahl der Sportboote an dieser südlichen Küste. In der Ferienzeit herrscht das leichte Sportboot vor, das auf den Strand geholt werden kann. Der leichte Flitzer, die Jolle, das schwere Schlauchboot und auch das Badeschlauchboot, sogar Paddelboote. Aber fast nie ein richtiger Kajak. (Warum eigentlich?) Schweigen will ich von den „Wassertretern", die man am Strande leihen kann, sowie von einer kuriosen Art von Kunststoffgondeln. Vor den Stränden können sich im Sommer auch solche absolut unseegängigen Fahrzeuge ohne Gefahr bewegen. In den Sommermonaten ist die Seefahrt leicht in diesem Gebiet.

Klima Die Küste ist nach Süden gerichtet und wird durch hohe Berge gegen Nordwesten abgedeckt. Dies bewirkt mehr als der geringe Unterschied im Breitengrad, daß es im Sommer sehr warm ist. So schön dies sein kann — es gibt auch zu Denken. Nicht gut sind meine Erinnerungen an den Sonnenglast hinter der Mole von Blanes oder von San Feliu. Man flieht vor der Sonne. Ein Weg zum Beispiel vom Hafen in den Ort, wo man nicht vermeiden kann, streckenweise in der Sonne zu laufen, kann völlig erschöpfen.

Boote auf Wanderfahrt müssen dies noch mehr bedenken, als Urlauber mit festem Strandquartier, denn in einem leichten, meist nicht isolierten Boot wird es schnell sehr heiß, und der Ausweg, im Wasser Kühlung zu suchen, erweist sich oft als ein Mißgriff. Denn auf die momentane Kühle des Wasser reagiert der Körper, indem er mehr Wärme erzeugt. Aber im Herbst, im Winter oder im frühen Frühjahr sollte man diesen Südteil der Costa Brava bevorzugen. Bis in den November, ja in den Dezember herein ist es mittags angenehm, auf dem Wasser zu sein. Und ein völliges Ruhen der Sportbootfahrt gibt es auch im Winter nicht.

Beschreibung der Küste in Kurzform

Einteilung der Küstenbeschreibung Die Küste gliedert sich klar in drei Abschnitte: Den Abschnitt von Palamós bis San Feliu de Guixols (12 Kilometer, Seite 138 f). Von San Feliu bis Tossa de Mar (11 Kilometer, Seite 258). Und von Tossa de Mar bis Blanes (13 Kilometer, Seite 277 f). Das bedeutet aber nicht, daß hier etwa nur die Häfen als Liegeplätze infrage kommen. Dieses sei ferne!

Nautische Hinweise

Im Sommer ist die Seefahrt leicht in diesem Gebiet: ein leichter Landwind abends und nachts, eine mäßige Seebrise zwischen Vormittag und spätem Nachmittag, das ist der normale Tageslauf. Es kann auch einmal frischer Wind sein, aber wirklich hart nach Seemannsbegriffen weht es im Sommer nie. Sommertramontana reicht nicht bis hierher. Es ist ein Revier, wo im Sommer auch mit sehr kleinen Booten — oft mit erstaunlich kleinen Booten — Seefahrt betrieben wird.

Mehr Aufmerksamkeit erfordert das Fahren im Spätsommer und frühen **Herbst**. Und im **Spätherbst, Winter** und **frühen Frühjahr** will die Seefahrt hier mit aller Überlegung und Sorgfalt betrieben werden. Ohne Barometer und Seewetterbericht soll man dann nicht unterwegs sein. Fahren kann man natürlich auch im Winter. Ich hab mein großes Fahrzeug und zwischendurch das Dingi zwischen September und Weihnachten einhand gefahren und viel dabei gelernt, vor allem auch über die Häfen und die regionalen Unterschiede.

Tramontana Dieser südliche Küstenabschnitt ist von dem an der nördlichen Costa Brava oft wochenlang sturmstarken Tramontana erheblich abgedeckt. Dennoch muß man bei starken Tramontanaperioden auch hier den Tramontana ernsthaft ins Kalkül ziehen. In jedem Falle seinen Seegang, der dann als steile nordöstliche Dünung an der Küste entlang läuft und auch in manche Buchten eintritt. Oft aber selbst dicht unter der Küste den Wind, der an manchen Stellen als Starkwind oder gar sturmstark aus den Tälern herausbläst. Das ist örtlich ganz verschieden. Deshalb ist das meiste in den Unterkapiteln mitgeteilt. Immer geben Tramontanaperioden auch hier ein paar kalte und unfreundliche Tage, an denen ein Boot, das im Herbst auf Wanderfahrt ist, meist im Hafen bleiben wird.

Garbi Außerhalb des Sommers spielt der Südwestwind, der Garbi, hier eine erhebliche Rolle. Er weht nicht oft, muß aber dann von kleinen Booten berücksichtigt werden. Er wird im Herbst an zwei oder drei Tagen im Monat die Seefahrt ausfallen lassen, jedenfalls für ein kleines Boot. Manchmal wird aber der Garbi auch für schwere Boote zuviel. Die Häfen haben dann unterschiedliche Gunst.

Alles in allem ist es ein sehr begünstigtes Revier. Man kann mit einem kleinen Boot während des Oktobers noch gut und im November während eines großen Teiles des Monats auf dem Wasser sein. Von da ab bis zum Frühjahr mag etwa jeder zweite Tag während der Mittagszeit schöne Fahrtmöglichkeit bieten.

Hafentage Ein kleines oder mittelgroßes **Boot auf Wanderfahrt** sollte im Oktober etwa 6 Tage, im November aber mindest 8 Tage als Hafenzeit einkalkulieren. Im Dezember wird es dann nicht mehr schlechter, sondern eher wieder ruhiger. Dann ist es natürlich frisch und manchmal auch schlichtweg kalt. 14° C ist die Durchschnittstemperatur während der warmen Mittagsstunden in den Wintermonaten.

Ein Boot mit festem Standquartier soll im Spätherbst und frühen Winter (oder frühen Frühjahr) sehr auf den rechten Hafenort sehen. In Palamós beispielsweise steht bei Wintertramontana weißer Gischt auf dem Hafenseegang. In San Feliu de Guixols sollte — so denke ich — dann auch eine Jolle noch gut fahren können.

Stichworte zur Urlaubsplanung

Die Seefahrt verlangt hier im Sommer weniger, und was das Seemännische angeht, vermag sie einem wohl auch weniger zu geben als im Norden der Costa Brava. Unerschlossene Felsküste ist zwar auch hier noch zu finden, aber die stationären Arten des Wassersportes — Jollensegeln, Wasserski, das Flitzen mit kleinen Booten, Tauchen, all dies spielt hier eine größere Rolle. Die Boote an diesem Küstenstück sind oft klein und sehr leicht.

Boote mit festem Standort

Am einfachsten hat man es hier, wenn sich das Boot leicht auf den Strand holen läßt. Im Sommer ist praktisch überall das Liegen vor Grundgeschirr möglich, außerhalb des Sommers nur an geschützen Plätzen. Die regelrechten Häfen sind in der Ferienzeit alle recht voll. Ist man mit seinem Boot auf einen Hafenplatz angewiesen und will sich nicht auf Ungewißheit einlassen, so tut man gut, sich sehr früh bei einem der Clubs einen Liegeplatz zu bestellen. An den Strandbuchten liegen die Boote meist auf den Sand heraufgeholt. Viele Hunderte sind hier oft an einem Strand. Aber die Küste ist groß genug. Es gibt auch kleine und stillere Plätze.

Der Wassersport unmittelbar vor den großen Badeständen dieses Teiles der Küste hat viel Gemeinsamkeit mit dem Treiben auf einem belebten deutschen Binnensee. Der von Menschen wimmelnde Strand und das Badeleben sind nicht ohne Reiz. Aber den Fahrtenschiffer auf Wanderfahrt wird zuweilen ein leichtes Staunen ankommen über den genormten Tagesablauf des Badetouristen. Und er wird das Glück, auf eigenem Kiel unabhängig zu sein, doppelt empfinden.

Boote auf Wanderfahrt

Trailerboote haben von diesem Küstenstück mehr als sehr große Yachten. Denn Ruhe findet man hier in der Ferienzeit vor allem in den kleineren Buchten. Und die sind an diesem Teil der Küste für eine große und schwere Fahrtenyacht manchmal doch zu eng. Aber ein trailerbares Boot, auch wenn es zu den Großen seiner Art gehört, kann hier zahllose bezaubernde Plätze aufsuchen. Aber nicht nur die stillen Buchten, auch die südländischen Häfen und deren Orte sind für ein Boot auf Wanderfahrt schön und interessant.

Die Badebuchten
Vor den Badeständen werden Fahrtenboote nicht immer sehr große Freude haben. Es ist laut und wimmelt von Booten und Badenden. Und vor allem herrschen hier die Vedetten. Das sind starke Passagierboote von 15 bis 20 Meter Länge. Sie haben äußerst starke Motoren und fahren sehr laut, sehr schnell und oft ein wenig rücksichtslos. Sie brausen mit voller Fahrt in die kleine, eben noch friedliche Strandbucht herein, laufen mit dem Bug auf den Strand und entlassen 50 oder 100 Badegäste. Ihre steile Heckwelle aber richtet in der Pantry der Bordfrau mehr Unheil an als das gröbste Wetter auf See. Sie sind eine rechte Plage.

Ich halte es für möglich, daß ein Boot auf Wanderfahrt von der wilderen und einsameren Küste weiter im Norden mehr beeindruckt ist. Aber mindestens bis zu den Buchten bei Tossa de Mar und zu dem Ort Tossa sollte man auch die südliche Costa Brava kennen. Und ist es bereits spät im Jahr, Oktober oder November, dann ist der Südteil der Küste etwa ab Cabo Bagur wegen seiner günstigeren Lage zum Tramontana und zur Sonne dem Nordteil der Costa Brava eindeutig vorzuziehen. Dann hat auch der Massentourismus aufgehört, und die Küste ist dann überall sehr angenehm.

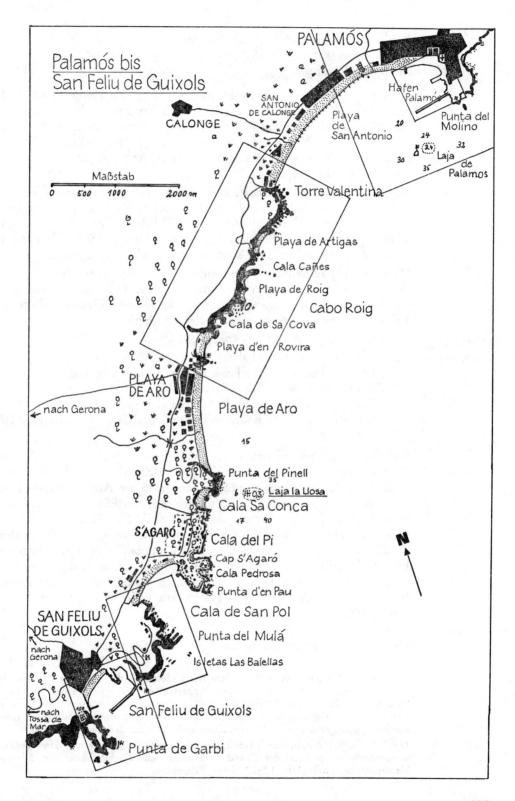

Palamós bis
San Feliu de Guixols

PALAMÓS

SAN ANTONIO DE CALONGE

CALONGE

Hafen Palamós

Playa de San Antonio

Punta del Molino

20   24
30   2.9
35   Laja de Palamos
32

Maßstab
0   500   1000   2000 m

Torre Valentina

Playa de Artigas

Cala Cañes

Playa de Roig

Cabo Roig

Cala de Sa Cova

Playa d'en Rovira

PLAYA DE ARO

← nach Gerona

Playa de Aro

15

Punta del Pinell
35

6 #03 Laja la Llosa

Cala Sa Conca

17   40

S'AGARÓ

Cala del Pi

Cap S'Agaró

Cala Pedrosa

Punta d'en Pau

Cala de San Pol

SAN FELIU DE GUIXOLS

nach Gerona

Punta del Mulá

Isletas Las Balellas

nach Tossa de Mar

100

San Feliu de Guixols

N

Punta de Garbi

B. Palamós bis San Feliu de Guixols

Zusammenfassung (Plan S. 237)

12 Kilometer ist die kürzeste Distanz zwischen den Häfen von Palamós und San Feliu de Guixols. Häfen gibt es dazwischen nicht. Aber mehrere Buchten für kleine und mittelgroße Boote. Einige davon taugen auch zum Übernachten. Große Yachten finden hier nur wenige geschützte Plätze. Denn außer der Cala de San Pol sind die anderen Ankerplätze für schwere Schiffe doch meist recht offen.

Die Küste ist dicht besiedelt. Einsamkeit findet man nur an wenigen verborgenen Plätzen oder ganz früh oder recht spät im Jahr. Riesige Badestrände wechseln mit Villengebieten ab. Wirklich grandios ist die Küste zwischen der Cala de San Pol und San Feliu de Guixols. Sonst liegt der Reiz — soweit es nicht Badestrände sind — in den kleinen Buchten.

Dauerliegeplätze zwischen den beiden Häfen sind entweder auf den Stränden oder in Einbuchtungen vor Grundgeschirr. Viele kleine Boote liegen hier im Sommer mit Grundgeschirr auch direkt vor den offenen Stränden. Außerhalb der Hochsommermonate geht dies jedoch nicht.

Gliederung der Küste

Die Küste gliedert sich klar in fünf Abschnitte:
3 Kilometer Strand von Palamós bis Torre Valentina.
3 Kilometer buchtenreiche Felsküste bis zur Playa de Aro.
2 Kilometer Sandstrand der Playa de Aro.
3 Kilometer Felsküste bis ins Innere der Cala de San Pol.
2 Kilometer grandiose Küste mit Inseln und Buchten bis zum Hafen San Feliu de Guixols.

Ein Boot auf Wanderfahrt sollte einen Tag der Felsküste südlich von Torre Valentina widmen. Die Buchten sind dort klein, aber hübsch. Wenn man z. B. in die Cala Sa Cova hineinschlüpft, kann man am Abend von dem unerhört schönen Küstenpfad aus zu Fuß die herrlichsten Plätze finden. — Lohnend ist unbedingt ein Spaziergang durch S'Agaró. Die Küste als solche ist dort nicht ganz so schön. Wirklich schön im Sinne höchster Maßstäbe ist dann wieder die Westseite der Cala de San Pol. Wer Freude an romantischen Plätzen hat, wird dort nicht nur tagsüber zwischen den steilen Felsinseln sein, sondern auch eine Nacht in einer der vollkommen geschützten kleinen Buchten zubringen. Natürlich gehört der Hafen San Feliu de Guixols auf das Reiseprogramm.

Der Strand von Palamós und San Antonio de Calonge
(Plan S. 237, 214 und 239)

Es ist eine 3 Kilometer lange Sandküste mit Badestrand, die fast ohne Unterbrechung mit Häusern bebaut ist. Große zehnstöckige Appartementshäuser prägen das Bild. Das Hinterland ist flach. Es ist gutes Segelrevier. Vor dem Strand liegen während der Ferienzeit viele Kleinboote vor Grundgeschirr. Keines aber liegt weniger als etwa 50 Meter vom Strand, damit die Boote an der ungeschützten Küste außerhalb der Brandungszone sind.

Die Mündungen der beiden im Sommer trockenen Flüsse sind mit Sand zugespült und unkenntlich. Davor kann der Grund im Frühjahr und Herbst flacher sein. Sonst ist meist bis unmittelbar an das Ufer 1 bis 2 Meter Wassertiefe.

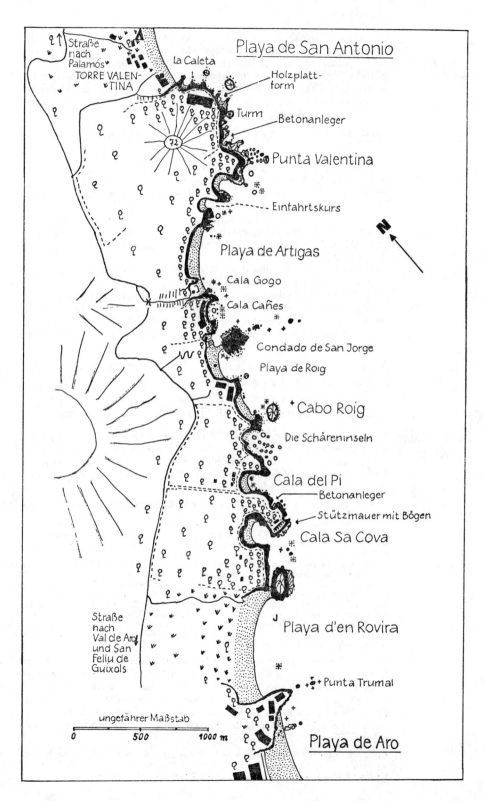

Playa de San Antonio

Straße nach Palamós
TORRE VALENTINA

la Caleta

Holzplattform

Turm

Betonanleger

Punta Valentina

Einfahrtskurs

Playa de Artigas

Cala Gogo

Cala Cañes

Condado de San Jorge

Playa de Roig

Cabo Roig

Die Schäreninseln

Cala del Pi
— Betonanleger

Stützmauer mit Bögen

Cala Sa Cova

Straße nach Val de Aro und San Feliu de Guixols

Playa d'en Rovira

Punta Trumal

ungefährer Maßstab

0   500   1000 m

Playa de Aro

Im mittleren Bereich des Strandes sind kurze Steinbuhnen. Dort liegt hinter dem Strand der Ferienort **San Antonio de Calonge**. Mit Booten, die man gut auf den Strand holen kann und vor allem für leichte Jollen kein schlechter Ferienplatz.

Spärlicher ist die Bebauung im Südteil der Strandküste. An den letzten 500 Metern vor Beginn der Felsküste ist nur noch bei **Torre Valentina** eine Gruppe von Häusern und Hotels sowie ein Campingplatz.

Von Torre Valentina bis Playa de Aro (Plan S. 237 und 239)

3 Kilometer Felsküste von ungewöhnlich feiner Untergliederung in kleine und kleinste Buchten. Nur 20 bis 30 Meter ist das Ufer hoch. Doch ist das bergige Hinterland höher. Dieses Hinterland ist hier fast ausnahmslos privater Besitz und eingezäunt. Aber das Ufer, das man mit dem Boot erreicht, ist wie überall in Spanien Eigentum des Landes.

Die Besitzer der Grundstücke haben einen Weg am Ufer zu schaffen und zu erhalten. Dieser Uferweg ist gerade hier an vielen Stellen über die Maßen schön. Da Gelände knapp ist, ist er teils in den Fels gehauen, teils hochgemauert, teils läuft er als Tunnel, manchmal als Brücke, oft als Felstreppe und manchmal sogar unter Bogengängen, wenn über ihm ein Haus steht.

Durch den Klippenreichtum dieses Küstenstückes lasse man sich nicht abschrecken. Es sieht zwar auf dem Plan unfreundlich aus, aber gerade dieses Klippen tragen ja zum Schutz der vielen kleinen Buchten bei. Ich denke nicht, daß die Navigation mit einem kleinen oder mittelgroßen Boot schwierig ist. Große Yachten werden allerdings wohl nur vor den größeren Buchten ankern. — So voll auch die Badestrände von Menschen sind, die Buchten, die von Land aus schwer zu erreichen sind, findet ein Wasserfahrer auch in der Ferienzeit oft fast menschenleer.

Als kleine Buchten mit Charakter haben mir am besten die Cala Sa Cova und die Cala del Pi gefallen. Die Cala Cañes an der hochfelsigen Halbinsel ist sehr schön und gut geschützt. Ziemlich einmalig an der Costa Brava ist das „Schärenrevier" südlich von Cabo Roig.

Beschreibung der Küste

Die Felsküste beginnt mit dem 72 Meter hohen Berg Turo d'es Cama. Dort springt die Küste unvermittelt etwa 300 Meter weit seewärts vor. Auf der Huk steht als weithin sichtbare Landmarke ein riesiges, dreiteiliges Appartementshaus. Dagegen ist der alte Seeräuber-Abwehrturm **Torre Valentina**, der der Huk den Namen gibt, als Bestandteil eines kleineren, weißen Hotelgebäudes recht unscheinbar.

Gleich hinter der ersten Felshuk folgt die kleine Sandbucht **La Caleta**. Danach liegen zwei flache **Klippeninseln** vor der felsigen Küste. Etwa 20 Meter ist die erste, 40 Meter die zweite groß.

Zwischen Inseln und Land kann man durchfahren, muß aber auf Unterwasserklippen achten.

Beide Inseln bilden mit ihren Klippen eine gut geschützte, etwa 100 Meter breite **Bucht**. Sie ist im Sommer voll mit kleinen Booten belegt, die dort vor Grundgeschirr liegen und überwiegend zu dem erwähnten, riesigen Appartementshaus über dem Ufer gehören. Von dort führen Treppen zum Ufer.

Es folgen kleine Felsbuchten an Land. Vereinzelt gibt es darin auch kleine Sandstrände. Eine kleine, recht geschützte **Bucht** ist hinter der größeren Klippeninsel. Sie hat etwa 5 Meter Sandstrand. Eine hölzerne Plattform ist dort zum Anlanden für kleine und mittelgroße Boote. Eine Treppe führt zu dem großen Appartementshaus. Dicht südwärts davon ist auf einer kleinen, aber hohen Huk ein hoher, auffälliger Steinturm erbaut worden. Eine kleine, ummauerte Einbuchtung ist an seinem Nordfuß. Weiter südwärts sind mehrere unregelmäßige **kleine Buchten**, von denen einige sehr kleine Sandstrände haben. In einer ist ein Betonanleger von etwa 6 Meter Breite. Vor ihm ist genug Wassertiefe, um dort mittelgroße Boote und vielleicht sogar Yachten mit Buganker und Heckleinen festzumachen. Es gibt zwei Poller dafür. So sind also nördlich von Punta Valentia ein paar recht nette Kleinbootwinkel.

Punta Valentina ist eine sehr flache Huk. Sie ist aus Klippeninseln und großen Steinen gebildet, die sich weit seewärts erstrecken. Am Ende liegt eine größere, abgerundete Klippeninsel. Seewärts davon ist tiefes Wasser. Hat man Punta Valentina gerundet, so sieht man etwa 150 Meter westlich eine vollkommen rund gewaschene **Klippeninsel** von 1 Meter Höhe. Sie ist etwa 50 Meter von den sichtbaren Steinen am Festland entfernt. Zwei Unterwasserklippen liegen etwa 20 Meter davon. Man kann die Klippeninsel seewärts wie landwärts passieren.

Gleich hinter dieser Klippeninsel liegt an Land eine nette, kleine **Strandbucht**. Sie ist etwa 30 Meter breit, hat waldiges, gut zugängliches Hinterland. Die flachen Klippen schützen diese für kleine und mittelgroße Boote geeignete Bucht. Von den glatt abgeschliffenen Felsen läßt es sich gut baden.

Es folgt eine dicht an die See heranreichende, kleine, baumbestandene Huk und gleich westwärts davon erneut eine kleine Strandbucht. Sie ist gut geschützt. Man muß sie jedoch vorsichtig ansteuern, da in der Mitte vor der Einfahrt Steine mit nur wenig Wasser darüber liegen. Am besten hält man sich dicht an die ziemlich hohe, aus glattem Fels gebildete Osthuk. Fischerboote liegen auf dem Strand unter den Bäumen. In der Ferienzeit ist die Bucht mit kleinen Sportbooten und Badenden gefüllt. Verglichen mit den westwärts folgenden Stränden ist ist es aber menschenärmer.

Westwärts folgen nun einige klippenreiche **sehr kleine Einschnitte.** Einige davon liegen recht nett. Alle aber sollten nur von kleinen Booten und vorsichtig angelaufen werden. — Danach folgt ein langer Strand.

Playa de Artigas und Cala Gogo (Plan S. 239)

Dies ist ein etwa 250 Meter langer Badestrand. Eine Felsnase mit Villen darauf teilt die kleinere Cala Gogo von der breiten, nördlich liegenden Playa de Artigas ab. Der Sandstrand läuft jedoch durch. Beide Strände sind in den Ferienmonaten voller Badegäste und voller kleiner Boote. In der Cala de Gogo gibt es ein Strandrestaurant hinter einer Hecke mit schattigen Sitzplätzen, Kabinen, Duschen und einen Erfrischungsstand. Ein (recht schlechter) Fahrweg führt von dort zur Landstraße. Es ist an diesem Küstenstück die einzige Fahrverbindung zum Wasser.

An der Nordseite der Playa de Artiges liegen etwas strandwärts von der Huk nach See heraus kleine Klippeninseln mit einer blinden Klippe dicht davor. — Ein einzelner schwarzer Stein vor dem Strand zwischen Playa de Artiges und Cala Gogo. Vor allem aber ist vor der Cala Gogo und vor der Südhuk der Cala eine ganze Ansammlung von Unterwasserklippen in verschiedener Tiefe.

Achtung Die Küste bis Cala Cañes

Etwa 40 bis 50 Meter seewärts der Südhuk der Cala Gogo liegen mehrere blinde Klippen.

Die ungefähre Lage der Klippen zeigt der Plan. Es sind gar nicht so viele, und zwischen ihnen und dem Festland liegt meist sauberer Sandgrund. Fährt man mit Ausguck, so kann man auch landwärts von dieser Klippenreihe passieren. Mit einem schweren Boot und bei rauhem Wasser ist es aber oft besser, um die Südhuk der Cala Gogo einen größeren Bogen zu machen. Etwa 200 Meter südwärts der Cala Gogo liegt eine hohe, auffällige Insel aus goldbraunem Fels mit einigen Pinien darauf. Genau gesehen ist die etwa 100 Meter große, steilwandige Insel eine **Halbinsel,** denn ein schmaler Sandstreifen verbindet sie mit dem Festland. An der Nordseite ist zwischen der Halbinsel und dem Festland die nette, kleine Bucht Cala Cañes. An der Südseite der Halbinsel liegt die geräumige Bucht Condado de San Jorge. — Eine lange Kette kleiner Klippeninseln erstreckt sich von der goldbraunen Halbinsel aus fast 200 Meter weit seewärts.

Cala Cañes (Plan S. 239)

Das ist eine kleine Bucht mit etwa 12 Meter Einfahrtsbreite. Sie taugt für Boote bis etwa 7 Meter Länge und etwa 0,6 Meter Tiefgang. Sie liegt zwischen der steilen, goldbraunen Halbinsel und dem Festland. Nach Süden zu ist sie sehr gut geschützt. Bei Seegang aus Nordost liegt man in der benachbarten Condado de San Jorge oder in Cala Sa Cova besser.

Für Boote auf Wanderfahrt wäre Cala Cañes noch interessanter, wenn sie an einem weniger menschenreichen Strand läge.

Cala Cañes hat zwei Sandstrände, der eine etwa 5 Meter, der andere 20 Meter lang. Dazwischen liegt ein flaches Felsstück. Mit etwa 30 Zentimeter Wasser davor ist es eine kleine natürliche Pier. An dem kleineren Strand steht ein kleines, privates Bootshaus
Die Cala hat größtenteils Sandgrund mit einigen mittelgroßen Steinen darin. Man kann aber ankern. Außerdem ist gute Möglichkeit, ein Boot mit Leinen an den Felsen festzulegen.

Die Klippenkette bei Cabo Roig (Plan S. 239)

Von der hohen goldbraunen Halbinsel erstreckt sich eine mehrfach unterbrochene Kette von Klippeninseln etwa 200 Meter weit seewärts. Eine Passage zwischen diesen Klippeninseln hindurch ist für ein ortsfremdes Boot nur mit großer Vorsicht und bei günstigen Umständen ratsam.

Zwar ist zwischen einer seewärts liegenden Gruppe von Klippeninseln und einer landwärtigen Gruppe etwa 100 Meter Zwischenraum. Doch liegt eine flache Unterwasserklippe etwa in der

Mitte dieser Durchfahrt. Tiefere Klippen sind auch sonst dort verstreut. Mit schweren Booten oder bei rauhem Wasser sollte man die Klippenkette bestimmt seewärts runden. Die äußerste Klippeninsel ragt nur etwa ¼ Meter aus dem Wasser.

Condado de San Jorge (Plan S. 239)

Südwärts der hohen, goldbraunen Felsinsel ist eine geräumige, ganz gut geschützte Bucht. Sie hat zwei je 100 Meter lange Strände (Playa de Roig). Ein Stück steiles, klippenreiches Felsufer mit Hotels darauf trennt sie. Landschaftlich ist es sehr schön.

Der nördliche Strand hat nahe der Insel Unterwasserklippen. Sein Mittelteil ist sauberer. Der Ankergrund ist dort Sand mit steinigen Stellen und oft sprunghaft wechselnder Wassertiefe. Eine tiefgehende Yacht sollte deshalb nicht zu dicht unter Land ankern.

Der südliche Strand hat in seinem Mittelteil keine flacheren Klippen. Aber die blinden Klippen an seiner Südseite müssen sehr beachtet werden. Bei Seegang aus Süd liegt man vor dem südlichen Strand gut.

Die Südhuk von Condado de San Jorge ist eine hohe, steile Felshuk. Eine etwa 250 Meter große flache, graue, unbewachsene Insel liegt davor. Vor allem an ihrer Nordseite sind zahlreiche Unterwasserklippen! Der Sund zwischen Festland und Insel ist etwa 20 Meter breit und hat zahlreiche Steine. Kleinboote können ihn in vorsichtiger „Erkundungsfahrt" passieren.

Die Schäreninseln (Plan S. 239)

Südlich von Cabo Roig liegt ein ganz eigenartiges und für diese Küste einmaliges Revier. Da es anscheinend keinen Namen hat, nehme ich „das Recht des Entdeckers" in Anspruch und nenne es die finnischen Schären, denn genau so sieht es aus.

Es ist nur von See her zugänglich. Das Hinterland ist privat, und der schmale Fußpfad an der Küste führt durch einen kaum aufzufindenden kleinen Felstunnel dorthin. Wassernarren sind also unter sich.

Es handelt sich um ein etwa 300 Meter großes Gebiet, in welchem vor allem in einer Einbuchtung der Küste mindestens 12 flache und oben abgerundete Klippeninseln liegen. Durchschnittlich sind sie 10 bis 20 Meter groß. Aber man kann sie nach Belieben auch größer oder kleiner haben. Ihre Oberfläche ist ganz glatt und herrlich zum Sonnenbraten und Baden.

Die eizelnen Inseln dieses Archipels sind verschieden weit voneinander entfernt, durchschnittlich etwa 10 bis 40 Meter. Die Fahrwasser dazwischen sind tief. Natürlich liegen vereinzelt Klippen darin. Sie sind aber auf dem hellen Grund gut zu sehen. Der Grund ist überwiegend Sand, auf dem sich ein Anker gut ausbringen läßt. Heck oder Bug des Bootes holt man an „seine" Schäreninsel heran. Vielleicht ist es gut, einen Holzpflock bei sich zu haben, den man zum Belegen der Leine in eine Spalte des sonst meist glatten Felsens klopft. Mir hat dieser kleine „Südseearchipel" sehr viel Freude gemacht. Nur Schatten gibt es dort nicht. — Das Festlandsufer ist unzugänglich und steinig mit Ausnahme einer etwa 20 Meter breiten Sandstelle, die aber auch nicht ganz ohne Steine ist.

Südwärts dieser Schäreninseln liegt ein von See rund poliertes Felskap von etwa 10 Meter Höhe. Gleich dahinter ist die Cala del Pi.

Cala del Pi (Plan S. 239)

Eine Mittelmeerbucht, wie aus dem Bilderbuch! Fels, Sand, Kiefern. Einige Fischerboote (und in der Ferienzeit auch Sportboote) sind auf dem etwa 40 Meter breiten Sandstrand.

Die Einfahrt in die Bucht ist sauber. Aber etwa 15 Meter vor dem Strand liegen einige breite Steinplatten dicht unter Wasser. Man kann mit kleinen Booten gut an den Sandstrand heran, muß dazu aber die Lücke zwischen den breiten Steinplatten benutzen. — In dem äußeren Teil der Bucht ist zwischen steinigen Zonen genug Sandfläche vorhanden, um dort auch mit größeren Booten zu ankern.

Etwa 100 Meter weiter südwärts ist ein schmaler Einschnitt in dem Felsen. Dort befindet sich eine gute Betonkaje von etwa 12 Meter Länge und 0,5 bis 1 Meter Wassertiefe. Poller und Eisenringe sind vorhanden. Man macht längsseit fest. Die Kaje ist privat und ein privates Slip führt in ein Bootshaus im Fels. Breiter als 2½ Meter sollte ein Boot, das am inneren Teil der Kaje festmachen will, wohl nicht sein. Am seewärtigen Teil können auch breitere Boote liegen. Zum zeitweiligen Festmachen und einen Spaziergang auf dem an Überraschungen reichen, überaus urigen Uferweg ist diese Kaje gerade recht.

Cala Sa Cova (Plan S. 237 und 239)

Dies ist die südlichste der kleinen, intimen Buchten an diesem Küstenstück. An der engsten Stelle ist die Einfahrt in die Cala Sa Cova etwa 20 Meter breit. Innen ist ein Wasserraum von etwa 30 mal 40 Meter. Der Strand ist etwa 50 Meter breit und sauber. Viele einheimische Fischerboote sind auch im Winterhalbjahr in dieser geschützten Bucht auf den Strand gezogen. Eisenhaken sind einzementiert, so daß man ein Boot im Wasser gut festmachen kann. Wald ist ringsum. Der Uferweg führt teils als Treppe, teils als Tunnel um die Cala Es ist ein wirklich idyllischer Platz. Die Bucht taugt auch für mittelgroße Boote. Ich würde mich nicht scheuen, bei ruhigem Wetter auch mit einer Yacht einzulaufen, wenn sie nicht länger als etwa 12 Meter ist. Auch zum Übernachten ist die Bucht für ein **Boot auf Wanderfahrt** durchaus geeignet.

An der Nordhuk der Cala Sa Cova ist eine Reihe von 5 Bogengängen auf dem Felsufer eine unverwechselbare Landmarke. Eine hohe, felsige Insel (bei genauer Betrachtung ist es eine Halbinsel) liegt an der Südseite. Vor der Einfahrt zur Bucht liegen zwei gut sichtbare Überwasserklippen. An beiden Seiten davon sind etwa 10 Meter entfernt, noch zwei Unterwasserklippen. Man muß entweder nordwärts oder südwärts von diesem Klippensystem dicht unter dem Festland in die Bucht einfahren.

Ein gegen sommerlichen Seegang recht gut geschützter, schmaler, aber sehr langer Felseinschnitt liegt südwärts von der Cals Sa Cova zwischen der hohen Felsinsel (oder richtiger Halbinsel) und dem Festland.

Playa d'en Rovira   (Plan S. 237 und 239)

An der Nordseite des kilometerlangen Strandes Playa de Aro liegt 400 Meter lang die Playa de Rovira. Nur die flache, kurze Felshuk P u n t a T r u m a l mit Hotelgebäuden darauf trennt sie von der Playa de Aro. Einige Klippeninseln vor Punta Trumal geben etwas Seegangsschutz. Die Nordseite des Strandes erhält etwas Schutz durch eine hohe, felsige Halbinsel.

Vor der Nordhälfte der Playa de Rovira liegen im Sommer zahlreiche Kleinboote vor Grundgeschirr. Die Südseite wird durch die mit großen Hotels bebaute Felshuk Punta Trumal gebildet. Reichlich 100 Meter weit sind dieser Huk seewärts kleine, gut sichtbare Klippeninseln vorgelagert. Aber eine Unterwasserklippe ist noch etwa 20 Meter seewärts der äußersten sichtbaren Klippe! Eine andere blinde Klippe liegt genau vor dem Strand!

Achtung   Etwa 60 Meter vor der Playa d'en Rovira liegt etwa 60 Meter von der Südhuk entfernt eine blinde Klippe. Sie ist gefährlich, weil man sie dort vor dem Strand nicht erwartet.

Playa de Aro, Ort und Strand   (Plan S. 237 und 239)

Zwischen Punta Trumal und Punta del Pinell liegt über 2 Kilometer lang der Badestrand Playa de Aro. Riesige weiße Wolkenkratzer von mehr als 20 Stockwerk Höhe prägen das Bild des Strandes. Nur das südliche Drittel des Strandes ist unbebaut. Ein bewaldetes, dünenartiges Gelände ist dort vom Strand aus gut zugänglich.

Dicht südlich der Punta Trumal gibt es an der Playa de Aro noch einige Klippen. Eine kompakte Klippengruppe ragt über 50 Meter weit in die See. Einzelne Felsspitzen wachsen unvermittelt am Ufer aus dem Strand heraus. Besonders eine darunter ist etwa 4 Meter hoch, ganz schlank und höchst photogen. Dann aber hört es mit Felsen auf, und der lange Sandstrand von Aro mit seinen Hochhäusern beginnt.

Der moderne und bedeutende **Urlaubsort Playa de Aro** liegt am Strand und unmittelbar dahinter. Er hat etwa 1000 feste Einwohner und etwa die 20-fache Menschenzahl in der Ferienzeit. Er bietet alles, was der Massentourismus der Wohlstandszeit wünscht — nur vom eigentlichen Spanien sieht man dort wenig. Ein Geschäft für Kleinbootbedarf ist an der Fernstraße, die durch den Ort führt.

Der Strand ist ganz ungeschützt. Leichte Boote holt man deshalb auf den Strand. Einzelne Kleinboote liegen in den Hochsommermonaten auch vor Grundgeschirr etwa 50 Meter vor dem Strand. Viele Boote liegen vor dem unmittelbar nördlich angrenzenden Strand Playa d'en Rovira im Wasser, der etwas besser geschützt ist.

Playa de Aro bis San Feliu de Guixols (Plan S. 237)

Beschreibung der Küste

Bei Punta del Pinell tritt etwa 20 Meter hoher Fels an das Ufer heran, springt etwa 50 Meter seewärts vor und beendet den Strand von Aro. Es bleibt nun felsige Küste, unterbrochen nur durch die kleine Sandbucht Cala Sa Conca und die große überaus schöne Bucht Cala de San Pol.

Es ist zuerst eine sehr zerklüftete und nicht eigentlich schöne Felsküste. Reich an großen Steinbrocken, aber arm an brauchbaren Einschnitten. Blinde Klippen sind 20 bis 30 Meter vom Ufer häufig. Außerhalb der 50-Meter-Grenze ist es tief und rein mit nur einer Ausnahme:

Achtung

Eine ausgedehnte gefährliche Unterwasserklippe, Laja La Llosa, liegt 400 Meter ostsüdost von Punta del Pinell. Die Wassertiefe ist stellenweise nur 0,3 Meter. Die Ausdehnung dieses steinigen Unterwasserriffes ist etwa 200 Meter nach See hin. Es ist nicht bezeichnet.

Passage

Zwischen der Laja La Llosa und der Küste ist eine etwa 400 Meter breite Durchfahrt mit 8 bis 10 Meter Wassertiefe. Ein Sportboot wird bei Tage wohl immer zwischen dem Festland und dem Riff hindurchlaufen. Da Punta del Pinell etwa 30 Meter vom Ufer genug Wassertiefe hat, gebe ich dort dem Rudergänger die Fahrtanweisung, sich etwa 50 bis 100 Meter vom Festland entfernt zu halten. Fischer und Taucher sind oft bei dem Riff.

Punta del Pinell hat als Huk eine kurios geformte Klippe, deren eine Spitze landwärts schräg überhängt. Südlich von Punta del Pinell passiert man an ungewöhnlich zerrissenem Ufer eine Reihe hoher Klippen. Ein kleines Boot kann bei sehr ruhigem Wasser dazwischen vielleicht einen Einschlupf finden. Nach etwa 500 Metern trifft man auf die Sandbucht Cala Sa Conca.

Cala Sa Conca (Plan S. 237)

Dies ist eine etwa 250 Meter breite Strandbucht. Sie schneidet nicht sehr tief in die Küste ein. Es gibt zwei schöne Strände. Sa Conca ist noch unbesiedelt, hat aber Zugang zu S'Agaró. Es gibt freundliches Hinterland mit Wald. In der Bucht ist im Sommer Badebetrieb. Jollen und kleine Boote liegen auf dem Strand.

Eine große Felsklippe teilt den Strand in zwei Abschnitte. Der östlich liegende Strand ist etwas kleiner. Teilweise liegen dort große Steine vor dem Strand. In den Sandgrund sind große Steine eingestreut, und die Wassertiefen sind sehr wechselnd. Ankern kann ein größeres Boot besser vor dem Weststrand. — Der Weststrand ist länger. Steine habe ich auf dem Sandgrund nur dicht bei der Westhuk feststellen können. Der Grund ist bis dicht vor den Strand mit 5 bis 7 Meter ziemlich tief. Hier können Boote jeder Größe ankern.

Bei kurzer Windsee liegen kleine oder mittlere Boote, auf denen die Crew wohnt, hinter den Huken ruhiger, bei Dünung oder großer See nicht. — Schutz bei schwerem Wetter gibt Cala Sa Conca nicht. Es ist ein freundlicher Tagesplatz.

S'Agaró (Plan S. 237)

Der folgende, etwa 2 Kilometer lange, felsige Küstenstreifen bis zum Strand der Cala de San Pol hat als Hinterland das Villengebiet S'Agaró. Dies ist der vornehmste und am meisten in sich selbst zurückgezogene Platz an der Costa Brava, ein genaues Gegenstück zum Wort Massentourismus. Es ist ein überaus geschmackvoll besiedeltes Villengebiet mit zwei Hotels der Luxus-Kategorie. Der Stil des Ganzen ist dezent, großzügig und sehr kultiviert.

Beschreibung des Ufers

Von der Cala Sa Conca bis zum Strand der Cala de San Pol ist auf den Uferfelsen eine Mauer aufgerichtet. Diese keineswegs häßliche Mauer stellt kein Unglück dar, denn die Felsküste ist hier niedrig und eigentlich gar nicht schön.

Dagegen ist es ganz lustig, auf See an allerhand Säulentempelchen, Balustraden, araboiden Bögen und klassizistoiden Arcaden vorbeizufahren. Zwischen diesen architektonischen Erstaunlichkeiten sieht man hier und da eine der Villen. Aber nach See hin zeigt S'Agaró nicht sein wahres Gesicht. Es ist in Wirklichkeit äußerst geschmackvoll erbaut. Auf der Mauer läuft der sehr schöne öffentliche Uferweg. — Anlanden kann man an einigen Kleinboot-Einschnitten und an zwei Einbuchtungen, in die man auch mit mittelgroßen Booten einlaufen kann. Die wichtigste Einbuchtung ist die gut geschützte Cala del Pi.

Ich rate sehr, in einer dieser Buchten festzumachen und einen Spaziergang durch S'Agaró einzulegen. Ich habe sonst für neuzeitliche Orte wenig übrig. Aber S'Agaró ist so kultiviert angelegt, daß man um viele Eindrücke und Anregungen ärmer bleibt, wenn man hier nur vorbeifährt. Ich wüßte nicht, wo ich eine so raffinierte Gartenarchitektur sonst noch gesehen hätte, außer in der arabischen Welt.

Man soll in S'Agaró nicht im ärgsten Räuberzivil anlanden. Und bestimmt nicht im Badedress. Das paßt einfach nicht hierher, und mit Recht bekommt man Ärger. Wenn man sich ungeniert bewegen will, kann man auf der Insel vor Punta d'en Pau anlanden. Sie liegt außerhalb des Ortsbereiches.

Die Küste und Buchten bei S'Agaró (Plan S. 237)

Es gibt viele vorgelagerte Über- und Unterwasserklippen. Man sieht sie in dem klaren Wasser aber gut, so daß man, wenn man aufmerksam fährt, auch dichter als 50 Meter am Ufer laufen kann. Hinter manchen Klippeninseln und nicht erwähnten Einschnitten liegen im Sommer Boote, teils nur tagsüber, teils auch als Dauerlieger. Die wichtigsten, meist auch für mittelgroße Boote noch zugänglichen Einschnitte sind von Cala Sa Conca nach Süden zu folgende:

Eine felsige Einbuchtung liegt etwa 200 Meter südlich der Cala Sa Conca. Sie liegt unter einer Villa, die durch ihre hohen Stützpfeiler mit Bogen, die in zwei Etagen übereinander stehen, besonders auffällt. Der Einschnitt mag 6 Meter breit und 25 Meter tief sein. Eine kleine private Betonpier ist da.

Ein weiterer, durch Klippen gut geschützter, schmaler Einschnitt ist knapp 200 Meter weiter unter einem runden Säulentempelchen, das auf der Obermauer steht. Dieser Einschnitt ist etwa 40 Meter lang. Seine Einfahrt ist etwa 5 Meter breit. Man muß von Norden her in ihn einlaufen. Er wird stellenweise bis 3 Meter schmal, erweitert sich innen aber wieder auf 6 Meter.

Cala del Pi (Plan S. 237)

Die hübsche, gut geschützte, aber kleine Cala del Pi ist die wichtigste Bucht an der Ostseite von S'Agaró. Sie hat einen Kiesstrand und eine kleine Kaje. Mit einem mittelgroßen Boot kann man einlaufen und vielleicht auch noch mit einer kleinen Fahrtenyacht (ich denke aber, daß etwa 8 Meter Länge und 0,8 Meter Tiefgang die äußersten Grenzen sind). Cala del Pi scheint mir der beste Platz zu sein, um S'Agaró kennenzulernen.

Für ein Boot auf Wanderfahrt bis etwa 0,6 Meter Tiefgang ist sie auch zum Übernachten geeignet. Ich bin aber nicht sicher, ob man für die Nacht nicht von Amtes wegen nach San Feliu geschickt wird. Viel mag da vom Eindruck abhängen, den Boot und Crew machen.

Die Einfahrt liegt etwa 200 Meter südwärts von dem runden Säulentempelchen, das auf der Ufermauer steht. Sie ist etwa 20 Meter breit. Ich habe überall mehr als 2 Meter tiefes Wasser gesehen. Ob aber nicht doch irgendwo noch eine flachere Klippe liegt, kann ich nicht sicher sagen. Tiefgehende Boote sollten vorsichtig einlaufen. — Im inneren Teil der Bucht ist der Manövrierraum noch etwa 15 Meter breit. Dort sind dann flachere Stellen an den Ufern.

Ein kleiner Steinanleger ist da. An einer Stelle liegt bei ihm ein flacher Stein. Ich denke, daß etwa 0,6 Meter Tiefgang das Äußerste sind, um mit Bug oder Heck den Anleger noch zu erreichen. In der Mitte der Bucht ist in Höhe des Anlegers noch etwa 1 Meter Wassertiefe. Zum Strand hin nimmt die Tiefe auf etwa 0,4 Meter in der Mitte ab. Der Grund im Außenteil der Bucht ist steinig, die letzten 20 Meter vor dem Strand sind Sand. Ein einfaches Slip ist da, und ein paar Boote liegen auf dem Strand. Im Sommer lagen Boote auch an einer Boje.

Die kleine Cala d'el Pi hat eine enge, aber sehr freundliche Umgebung. Exotische Bäume, Kakteen, ägyptischer Papyrus, Efeu, Schilfrohr. Alles scheinbar unabsichtlich, in Wahrheit aber höchst raffiniert so angeordnet, daß auf Schritt und Tritt neue, überraschende Bilder sind.

Küste bis Cala de San Pol

Nach Passieren einer Huk, dem wenig auffälligen **Cabo S'Agaró**, steht man vor **Cala Pedrosa**. Sie liegt unter einer architektonischen Kuriosität, einer Säulenhalle mit Arkaden. Die felsige Bucht ist mit Klippen über und unter Wasser so angefüllt, daß nur kleinere Boote sich bei ruhigem Wasser hineinlotsen sollten. Eine blinde Klippe liegt etwa 30 Meter vor der seewärtigen Huk, eine andere z. B. genau in der Mitte des Fahrweges zum inneren Teil der Einbuchtung.

Von der großen Cala de San Pol trennt einen nur noch die Felsinsel, die der Huk **Punta d'en Pau** vorgelagert ist. Diese Insel ist etwa 100 Meter groß, ziemlich hoch und mit einigen Pinien bewachsen. Seewärts hat sie einen flacheren Vorfuß mit vorgelegten Klippen. Der schmale Sund zwischen der Insel und dem Festland ist auch für kleine Boote praktisch unpassierbar, weil flache Steine in seiner Mitte eine Art von Barriere bilden. Aber sowohl der Südteil dieses Sundes zwischen Festland und Insel, wie auch der Nordteil geben gute und recht geschützte Liegemöglichkeiten ab.

Die Nordbucht ist an der Einfahrt etwa 15 Meter breit. Sie reicht etwa 30 Meter tief und hat eine etwa 6 Meter lange, gut geschützte kleine Nebenbucht. Von hier kann man gut auf die Insel herauf. Man kann zwischen der Insel und dem Festland zur Cala de San Pol hindurchsehen, aber nicht hindurchfahren, da Klippen im Sund liegen. Landschaftlich ist diese für kleine und mittelgroße Boote brauchbare Bucht schön. Sie wird allerdings weit übertroffen von dem Reichtum an Buchten und Inseln, welche einen Kilometer südwärts die Westseite der großen Cala de San Pol zu bieten hat.
Die Südbucht in dem Sund zwischen Punta d'en Pau und der Insel ist ein steilwandiger Felskanal von etwa 5 bis 7 Meter Breite. Er hat fast überall tiefes Wasser. Man kann entweder an der steilen Felswand mit Fendern festmachen oder das Boot mit Leinen zwischen den beiden Felswänden aufhängen. Felsspitzen sind dazu vorhanden. Auch bei ruppigem Seegang liegt man hier recht ruhig.

Cala de San Pol (Plan S. 237)

Die Cala de San Pol ist eine große und tief ins Land reichende Strandbucht dicht bei San Feliu de Guixols. Fast 1 Kilometer ist die Bucht zwischen den Huken breit, fast 1 Kilometer tief reicht sie ins Land. Ihr an Inseln, Felsschluchten und Höhlen so unerhört reiches Westufer gehört zu den schönsten Stellen, die es an der ganzen Costa Brava gibt. Es wird als Revier von San Feliu de Guixols auf Seite 255 ausführlich beschrieben.

Anlaufen von San Feliu de Guixols

Vor der Nordhuk der Cala de San Pol bis San Feliu de Guixols sind noch 3 Kilometer zu fahren. Man überquert die Öffnung der Cala de San Pol.
Vor der Südhuk der Cala de San Pol liegen etwa 250 Meter weit auf See die kleinen **Isletas las Balellas** (Seite 255). Man kann sie seewärts oder landwärts passieren. Dann sieht man die Hafenmole. Einsteuerung gemäß Hafenbeschreibung Seite 253. Die blinde Klippe 50 Meter seewärts von der Isla de Levante bei der Wurzel der Hafenmole ist zu beachten (Seite 254).

C. Von San Feliu de Guixols bis zu den Buchten von Tossa

Einführung (Plan S. 232, 233 und 247)

San Feliu de Guixols ist mit seinen 10000 Einwohnern nach Costa-Brava-Begriffen ein großer Ort — der größte an der Küste. Ein Ort, den man sich

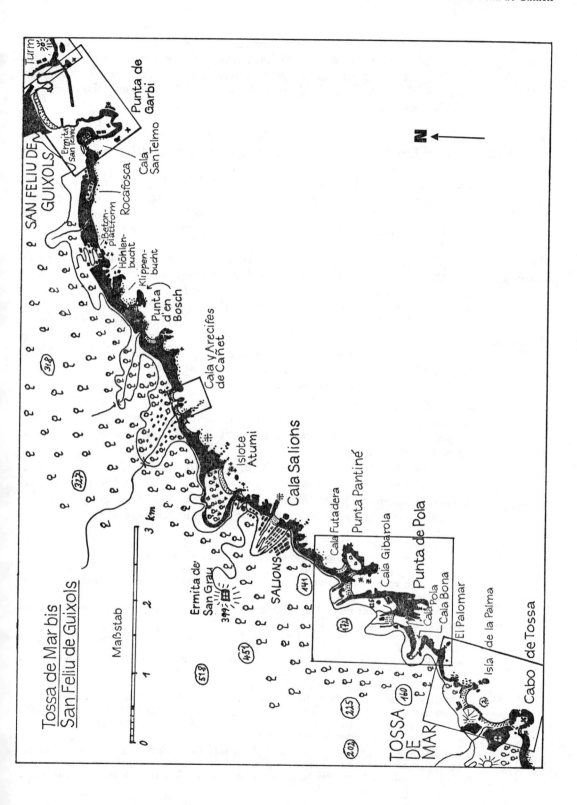

merken muß, mit seinen schönen Buchten, seinem geräumigen Hafen und den freundlichen Straßen. Würde ich im Winter mit meinem Boot an die Costa Brava fahren (oder im späten Herbst oder frühen Frühjahr), so nach San Feliu. Auch im Sommer, bei einer Reise ohne Vorbereitung. Denn restlos mißglücken kann sie hier kaum.

Das Hinterland

Auf 11 Kilometer Distanz ist zwischen San Feliu und Tossa de Mar kein weiterer Ort. Bis vor wenigen Jahren gab es nicht einmal eine Straße. Denn es ist hohes, von sehr tiefen Tälern durchfurchtes, sehr schwer erschließbares Bergland. Als ich am Tage nach einem herbstlichen Regentief mit Rosinante, dem Motorrad, von San Feliu nach Tossa fuhr, hatten Sturzbäche teils die Straße weggespült, teils sie unter Schutt begraben. Bulldozer schnauften sie wieder passierbar. Da ich nicht warten wollte, wurde es eine Geländefahrt!

Urbanisationen

So gibt es zwischen San Feliu und Tossa de Mar nur ein paar „Urbanisationen", neue Kunstsiedlungen. Außerhalb der Sommerzeit wohnt dort kein Mensch. Nicht einmal Brot gibt es dann zu kaufen. Tote Orte! Wie um sich selber Courage zu machen, brennt dann abends hell die Straßenbeleuchtung, und das Schild, auf dem hier Parzellen zum Verkauf angeboten werden,

Das Revier

strahlt in großer Pracht. — Zwei dieser Urbanisationen liegen direkt am Wasser. Ein davon, Canyet, hat eine überaus reizende Bucht. Und den kleinsten Hafen der Welt! Mit kleinen oder mittelgroßen Booten auf Wanderfahrt muß man sich diesen Namen merken.

Im übrigen ist die Küste südwestwärts von San Feliu eher abweisend als einladend. Jedenfalls an recht vielen Stellen. Dadurch ist die Gegend auch noch einsam. Nach Süden zu eigentlich der letzte auch in der Ferienzeit menschenleere Küstenstrich.

Boote auf Wanderfahrt werden die Nacht wohl entweder in Canyet zubringen (6 Kilometer von San Feliu) oder in einer der Buchten bei Tossa de Mar (9 bis 11 Kilometer). Das ist alles nicht so weit. Man muß nur wissen, daß zwischen San Feliu und Tossa de Mar die Auswahl klein ist.

Starkwind in dieser Region

Südwestwind (Garbi) ist im Herbst gar nicht selten. Er fährt gerade an diesem Küstenstück durch die Berge eingeengt, ganz tüchtig daher. Wenn auch die Handelsschiffe (und damit die Seehandbücher) den Garbi auf die leichte Schulter nehmen (mit Recht, denn 8 Windstärken überschreitet er fast nie), so sind für ein Kleinboot die Maßstäbe doch anders. Garbi bringt auch hohen Seegang mit sich.

Südfahrend merkt man schon bei Punta de Garbi, was los ist, und kehrt nach San Feliu zurück. — Von Blanes oder Tossa de Mar nordwärts fahrend, sind die einzigen Plätze mit wirklichem Schutz die Bucht von Tossa, die Cala Bona und die Cala Futadera. Hat man diese schon hinter sich, so ist Cala Canyet ein Notplatz, wo man aus der Gefahr heraus ist, aber bei starkem Garbi recht ungemütlich liegt. Sonst muß man bis San Feliu durchhalten. Das letzte Stück vor Punta de Garbi ist dabei das bei weitem häßlichste. Ich habe mich im Herbst zweimal mit dem Dingi zwischen Tossa de Mar und San Feliu von starkem Garbi erwischen lassen. Bis in die Nähe der Punta de Garbi bei San Feliu kommt man mit den hohen achterlichen Seen ganz gut zurecht. Bei Punta de Garbi aber werden die Wellen sehr steil und brechen oft. Dort habe ich ein paarmal ernstlich Angst gehabt, mit meiner Nußschale quergeschlagen oder vollgespült zu werden.

Am besten — so ist meine Meinung — läuft man bei starkem Garbi mit einem kleinen Boot zunächst sehr dicht unter der Küste, so dicht, wie der Navigator es mit seinem Gewissen vereinbaren kann. Hat man Punta d'en Bosch passiert, so muß man aber aufs Offene hinaushalten, denn unter keinen Umständen darf man auf die Leegerwallküste von Punta de Garbi kommen. Dort steht bei starkem Garbi wahrhaft haushohe Brandung. — Man merkt bald, wie bedeutend der Schutz dicht unter der Küste war, denn man trifft in größerer Distanz von der Küste sehr viel höhere See. Man ist dort immer versucht, vor den Wellen zu laufen, darf es aber nicht ganz, denn man muß bereits ein gutes Stück südlich von Punta de Garbi weit genug seewärts stehen, um bei Punta de Garbi, wo man wirklich sehr hohe und vor allem brechende See trifft, vor dem Seegang laufen zu können. Denn brechende Wellenkämme darf ein kleines, offenes Boot nicht von der Seite nehmen. Man ist weit genug seewärts, wenn der Turm auf der hohen Punta del Mula von Punta de Garbi nicht mehr abgedeckt wird. (vgl. Skizze).

Tramontana findet dicht unter der Bergküste nicht statt. Gelegentlich kann es einmal aus einem Bergtal pusten, ohne aber ernsthaft Sorgen zu bereiten. Dagegen ist hier bei Tramontana in größerer Distanz an der Küste sehr starker Seegang. Es ist über alle Maßen eindrucksvoll, dann zum Beispiel auf der Mole von San Feliu zu stehen und draußen am Horizont die Riesenwellen marschieren zu sehen. Man glaubt zuerst an Täuschung oder Luftspiegelung, bis man das Glas holt und 3 oder 4 Kilometer von der Küste entfernt die brechenden Kämme der Riesenwogen sieht. Wellenhöhen von 4 bis 6 Metern sind auf der freien See bei Herbsttramontana nichts Besonderes. Nicht umsonst laufen bei Tramontana die Frachtschiffe, auch die ganz fetten, so dicht unter der Küste. — Tramontana schickt dünnungsartige See aus Nordosten auf die Küste zu. Man muß sich dann seine Ankerbucht danach aussuchen.

Bei Oststurm gehört jedes Boot und jede Yacht in den sichersten Hafen, den sie erreichen kann. Palamós hat dann einen besseren Ruf als San Feliu de Guixols.

San Feliu de Guixols   (Plan S. 251 und 11)

Es spricht sich „San Feliu de Guischol". Manche sagen auch nur San Feliu. Jedenfalls ist San Feliu der größte Ort an der Küste. Mit etwa 10 000 Einwohnern zwar nach unseren Begriffen eine Kleinstadt, trägt es doch städtischen Charakter: mehrstöckige Stadthäuser, städtisch-dicht bebaute Straßen, Schaufenster, die auch im Winter erleuchtet sind und auch im Winter Verkehr und Betrieb. Die Stadt lebt ihr eigenes Leben weit unabhängiger von der Touristensaison als alle anderen Küstenorte der Costa Brava. Fährt man im Spätherbst oder Winter an die Costa Brava, so sollte man in erster Linie an San Feliu denken. Auch des Reviers wegen! Hier macht man auch — jedenfalls außerhalb der Ferienzeit — Bekanntschaft mit den deutlich niedrigeren Preisen im eigentlichen Spanien. Der ausgezeichnete Konsumwein ist ab 9 Peseten (45 Pfennig) pro Liter vom Faß zu haben. Man kann in den kleinen spanischen Gaststätten, den Comidas, schon für 70 Peseten ein einfaches aber reichliches Menü haben. Die Uferpromenade bietet auch im Winter viele Sonnenstunden unter Palmen. San Feliu selbst ist kein mondäner Ort, sondern eher bürgerlich und beschaulich. In der Ferienzeit ist er touristenvoll, aber doch nicht allzusehr.

Der geräumige Hafen von San Feliu ist für Sportboote jeder Größe schlicht als sehr gut zu bezeichnen. Es sind weniger Boote hier als in Palamós und weniger Millionärsyachten. Aber häufig trifft man hier weitgereiste Yachten mit wenig Chrom, aber vielen gesegelten Meilen. Daß ein **Boot auf Wanderfahrt** in San Feliu de Guixols nicht vorbeifährt, versteht sich von selbst.

Eignung als Standquartier für kleine Boote

An der südlichen Costa Brava ist San Feliu de Guixols ein sehr gutes Standquartier. Der Hafen bietet genug Liegeplatz, zumal, ein neuer Kleinboothafen ab 1970 benutzbar sein soll. Die Unterkunft ist wohl kein Problem. Es ist ein begünstigtes Seerevier, mit dem auch sehr kleine Boote gut zurechtkommen werden. Vor allem liegt die herrliche Felseninsel- und Buchtenwelt der Cala de San Pol unmittelbar bei San Feliu. Wenn man etwas Hals über Kopf den Urlaub antreten muß, dann würde ich nach San Feliu fahren. Ich denke, hier ist die geringste Gefahr, daß irgend etwas unreparierbar mißlingt.

Da alles Wichtige vollkommen positiv lautet, kann auch das Einschränkende gesagt werden, ohne daß ein falsches Bild entsteht. Es ist ein begünstigtes Revier. Das besagt, daß die see-männische oder seglerische Seite einem hier kaum abverlangt wird. Wer sich und sein Boot auch bei starkem Wind und Seegang erproben und erleben will, der sollte jedenfalls im Sommer weiter im Norden der Küste bleiben. Ferner: Das unmittelbare Revier von San Feliu ist wunderschön, aber nicht unerschöpflich. Nach Norden wie nach Süden zu sind die geschützten Buchten spärlicher gesät, als an vielen anderen Teilen der Küste. Ein motor-starker Brummer mag vielleicht „eben mal" zu der phantastischen Küste von Aigua Blava flitzen (25 Kilometer). Für ein kleineres Boot ist das zu weit.

Segelnde Boote werden keine sehr frischen Winde erwarten dürfen. Landwind und Seebrise sind schwächer als an flacheren Küsten. So ist es ein sehr schönes Revier für einen Urlaub „ohne Experimente".

Anlage des Hafens und Liegeplätze

Die große Bucht von San Feliu ist durch eine 500 Meter lange Mole nach See zu geschützt. So entsteht ein Binnenrevier von etwa 600 Meter Länge und durchschnittlich 300 Meter Breite. An der Nordseite liegt der breite, schöne Strand. Dahinter die geräumige, palmenreiche Uferpromenade. Dort ist auch das Zentrum der Stadt.

Die Beschreibung der einzelnen Kajen und Liegeplätze erfolgt entgegen dem Uhrzeigersinn. Sie beginnt bei der Mole, also so, wie man meist einläuft. würde.

Die Mole trägt auf ihrem Kopf einen kleinen gemauerten, weißen Turm mit grünem Hafenlicht. Der alte Molenkopf ist durch einen Sturm zerstört wor-den, und die Trümmer liegen im Wasser. Flachgehende Boote müssen mindes-tens 10, tiefgehende 30 Meter Abstand halten.

Die Innenseite der Mole ist im Sommer der hauptsächliche **Liegeplatz für Yachten.** Es ist dort eigentlich nie überfüllt, und sehr oft kann man den Luxus des Längsseitsliegens haben. Die Kaje gehört nicht dem Club. Man zahlt nur die amtlichen Liegegelder. Es ist sauber. Man hat einen schönen Blick auf die Bucht und den Ort und von der Mole aus aufs Meer. Ein kleiner Badestrand liegt dicht ostwärts von der Wurzel der Mole an der See, auf dem Hafenplan ist er nicht mehr eingezeichnet. Man kann sein Boot im Sommer mit gutem Gewissen auch längere Zeit sich selber überlassen. Wasser ist auf der Kaje. Viele Yachten liegen hier für längere Zeit.

Wenn man wirklich etwas aussetzen will, dann, daß die Kaje unter Wasser oft eine vorspringende Stufe hat. (Vorsicht beim Anlegen! Dicke Fender!) Daß die Kaje doch recht hoch ist, daß die Poller etwas spärlich sind und daß zur Stadt 10 bis 15 Minuten Weg sind.

Da San Feliu nicht selten (und anscheinend von Jahr zu Jahr häufiger) von großen Handelsschiffen angelaufen wird, wird dann die Kaje der Mole ent-weder in ihrem inneren Teil beim Anlegemanöver oder auch mal vorn einen Tag oder zwei zum Liegen eines Schiffes benötigt. So kommt es häufiger vor, daß Boote am inneren Teil der Mole aufgefordert werden, den Platz zu räu-men oder gar nicht erst anzulegen. Der Wunsch ist berechtigt, und es ist unver-nünftig, deshalb (wie es manchmal geschieht) zu argumentieren oder gar zu

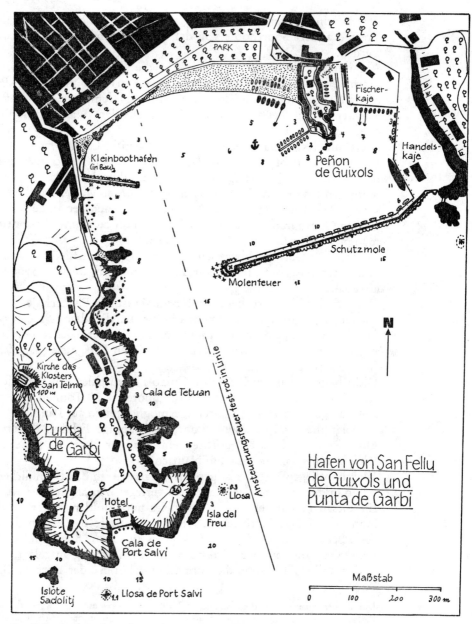

San Feliu de Guixols. Hafen und Punta de Garbi.

streiten. Sobald das große Schiff drin ist, kann man wieder an den Platz zurück. Am besten ist es, wenn man eine andere Yacht bittet, für die eine Stunde längsseits festmachen zu dürfen. Oder man ankert solange vor dem Strand. Yachten, die in San Feliu länger verweilen wollen, sollten deshalb auch nicht bei der Wurzel der Hafenmole festmachen, sondern westwärts vom Poller, der am Knick der Mole steht.

Wahrscheinlich werden mit Fertigstellung des Kleinboothafens (s. u.) Yachten und andere Sportboote von der Mole weg in diesen Sporthafen geschickt werden.

Am inneren Ende der Mole beginnt die **Handelskaje.** Manchmal liegt ein Frachtschiff da (oft ein sehr großes). J e d e n f a l l s m u ß d e r P l a t z f r e i - b l e i b e n. Auf der Handelsmole steht der Hafenkran. (Hubkraft 7 Tonnen). Yachten bis zu diesem Gewicht können aus dem Wasser genommen werden oder eingesetzt werden.

Die Handelskaje macht einen schwachen Knick. Landwärts von diesem Knick liegen meist die breiten Boote der Sardinenfischer. Manchmal, zumal im Sommer, können auch mittelgroße Sportboote dort festmachen. Es ist näher zur Stadt. Aber **Vorsicht!** Etwa 20 Zentimeter unter Wasser hat die Kaje eine vorspringende Stufe. Man legt sich entweder an einen der an der Kaje befestigten großen Gummireifen, was aber bei Schwell oft zu Komplikationen führt, oder man muß sich selber sehr dick abfendern.

Bei starkem Garbi (Südwestwind) liegt man dort schlecht. Dann ist ein nach Südwesten ausgebrachter Anker äußerst nützlich, um das Boot von der Kaje abzuhalten.

Die rechtwinklig anschließende Nordkaje ist die **Fischerkaje.** Hier liegen die breiten, flachbordigen Sardinenfischerboote, die abends um 9 oder 10 Uhr mit ihren Lampenbooten ausfahren. Ein immer wieder eindrucksvoll-aufregendes Bild! — Bei besonderen sportlichen Ereignissen ist diese Kaje auch für Yachten und Boote frei.

Dicht bei den felsigen Peñon de Guixols ist die kleine **Werft** mit einem Kran für leichte Boote und einem Slip für Boote bis 20 Tonnen. Es ist ein kleiner, aber fähiger Betrieb mit Winterlagermöglichkeiten auf Land.

Es folgt die etwa 20 Meter hohe, steilwandige Felshuk **Peñon de Guixols.** Oben ist sie als Park eingerichtet; ein hübscher Platz. An seiner Seite sind die Kleinbootliegeplätze des Club Nautico.

Kleinbootliegeplätze: Es ist geplant, sie in den im Bau befindlichen Kleinboothafen in der Westseite des Hafens zu verlegen. Anfang 1970 wurde an der Mole für diesen Hafen gebaut. Da zu vieles noch unklar war, wird der bisherige Stand der Dinge beschrieben. An der Westseite des Peñon de Guixols sind feste Betonstege. Sie liegen auf Klippen auf. Diese Stege sind auch im Winter benutzbar. Im Sommer wird noch ein Schwimmsteg ausgelegt, an dem kleine und mittelgroße Boote, die zum Club gehören oder dort zu Gast sind, vor Boje liegen.

Der **Ankerplatz** ist vor dem Strand in Höhe des Steges auf Schlickgrund. Es ist kein übler Platz, und im Sommer würde ich mit einem größeren Boot ernsthaft überlegen, ob man ankernd nicht schöner liegt als an der Mole. Man hat das ganze Leben und Treiben der Stadt und der anderen Boote um sich. Man ist nahe der Stadt. Und Seebrise und Landwind bringen die Kühlung, die man unter der hohen Mole nicht hat. Auch im Winterhalbjahr liegen Boote als Dauerlieger dort.

Der **Strand** gehört an seiner Ostseite den Booten. Die breiten Sardinenfischer liegen tagsüber vor Heckanker mit dem Bug am Strand. Zahlreiche kleine Fischerboote stehen auf dem Strand. Hier spielt sich noch richtiges, vom Tourismus ganz unbeeinflußtes Fischerleben ab. Es ist genug Platz für leichte Sportboote. — Am mittleren Teil wird gebadet. Am Westteil beginnt Steinschüttung. Abb. 24 zeigt die Sardinenfischer am Strand von San Feliu.

Ein Kleinboothafen ist vor der Westseite des Strandes in Bau. Er soll ab 1971 benutzbar sein. Überwiegend wird er dem Club Nautico gehören. Es soll aber auch freie Liegeplätze geben.

Seewärts der Steinmole des Kleinboothafens ist eine Badeanstalt mit einem Steg, an dem auch Boote liegen. Bei sonst tiefem Wasser gibt es einzelne Klippen. Es schließt dann nach See zu das schöne Felsrevier der hohen Punta de Garbi an. Die felsigen Buchten sind freundlich und bieten Tagesliegeplätze, sind aber nicht mehr ein Teil des geschützten Hafens.

Ansteuerung

Bei der Ansteuerung von San Feliu de Guixols v o n   O s t e n ist bei Tage nur die blinde Klippe etwa 50 Meter südwärts der Isla de Levante zu beachten. Nachts erfordern auch die Klippeninseln Las Balellas Aufmerksamkeit (Plan S. 237). Die sonst nachts sehr nützliche Peillinie „Leuchtfeuer Cabo de Tossa gerade frei von Punta de Garbi" reicht für das Runden der Klippeninseln Las Balellas nicht aus!
V o n   W e s t e n   k o m m e n d muß man von zwei Unterwasserklippen freibleiben: Der Llosa de Port Salvi, etwa 60 Meter südwärts des südlichsten Punktes von Punta de Garbi (Plan S. 251). Man ist von diesen Unterwasserklippen frei, wenn der Turm Molino de Forcas auf dem hohen Berg östlich von San Feliu de Guixols von Punta de Garbi nicht abgedeckt wird, sondern frei sichtbar ist. Die zweite Klippe liegt etwa 30 Meter seewärts von der östlichen Spitze von Punta de Garbi (genaue Beschreibung auf Seite 257).
Nachts sollten auch kleine Boote die Richtfeuerlinie benützen. Sie führt auch von den flacheren Stellen vor dem Molenkopf frei.

Schutz bei stürmischem Wetter

In der Sommerjahreszeit ist San Feliu einer der besten Häfen, die es an der Küste gibt. Im Winterhalbjahr hat er, wie fast jeder Mittelmeerhafen, sein „Wenn und Aber".

T r a m o n t a n a , selbst starken Herbst- und Wintertramontana, spürt man in San Feliu wenig. Es lohnt sich, bei den oft lang anhaltenden Tramontana-Lagen das bei Tramontana sehr ungünstige Palamós zu verlassen und nach San Feliu zu laufen. Im Fischerhafen liegt man dann besser als an der Mole.
G a r b i (Südwestwind) wird als Wind wie als Seegang durch Punta de Garbi weniger gebrochen, als man erwartet. Bei stürmischem Garbi kommen starke Fallböen über Punta de Garbi herunter und machen erheblichen Seegang im Hafen, der auch großen Fahrtenyachten sehr unkomfortables Liegen beschert. Große Vorsicht ist vor allem im Fischerhafen nötig, wo der kurze Seegang und der böige Wind das Boot gegen die Kaje drücken, die durch ihre Unterwasserstufe gefährlich ist. Hier ist schon einmal eine Yacht gesunken. Ich bin dem Rat der Fischer gefolgt und habe einen Anker querab ausgebracht, der das Boot von der Kaje abhielt. Andere Boote haben ängstliche Tage gehabt, zumal der Schwell, der durch die Hafeneinfahrt hereinsetzt, das Boot immer wieder von den großen Hafenfendern unklar macht. Starke Leinen nach Süd sind nötig.
An der langen Hafenmole würde man besser liegen, obwohl häufig Gischt herüberkommt. Sie wird aber an stürmischen Tagen von kleinen Booten freigehalten, da das Anlegen der bis zu 6000 Tonnen großen Frachter in dem kleinen Hafen auch ohne im Wege liegende Boote für den Hafenlotsen heikel genug ist. — Es lohnt übrigens den Weg, bei Südweststurm auf die Punta de Garbi zu gehen und Riesenseegang dort hochbranden zu sehen. Gischt weht dann über große Teile des Vorgebirges hinweg.
O s t s t u r m ist das schwerste Wetter. San Feliu hat keine gute Reputation. Schwell und Sog sollen bei schwerem Oststurm im Hafen so erheblich sein, daß es oft Schäden an den Booten gibt. Man kann sich vorstellen, daß der schwere Seegang aus Ost am Punta de Garbi reflektiert wird und auf diese Weise stärker in den Hafen hineinwirkt, als bei Häfen, die nach Westen offen sind. In Palamós sollen Oststürme besser abzuwerten sein. Die Fischerboote legen sich entweder vor langen, sehr starken Leinen und Heckanker an die Ostkaje im Fischerhafen. Oder sie bleiben an ihrer Fischerkaje und legen lange, starke Leinen zur Ostkaje herüber. Den Kopf der Hafenmole, dessen Trümmer unter Wasser liegen, hat jedenfalls ein Oststurm auf seinem Gewissen.

Praktische Hinweise

Dieselöl und Benzin in den für kleinere Boote üblichen Mengen holt man sich bei der Tankstelle. Sie liegt hinter dem Strand, wo die vielen Fischerboote auf Land liegen. („T" im Plan). Bei der Tankstelle ist an einer Hausecke bei einer niedrigen, breiten Betonsäule ein öffentlicher Wasserhahn. Man kann größere Mengen auch an der Kaje bekommen. Im Sommer, wenn viele Yachten da sind, kommt meist einmal täglich ein Arbeiter des Hafenamtes mit dem Hydrantenanschluß dorthin. Sonst fragt man im Hafenamt oder in der kleinen Kantine hinter der Fischerkaje.
Kommt man von Norden, so ist San Feliu die erste Stadt mit dem sonst in jedem spanischen Ort üblichen Markt (El Mercado). Dort ist die beste und billigste Einkaufsmöglichkeit. Der

Mercado liegt an dem auf Plan weiß ausgesparten Platz in der Stadt etwa dort, wo die Richtfeuer brennen.

In San Feliu ist eine kleine, aber sehr gut geleitete W e r f t. Überwiegend werden dort Fischerboote aufgeslippt oder repariert. Man versteht aber auch etwas von Sportbooten. Der jüngere Chef spricht auch Englisch. Die Kosten für das Aufslippen eines 12 Meter langen Bootes mit 3 Tagen Aufenthalt auf dem Slip liegen bei 2 800,— Pts. (ca. 150,— DM. — Im Süden Spaniens ist es billiger).
Service-Stellen für die wichtigsten Outbordmarken sind in der Stadt (Erwinrude/Johnson etwa nordwestlich der Tankstelle 2. Querstraße stadteinwärts). Eine gute eisenbearbeitende Werkstatt („Taller" nennt man das) liegt im gleichen Häuserblock wie der Erwinrude-Service.
Elektrische Motorteile hat mir sehr gut die Garage mit dem Renault-Service gleich nördlich der Tankstelle repariert. Dort macht der Chef es selbst, spricht aber nur Spanisch. Es gibt mehrere kleine Wäschereien. Eine die auch das Plätten besorgt, ist beim Mercado.

Von San Feliu sollte man einen **Ausflug nach Gerona** machen. Diese größere Stadt mit ihren vorrömischen Zyklopenmauern, ihrer Altstadt und den eng gebauten Häusern am Fluß lohnt unbedingt einen Besuch. Ein Autobus fährt alle 1 bis 2 Stunden. Abfahrt auch an der Uferpromenade (man lasse sich aber nicht durch die vielen Autobusse zu Vororten täuschen).

Das Revier von San Feliu de Guixols (Plan S. 237 und 247)

Nach Osten zu gehört zum engeren Revier von San Feliu vor allem die Cala de San Pol mit ihren überaus schönen Felsinseln, Schluchten und Höhlen an der Westseite. Nach Westen hin kann Punta de Garbi bis zur Cala de San Telmo als Revier von San Feliu angesehen werden.

Von San Feliu bis zur Cala de San Pol (Plan S. 251 und 237)

Dies sind zwar nur 3 Kilometer Distanz, aber sie vereinen in sich auf kurzem Raum alles Schöne, was die Costa Brava zu bieten hat. Fast ein Dutzend Inseln, mehr als ein Dutzend Buchten, einige Naturhäfen und noch zwei Höhlen, von der die größere besonders leicht auch für mittelgroße Boote zugänglich ist. Und dann der lange Strand! — Das Wichtigste zeigt der Plan. Es ist ein leicht zu befahrendes Revier. Deshalb wird der Text auf das Wichtigste beschränkt.
Dem **Molenkopf** müssen je nach dem Tiefgang des Bootes 10 bis 25 Meter Distanz gegeben werden. Man fährt dann an der Außenseite der Mole entlang ostwärts. Am Ursprung der Mole liegt seewärts die etwa 50 Meter große, steile, und auffällige **Isla de Levante.** Seewärts von ihr liegt eine blinde Klippe.

Achtung   **Etwa 40 Meter südöstlich (also seewärts) von der Isla de Levante liegt eine blinde Klippe mit etwa 20 Zentimeter Wasser darüber.**

Die Unterwasserklippe ist recht ausgedehnt. Ich schätze sie etwa 10 Meter groß. Sie kann auch an der Landseite passiert werden. Bei Seegang bricht dort die See.

Etwa 100 Meter ostwärts von der Isla de Levante liegt die **Cala de las Joncas.** Ein netter Strand. Hier baden die Crews der Boote, die im Hafen an der Mole liegen.

Etwa 50 Meter ostwärts davon sieht man ganz dicht vor der hohen Felsküste die lange, schmale Felsinsel **Esculls de Cala Joncas.** Sie ist etwa 3 Meter hoch. Durch den Kanal zwischen Festland und dieser Insel, der stellenweise nur etwa 4 Meter breit ist, kann man mit kleinen Booten hindurchfahren. Etwas Vorsicht ist nötig, da ein paar Steine nicht sehr viel Wasser über sich haben. Aber man kann ihnen leicht ausweichen. Auch als Liegeplatz ist dieser Sund ganz brauchbar.
Nur knapp 100 Meter weiter östlich liegt wieder eine lange, schmale Felseninsel, die **Esculls d'en Blanch.** Hier kann man zwar zwischen Land und dieser Insel in zahlreiche Buchten und wunderschöne kleine Naturhäfen einlaufen. Hindurchpassieren kann man aber nicht. Es ist eine sehr nette Region für kleine Boote. Ein ideales Gebiet zum Tauchen oder Schnorcheln.

Hat man die Esculls d'en Blanch passiert, so öffnet sich am Land die große Felsenbucht **Cala del Molino.** Sie ist zwischen den Huken fast ½ Kilometer breit. Vor ihr liegen zwei

Gruppen von Inseln. Dicht unter Land die schönen, hohen Islotes Secains. Etwa 200 Meter weit auf See die kleineren Klippeninseln Las Balellas. Über beide Inselgruppen unten Genaueres.

Cala del Molino ist eine große Felsbucht mit sehr hohen, steilen Ufern aus goldgelbem Gestein. Etwas Wald steht auf den Steilhängen. Sie sieht sehr schön aus. Leider aber sind die Felsufer ganz ohne eine brauchbare Einbuchtung, in der man liegen könnte. Nur im innersten Teil öffnet sich eine schmale, ganz gut geschützte Innenbucht mit etwas Geröllstrand und einem kleinen Slip. Aber da drinnen ist es gar nicht mehr so schön. Zum Ankern ist es zu tief. Auch ist es Steingrund. Das „Brauchbarste" an dieser landschaftlich schönen Bucht sind also ihre Inseln.

Islotes Secains

Die Islotes Secains bestehen aus einer hohen Hauptinsel seewärts, einer kleineren, flacheren Insel landwärts und einem niedrigen Felsgrat nahe der Hauptinsel.

Die Hauptinsel ist fast 100 Meter lang und recht hoch, aber zugänglich. Landwärts von ihr liegt eine flache, langgestreckte Klippeninsel, fast nur ein Felsgrat. Die Hauptinsel und dieser Felsgrat bilden einen Naturhafen von fast 10 Meter Breite, etwa 30 Meter Länge und überwiegend tiefem Wasser. Bei ruhiger See kann man dort gut festmachen, auch mit mittelgroßen Booten, vielleicht sogar mit einer kleinen Yacht. Dabei ist das kleine Klippeninselchen, das im Innern dieses Hafens an seiner Ostseite liegt, zum Leinenbelegen wie geschaffen.

Die zweite, wichtige Insel der Islotes Secains liegt weiter landwärts. Sie ist etwas kleiner und niedriger. Zwischen ihr und dem Festland kann man passieren. Dagegen ist die Passage zwischen ihr und der Hauptinsel zwar möglich, aber nur mit kleinen Booten bei aufmerksamem Fahren, da noch ein langgestrecktes Unterwasserriff mit teilweise wenig Wasser darüber zwischen den Inseln liegt. — Zum Tauchen ist dieser Inselkomplex gerade wegen seiner Unterwasserklippen schlichtweg ideal.

Las Balellas

Las Balellas sind zwei kleine Klippeninseln etwa 200 Meter ostwärts von den Islotes Secains. Die eine ist etwa 10 Meter, die andere 5 Meter groß. Sie haben einen flacheren Klippenfuß unter Wasser. Tiefgehende, schwere Boote sollten etwa 20 Meter Distanz halten. Kleine Boote können sie bei ruhigem Wasser von nahem erkunden. Anlanden ist sehr schwierig, zwischen beiden hindurchzufahren auch. Man sollte es nur bei sehr ruhigem Wasser probieren, da Dünung das Boot auf dem flacheren Grund schwer kontrollierbar macht und erheblich hin und her schiebt.

Cala de San Pol

(Plan S. 237)

Der schönste Teil des Reviers beginnt nach Passieren der Huk **Punta del Mulá**. Dort ist die Küste sehr hoch und aus rotgelbem Gestein. Felsbucht reiht sich an Felsbucht. Dazwischen liegen hübsche kleine, meist sehr steilwandige Inseln. Ein paar Pinien stehen oft darauf. Überwiegend ist der Grund klippenfrei, oft ist es sogar sauberer Sand. Es ist — zumal in solch begünstigter Lage an einer sehr großen Bucht — eine der schönsten Stellen der Costa Brava.

Gleich nordwärts von Punta del Mulá beginnt es mit einer wilden und dabei doch schönen, großen Felsschlucht. Fast 150 Meter weit ist sie mit dem Boot zu befahren. Die Breite nimmt von 25 auf etwa 6 Meter im Innenteil ab. Dieser tiefe Einschnitt gibt guten Schutz. Innen kann man am Felsen landen. Man kann die Boote unten festmachen und hat von der hohen, felsigen Halbinsel einen herrlichen Blick aufs Meer. Die Schlucht setzt sich zu Land bis in die

255

Cala del Molino fort. Die Einfahrt ist nicht schwierig. Eine ganz kleine Klippeninsel liegt in der Einfahrt, wo sie noch breit ist. Für kleine Boote ideal. Für mittelgroße Boote wohl auch noch möglich.

Rundet man die nächste Huk, so gelangt man in eine **phantastische Welt kleiner, hoher Felsinseln** mit gut fahrbaren Wasserarmen dazwischen. Hier kann man auch mit mittelgroßen Booten, vielleicht auch mit kleinen Yachten, eindringen. Am schönsten ist es, hier den Motor auszustellen und das Boot langsam mit Ruder oder Paddel durch diese Traumwelt zu bewegen. Zwei der abzweigenden Schluchten enden in langen Höhlen. Aber sie sind zu schmal, als daß man mit einem Boot hineinfahren könnte. Aber es folgen zwei größere Höhlen, in die man einlaufen kann.

Es folgt wieder eine Inselhuk. Hier sollte man möglichst zwischen der vorgelagerten Insel und dem Land hindurchfahren. Landwärts öffnet sich zuerst eine kleine Bucht, die in eine halbe Höhle ausläuft.

Ein Felsdurchbruch nach Norden kann zwar kletternd zu Fuß, aber nicht mit dem Boot passiert werden. Ist man aus dieser kleinen Einbuchtung wieder heraus und in die gleich benachbarte nächste eingefahren, so steht man vor der größten und schönsten Höhle, die ich an diesem Küstenstrich gefunden habe.

Die Höhle in Cala de San Pol

Die Einfahrt in diese Höhle ist 4 bis 5 Meter breit. Sie hat tiefes Wasser, Sandgrund und ist klippenfrei. Sandgrund ist auf dem Boden. Ist man 25 Meter in diese Höhle eingedrungen, so endet das Wasser an einem sauberen Sandstrand. Hier kann man in der jetzt etwa 8 Meter breiten Höhle die Boote aufs Ufer holen. Man kann sie auch vor Heckanker und Bugleine in der Höhle festlegen. Das Felsdach ist 6 bis 15 Meter hoch.

Nun braucht es einige Zeit, bis die Augen sich an das Dämmerlicht gewöhnt haben. Inzwischen wird einen ein Fiepen, das von der Felsdecke kommt, darauf aufmerksam gemacht haben, daß es hier noch andere Lebewesen gibt. Auch der Guano-Geruch verrät es. Wenn die Augen sich angepaßt haben, sieht man eine Anzahl von Fledermäusen von den Felsen hängen.

Zu Land kann man noch weitere 20 Meter in die Höhle hinein. Dann folgt ein so enger Felsspalt, daß der dahinter liegende weitere große Raum wohl nicht mehr zu erkunden ist. — Verglichen mit den anderen Höhlen der Küste ist diese hier nicht die größte und nicht die farbenreichste. Aber sie hat eine so einfache, breite und geschützte Einfahrt, daß man auch mit einem reichlich großen Boot sehr gut hinein kann.

Wieder am Tageslicht, folgen nach Norden zu kleine Inseln und dann eine recht g e r ä u m i g e B u c h t , in der **auch große Yachten** mit Buganker und Heckleine ankern können. Es ist sauberer Sandgrund von durchschnittlich 4 Meter Tiefe.

Es folgen zahlreiche weitere Buchten, einige davon mit privaten Stegen oder kleinen Kajen, viele mit Eisenringen zum Festmachen. Einige, besonders die dicht am Strand, sind gegen jedes im Sommer zu erwartende Schlechtwetter geschützt. Manchmal ist etwas Strand in den kleinen Buchten. Fast überall ist Sandgrund. Wo blinde Klippen liegen, sieht man sie gut. Es kann einfach nicht schöner sein!

Dann folgt der lange Sandstrand von San Pol (Plan S. 237). Danach an der Ostseite der Cala de San Pol der sehr schöne Ort S'Agaró (Seite 244). Das Felsufer dagegen ist an der Ostseite überhaupt nicht mehr schön. Es endet mit der Inselhuk Punta d'en Pau, die schon beschrieben wurde (Seite 246).

Für ein **Boot auf Wanderfahrt** wird mit Recht die Versuchung groß sein, in der Buchtenwelt an der Westseite der Cala de San Pol eine Mittelmeernacht zu verbringen.

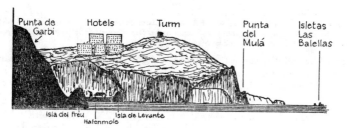

Ansteuerung von San Feliu de Guixols von Süden her. Man ist von den Klippen bei Punta de Garbi frei, wenn der Turm auf den hohen Bergen landwärts von Punta del Mulá von Punta de Garbi nicht abgedeckt wird. Sind, wie hier auf der Skizze, auch die Hotels über dem Hafen von San Feliu de Guixols frei zu sehen, so ist der Abstand von Punta de Garbi größer als nötig. — Unter den Hotels sind die Hafenmole und die Anlagen des Hafens bereits zu erkennen.

Punta de Garbi, Buchten, Inseln, Klippen   (Plan S. 251)

So überquellend reich das Revier ostwärts von San Feliu war, so spärlich und herb wird es an der Westseite der Stadt. Es muß wohl an der anderen Art des Felsgesteins liegen. Ein reizvolles Thema für einen Geologen: Kleinbootreviere aus geologischer Sicht.

Was innerhalb der Hafenmole liegt, ist schon besprochen worden (Seite 252 f). Nach See hin folgen dann bis zur Spitze des Vorgebirges drei kleine Einbuchtungen. Die innerste ist unschön, die beiden äußeren sind klippenarm und ganz nett.

Direkt vor der Punta de Garbi liegt die **Isla del Freu**. Fast 120 Meter lang, sehr schmal, sehr steil. Eine Scheibe Fels, die in irgendeiner Sturmnacht ins Meer abgerutscht ist. Zwischen ihr und dem Festland ist ein tiefer Kanal, ganz schmal, ganz steilwandig, fast 120 Meter lang. Ein kleiner „Kanal von Korinth". Man kann hindurchfahren.

Achtung | **Etwa 25 Meter ostwärts der Nordspitze der Isla del Freu liegt eine blinde Klippe.**

Etwa 0,3 m Wasser ist auf der Klippe. Auch Kleinboote müssen sie umgehen. Kleine ortskundige Boote laufen oft zwischen ihr und Isla del Freu hindurch. Man muß gut auf sie achten, wenn man in den Hafen einläuft, vor allem, wenn das Einlaufen bereits Routine geworden ist und man den Hafen „kennt". Auf der kleinen Werft erzählt man, daß es vor allem Boote sind, die schon ein paar Wochen hier sind. Die Sonne ist heiß, man hat sich müde gebadet. Man kennt hier alles und braucht nicht mehr nachzudenken. Und dann geschieht's. Es ist eine häßliche Klippe. Nachdem ich sie selber um ein Haar in ähnlicher Situation angefahren hätte, laufe ich mit dem Dingi lieber durch den Kanal der Isla del Freu. Nachts soll auch ein kleines Boot in der Richtfeuerlinie fahren.

Es gibt noch eine zweite Klippe bei Punta de Garbi: **Die Llosa de Port Salvi.** Flachgehende Kleinboote dürfen sie vergessen, wenn glattes Wasser ist, denn sie liegt etwa 1 Meter unter Wasser. Die Klippe liegt etwa 60 Meter südwärts von der Westhuk der Cala de Port Salvi (siehe Plan S. 251). Man steht seewärts frei von ihr, wenn der hohe Berg ostwärts von San Feliu de Guixols mit seinem Turm Molino de Forcas vom Punta de Garbi sowie die Hotels nicht abgedeckt werden, sondern sichtbar sind (vgl. Skizze oben). Oft werden aus Sorge vor dieser Klippe unmäßig große Bogen seewärts gefahren.

Achtung | **An der Südwestseite der Punta de Garbi, etwa 60 Meter südlich von der Festlandshuk, liegt die Unterwasserklippe Llosa de Port Salvi mit 1,1 Meter Wasser darüber.**

Cala de Port Salvi ist eine felsige Einbuchtung an der Südseite von Punta de Garbi. Ein großes Hotel mit Badebetrieb ist in dieser Bucht. Ein einfaches Slip ist da. Der Innenteil der Bucht wird durch eine Mauer zur See hin begrenzt.

Vor der Südwesthuk der Punta de Garbi liegt die kleine, steile Felsinsel Islote Sadolitj. Sie ist etwa 40 Meter vom Land entfernt. Sie ist unbewachsen. Bei herbstlichem Südwestwind weht wüster Gischt über sie. Es ist schwer, bei ihr anzulanden, und es lohnt wohl auch nicht. Die Wassertiefe ist rundum sehr groß. Man kann ohne weiteres zwischen ihr und dem Festland passieren.

Hat man Islote Sadolitj passiert, so stehen zunächst noch große Hotelgebäude an der Küste. Das Ufer wird zunehmend unzugängig und immer klippenreicher. **Von hier ab können Unterwasserklippen, die dichter als 50 Meter an der Küste liegen, nicht mehr einzeln erwähnt werden.**

Cala de San Telmo ist eine zwischen den Huken etwa 200 Meter breite, felsige Einbuchtung am Fuß der 100 Meter hoch darüber thronenden kleinen Kirche Ermita de San Telmo. Es ist eine ziemlich tief ins Land reichende Bucht. Mehrere Klippeninseln liegen vor ihrer Westhuk. Es ist überall steiles, sehr hohes Felsufer. Nur an einer Stelle ist ein etwa 30 Meter breiter Geröllstrand. Ein Weg führt zu ihm herunter. Die Bucht ist unbesiedelt und ohne irgendein Gebäude am Ufer. Es ist alles sehr karg, wüst und verloren.

Die Bucht hat dicht unter dem Ufer Steingrund. Weiter seewärts findet man auf 6 bis 7 Meter Wassertiefe einige Sandfelder zum Ankern. Bei Dünung oder Seegang aus Südwest liegt man hier schlecht. Bei starkem Garbi ist überall wüste Brandung und keinerlei Schutz. Dagegen ist hier bei Wind und Seegang aus Nordost recht gutes Liegen.

San Feliu de Guixols bis Tossa de Mar   (Plan S. 247 und 233 f)

Zusammen-
fassung

Etwa 11 Kilometer liegen zwischen San Feliu de Guixols und Tossa de Mar. Das erste Stück bis zur Cala de San Telmo wurde schon beschrieben. Nach 2 Kilometer unzugänglicher Küste folgen die schönen Felsbuchten und Höhlen bei Punta d'en Bosch. Nach weiteren 2 Kilometern die reizende Strandbucht Cala de Canyet. Sie ist bezaubernd.

Ein Boot auf Wanderfahrt sollte an diesem kaum bekannten Platz wenigstens eine Pause einlegen, wenn nicht sogar eine Nacht.

Südlich von Cala Canyet wird die Küste dann reich an Stränden und Sommerbuchten für kleine und mittelgroße Boote. Fast alle Strände sind unbesiedelt. Dies ist nach Süden zu das letzte Stück der Küste, an dem man auch im Sommer eine Strandbucht noch für sich alleine haben kann. Einige haben trickreiche Unterwasserklippen. Sie sind leicht zu vermeiden. Aber auch ein kleines Boot darf hier innerhalb der 50-Meter-Grenze nicht blind drauflosfahren. — Etwa 3 Kilometer vor Tossa de Mar beginnen dann die großen tief einschneidenden Strandbuchten.

Punta de Garbi bis zu den Buchten bei Punta d'en Bosch   (Plan S. 247)

Zwischen Cala de San Telmo und dem Vorgebirge Punta d'en Bosch (Skizze) ist während der ersten 1½ Kilometer die Küste sehr hoch, oft über 100 Meter, hat große Gesteinsbrocken am Ufer und ist ungeeignet zum Anlanden. In seiner Art ist aber auch dieser Küstenstrich landschaftlich schön. Teils steiler Felsabbruch, teils steile Hänge, an denen Agaven und Bäume die goldbraune Felsfärbung grün unterbrechen. Das Hinterland kann man nur von den wenigen Tälern aus erreichen.

Die Küste ist zunächst ohne Buchten. Eine auffällige Landmarke ist die Siedlung Rocafosca etwa 1 Kilometer von Punta de Garbi hoch auf dem Bergrand. Ein weißer, runder, dreistöckiger Steinturm und eine aus lauter Bögen gebildete Mauer kennzeichnen sie.

Punta d'en Bosch (Skizze) ist als Huk gut zu erkennen, wenn man nicht weiter als 100 bis 200 Meter von der Küste entfernt ist. Bei größerem Abstand vom Ufer verschmilzt sie mit dem Hinterland und ist schlecht auszumachen.

Etwa 500 Meter östlich von Punta d'en Bosch tritt ein Bergtal an die Küste heran. Ein paar kleine weiße und rotbraune Häuser stehen am Ufer. Dort ist ein privater **Anlandeplatz** für kleine Boote bei gutem Wetter. Eine flache, etwa 20 Meter lange Betonplattform trägt einen kleinen Kran. An der Betonplattform selbst kann man auch mit flachgehenden Booten nicht anlegen. Aber ein kleiner Anlegesteg mit etwa 0,5 Meter Wassertiefe ragt einige Meter vor.

Punta d'en Bosch, von Osten her gesehen, etwa 50 Meter vom Ufer fahrend, aus etwa 800 Meter Distanz.

Die Anfahrt zu dieser Betonplattform ist klippenreich. Ein Stein ragt ostwärts aus dem Wasser. Westlich liegt eine Klippenreihe etwa 20 bis 30 Meter vor dem Ufer. Zahlreiche blinde Klippen sind da, sind aber in dem klaren Wasser gut zu sehen. Beim Kran sind wechselnd 0,5 bis 1 Meter Wassertiefe. Ankern kann man nicht, da überall große Steine.

Punta d'en Bosch ist praktisch eine Insel von mehr als 100 Meter Länge und 20 bis 30 Meter Höhe. Eine schmale, stellenweise kaum 1 Meter hohe Landbrücke aus wüstem Gestein verbindet sie mit dem Ufer. Sie hat sehr steile, wild zerklüftete Ränder. Bäume klammern sich auf ihr fest. Es ist eine Insel von wilder, typisch mittelmeerischer Schönheit. Kurios sind die steil aufragenden, seltsam geformten Steinblöcke auf der Insel. Sie lassen an die Steinstandbilder der Osterinsel denken.

Ostwärts von Punta d'en Bosch sind zwei Einbuchtungen. Die dichter bei der Betonplattform liegt, nenne ich die Höhlenbucht. Die andere im Schutz der Halbinsel Punta d'en Bosch nenne ich Bucht der Klippeninseln.

Die Höhlenbucht (Plan S. 247)

Das ist eine recht große Einbuchtung in der aus großer Höhe steil abbrechenden Felsküste. Ihr innerster Winkel bildet eine kleine Bucht für sich. Von dieser gehen dicht beieinander drei Höhlen in den Fels hinein. Diese Einbuchtung unter dem steilwandigen und schattenspendenden Fels ist sehr schön. Anlanden ist schwierig. Festmachen kann man das Boot an Klippenspitzen aber gut. Der Grund ist zwar steinig, aber so flach, daß man einen verklemmten Anker leicht freimachen kann.

Tiefgehende Boote müssen sehr auf die Wassertiefe achten. Ich habe nirgendwo weniger als 1 Meter gesehen. Auch die Klippe in der Mitte der Bucht erscheint in dem klaren Wasser flacher als sie in Wahrheit ist. — Eine der drei Höhlen ist groß und interessant.

Die östlich liegende Höhle hat eine breite und einfache Einfahrt. Sie ist etwa 20 Meter tief im Fels und öffnet sich innen zu einem Granitsaal von 6 bis 8 Meter Breite. Innen wird der Grund etwa 0,8 Meter flach. Die Höhle ist mit kleinen und mittelgroßen Booten von mäßigem Tiefgang zu befahren.

Die mittlere Höhle ist kürzer und hat flacheren Grund. Sie bietet nicht viel.

Die südlich liegende Höhle ist die tiefste und in ihren Formen reichste. Die Einfahrt in ihre äußere Kammer ist reichlich zwei Meter breit, sauber und tief. Innen erweitert sie sich auf etwa 5 Meter. Sie reicht in dieser Breite mit abenteuerlicher Gestaltung der Felsdecke etwa 30 Meter in den Felsen hinein. Dort hängt dann von oben ein riesiger Stein eingeklemmt zwischen den Felswänden fast bis aufs Wasser herunter. Er engt den weiteren Fahrweg auf etwas über 1,5 Meter Breite ein. Dahinter ist dann noch einmal ein etwa 20 Meter langer, breiterer Raum. Der äußere Teil der Höhle ist gut fahrbar. Die Felsformen an der Decke erinnern an die Torbogen in arabischen Bauwerken mit ihrer künstlich nachgemachten Stalagmitenform.

Die Bucht der Klippeninseln (Plan S. 247)

Diese Einbuchtung im Schutz der Halbinsel Punta d'en Bosch ist zwischen den Huken etwa 250 Meter breit. Sie ist bei mäßigem Südwest ein angenehmer, ruhiger Liegeplatz. Bei stürmischem Garbi taugt die Bucht wohl nur im Notfalle. Man liegt bei schwerem Garbi dort scheußlich ungemütlich. Immerhin soll man sich den Platz merken. Denn vor Punta de Garbi mit seinem sehr hohen Seegang ist es bei starkem Südwestwind der letzte Platz, wo man noch unterschlupfen kann. Tiefgehende, größere Yachten finden einige Sandstellen zum Ankern etwas weiter vom Ufer entfernt, aber noch im Schutz von Punta d'en Bosch. Die Bucht ist in phantastisch-schöner Weise mit zahlreichen kleinen, steilen Klippeninselchen angefüllt, zwischen denen man mit einem kleinen oder mittelgroßen Boot fast überall hindurchfahren kann. Sie bilden einen kleinen Archipel und helfen mit, geschütztes Wasser zu machen. Außerdem bieten sie zahlreiche Möglichkeiten zum Festmachen. Es ist einer der schönen und dennoch einsamen Plätze an dieser südlichen Küste. Die Bucht taugt aber nicht bei Seegang aus Ost bis Süd.

Die Beschreibung der Bucht erfolgt so, wie man sie antrifft, wenn man von San Feliu an der Küste entlang läuft, also entgegen dem Uhrzeigersinn: Nach Passieren einer kurzen Felshuk findet man dahinter einen Einschnitt und ein kurzes, aber nicht ausgebildetes Stückchen Höhle. Es folgen dann 1 bis 2 Meter hohe Klippeninseln mit einigen Nebenklippen. Dann liegt hinter einer Klippe eine niedrige Öffnung, die in eine Felshöhle führt. Die Öffnung ist breit, aber nur etwa 1,5 Meter hoch.

Die Höhle mit dem niedrigen Eingang ist für ein Boot ohne hohen Aufbau sehr interessant. Ist man durch die Einfahrt hindurch, so befindet man sich in einem reichlich 8 mal 10 Meter großen Raum mit flacher Decke. Es ist 1 bis 1,5 Meter Platz darunter. Man kann das Boot gut mit den Händen an der glatten Felsdecke dirigieren. Am Ende der Felskammer ist Geröllstrand. Bei Seegang ist das Kollern und Schnurren des Kiesgerölls außerordentlich laut. Es ist interessant, an der Decke den Beginn der Tropfsteinbildung zu beachten. Wo das Wasser herunterrinnt, haben sich kleine Kalkgrate in Zackenform gebildet. Sehr schön ist der Blick aus der Höhle mit den sonnenbeschienenen Klippeninseln davor.

Hat man die Höhle passiert, so folgen am Felsufer der Bucht Klippeninselchen. Einige, etwa 10 Meter vor der Felswand, haben eine ganz flache, glatte Oberfläche zum Sonnenbraten. Hier kann man gut anlanden. In der innersten Ecke der Bucht gibt es einen knapp 2 Meter breiten Kiesstrand, leider mit einigen großen Steinen davor. Dort wird man nur mit sehr leichten Booten anlanden können. Er hat auch kein Hinterland. Danach folgt der an Klippeninseln reichste Teil der Bucht. Es ist alles sehr zerklüftet und steilwandig.

Von Punta d'en Bosch zur Cala de Canyet (Plan S. 247)

2 Kilometer Distanz. Darin eine breite, kaum geschützte Felsbucht, ein sehr gut geschützter, nützlicher Felseinschnitt und dann unnahbare Steinküste bis zu der lachenden Cala de Canyet.

Westlich von Punta d'en Bosch beginnt es mit einer **großen felsigen Bucht.** Sie ist zwischen den Huken fast 500 Meter breit, reicht aber wenig tief ins Land. Geschützt ist sie nur unter ihren Huken. Sie hat dort zwei kleine Strände aus Geröll und Kies, den einen im Winkel hinter der Osthuk, den anderen im Schutze der Westhuk.

Der östliche Strand ist nur etwa 15 Meter breit und besteht aus mittelgroßem Geröll und grobem Kies. Er ist nur bei Seegang aus Osten ein wenig geschützt. — D e r w e s t l i c h e S t r a n d im Schutze der weiter vorspringenden Westhuk ist etwa 30 Meter breit, hat feineren Kies und ist bei Seegang aus Südwest ganz gut geschützt. Hier kann man Boote auf Gummirollen auf Land nehmen (und mit Kratzern natürlich auch ohne). Eine blinde Klippe etwa 10 Meter in der Mitte vor diesem Strand will beachtet sein. Zwischen diesen beiden Stränden ist in dieser Bucht die Küste mit großen Steinen besetzt und vollkommen unnahbar. Unmittelbar vor dem Ufer ist der Grund steinig. Aber vor dem westlichen Strand sind etwa 50 Meter vom Ufer entfernt, aber noch im Schutze der Huk, Sandfelder, die zum Ankern geeignet sind. D i e W e s t h u k dieser Bucht springt fast 200 Meter weit seewärts vor. Diese Huk besteht aus steil hochragenden Felsgraten, die sehr wild und zerrissen sind.

Ganz dicht westlich von der Spitze dieser Huk findet man einen **tiefen, felsigen Einschnitt.** Er erstreckt sich etwa 80 Meter tief in die wilde Felslandschaft hinein. Er gliedert sich innen in mehrere kleine Nebenbuchten auf. Wenn er auch überall felsig ist, so ist er doch so gut geschützt, daß er bei normal ruppiger See einem kleinen oder mittelgroßen Boot einen recht ruhigen Liegeplatz gibt. Dies kann bei einer Havarie wichtig sein oder auch in dem einfacher gelagerten Fall, daß die Bordfrau fürs Kochen oder Mittagessen eine Unterbrechung der Dümpelei beantragt.

Die Einfahrt ist etwa 20 Meter breit. Die felsige Einbuchtung setzt sich unter Biegungen in mehrere oft recht kleine Nebeneinschnitte fort. Einige davon sind sehr geschützt. Strand hat keine von ihnen. Man muß das Boot zwischen den Felswänden festmachen. Der Einschnitt ist vollkommen unbewohnt und wohl nur von See her zugänglich.

Während man danach an hoher Küste mit Riesengeröll weiter westwärts fährt, sieht man 1 Kilometer entfernt die verstreut liegenden Häuser von Canyet und die weit seewärts vorragende schützende Riffkette der Bucht von Canyet.

Cala und Playa de Canyet (Plan S. 261 und 247)

Dies ist eine wild-liebliche Mittelmeerbucht mit zwei Stränden, mit einer ungewöhnlich langen, schützenden Kette von Klippeninseln an der Westseite,

Cala und Playa de Canyet. Skizze der beiden Strände, des Naturhafens zwischen den hohen Halbinseln und des sehr kleinen Sportboothafens an der Westseite der westlichen Halbinsel.

mit zwei ganz steilen, wunderschönen Felseninseln (Halbinseln in Wirklichkeit), mit einem mikroskopischen Kleinboothafen und mit allem Zauber, den diese südliche Region nur bieten kann (vergleiche Abb. 23).

Vielleicht ist die Wirkung dieser mit allen Wundern des Mittelmeeres ausgestatteten Bucht deshalb so stark, weil sie inmitten einer sonst rauhen und unzugänglichen Küste liegt. Vielen Wasserfahrern ist Cala de Canyet übrigens unbekannt. Das Hinterland gehört einer privaten Siedlungsgesellschaft. Aber das Ufer ist frei wie überall in Spanien.

Mit einem **Boot auf Wanderfahrt** würde ich bei ruhigem Wetter durchaus überlegen, ob es nicht nett wäre, eine Nacht in Canyet zu verbringen. Klappt es schlecht mit dem Liegeplatz, so ist San Feliu ja nicht weit. Der Abend auf den beiden Halbinseln am Meer kann phantastisch schön sein.

Von der offenen See herkommend darf man übrigens Cala Canyet nicht mit Cala Salions verwechseln, das 2 Kilometer südwestwärts liegt. Die Häuser von Canyet stehen einzeln als Villen, die von Salions sind dicht gepackt wie Bienenwaben.

261

Beschreibung der Bucht Der östliche Strand besteht aus feinem Sand. Vor dem Strand ist sauberer Sandgrund. Hier können auch größere Yachten ankern. Eine kleine Felsnase, die bis ans Wasser reicht, teilt den Strand in zwei Abschnitte. In seinem Ostteil führt eine schräge Betonbahn als Slipweg ins Wasser.

Zwischen dem Oststrand und dem Weststrand liegen z w e i h o h e , g a n z s t e i l w a n d i g e Halbinseln von unvergleichlicher Schönheit. Auf beiden stehen kleine, sechseckige Tempelchen oder Lauben, von denen der Ausblick herrlich ist. Agaven und riesige Feigenkakteen wachsen an den Felswänden. Oben sind sie bewaldet. Ein Pfad führt auf jede herauf.

Diesen beiden Halbinseln ist eine kurze K l i p p e n k e t t e mit mehreren bis etwa 5 Meter hohen Klippeninseln vorgelagert. Zwischen den beiden Halbinseln ist ein sehr t i e f e r , g e s c h ü t z t e r Einschnitt, der gut als Liegeplatz dienen kann, wenn der kleine Bootshafen belegt ist oder das Boot dort durch die Einfahrt nicht hindurch paßt. Dieser Felseinschnitt bildet einen guten, **kleinen Naturhafen.** Sein innerster Schlauch ist etwa 20 Meter lang. Seine Breite nimmt von 6 bis 8 Meter auf 3 bis 4 Meter im Inneren ab. Flacher Felsrand erleichtert das Anlandsteigen.

D i e E i n f a h r t i n d e n F e l s e i n s c h n i t t zwischen den beiden hohen Halbinseln zeigt der Plan. Man hält sich ziemlich dicht an die östliche der beiden Halbinseln.

Eine sehr **lange Kette von Klippeninseln** erstreckt sich als natürlicher Wellenbrecher vor dem Weststrand etwa 200 Meter weit seewärts. Landwärts sind die Klippeninseln durch einen gemauerten Pfad miteinander verbunden. Seewärts sind oft größere Lücken zwischen ihnen. Durchfahrt ist an einigen Stellen für kleine Boote bei gutem Wetter möglich. Etwa 20 Meter seitwärts von der Kette der sichtbaren Klippen habe ich keine Unterwasserhindernisse mehr gesehen.

Diese Kette von Klippeninseln trägt erheblich zum Schutz der Bucht bei. Liegt man bei starkem oder stürmischem Garbi hinter dieser Klippenkette, so ist man zwar nicht im „Ententeich", aber doch in leidlich ruhigem Wasser.

Der westliche Strand ist feiner Sand. Die Bucht vor diesem Strand ist jedoch s e h r mit Klippen unter und über Wasser besetzt. Eine größere Yacht sollte sie höchstens in ihrem äußeren Teil mit Vorsicht befahren. Kleine und auch mittelgroße Boote können natürlich bis an den Strand, müssen aber überall nach blinden Klippen Ausschau halten. Am saubersten ist die östliche Hälfte. Der Ankergrund ist vor dem Weststrand nicht gut.

Am Strand gibt es eine schräge Auffahrt, ein schattenspendendes Schilfdach und ganz an der Westseite noch eine Quelle, deren Öffnung mit einem Holzspund verschlossen ist. In der Ferienzeit sind oft Badende dort. Am Rande der Saison ist man oft ganz allein. — Schön ist der Weg zur Klippenkette.

Der Mini-Hafen von Canyet Es gibt einen ganz kleinen, privaten **Hafen für Kleinboote.** Er gehört den Eigentümern von Parzellen. Es sollen aber auch im Sommer fast immer noch ein paar Plätze frei sein. Sonst wählt man den Felseinschnitt zwischen den beiden Halbinseln als Liegeplatz.

Dieser Hafen darf mit keinem der sonst üblichen Maßstäbe gemessen werden. Er ist eine Kuriosität. Glaubte ich bisher, Creux-Harbour auf der Insel Sark im englischen Kanal sei der kleinste und der schönste Hafen der Welt, — die

Einwohner behaupten es nicht ohne Grund — so muß ich diese Ansicht revidieren.

Breite der Einfahrt etwa 2 Meter. Höhe des Bootes (denn es geht durch ein Tor) etwa 1,4 Meter, Tiefgang bei ruhigem Wasser vielleicht 0,5 Meter. Das „Hafenbecken" ist an der Einfahrt 5 Meter breit und etwa 20 Meter lang. Die Wassertiefe ist etwa 0,6 Meter, im innersten Teil etwas weniger. Der Grund ist sauberer, harter Sand. Abb. 23 zeigt den „Hafen" von außen.

Die ganz schmalen Kajengänge rundum sind mit Gummifendern gepolstert. Eine Wasserleitung ist da, und ein ganz schmaler Pfad führt um die steile Felsinsel herum aufs Festland. Oben drüber stehen Agaven und riesige Feigenkakteen. Und im Gebüsch verborgen lauscht eine Nachbildung der Meerjungfrau von Kopenhagen aufs Mittelmeer hinaus. Wer hiervon nicht bezaubert ist, dem kann nichts auf der Welt mehr helfen.

Der Platz ist privat, und man sollte um Erlaubnis fragen, ob man darin liegen darf. Bei stärkerem Seegang steht Sog in dem kleinen Hafen. Im Sommer liegt man aber nach Auskunft der dort Wohnenden gut.

Über die Einfahrt in dieses kleine und unglaubliche nette Häflein berichtet die Skizze: An der Westseite der westlichen steilen Halbinsel ist eine etwa 2 Meter hohe Mauer. Dahinter liegt das Hafenbecken. Die Einfahrt ist nur etwa 7 Meter vom Strand entfernt. Eine künstliche Barriere ist gewissermaßen als Mole unter Wasser der Hafeneinfahrt vorgebaut. Man muß sie runden. Dann steht man vor einem Tor, das durch einen von oben herabzulassenden Schieber verschlossen werden kann, um den Schwell auszusperren. Anfang 1970 war der Schieber aber nicht intakt. Unter ihm muß man hindurch. Dann ist man „im Hafen".

Cala Canyet bis Cala Salions   (Plan S. 247)

2 Kilometer Küstenstrecke liegen zwischen der Cala Canyet und der Cala Salions. Dort ist die größte und häuserreichste Kunstsiedlung an dieser Küste. Dicht und eng sind weiße Häuser in dem Tal hinter der Cala Salions hoch an den Hängen heraufgebaut. Eine vorzügliche Landmarke!

Auf den 2 Kilometern Küstenstrecke zwischen Cala Canyet und der menschenreichen Cala Salions liegen mehrere flache Einbuchtungen mit Strand und ein paar Felseinschnitte für kleine Boote. Die Küste ist sehr klippenreich, dichter als 50 Meter von allem Sichtbaren muß man „Erkundungsfahrt" fahren. Anlanden kann man natürlich trotzdem.

Cala Casa Cabañas

Dies ist eine flache Einbuchtung dicht westwärts der Klippenkette der Cala Canyet. Sie hat etwa 200 Meter schönen Sandstrand. Allerdings wird er hier und da durch einzelne große Steine unterbrochen. Eine mit ihrer Spitze etwas aus dem Wasser ragende Klippe liegt etwa 40 Meter vom Ufer vor der Mitte des Strandes. Der Grund ist fast überall Sand von guter Ankertiefe. Ganz vereinzelt liegen große Steine im Sand. Auch Yachten können vor diesem Strand ankern. Sie sollten aber sicherheitshalber den Umkreis ihres Ankerplatzes abfahren. Heckleine zu einem der Steine am Strand ist wohl ratsam. An der Westseite des Strandes mündet ein Felstal. Die der Westhuk vorgelagerten kleinen Klippeninseln geben etwas Schutz bei südlichem Seegang.

Nach Westen zu folgen nach einer klippenreichen Huk etwa 50 Meter Geröllstrand. Mehrere Unterwasserklippen sind vor ihm. Eine etwa 80 Meter weit seewärts reichende **Kette von Klippeninseln** gibt Schutz gegen Südwest und

Süd. Von größeren Yachten kann diese Einbuchtung wegen der vielen Unterwasserklippen wohl nicht befahren werden. Westlich dieser Klippenkette liegt die Bucht mit der Islote Atumi.

Cala und Islote Atumi   (Plan S. 247)

Dies ist eine freundlich aussehende, unbewohnte Bucht. Sie ist etwa 400 Meter breit und hat fast 300 Meter Sandstrand. Eine flache Felsinsel, Islote Atumi, liegt darin. Ein breites Tal öffnet sich hinter ihr. Aber die Bucht hat zahlreiche Unterwasserklippen an unerwarteten Stellen.

Mit einem kleinen oder mittelgroßen Boot ist kein Grund, die Bucht mit ihrem schönen Strand zu meiden. Man muß hier allerdings äußerst vorsichtig fahren. Mit einer schweren Yacht würde ich die Bucht nicht oder nur bei günstigsten Wetterbedingungen anlaufen. Für Sporttaucher ist das Gebiet der Unterwasserfelsen natürlich ein herrliches Revier.

Achtung

Die Bucht mit Islote Atumi hat zahlreiche Unterwasserklippen und blinde Klippen bis 80 Meter vom Ufer entfernt.

Die östliche Hälfte der Bucht liegt voll von riesig großen Steinen, die teilweise aus großer Tiefe unvermittelt bis unmittelbar unter die Wasseroberfläche aufsteigen. Dazwischen und dahinter ist wieder tiefes Wasser. Auch um die Islote Atumi liegen mehrere blinde Klippen. Eine gerade über Wasser ragende Klippe liegt westlich der Insel. Eine spitze, blinde Klippe mit etwa 20 Zentimeter Wasser darüber ist etwa 30 Meter seewärts von dieser sichtbaren Klippe. Die meisten anderen Klippen werden Kleinbooten ungefährlich sein. Aber auch Kleinboote müssen in und dicht vor dieser Bucht jedenfalls „Erkundungsfahrt" fahren.

Die Küste bis Cala Salions   (Plan S. 247)

Die Westhuk der Cala Atumi ist von Klippeninselchen umgeben. Westlich von dieser Huk folgt eine nur etwa 40 Meter große **freundliche Felsbucht** mit hübschem, ganz schmalem Sandstrand. Der Grund der kleinen Bucht ist Sand. Einige große Steine liegen gut sichtbar darauf. Fast alle aber zu tief, um ein Hindernis zu sein. Kleine und mittelgroße Boote werden sich in dieser kleinen, freundlichen Bucht wohlfühlen. Vor östlichem Seegang ist man ganz gut geschützt und meist ganz allein.

Nach der nächsten Felshuk folgen einige **Schönwettereinschnitte** für kleine Boote. Danach ein schöner, etwa 80 Meter breiter **Strand**. Vom Hinterland ist er unzugänglich. Er ist nahezu klippenfrei und von See aus gut anzulaufen. 20 Meter von seiner Westhuk entfernt ist eine blinde Klippe. Der Ankergrund ist gut. Auch große Yachten können hier ankern.

Hinter der Huk folgt ein **Felseinschnitt**, der durch eine kleine Insel etwas Schutz erhält und so etwas wie eine natürliche kleine Kaje hat. Es ist bei gutem Wetter ein schöner Tagesliegeplatz für kleine und vielleicht auch für mittelgroße Boote.

Ein weiterer, größerer **Felseinschnitt**, der etwa 50 Meter ins Land reicht und gut geschützt ist, folgt kurz darauf. Die Breite seiner Einfahrt ist 5 oder 6 Meter. Die Felswände sind sehr sauber, die Breite bleibt etwa gleich. Er ist ein guter Tagesliegeplatz für mittelgroße Boote und vielleicht sogar für eine mäßig große Yacht. Bei der Einfahrt müssen die Klippen dicht vor der Westküste beachtet werden. Sie liegen bis etwa 15 Meter vor der Einfahrt. Die meisten liegen tief. Aber eine hat nur etwa 30 Zentimeter Wasser! Die Klippen sind gut zu sehen und leicht zu vermeiden. — Nach Passieren der nächsten Huk steht man vor der Urbanisation Salions mit ihrem Sandstrand.

Cala Salions   (Plan S. 247)

Die Bedeutung dieser großen Urbanisation für den Wassersportler erscheint mir gering. Die Strandbucht ist zu klein, um mehr als etwa einem halben Dutzend Kleinbooten Liegeplatz vor Grundgeschirr zu geben. Sie ist auch nicht gut geschützt. — Zum Anlanden scheint mir der tiefe Felseinschnitt an der Ostseite der Cala bei rauhem Wasser günstiger als der Strand.

Beschreibung von Osten nach Westen

Direkt nordöstlich der Osthuk der Cala Salions liegt ein 100 Meter ins Land reichender F e l s e i n s c h n i t t , der in Sandstrand endet. Er ist gut geschützt, jedoch leider durch die Nähe der Häuser nicht mehr schön. Zum An-landen von Booten bei rauhem Wetter und als Liegemöglichkeit für die Boote in Salions ist der Einschnitt wichtig. — Vor der O s t h u k der Cala Salions liegen niedrige Klippen, die beachtet werden müssen.

Die C a l a S a l i o n s selbst ist mit etwa 150 Metern zwischen den Huken nicht besonders groß. Ihr knapp 100 Meter langer Sandstrand ist etwa 40 Meter in das Land eingezogen. An den Strand grenzt ein zunächst auf seiner Sole flaches Tal. Seine Hänge steigen hoch an und sind ganz dicht mit terrassenartig ansteigenden Sied-lungshäusern bebaut. Vor der Ostseite des Strandes liegen in der Ferienzeit ein paar Kleinboote vor Bojen. Leichte Boote liegen auf dem Strand.
Die W e s t h u k der Cala Salions ist eine Felsinsel. Ein schmaler Kanal hinter ihr ist von beiden Seiten her mit Kleinbooten zu befahren.

Cala Salions bis Tossa de Mar   (Plan S. 247, 272 und 267)

Reichlich 4 Kilometer trennen Salions von dem Ort Tossa de Mar. Davon entfallen 3 Kilometer auf das sehr schöne Buchtenrevier, welches Tossa de Mar zugehört und auf Seite 269 f beschrieben wird.
Es ist schwer, über diesen einen Kilometer Küste bis zu den Buchten von Tossa etwas Gutes zu sagen. Die Küste ist auf diesem Stück nicht mehr schön. Das liegt an der Art des Gesteins. Der sehr weiche Sandstein ist durch die Wind-erosion und Regengüsse teils löchrig zersetzt, teils einfach zu Geröllhalden aufgelöst worden. Die einzige Bucht von Belang ist Cala Futadera.

Genaue Küstenbeschreibung Salions bis Cala Futadera

Etwa 200 Meter südwestlich der Cala Salions trifft man auf einen 30 Meter breiten S a n d -s t r a n d . Die zugehörige Bucht ist ziemlich tief in das Land eingeschnitten und bei Garbi besser geschützt als die Cala von Salions. Ein Stein mit etwa 0,5 Meter Wasser darüber liegt etwa 15 Meter vor dem Strand. An der Westseite ist eine kleine N e b e n b u c h t . Der Grund ist überwiegend Sand. Für kleine und mittlere Boote kein übler Platz. Das gilt be-sonders für die zwei tiefen Kleinbooteinschnitte an der Westseite.

Danach folgt stark gegliederte Felsküste. Kleinboote finden dort einen n a c h O s t e n g e s c h ü t z t e n E i n -s c h n i t t mit etwa 15 Meter Strand. — Die nächste Einbuchtung ist flach, ungeschützt und sehr reich an Unter-wasserklippen. Etwa 30 Meter S a n d s t r a n d sind zwischen Geröllstrand. Dies ist wohl nur ein für kleine Boote zugänglicher Platz. Bei diesem Küstenabschnitt sollte die 50-Meter-Grenze besonders beachtet werden. Es folgt ereignislose Geröllküste. Dann eine etwa 80 Meter weit seewärts vorspringende Kette von gut sicht-baren Klippeninseln. Danach wilde, schwer zugängliche Felsküste mit einigen Kleinbooteinschnitten bis in die Bucht Cala Futadera.

Cala Futadera   (Plan S. 272 und 247)

Dies ist eine etwa 200 Meter große, halbrunde, nach Osten offene Bucht. Sie hat etwa 100 Meter Sandstrand. Das Hinterland sind häufig geröllartig abfallende Halden.
Einige Häuser stehen über der Bucht. — Die Cala Futadera gibt sehr guten Schutz gegen Seegang aus Südwest bis Süd. Auch für große Yachten! Der A n k e r g r u n d ist dicht unter dem Ufer schlecht. Aber etwa 40 Meter vom Ufer beginnt sauberer Sand von 4 bis 6 Meter Tiefe. Nahe der Südhuk ist eine etwa 10 Meter lange S t e i n k a j e mit Steingrund von etwa 0,3 bis 0,6 Meter Wassertiefe. Ringe oder Poller gab es nicht, aber eine Treppe auf das in Bebauung befindliche Hinterland.
Die Südhuk der Cala Futadera ist **Punta Pantiné**. Sie ist nur etwa 10 bis 15 Meter hoch und aus wüst zerrissenem Fels. Hat man sie nach Westen passiert, so ist man in die Buchtenwelt von Tossa de Mar eingetreten. Sie wird auf den Seiten 269 f beschrieben.

Durchlaufende Fahrt nach Tossa de Mar   (Plan S. 247, 272, 267)

Von der Cala Salions in Richtung auf Tossa de Mar hat man zwei Huken vor
sich. Knapp 1 Kilometer entfernt liegt die flache Felshuk Punta Pantiné.
Dahinter erhebt sich zu sehr großer Höhe das Felsmassiv **Punta de Pola**. Auf
diesem 125 Meter hohen Felsmassiv ragt steil und schmal die stehengeblie-
bene Kante eines in seinen übrigen Teilen zerstörten Festungsturms. Diese
markante Silhouette hatte man schon lange bei der Küstenfahrt von San Feliu
de Guixols aus vor Augen.

Hat man Punta Pantiné passiert, so erkennt man, daß die riesige Felsmasse
von Punta de Pola eine flache Felszunge als Huk hat. Ist diese gerundet,
so liegt die mittelalterliche Stadt von Tossa de Mar mit ihren Festungstürmen
in 2 Kilometer Distanz vor dem Boot. Ich halte den Anblick dieser auf dem
hohen Vorgebirge Cabo de Tossa hockenden Festungsstadt für eines der
schönsten Bilder an der Costa Brava. Es ist wieder etwas ganz Neues! Gewiß,
auch Collioure war befestigt. Aber Tossa de Mar ist ganz anders als alles,
was wir bisher an dieser Küste kennengelernt haben.

D. Tossa de Mar und seine Buchten

Tossa de Mar   (Plan S. 267)

Es gibt so viele „Tossas“. Ich meine, es gibt mindestens sechs. Wenn ein Som-
merurlauber aufmerksam ist, kann er vier der sechs Gesichter von Tossa zu
fassen bekommen. Die meisten der fast 10 000 Badegäste sehen wohl nur
zwei Seiten dieses Ortes, den Badestrand und die Touristenstadt.

Badestrand | Es gibt das Tossa des Strandlebens. Ein halber Kilometer Sandstrand.
In den Badestunden ist er so dicht besetzt, daß man buchstäblich zwei oder
drei Badegästen bitten muß, zur Seite zu rücken, ehe man ein Dingi auf den
Sand ziehen kann. — Mittags zwischen ein und zwei Uhr und abends nach
sechs Uhr ist dieser Spuk wie auf Zauberwort vorbei. Dann sind die Strände
und die Ufer ganz leer — regelrecht einsam! Sie bleiben es bis zum nächsten
Morgen gegen neun Uhr. — Ankert man in der Bucht, so ist die Badezeit
eine Plage. Es leuchtet einem Badetouristen nicht ein, daß ein fremdes Boot
und eine öffentliche Badeplattform zwei verschiedene Dinge sind.

Die Touristen-stadt | Das zweite Tossa ist das der Touristenstadt. Ein riesiges Hotelrevier,
ein Babylon der Vielsprachigkeit, laut, künstlich und auf Massentourismus
zugeschnitten. Aber den Gästen gefällt es. — Für den die Natur liebenden
Wasserwanderer hat diese laute, gedankenlos-flache Touristenstadt mit ihrem
Pop und Beat hohen Besichtigungswert. Es ist so eindrucksvoll, wie man die
Costa Brava als Landtourist „erlebt“. — Vom Herbst bis zum späten Frühjahr ist dieses Touristenviertel eine gespenstische Totenstadt, in der die Schritte hallen.

Die spanische Stadt | Das dritte Tossa de Mar ist die eigentliche spanische Stadt mit ihren
etwa 1500 Einwohnern. Sie ist außerhalb der Saison sehr typisch für Spanien.
Ich mag sie sehr, ihre engen, sauberen Straßen, den kleinen Marktplatz vor

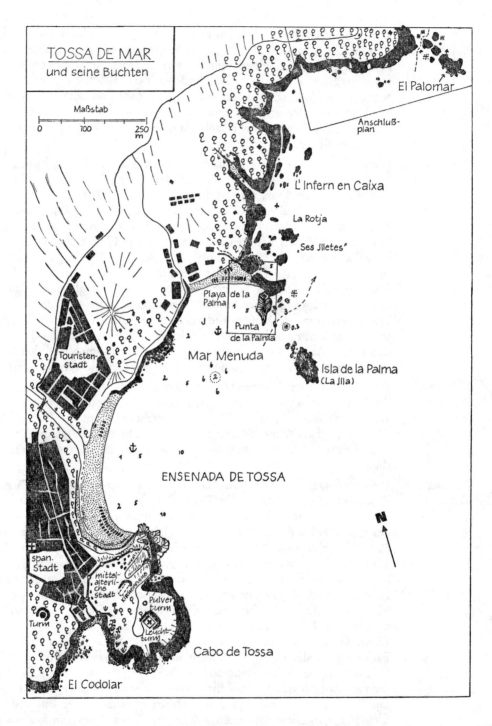

der Kirche, die Kirche selbst. Den freundlichen Uferweg, wo dann die Kunst-
maler an ihren Staffeleien arbeiten. Denn der Blick vom Ufer auf das mittelalterliche Tossa de Mar ist wirklich schön.

Das Hinterland	Zur spanischen Stadt zähle ich auch noch das Hinterland, das Gebiet um den Friedhof, wo so urig-alte Wasserbrunnen stehen und Schilfrohrhütten, der Friedhof selbst mit seinen vier oder fünf Stockwerke hohen Totenhäusern, wo jeder Sarg sein Kämmerlein hat. Auch das alte Kloster mit seiner aus gebrannten Kacheln so bunt und dabei doch gedämpft leuchtenden Kuppel. Die Korkeichenwälder mit den mannshoch abgeschälten Stämmen, die mich immer an frisch geschorene Pudel erinnern. — Dieses dritte Tossa muß man suchen. Es drängt sich nicht auf.
Der Fischerort	Dann gibt es noch das Fischerleben in Tossa. Das sieht man aber kaum in der Badesaison. Es spielt sich in dem Winkel zwischen Strand und der Festungsstadt ab. Dort rudern die Fischer wie zu Homers Zeiten in die Bucht, legen „in weitem Bogen" die Netze aus und holen sie von Hand wieder ein. Dort sitzen die Fischerfrauen in ihrer schwarzen Kleidung auf dem Strand. Die nackten Zehen halten die Netze und die Hände flicken die Löcher, die beim Fang entstehen. Stunden über Stunden sitzen sie so, oft den ganzen Tag. In der kleinen Bucht El Codolar westlich vom Leuchtturm sind die Boote der Lampenfischer. Die Bucht wird immer wieder gemalt und photographiert. Die hohe Felswand, über und über mit Agaven besetzt, der mittelalterliche Turm dahinter, der Sandstrand voller Lampenboote, die bei Winterstürmen mit Taljen senkrecht hoch an die Felswände gehängt werden. Dort sollte man den späten Abend auf den warmen Steinen verträumen und den kleinen Wellen lauschen, die schwatzend den Klippen ihre Geschichten erzählen.
Die mittelalterliche Stadt	Das Tossa des Mittelalters gibt es noch. Diese ganz kleine Stadt auf dem Burgfels innerhalb der vollkommen erhaltenen Mauern und Türme. Welch ein Blick von dem Weg zum Leuchtturm auf die Bucht! Die Ruinen der Festungsstadt, die Trümmer des Pulverturms, die ganz engen Treppen- und Tunnelgassen zwischen den kleinen, mit Blumen geschmückten Häuschen!
Römische Mosaike	Und als letztes — oder soll man sagen, als erstes? — das „Turissa" der Römer. „Salvo Vitale Felix Turissa" steht in einem der Mosaiken der ausgegrabenen Fundamente. Aber viel darf man von der römischen Stadt nicht erwarten. Tossa de Mar war im Mittelalter eine zu bedeutende Festung. Die Steine der römischen Stadt sind in die Festungstürme vermauert worden.

Ich habe nun Tossa de Mar dreimal erlebt und dabei lieben gelernt. Doch das letzte Mal war ich mit dem Boot in der Ferienzeit dort. Und selten in meinem Leben war ich so enttäuscht, wie bei diesem letzten Besuch, wo alles überschwemmt, überspült, bis zum Nicht-Wiedererkennen verändert war durch die Flut von 10 000 Badegästen in der Urlaubszeit.

Einen Trost gibt es für den Wasserwanderer: Abends etwa ab 7 Uhr sind die Badegäste müde. Dann ist es auch in der Ferienzeit schön. Bei beginnender Dämmerung muß man dann auf den Burgberg gehen oder im Dunkeln danach die mittelalterliche Stadt auf ihren engen, abenteuerlichen Gassen und Treppen durchstöbern oder sich auf den warmen Steinen in der Bucht der Lampenfischer lagern. Diese schönsten Plätze von Tossa sind dann fast menschenleer! Soviel über Tossa de Mar. Der Ort kann einem alles geben. Der Ort kann einen enttäuschen. „Depende", sagt der Spanier: es hängt von den Umständen ab.

Ankerplätze und Liegemöglichkeiten (Plan S. 267 und 272)

Tossa de Mar hat keine Hafenanlagen.. Für ein **Boot auf Wanderfahrt** kommen vier Liegeplätze infrage:

a) Die kleine Bucht El Codolar (Seite 278). Ich halte dies für einen günstigen Platz. Man ist dicht am Ort und dennoch außerhalb des ärgsten Touristengetriebes. Was fehlt, ist der einmalig schöne Blick auf die Festungsstadt.

b) Ankern in der Bucht vor Tossa. Der schönste Liegeplatz ist in dem Winkel der Bucht direkt unter der mittelalterlichen Stadt (Plan S. 267). Aber in der Ferienzeit landen dort die Vedetten. Dann wird man vor die Mitte des Strandes geschickt. Dort liegt man weniger gut. Es ist recht offen und fortwährend sind Schwimmer auf dem Boot und üben Kopfsprung.

c) Festmachen in der Bucht El Palomar, im Nordteil der Bucht von Tossa (Beschreibung Seite 272). Sehr günstig für längeren Aufenthalt.

d) In der Cala Bona (Seite 273). Dies ist als Liegeplatz ideal, aber leider zu Land 3 Kilometer vom Ort entfernt.

Außerhalb des Sommers ist für die Nacht Platz d) am besten geeignet. Bei b) würde ich außerhalb des Sommers nachts nicht liegen mögen. a) taugt nicht bei Südwind.

Eignung als Standquartier für ein Kleinboot

Boote können auf dem Strand und vor Grundgeschirr liegen. Aber schon mittelgroße Boote werden in der Ferienzeit schwer einen guten Ankerplatz finden. In der Ferienzeit ist die Bucht so gefüllt mit Wassertretern, Badebooten und Badenden, daß der Wassersportler oft zu Nachbarbuchten flieht. — Außerhalb der Schulferien wird die Ungunst der Liegemöglichkeiten durch den großen Reiz der landschaftlich sehr schönen Bucht und des Ortes voll aufgewogen. Wem es jedoch mehr um den Wassersport als solchen geht, der wird von anderen Standquartieren mehr befriedigt sein. — Die Buchten nordöstlich von Tossa de Mar sind hinsichtlich der Liegeplätze und der sportlichen Möglichkeiten sehr interessant.

Die Buchten nordwärts von Tossa de Mar (Plan S. 267 und 272)

Zusammenfassung

Nördlich von Tossa de Mar ist die Costa Brava etwa 3 Kilometer weit sehr reich an tief in das Land einschneidenden, geräumigen und schönen Buchten. Nach Süden hören dann geschützte, größere Buchten auf.

Außer der Bucht von Tossa gibt es vier größere Calas. Die meisten davon haben zusätzlich Nebenbuchten oder Seitenplätze. Wo Strände sind, ist tagsüber Badebetrieb. Aber die meisten Buchten — und vor allem die Nebenbuchten darin — sind doch recht ruhig und geben gute Liegeplätze ab. Auch für große Yachten.

Die Bucht von Tossa ist recht offen und bietet nur unter den Huken Schutz. Das gleiche gilt für die nördlich anschließende Bucht von El Palomar. Aber die kleine Cala Bona ist sehr gut geschützt. Sie ist ein idealer Liegeplatz für Fahrtenboote und kleine Yachten.

Cala Pola ist tagsüber Badebucht, hat aber einen sehr günstig am Wasser gelegenen Zeltplatz. Sie taugt gut zum Ankern. Die Cala Gibarola reicht tief ins Land und hat Nebenbuchten. Sie ist sehr geräumig. Hier und in der Cala Pola liegen oft große Yachten vor Anker. Die letzte ist die nach Osten offene und weniger schöne Cala Futadera.

Es gibt mehrere Höhlen. Überhaupt ist diese Welt der Inseln, der Baien und der kleinen Felseinschnitte ein schönes und sehr harmonisches Revier. Die Buchten sollen in der Reihenfolge besprochen werden, wie man sie von Tossa de Mar ansteuert. Denn meistens werden sie wohl doch von Tossa aus besucht.

Die Bucht von Tossa (Plan S. 267 und 271)

Dies ist eine überaus schöne, harmonische Bucht: Das hohe, massige Cabo de Tossa als Südhuk. Die Isla de la Palma mit ihrer Inselkette als Huk im Nordosten. Dazwischen ein halber Kilometer freier Wasserraum. Und ein halber Kilometer Sandstrand am Ufer. Für Sportboote mit normalem Tiefgang ist die Bucht klippenfrei.

Im Nordteil der Bucht (siehe Plan) gibt es eine K l i p p e. Über ihr sind nach allen Angaben und auch nach eignem Loten 2 Meter Wasser. Wenn mir der Schiffer der „Northern Dawn" sagte, daß er dort mit seiner 1,7 Meter tiefgehenden Yacht Grundberührung hatte, so ist das nur für tiefgehende Yachten oder bei hohem Seegang wichtig.

Die Playa de Tossa ist Badestrand. Bei ruhigem Wetter kann man im Sommer dort **ankern**. Für große Yachten ist dies wohl das Beste. Der Südteil des Strandes muß aber im Sommer für die Vedetten frei bleiben.

Der Südteil der Playa de Tossa ist dicht mit Fischerbooten besetzt. An sich wäre dort im Winkel zwischen Fels und Strand ein recht guter A n k e r p l a t z. Aber im Sommer landen dort die Vedetten, und man liegt den Fischerbooten im Weg. Auch fällt der Sandgrund ziemlich steil bis auf 8 und mehr Meter Tiefe ab. So würde man sich eine Leine zum Felsen wünschen, damit das Schiff mit kürzerer Ankerkette auskommt. Es ist aber auf dem glatten, flachen Fels am Ufer kaum eine Möglichkeit, eine Leine festzumachen. So kann man sie nur an den Belegpunkten für die Taljen der Fischerboote belegen. Kleinere Boote haben es hier leichter als eine größere Yacht. Ich denke, daß diese Ecke der Bucht von den größeren Booten nur dann aufgesucht werden sollte, wenn man vor starkem Südwestwind Schutz suchen muß. Man liegt aber unruhig bei Garbi. Ich würde bei Starkwind Cala Bona bei weitem vorziehen. (Seite 273).

Mar Menuda (das kleine Meer) heißt der Nordteil der Bucht von Tossa. Von drei Seiten geschützt liegt es zwischen Festland, Strand und der Isla de la Palma. Der Blick auf die alte Burgstadt Tossa ist von dort ebenso schön, wie aus der Ensenada de Tossa selbst. Hier sind im Schutze von Punta de la Palma sehr gute Liegeplätze. Auch schwere Yachten liegen hier oft besser als direkt vor dem großen Strand. Nur bei starken südlichen Winden, wie sie ab Ende August/September möglich sind, ist dieser Platz unfreundlich und muß dann vielleicht zeitweilig verlassen werden.

Punta de la Palma wird von zwei Klippeninseln gebildet. Die landwärtige, an welche der Strand anstößt, ist steil und hoch. Aber ihr Seitenrand ist begehbar. Die seewärtige Klippeninsel, welche die eigentliche Huk bildet, ist flach und zerrissen. Sie ist durch Zementstufen besser begehbar gemacht. Immer sind dort Angler.

In dem Winkel zwischen diesen beiden Klippeninseln und dem Strand ist der **Liegeplatz**, den kleine oder mittlere Yachten einnehmen. Sie liegen vor Buganker (oder Heckanker) und haben Bug (oder Heck) mit Leinen an die Klippeninsel geholt. Meist kann man direkt übersteigen. Die Wassertiefe ist etwa 1,5 bis 0,6 Meter wie es die Skizze zeigt. Ich halte es für möglich, daß sie sich nach Stürmen verändert. Landschaftlich ist der Platz hübsch. Nautisch könnte ich ihn mir besser vorstellen. Er taugt auch nur im Sommer und außerhalb des Sommers nur bei zuverlässiger Wetterlage. In der Ferienzeit kann man nicht fest damit rechnen, daß dort noch Platz ist. — Sehr viele Sportboote liegen auf dem Strand Playa de la Palma. Dort sind im Sommer auch Boote vor Grundgeschirr.

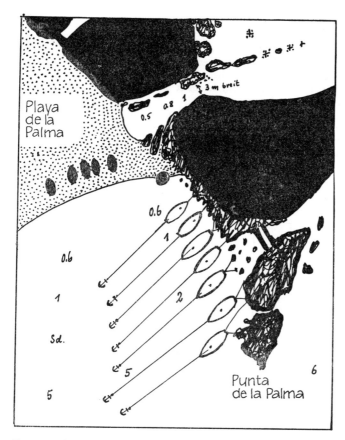

*Skizze der Liege-
möglichkeit für
Fahrtenboote im Mar
Menuda bei Tossa de
Mar im Schutze von
Punta da la Palma.
Die Wassertiefen
können sich nach
Stürmen etwas
verändern.*

Etwa 100 Meter von der Festlandshuk Punta de la Palma liegt die **Isla de la Palma**. Dies ist eine etwa 100 Meter große, 12 Meter hohe unbewachsene Felsinsel. Seewärts fällt sie steil auf große Wassertiefen ab. Landwärts sind flache Klippeninseln. Ein 60 Meter breiter Sund ist zwischen diesen und dem Festland.

Für die Passage zwischen dem Festland und der Isla de la Palma muß man wissen, daß etwa in der Mitte der scheinbar freien Wasserfläche eine blinde Klippe mit nur etwa 0,3 Meter Wasser liegt. Üblicherweise passiert man zwischen dieser blinden Klippe und dem Festland. Kleine, ortskundige Boote laufen oft auch seewärts von dieser Unterwasserklippe durch.

Die Bucht zwischen Isla la Palma und El Palomar (Plan S. 267)

Dies ist eine wilde und landschaftlich eindrucksvolle Bucht mit sehr hohen, meist unzugänglichen Abbruchufern und voll gigantisch-wüster Natur. Die Ufer sind klippenreich und erfordern „Erkundungsfahrt". Die Liegeplätze sind von etwas abenteuerlicher Art und nur für kleinere oder mittelgroße Boote zu haben.

Zwei Inseln bilden die Huken dieser fast 800 Meter breiten Bucht. Im Süden die flachere Isla de la Palma (siehe oben). Im Norden die dunklere, hochkantig-steile Insel El Palomar. Im Südteil dieser Bucht liegt der kleine Inselarchipel **Ses Illetes**. Es sind etwa 10 kleine Felsinseln, die auf engem Raum beieinander liegen. Das Wasser dazwischen ist fast überall tief und geräumig genug für ein mittelgroßes Boot und vielleicht auch für eine kleine Yacht. Hinter den Inseln findet man meist ruhiges Wasser. Ses Illetes sind ein beliebtes und sehr schönes kleines Revier, und fast immer sind Boote dort. Die äußerste und größte dieser Inseln ist La Rotja.

An der Südseite dieses Archipels führt die schmale Fahrrinne Pujol de Arenys durch einen an der schmalsten Stelle etwa 3 Meter breiten Kanal vor einen 6 bis 8 Meter breiten Strand. Es ist die Playa de la Palma, die man hier sozusagen durch die Hintertür erreicht. Still wie in einem kleinen Binnensee ist es meist im inneren Becken. Dieser **Liegeplatz** ist — wenn auch nicht ganz maßstabgerecht — in der Skizze der Liegeplätze im Mar Menudo eingezeichnet. Falls ein flachgehendes **Boot auf Wanderfahrt** ihn leer findet, ruhiger liegen kann man wohl nirgendwo.

Nordwärts von dem Inselarchipel Ses Illetes ist eine ganz tief in den Felsen einschneidende Schlucht. Innen ist ein kleiner Kiesstrand. Die Zufahrt ist schmal. Klippen sind zu beachten. Die Nordseite dieser Bucht ist reich an Klippeninseln. Dort stehen dicht am Festland ganz steile, unsinnig hohe Felsschollen von erheblicher Größe. Sie müssen durch ein gigantisches Abrutschen der hohen Felswand entstanden sein. Zwischen ihnen und dem Festland sind

Die vier tiefen Buchten nördlich von Tossa de Mar. Cala Bona (siehe auch Spezialplan), Cala Pola, die große und schöne Cala Gibarola (siehe Spezialplan) und die weniger geschützte Cala Futadera. Es ist eine höhlenreiche Region.

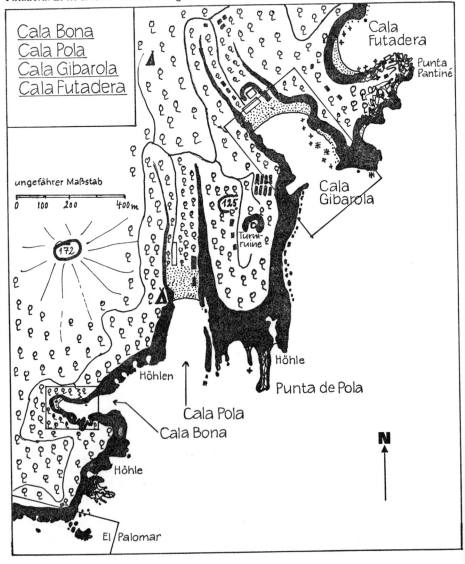

Kanäle mit steilen Wänden. Die meisten dieser Kanäle sind gut passierbar und äußerst eindrucksvoll.

Schwierig ist dagegen die Durchfahrt zwischen der hohen Felsinsel El Palomar und dem Festland. Denn dieser an sich etwa 100 Meter breite Raum wird von drei sehr steilen und hohen Felsinseln eingenommen, welche die Durchfahrt bis auf drei schmale Kanäle ausfüllen. Der mittelste dürfte selbst für ein sehr kleines Kleinboot kaum ausreichen. Der landwärtige und der seewärtige können von kleineren Booten in „Erkundungsfahrt" bei gutem Wetter passiert werden. Vor dem landwärtigen ist u. a. westwärts eine blinde Klippe, vor dem seewärtigen Kanal bei seinem Nordausgang. Diese engen Durchfahrten taugen natürlich nicht für ein schweres Boot oder eine große Yacht. Aber mit einem kleineren Boot machen sie sehr viel Spaß.

Cala Bona

(Plan S. 272 und 273)

Cala Bona ist ein mit Recht sehr gelobter stiller Liegeplatz für Fahrtenboote. Die kleine Bucht ist in der sommerlichen Jahreszeit genügend geschützt, um sich dort ohne Gedanken ums Wetter als Dauerlieger aufhalten und an Bord wohnen zu können. In der winterlichen Jahreszeit muß man sie wohl nur dann verlassen, wenn Anzeichen eines Sturmes aus Osten bemerkbar sind. Die Bucht ist recht klein. Es werden etwa 6 Yachten von etwa 8 bis 12 Meter Länge hineinpassen. Dazu noch mehrere kleinere Boote.

Den französischen Fahrtenseglern ist die Bucht bekannt. So wird man sie in der Schulferienzeit oft „besetzt" antreffen. Dabei weicht die Meinung der bereits drinnen Liegenden von der Meinung des noch Hereinwollenden nur so lange ab, bis der Betreffende auch zu den „Etablierten" gehört. Etwa 10 Tage vor Ende der französischen Schulferien wird es merklich leerer.

An sich gibt es an der Cala Bona gar nichts Besonderes. Solche Buchten findet man im Nordteil der Costa Brava in großer Zahl. Aber in diesem südlichen Teil der Küste ist sie wohl die am vollkommensten geschützte Bucht. Cala Bona ist unbewohnt. Im Sommer ist jedoch eine ganz kleine, aber gar nicht

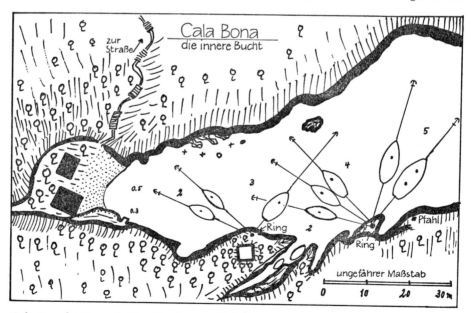

Cala Bona bei Tossa de Mar. Der innerste Teil der Bucht. Gottlob sind meist weniger Boote drinnen, als der Plan zeigt. Es sollen die verschiedenen Möglichkeiten des Festmachens an den beiden Eisenringen dargestellt werden.

üble Gaststätte dort. Die Bucht hat hohe Wände und Baumbestand. Zur Landstraße führen Treppe und ein steiler Pfad etwa 60 Meter empor. Die Bucht hat keinen Strand, ist aber landschaftlich hübsch. Einige Lebensmittel und etwas Wasser kann man von dem kleinen Restaurant bekommen oder aus Tossa de Mar holen.

Gewöhnlich liegen in der Ferienzeit in der Bucht französische Fahrtensegler, die dort für mehrere Tage und manchmal fast den ganzen Urlaub bleiben und ein stilles, individuelles, oft dem Angeln gewidmetes Leben führen.

Der geschützte Innenteil der Bucht ist 15 bis 25 Meter breit und etwa 60 Meter lang. Insgesamt ist die etwas gebogen verlaufende Bucht etwa 150 Meter lang. Ist die Bucht leer, so kann man nach meiner Meinung mit einem Boot von 12 bis 15 Meter Länge noch einlaufen. Ist sie besetzt, so wird ein Boot von 8 bis 12 Meter Länge noch genug Manövrierraum haben. Den inneren Teil der Bucht und die verschiedenen Möglichkeiten, darin festzumachen, zeigt der Plan. Es gibt 2 Eisenringe und einen starken Holzpfahl sowie Bäume.

Festmachen in Cala Bona

Einlaufend an Backbord hat man abgerundet glattes, praktisch klippenfreies Felsufer. An der engsten Stelle liegt Steuerbord eine kleine Klippeninsel und Backbord eine Mikro-Huk. Auf dieser ist der erste Eisenring. Die Durchfahrt dort ist etwa 20 Meter breit. Danach zweigt nach Backbord ein kleiner S e i t e n a r m ab. Er ist im Außenteil etwa 4 Meter, dann etwa 2 Meter breit, hat zum Anlandsteigen bequemes Felsufer und ist ein guter Platz für Kleinboote, die dort den „dicken Schiffen" nicht den Platz wegnehmen.

Es folgt auf der (einfahrend) linken Seite der Bucht eine neue Felshuk, auf welcher etwa 10 Meter über dem Wasser eine nette kleine Steinterrasse gemauert ist, auf der man des Abends herrlich sitzen und mit den Bootnachbarn Mittelmeer-Klön halten kann. Am Fuße dieser Steinterrasse ist der zweite Eisenring. Dann folgen etwa 25 Meter Felsufer, danach ein ganz kleiner Steg (eigentlich nur eine Stufe) mit 30 Zentimeter Wasser davor. Dahinter stehen dann an sehr schmalem Strand im Sommer die kleinen Holzhäuschen, die das bescheidene Restaurant beherbergen. Außerhalb des Sommers sind sie abgebaut.

Das Revier

Dicht vor der Cala Bona in Richtung auf Cala Pola sind in der Felswand insgesamt vier Öffnungen von **Höhlen**. Ihre Einfahrten sind nicht besonders hoch, aber teilweise sehr breit. Die Höhlen sind ein nettes Erkundungsgebiet für die schwimmende oder dingifahrende Crew von Booten, die in der Cala Bona liegen. Die Eigner der französischen Booten wissen von den Höhlen manchmal nichts. Ihr Interesse gehört dem Angeln. — Auch das übrige Außenrevier um die Cala Bona herum ist sehr interessant (vgl. Plan S. 272 und 247).

Ansteuerung

Von See aus kann man in die Cala Bona nicht hineinblicken. So ist die Bucht wirklich nicht ganz leicht zu finden. Vgl. Plan S. 247.

Von Tossa de Mar kommend passiert man die Felsinsel Isla de la Palma, danach die steile „vierkantige" Felsinsel El Palomar (beide siehe Plan von Tossa). Danach läuft man an der Küste entlang etwa 0,5 Kilometer Nordost. Dort öffnet sich nach Norden die breite Cala Pola mit ihrem Sandstrand. Westlich davon und gar nicht ganz leicht erkennbar ist die Cala Bona. Besonders zu erwähnende Hindernisse bei der Einfahrt wüßte ich nicht.

Von San Feliu de Guixols bis zur Cala Bona sind 8 Kilometer Distanz. Man steuert Punta de Pola an. Von der flachen Felsnase der Punta de Pola fährt man etwa 500 Meter weit Westkurs. Man passiert dabei die Öffnung der Cala Pola mit ihrem Sandstrand und dann die Öffnungen der erwähnten vier Höhlen. Damit steht man vor der Bucht.

Cala Pola (Plan S. 272)

Cala Pola ist eine gegen sommerliches Schlechtwetter ausreichend geschützte bescheidene, aber schöne unbesiedelte Badebucht. Ein paar kleine Restaurants stehen an dem etwa 70 Meter breiten Strand. Vor allem liegt ein Zeltplatz sehr günstig direkt am Wasser. Cala Pola hat ein interessantes Außenrevier. Sie ist auch als Ankerplatz für große Yachten geeignet.

Die Cala Pola ist in der Einfahrt etwa 100 Meter breit. Sie reicht knapp 150 Meter tief ins Land. Ihr Strand ist etwa 70 Meter lang. Navigatorisch bietet Cala Pola in der inneren Bucht keine besonderen Probleme. Die Westseite ist ganz klippenfrei. Der Ankergrund ist sauberer Sand und bis dicht vor den Strand 5 bis 2 Meter tief. Die Ostseite zeichnet sich durch ihren Reichtum an kleinen Nebenbuchten und geschützten Plätzen aus. So liegt eine schmale, über 150 Meter lange Felsinsel dicht vor dem Ostufer. In dem Kanal zwischen dieser Insel und dem Festland findet man sehr geschütztes Wasser. Zu beachten sind an der seewärtigen Seite der Insel eine sichtbare Klippe, der eine blinde Klippe etwa 15 Meter seewärts vorgelagert ist.

Die Bucht liegt an einem tief ins Land reichenden, aber schmalem Tal. Ein Fahrweg führt dorthin. Auf dem Strand ist tagsüber in der Sommerzeit lebhafter Badebetrieb. Abends wird es dann recht ruhig.

Der Zeltplatz liegt sehr schön und für den Wassersportler äußerst günstig auf planierten Stufen an der Felswand der Westseite der Bucht. Bäume geben ihm Schatten und man hat das Boot dort direkt unter dem Zelt liegen. Es ist aber direkt an der Bucht für nicht mehr als etwa 20 Zelte Platz. Der Hauptteil des Campingplatzes liegt mehrere hundert Meter landeinwärts. Man muß sehr früh einen Platz bestellen, wenn man in der Schulferienzeit am Wasser noch Platz finden will. Für ein kleines oder mittelgroßes Boot ist vor Grundgeschirr Liegemöglichkeit in der Bucht. Sonst auf dem Strand. Einer der wenigen für Wassersportler sehr günstigen Zeltplätze.

Die Außenbuchten von Cala Bona und Cala Pola (Plan S. 272)

Cala Pola und Cala Bona haben eine gemeinsame Außenbucht mit vielen Liegeplätzen und Erkundungsmöglichkeiten. So sind z. B. die drei Felsbuchtungen an der westlichen Seite von Punta de Pola bei Seegang aus Nordost gut geschützt. Mehrere Höhlen sind in diesem Bereich. Vor allem ist die sehr große Höhle in Punta de Pola beachtenswert. Vier sehr kleine Höhleneinfahrten liegen auch noch bei El Palomar.

Die große Höhle in Punta de Pola (Plan S. 272)

Unmittelbar östlich der seewärtigen, flachen Felshuk von Punta de Pola liegt eine geräumige etwa 100 Meter lange Höhle, die sich gut befahren läßt. Ihr Eingang geht von einer etwa 10 Meter breiten Vorkammer aus. Diese liegt am Ende einer kleinen Felsbucht etwa 100 Meter nördlich von der Spitze der Punta de Pola. Diese Vorkammer ist klippenfrei und recht gut geschützt.

Von dieser Vorkammer aus führt ein etwa 5 Meter breiter Tunnel in den Fels. In seinem Außenteil ist das Felsdach so hoch, daß man gut mit Segelbooten hinein kann. Danach nimmt aber die Höhe stellenweise auf 2 bis 3 Meter ab. Die Breite ist ein kurzes Stück nur etwa 3 Meter. Dann gelangt man in die innere Höhle. Dies ist ein ganz ansehnlicher Raum, lang, hoch und etwa 8 bis 12 Meter breit. Tiefes Wasser ist überall. Sie teilt sich dann innen in zwei schmalere Gänge auf, die nach rechts und links noch mindestens 20 Meter weiter in den Fels führen. Insgesamt mag die Höhle an 100 Meter lang sein. Sie gehört zu den schönen Höhlen der Küste. Die Einfahrt in sie ist leicht. Selbst bei herbstlichem Garbi-Starkwind-Seegang war drinnen ganz ruhiges Wasser. Nur mein Ewinrude wollte drinnen nicht mehr anspringen, und ich mußte rudern. Nach 2 Kilometer sportlichen Pullens tat er es dann plötzlich wieder. Ob die Luft zu feucht ist?

Cala Gibarola (Plan S. 272 und 276)

Dies ist eine große, gut geschützte und schöne Bucht. Sie hat eine sehr geräumige Außenbucht. Die Innenbucht reicht über 200 Meter tief ins Land und ist etwa 150 Meter breit. Der schöne, breite Hauptstrand aus feinem Sand mag 150 Meter Länge haben. Es gibt guten Ankergrund, auch für große Yachten, und eine sehr geschützte Nebenbucht. Die Ostseite ist klippenreich. Bisher war Cala Gibarola unbesiedelt. Es gab im Sommer nur einige kleine Restaurants. Im Bau befindlich ist ein ausgedehnter, halbkreisförmiger Gebäudekomplex, der Sommerwohnungen enthalten soll. War bisher die Cala Gibarola auch in der Ferienzeit nachts praktisch menschenleer, so wird, wenn Unterkunft verfügbar ist, die Bucht auch als Standquartier für kleine Boote gut geeignet sein. — Tagsüber ist es durch Badegäste belebt, aber nicht überfüllt. Auch viele kleine Boote kommen tagsüber hierher.

Einlaufen   Von Tossa kommend passiert man Punta de Pola. Dann fährt man an dem außerordentlich hohen, höchst eindrucksvollen Felsabbruch des Felsmassivs von Punta de Pola entlang. Im seewärtigen Teil ist die senkrechte Felsküste glatt und klippenfrei. Weiter zum Inneren der Bucht hin liegen riesige Gesteinstrümmer vor der Felswand. Etwa 20 Meter von den sichtbaren Brocken entfernt habe ich jedoch keine störenden Unterwasserklippen mehr gesehen. Es folgt eine niedrige Felszunge, die sich etwa 20 Meter weit zum gegenüberliegenden Ufer hin vorstreckt.

Hinter dieser natürlichen Mole liegt eine **Nebenbucht.** Sie reicht etwa 40 Meter tief ins Land und ist 25 Meter breit. An der seewärtigen Seite ist überall tiefes Wasser. Man kann mit Fendern an der Felswand festmachen. An der seewärtigen Seite sind ein paar Klippenspitzen, die das Festmachen erleichtern. Die Nebenbucht endet in einer Art Halbhöhle, so daß man das Boot an heißen Hochsommertagen aus der prallen Sonne heraus in herrlichen Schatten verholen kann (uns Nordländern ist dergleichen anfangs immer recht unbegreiflich).

Diese Nebenbucht ist recht gut geschützt. Ich habe dort mein großes Boot einmal drei Tage lang hingelegt und mit Taljen am Mast und Kiel erst nach der einen Seite gekrängt und dann nach der anderen und dabei den Anti-fouling-Anstrich mit spanischer Farbe erneuert. Denn die aus Deutschland mitgebrachte Farbe hatte sich als unzureichend fürs Mittelmeer erwiesen. Diese alte Seefahrermethode hat ganz gut funktioniert, und wenn man mit einer im Mittelmer fahrenden Yacht die meist lange Wartezeiten für ein Slip nicht in Kauf nehmen will, kann man es wohl auch so machen.

Spezialplan der inneren Bucht der Cala Gibarolo. Der Plan soll vor allem Genaueres über die Lage der Unterwasserklippen im Ostteil der Bucht und über die Nebenbucht an der Westseite mitteilen. Der Plan ist nicht in Nord-Süd-Richtung angelegt. (Vgl. Plan S. 272).

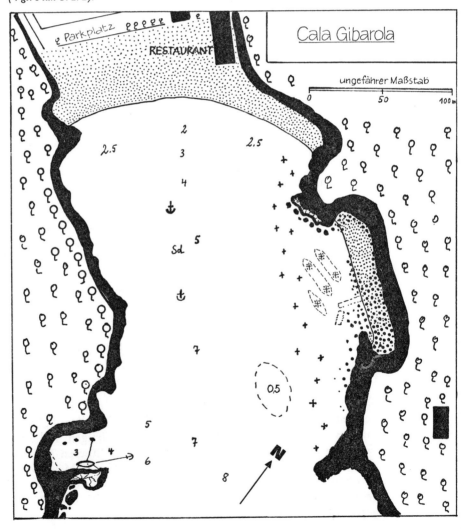

Die Cala Gibarola hat einen sehr schönen, 150 Meter breiten **Hauptstrand** aus feinem Sand. Er reicht fast 50 Meter weit landwärts. Dann folgen Parkplätze für Autos, Erfrischungs- stände und der in Bau befindliche Komplex mit Bungalows. Eine Felsnase trennt an der Ost- seite noch einen **Nebenstrand** ab. Dieser hat nur ein kurzes Stück Kies, sonst feines oder grobes Geröll. Vor ihm ist es sehr klippenreich.

Der Ankergrund an der Westseite und der Mitte der Bucht ist sauberer Sand. Die Tiefe nimmt von etwa 7 Meter bis auf 3 Meter dicht vor dem Strand ab. Mitte und Westseite der Cala Gibarola sind guter Ankerplatz.

Achtung **Die Ostseite der Cala Gibarola ist stellenweise bis 60 Meter vom Ufer voller Unterwasser- klippen.**

An der Ostseite muß irgendwann die ganze Felswand in die Bucht hineingestürzt sein. Und da liegt sie denn. Der Plan gibt die Lage der Unterwasserriffe an. Tiefgehende Boote sollten dem Ostufer fernbleiben, flache sehr vorsichtig fahren. Insbesondere die im Plan gepunk- teten langen Felsriffe liegen unmittelbar unter der Wasseroberfläche. Auch die ausgedehnte Unterwasserklippe nahe der Osthuk etwa 70 Meter vom Ostufer entfernt muß beachtet werden.

Das Fahren in dieser schönen und großen Bucht wird aber dadurch weder für große Yachten noch für kleine Boote ernsthaft eingeschränkt. Man meidet eben das östliche Drittel der Bucht. Zum Tauchen sind die Unterwasserriffe übrigens herrlich.

Seewärts liegen vor der Cala Gibarola bis zur Punta Pantiné noch zwei mittelgroße, felsige Einbuchtungen mit kurzen Sandstränden. Nördlich von Punta Pantiné folgt **Cala Futadera** (Plan S. 272, Beschreibung S. 265).

E. Von Tossa de Mar bis Blanes   (Plan S. 232 und 279)

Zusammen- fassung Die letzten 13 Kilometer der Costa Brava sind reich an Gegensätzen. Lange Badestrände wechseln mit ungezähmter Felsküste ab. An den Badestränden wimmeln die Menschen. Autos stehen zu Hauf. Kleinboote füllen das Was- ser. Dann rundet man eine Huk und hat mehrere Kilometer unzugänglicher und entsprechend einsamer Felsküste.

Menschen und Natur haben diese ungleichmäßige Verteilung geschaffen. Die Straße liegt ein Stück landeinwärts, und zu den Badebuchten führen nur Stich- straßen. Dazwischen gibt es oft nicht einmal einen Fußpfad an der Küste. So gehören die Teile der Küste, an denen keine Straße führt, dem Wasserfahrer fast ganz allein. Und dies an einer Küste, die pro Kilometer im Durchschnitt weit über 2000 Sommergäste zählt!

Zwischen Tossa de Mar und Blanes gibt es nur eine regelrechte Ortschaft: Lloret de Mar. Dies ist ein sehr bedeutender Touristenort mit 1 Kilometer Badestrand und mehr Hotelbetten als die ganze nördliche Costa Brava von Rosas bis zur Grenze hat. Leider gibt es keinen Hafen und nur sehr wenige geschützte Liegeplätze im Wasser. Dennoch sind viele leichte Boote in Lloret de Mar und viele andere in dem nur 5 Kilometer entfernten Hafen Blanes. — Wenn es auch keine Ortschaften gibt, so doch sehr zahlreiche Urbanisati- onen. Meist treten die Häuser aber nicht bis unmittelbar an die Küste heran. Ein weiteres gehört zum Bild dieses Küstenstriches: die Vedetten, diese mo- torstarken, lauten, eiligen und nicht immer rücksichtvollen Touristenfähren. Autobusse zu Wasser, welche Badegäste aus den Zentren auf die umliegenden Strände verteilen. Bevor man sich an einem Strand vor Anker legt, sollte man herausfinden, wo die Vedetten landen und diese Stelle meiden. Vor allem wegen ihres Radio- und Motorlärms und noch mehr wegen ihres sehr starken Wellenschlages.

Für Boote auf Wanderfahrt sind die großen Strände meist keine guten Liegeplätze. Günstiger liegt man in den Nebenbuchten, die oft in den Huken solcher Strände sind. Man wählt die dem Wind und Seegang abgewandten
Seite — falls überhaupt Wind und Seegang sind. Es gibt auch ein paar kleine,
unbesiedelte Buchten. Sie sind manchmal sehr hübsch.

Die felsigen Teile der Küste sind für den Wasserwanderer von unterschiedlicher Gunst. Ist
das Gestein weich, so ist es oft in riesige Gesteinsbrocken zerfallen, die am Ufer oder im
Wasser liegen. Diese Küstenstücke sind zum Anlanden meist ungeeignet. Sie sind oft auch
nicht schön. Aber an anderen Stellen findet man wieder so reizend schöne Plätze, daß man
sich ganz ernsthaft in diesen Teil der Costa Brava verlieben kann. Auch dann, wenn man
die anderen im Gesamten vielleicht schöneren Regionen schon kennengelernt hat. — Klippenreich ist es hier eigentlich überall. Innerhalb der 50-Meter-Grenze muß man aufmerksam
fahren. Auch in Buchten. Manchmal sogar vor Stränden.

Für das Fahren außerhalb der Sommermonate ist folgendes wichtig:
Strände gibt es reichlich. Aber gegen Stürme geschützte Buchten sind hier rar.
Nimmt man es strenge, wie man es im Winterhalbjahr tun muß, so fehlen zu-
verlässig geschützte Buchten auf diesem Küstenstück ganz. Bei Starkwind oder
Sturm gibt es zwischen San Feliu de Guixols und Blanes im Wasser keinen ab-
solut sicheren Platz. Ich selber würde mich außerhalb des Sommers nur bei
sehr zuverlässiger Wetterlage entschließen können, in einer der Buchten über
Nacht zu bleiben. Ich würde sonst für die Nacht nach Blanes fahren und die
Küste von dort am Tage erkunden.

Von Tossa de Mar bis zur Playa de Llorell (Plan S. 278)

Playa de Llorell (nicht mit dem später folgenden Ort Lloret de Mar zu verwechseln) ist die erste größere Strandbucht knapp 3 Kilometer westlich von
Tossa. Die gefährliche Klippe La Muladera liegt auf dem Weg. Vor allem
aber die wunderschöne Bucht El Codolar.

Aus der Bucht von Tossa de Mar auslaufend, rundet man den hohen, massigen Felsklotz
Cabo de Tossa. Bis zu seiner südlichen Spitze ist er klippenfrei. Dann beginnt felsiger Vorfuß.
Dort reichen zwei Felseinschnitte tief in den Fels hinein und bilden zwei interessante
Kleinboot-Schönwetterplätze. Der Felseinschnitt an der Südseite des Kaps führt etwa 25
Meter in die Felsen. Der südwestliche ist kleiner und klippenreicher. Gleich westlich vom
Kap liegt die reizende Fischerbucht El Codolar.

El Codolar (Plan S. 267 und 279)

El Codolar ist eine Strandbucht mit vielen Fischerbooten direkt bei Tossa de
Mar. Die Bucht ist zwischen den hohen Felswänden etwa 80 Meter breit und
reicht knapp 100 Meter tief ins Land. Der fahrbare Teil der Bucht ist aber
schmaler, da, wie der Plan zeigt, von der Westseite ein flaches Klippensystem
in die Bucht ragt und zum Seegangsschutz beiträgt. Zwischen diesem Klippensystem und dem Festland sind an der Westseite der Bucht große Steine. Aber
die ganze Osthälfte der Bucht ist klippenfrei. Sie hat Sandgrund, günstige
Wassertiefe von etwa 5 bis 3 Meter und Sandstrand am Ufer. Am Strand
stehen zahlreiche kleine Fischerboote. Die Bucht ist gut geschützt. Nur bei
starkem Seegang aus Süd und Südwest und Oststurm muß man sie verlassen.
Mit der hohen, agavenbesetzten Felswand des Cabo Tossa, dem mittelalter-

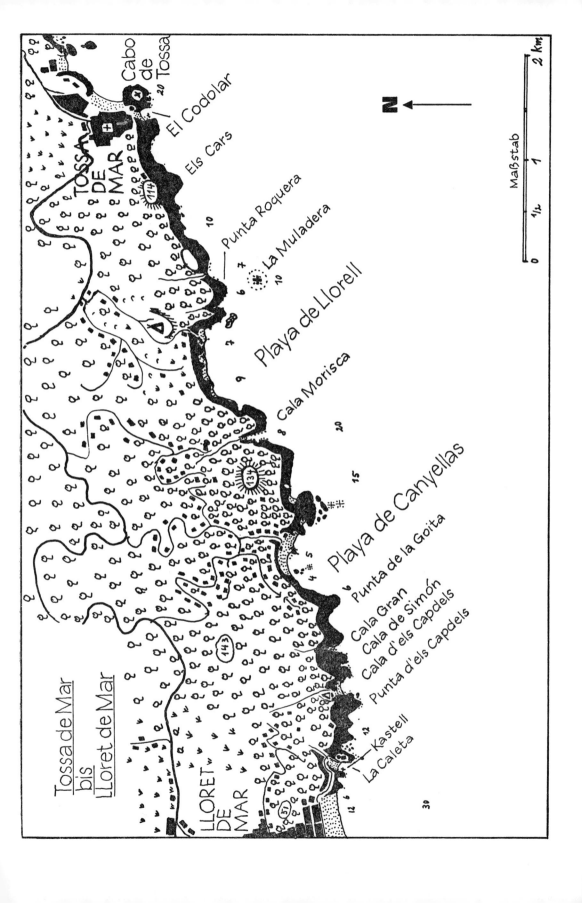

lichen Turm und all den Booten der Lampenfischer ist sie eine der schönsten Buchten des westlichen Mittelmeeres (manche sagen die schönste). Vom Land her ist sie photogener als von See (Abb. 22).

Kleine und mittelgroße Boote und selbst Yachten können in dieser Bucht gut mit Buganker und Heckleinen liegen. Um nachts den Fischerbooten nicht im Wege zu sein, sollte man sich etwas an die Seite der Bucht legen. Vor vielen der großen Steinplatten am Fuß des Cabo de Tossa ist genug Wassertiefe, um selbst von tiefgehenden Booten oder Yachten noch direkt aufs Land übersteigen zu können.

So wundre ich mich immer wieder, daß diese Bucht so selten von Sportbooten als Liegeplatz benutzt wird. Ich halte sie dicht beim Ort Tossa für den besten Platz, den es für ein **Boot auf Wanderfahrt** gibt.

Die Küste westlich von El Codolar (Plan S. 279)

Bis in die Nähe der großen Strandbucht Playa de Llorell ist die Küste hoch, steil und überwiegend unwirtlicher Felsabbruch. Es gibt zwar hie und da ein paar kleine Einschnitte in die Küste, aber einladend ist dies alles nicht. Während der ersten 2 Kilometer, bis etwa zur Punta Roquera gibt es zwei große, ungeschützte Einbiegungen. Erst etwa 500 Meter ostwärts von Playa de Llorell beginnt wieder schwach ausgeprägt eine Gliederung in kleinere Buchten.

Zwei Huken liegen zwischen Cabo de Tossa und Playa de Llorell: Die erste ist Els Cars. Diese Zwischenhuk ist sehr unauffällig. Eine Landmarke ist das einzelne Haus, das von Osten her auf ihr zu sehen ist. Die zweite Huk ist Punta Roquera. Sie ist hoch und auffällig. Dort sieht man schon von weitem eine flache nackte Felsinsel seewärts vorragen. Sie bildet die Osthuk der Playa de Llorell.

Diese **Felsinsel** ist etwa 4 Meter hoch und fast 80 Meter lang. Die Durchfahrt zwischen ihr und dem Festland ist nur etwa 10 Meter breit, aber recht tief. Die motorstarken Vedetten fahren dort mit voller Fahrt hindurch. Diese Felsinsel an der Osthuk der Playa de Llorell ist ein wichtiger Orientierungspunkt, um die weit seewärts von der Küste liegende wichtige Klippe La Muladera gut zu passieren.

Achtung

Etwa südwärts von Punta Roquera liegt etwa 150 Meter vom Festland entfernt die flache Klippe La Muladera.

Die Klippe La Muladera liegt etwa 150 Meter vom Festland entfernt. Ihre Spitze ragt nur etwa 10 Zentimeter aus dem Wasser und bei hohem Wasserstand vielleicht auch einmal gar nicht. Sobald ein wenig Seegang ist, ist ihre Lage am Brechen der Wellen erkennbar. Aber bei stiller See ist sie schwer zu sehen.

Ich habe mir zwei Peilungen herausgesucht, mit denen ich gut zurechtgekommen bin:

Erste Peilung: Man steht auf der gefährlichen Linie, wenn an Playa de Llorell der Strand mit der schrägen Straßenauffahrt und der schmale Sund zwischen Insel und Festland in Linie sind. Auf dieser Linie ist höchste Aufmerksamkeit nötig. Hat man die Klippe gesehen, ist alles gut.

Zweite Peilung: Man steht gut frei von La Muladera, solange an Playa de Llorell der Strand mit der schrägen Straßenauffahrt von der seewärtigen Huk der Insel nicht abgedeckt wird.

Dies sind keine irgendwie „amtlich anerkannten" Regeln, sondern meine persönlichen Navigationshilfen.

Wie steuert man bei La Muladera?

a) Die einheimischen Vedetten fahren sehr dicht an der Küste und benutzen den Sund zwischen der Insel und dem Festland. Diese großen, motorstarken Schiffe donnern durch den schmalen Sund mit voller Fahrt hindurch, daß die

Insel wackelt. Ich selber würde zumindest die ersten Male sehr sachte fahren.
b) Die meisten Sportboote fahren nicht durch den Sund zwischen Insel und
Festland, aber halten sich dicht am Ufer, beispielsweise etwa 50 Meter entfernt.
Damit passiert man La Muladera landwärts.

c) Man kann La Muladera auch seewärts runden. Ich selber würde es wohl nur
in einem Falle tun, nämlich bei Dunkelheit.

Die gefährlichste Situation scheint mir dann zu bestehen, wenn spiegelglattes Wasser ist und heiße Sonne und
man döst. Ich kenne das ganz gut. Wir haben den Stockholmern auf diese Weise eine ihrer Klippen beschädigt
(und unserem Unterwasserschiff viel Farbe). Es war so warm und so still und alle waren so mittagsmüde, daß
der „Navigator vom Dienst" den Spezialplan nicht aufblätterte und daß der Schiffer, der darauf hätte achten
müssen, eben nicht darauf achtete. Und so geschah es denn! Dabei hatten wir viel Glück, denn die Klippe dort
war wie gebaut wie — pardon — ein Popo. Das Schiff blieb nicht darauf hängen, sondern rutschte in die Kimme
und darin durch. — Sonne, glattes Wasser und Unaufmerksamkeit, nur die können die Muladera gefährlich
machen.

Playa de Llorell (Plan S. 279)

Es ist eine weit geschwungene Bucht und zwischen den Huken fast 1 Kilometer breit. Im mittleren Teil dieser auf sonst großen Strecken felsigen Bucht
gibt es mehrere Strände. Man kann sich streiten, ob es vier sind oder mehr, da
oft nur schmale Felsnasen oder Felsklippen dazwischen sind.

Es ist typisches Urbanisationsgebiet ohne Ortskern, mit verstreuten Villen
in spärlich bewaldeter Landschaft, und meist endet man an einem Zaun. Es
gibt einige Sommerrestaurants und im Sommer auch Einkaufsmöglichkeit.
Ein großer Campingplatz ist auf dem Berg. Playa de Llorell ist ein sehr wilder
Platz, wo die Natur schwer zu zähmen ist, und die Urbanisationsgesellschaften
tun sich schwer, Straßen zu schaffen, die nicht vom nächsten Regenguß weg-
geschwemmt oder zugespült werden. Dies braucht aber den Wasserfahrer
nicht zu grämen. Playa de Llorell ist im Sommer zwar belebt, aber nicht überfüllt. Abends ist es sehr ruhig. Kleinboote liegen im Sommer vor den Stränden vor Grundgeschirr.

Boote auf Wanderfahrt finden zwischen den vorspringenden Huken ganz
guten Schutz. Die große Bucht ist jedenfalls interessant, wenn auch landschaftlich nicht überall überragend schön.

Playa de Llorell ist eine klippenreiche Bucht. An einigen Stellen
sind Klippen bis zu 50 Metern von den Stränden entfernt. Manche sehen aus
dem Wasser, manche nicht. Einzelbeschreibung ist nicht möglich. In Ufernähe
muß Erkundungsfahrt gelaufen werden!

Die felsigen Huken springen recht weit seewärts vor. Darin gibt es kleine
Nebenbuchten, die einigen Schutz gewähren. Für unsichere Wetterlage außerhalb des Sommers ist Playa de Llorell aber kein guter Platz.

Hübsch sind die kleinen Nebenbuchten in der Ostseite der Haupt-
bucht. Hier ist bei östlichem Seegang guter Liegeplatz. In der seewärtigen
Nebenbucht liegt eine kleine, niedrige Klippeninsel etwa 40 Meter vom Ufer.
Zum Festmachen ist sie günstig.

Die Westseite der Playa de Llorell ist weniger schön. Das weiche Gestein
hat teilweise Geröllhalden gebildet. Auch wird viel gebaut. Zu den schönsten
Buchten der Küste zählt Playa de Llorell wohl nicht.

Vom Playa de Llorell bis Lloret de Mar (Plan S. 279)

Die Namensähnlichkeit darf nicht darüber täuschen, daß der große Badeort
Lloret de Mar und Playa de Llorell nichts miteinander zu tun haben. Es liegen

etwa 4 Kilometer Küstenstrecke dazwischen. Ein großer Badestrand, die Playa de Canyellas, ist auf halbem Wege. Cala Morisca ist eine schöne kleine Bucht dicht westlich von Playa de Llorell. Und es gibt noch einige weitere kleine Buchten.

Cala Morisca (Plan S. 279)

Die kleine Bucht liegt gleich hinter der Westhuk von Playa de Llorell. Als Merkmal für die Bucht dient das einzelne Haus etwa 500 Meter weit landein mit rundem, weißem Turm mit eingelegten braunen Steinen. Die Bucht selbst ist unbesiedelt und von Land her praktisch unzugänglich.

Wegen ihrer Felsklippen sieht Cala Morisca zuerst auch von See her fast unzugänglich aus. Steht man aber dicht vor der Bucht, so sieht man, daß man gut einfahren kann, vielleicht sogar mit einer kleinen Yacht. Die recht gut geschützte Bucht hat einen Strand von etwa 30 Meter Breite. Ihre Seiten sind klippenreich. Eine kleine Nebenbucht schneidet tief ins Land und gibt ruhigen Liegeplatz. Wald ist am Strand. Es ist ein schöner, stiller Platz, der für ein **Boot auf Wanderfahrt** auch zum Übernachten gut geeignet ist.

Die Küste bis Playa Canyellas (Plan S. 279)

Westwärts von Cala Morisca folgt eine Felshuk, deren seewärtiger Teil wie eine Insel abgetrennt ist. Dahinter sowie weiter nach Westen sind zahlreiche Schönwettereinschnitte. Viele Klippeninseln sind da. Aber ihre Oberfläche ist spitzig. Überhaupt ist der Fels hier von senkrechter Maserung und dadurch unzugänglicher. Ganz vereinzelt sind kleine Strände, oft nur wenige Meter breit in die Felsenwelt eingestreut. Es ist kein uninteressantes Gebiet. Steiler, gelber Fels, Riesenagaven, Mikrofjode, extrem klares Wasser. Aber ein reines Schönwetterrevier.

Eine **kleine Strandbucht** liegt etwa 800 Meter westwärts von Cala Morisca. Ein Felsvorsprung deckt sie nach Westen zu ab, so daß man in die Bucht von See kaum hineinsehen kann. Eine Höhlenbildung ist dicht ostwärts des kleinen Strandes.

Playa de Canyellas (Plan S. 279)

Playa de Canyellas ist eine große, etwa halbrunde Strandbucht. Zwischen den Huken ist sie etwa 600 Meter breit. Fast 300 Meter reicht sie ins Land. Der Strand ist etwa 250 Meter lang. Zwei mittelgroße Hotels sind da und ein Campingplatz. Das Hinterland ist Urbanisationsgebiet. Viele kleine Boote liegen auf dem Strand, andere im Wasser. Ein zur Urbanisation gehörender „Club Nautico Canyellas" hat ein Lagerhaus für Boote und eine elektrische Winsch.

Läuft man die Bucht von Osten her an, so muß man die etwa 50 Meter weit seewärts liegenden blinden Klippen aufmerksam runden. Die ganze Osthuk ist durch Klippeninseln stark aufgegliedert. Dort ist ein nettes Erkundungsgebiet für kleine Boote. Viel Tauchsport wird betrieben.

Achtung | Der Osthuk der Cala Canyellas sind blinde Klippen etwa 50 Meter weit vorgelagert!

Innnerhalb der Klippeninseln ist ein kleiner Sandstrand. Er liegt etwas eingebuchtet und gibt **Booten auf Wanderfahrt** bei östlichem Seegang guten Liegeplatz. — Danach folgt der Hauptstrand. Er wird etwa in der Mitte durch eine Gruppe großer Felsklippen unterbrochen. Auch sonst liegen hie und da Klippen vor dem Strand. Vor allem aber erstreckt sich eine Kette von Klippeninseln vor seinem Westteil etwa 50 Meter seewärts. Vor dieser Kette sichtbarer Klippeninseln liegt etwa 20 Meter seewärts noch eine blinde Klippe!

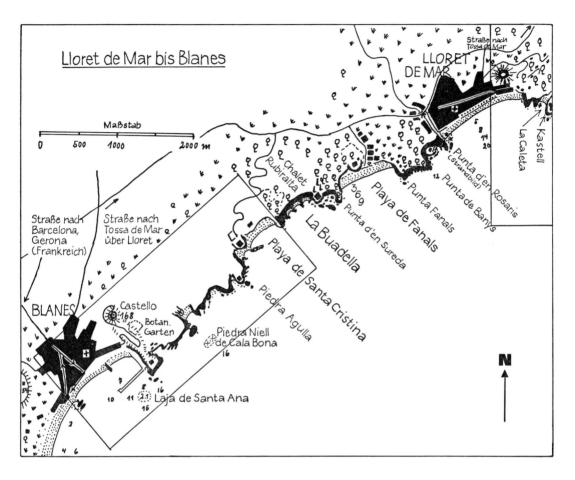

Danach folgt im Westteil der Cala buchtenarmes Felsufer. Gegen Südwest-wind findet man hier keinen Schutz.

Der Ankergrund ist im wesentlichen klippenfreier Sand. Die für die hiesige Küste verhältnismäßig tief ins Land reichende Bucht gibt auch für große Yachten einen freundlichen Ankerplatz ab. Es ist eine schöne Gegend.

Von Playa de Canyellas bis Lloret de Mar   (Plan S. 279 und 283)

Von Cala Canyellas bis zum langen Strand Lloret de Mar sind 1½ Kilometer Küstenstrecke. Auf dieser Strecke liegen drei kleine bis mittelgroße Buchten. Unbewohnt, aber mit kleinen Sommerrestaurants oder Zeltplatz. — Die erste ist die **Cala Gran.** Etwa 200 Meter zwischen den Huken breit und 150 Meter ins Land reichend, bietet sie guten Tagesankerplatz. — Kleiner ist die **Cala de Simon.** Es folgt die **Cala de Trons.** Hier ist ein Zeltplatz. Die Bucht hat etwa 30 Meter Sandstrand und einen kleinen Schönwetter-Anleger. Sie liegt in schöner waldbestandener Felslandschaft. Die letzte und vierte Ein-buchtung vor Lloret de Mar ist voller kleiner Klippeninseln.

Danach passiert man P u n t a d e L o s C a l a f a t e s und findet sich nun vor dem langen Strand von Lloret de Mar. Die kleine Bucht **La Caleta** (Seite 288) bei dem nachgebauten „Kastell" ist der ruhigste Platz vor dem sonst ungeschützten Strand von Lloret de Mar.

Über **Lloret de Mar,** siehe Seite 288, über die Küste zwischen Lloret de Mar und Blanes, siehe Seite 289.

Durchlaufende Fahrt bis Blanes (Plan S. 232, 283 und 290)

Von Lloret de Mar bis zum Hafen von Blanes sind 7 Kilometer Distanz. Das Castillo de Blanes auf dem hohen Berge etwas landeinwärts ist bereits in Sicht. Auch die beiden spitzen, hohen Inseln vor der Huk von Blanes, der Punta de Santa Ana, sind gut auszumachen. Zu beachten sind auf der Fahrt die Klippen Piedra Niel de Cala Bona (Seite 289). Vor Punta de Santa Ana muß auf die kleine Klippeninsel Islote de Santa Ana geachtet werden. (Seite 289). Tiefgehende Yachten werden bei Seegang die untiefe Stelle Laja de Santa Ana berücksichtigen (Wassertiefe 2,1 Meter). Sonst aber ist die durchlaufende Fahrt ohne Probleme.

F. Blanes und Lloret de Mar mit ihrem Revier

Blanes, Ort und Region (Plan S. 290)

Einführung

Blanes ist der letzte Hafen an der Costa Brava. Ein mittelgroßer, lebhafter Ort mit etwa 10 000 Einwohnern, ein verhältnismäßig kleiner, aber für Sportboote ausreichender Hafen mit einer nennenswerten Fischerflotte und etwas Frachtschiffverkehr zu den Balearen. Hier sind noch die früher zweimastig oder dreimastig unter Segeln laufenden, heute motorgetriebenen Holzschiffe zu sehen, die jahrhundertelang den Typ des segelnden Mittelmeer-Frachtschiffes bildeten. Fahrzeuge von 100 bis 150 Tonnen und schönen Linien, meist auch heute noch mit Klüverbaum und oft mit sehr liebevoller Bemalung. In Blanes liegen große Yachten seltener, weil der Hafen etwas unruhig und wenig komfortabel ist. Es gibt eine begrenzte Zahl mittelgroßer Sportboote und schließlich eine große Menge leichter Boote. Es gibt auch einen Club Nautico. Die Mehrzahl seiner Fahrzeuge sind leichte Jollen und Flitzer. Sie werden meist aus dem Wasser genommen. Aber eine Erweiterung des Clubhafens ist in Gang.

Blanes ist mit seinen rund 10 000 Einwohnern kein kleiner Ort. Aber der eigentliche Ortskern ist ein gutes Stück vom Hafen entfernt. Und meist bleibt man in den ersten „Vorstadtstraßen" (eigentlich müßte man sagen „Touristenstraßen") in Hafennähe hängen. Nicht, daß der eigentliche Ort Großartiges oder Besonderes bietet. Er ist einfach nur typisch für eine kleine oder mittlere spanische Stadt. Die Eselskarren sind hier wirklich noch ein Verkehrsmittel für den Landmann. Der hohe Platz, auf dem die Kirche steht und die winkligen Treppengassen, die zu ihm heraufführen, geben eine Vorstellung von der alten Stadt.

Das zweite, was an Blanes bemerkenswert ist, ist der hohe Bergrücken, der den Hafen nach Norden schützt. Hier liegt in halber Höhe ein als Park wunderschön angelegter Botanischer Garten, der dem Ort von dem Deutschen Carlos Faust vermacht worden ist. Er ist zu schade zum bloßen Hindurcheilen.

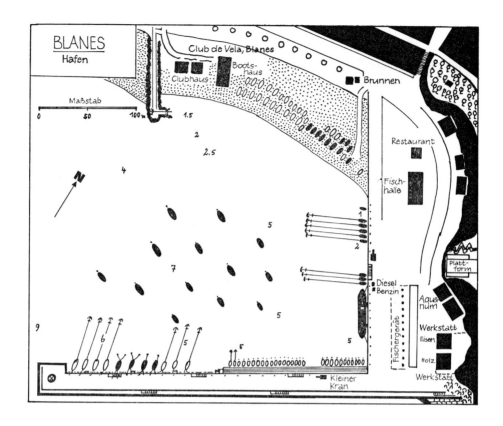

— Wenn man die asphaltierte Straße bis zu dem Kastell San Juan heraufsteigt, reicht der Blick bei guter Sicht bis zum Burgberg von Barcelona. Und wie ein Puppenspielzeug liegt unten der Hafen (Abb. 5).

Eignung als Standquartier für kleine Boote

Blanes hat an seiner Ostseite ein sehr freundliches Revier. Aber es ist doch „Grenzort". An der anderen Seite ist uninteressante, flache Sandküste ohne Bucht. Das auch bei herbstlichem Schlechtwetter befahrbare Gebiet ist auf den Hafen beschränkt. Ich selber würde mit einem kleinen Boot im Sommer wie im Herbst andere Orte vorziehen. Es ist aber ein gutes Jollenrevier, weil das flache Hinterland kräftige Seebrise macht. So sind auch die meisten Boote des Club Nautico Jollen, meist leichte Kunststoffboote.

Der Hafen von Blanes

(Plan S. 285 und 290)

Als Hafen für Yachten hat Blanes eine etwas schlechte Reputation. Es trifft zu, daß man oft unruhig liegt. Da bei Seegang an der Hafenmole Schwell ist, müssen größere Yachten beim Festmachen dafür Maßregeln treffen. (Siehe unten.) Andererseits hat ein kleiner Hafen auch viele nette Seiten. Es ist ein ruhiger und in gewisser Weise persönlicher Platz. Das Panorama von der Mole auf Stadt, Burgberg, Kastell und die mittelmeerische Pflanzenwelt der schützenden, hohen Felswand ist wunderbar schön (Abb. 21).

Beschreibung **Die Hafenmole** von Blanes ist etwa 340 Meter lang und sehr hoch. Sie hat
der einen viereckigen Molenkopf mit einem kleinen Steinturm für das Hafen-
Hafenanlagen feuer. Der Molenkopf hat etwa 30 Meter Seitenlänge und überall tiefes Wasser. Er ist stets mit Anglern besetzt, auch im Winter und vor allem nachts.
Die Mole ist für Handelsschiffe gebaut und für Yachten nicht sehr günstig. Die
Kaje ist etwa 2 Meter hoch. Im Sommer aber ist an der inneren Hälfte der
Mole eine Holzplattform vorgebaut, so daß man dort von niedrigen Booten
gut übersteigen kann. Kleine und mittelgroße Boote sollten versuchen, dort
einen Platz zu finden.

Die Mole hat auf ihrer ganzen Länge etwa 15 Zentimeter unter Wasser eine
Stufe! Selbst wenn man aus Platzgründen einmal längsseits gehen könnte,
so sollte man es allein wegen dieser Stufe nicht tun, außer mit einer sehr langen Yacht. — An der Mole sind in Abständen von etwa 15 Metern sehr dicke,
solide Fender aus Gummireifen. Die starken Ketten, an denen sie hängen,
sind gut zum Belegen von Leinen. Es gibt einige Steintreppen. In der Nähe
des Landes hat der Club Nautico einen kleinen Kran auf der Mole.

Yachten liegen an der Mole vor Buganker und Heckleinen. Im Winterhalbjahr soll der see-
wärtige Teil der Mole soweit freibleiben, daß dort Küstenfrachter festmachen können, die
Blanes bei stürmischem Wetter manchmal als Schutzhafen aufsuchen. Wegen der verhält-
nismäßig großen Wassertiefe (7 bis 5 Meter) muß der Anker weit genug von der Mole fallen.
Das Kapitel über stürmisches Wetter sollte auch im Sommer durchgelesen werden, und beim
Festmachen schwerer Boote sollte man entsprechend verfahren. Mittelgroße und kleinere
Boote liegen weiter einwärts, möglichst an einem der Plätze an dem niedrigeren Steg. Im
Herbst wird dieser aber abmontiert.

Am Ende der Mole schließt rechtwinklig **die Handelskaje** an. Auch sie hat eine Unterwasserstufe. Sportboote sollen nicht an der Handelskaje festmachen. Dort liegen Fischerboote oder
Frachtboote nach Mallorca. Auf dieser Kaje stehen Zapfsäulen für Dieselöl und Benzin und
der Hafenkran.

An die Handelskaje schließt sich **Sandstrand** an. Dort liegen zahlreiche kleinere Fischerboote und Sportboote auf dem Ufer. Auf dem Strand sind die
Anlagen des **Club Nautico Blanes**. Es gibt ein Lagerhaus für Kleinboote und
zwei kleinere Clubgebäude. An der Spitze der Steinbuhne, die man mit Wagen und Trailern befahren kann, ist eine Laufkatze. Das heißt ein auf einem
langen Eisenträger fahrbares Hebewerk, welches Boote auf der Buhne vom
Trailer nimmt, über das Wasser fährt und dort ins Wasser absetzt. Eine
Erweiterung der Anlagen für Sportboote ist vorgesehen.

Ankerplätze: Mit einer größeren, tiefgehenden Yacht muß man damit rechnen, daß alle gut geschützten Plätze von den Fischerfahrzeugen eingenommen sind. Diese großen Boote sind von morgens um 6 Uhr bis abends
5 Uhr auf See. Während dieser Zeit liegt ein Ruderboot stellvertretend an
der Mooring. Die Fischerboote sind außerordentlich solide verankert. Im
Sommer kann man auch recht weit seewärts ankern. Im Herbst findet man
an der Mole immer Platz. Flachgehende Sportboote finden dicht unter dem
Strand Ankerplatz. An der inneren Hälfte des Strandes in der Nähe der
Handelskaje ist auch bei stürmischem Wetter keine stärkere Brandung.

Dagegen kann in der Nähe der Steinmole des Club Nautico und erst recht
weiter westwärts ab Spätsommer schwere Brandung sein. Auch bei der Klippeninsel Sa Palomera kann — so friedlich es auch meist dort ist — Brandung

die äußere Insel überspülen! Dort sollte man ein Boot nicht vor Grundgeschirr legen. Aber die Taljen der dortigen Fischerboote darf man gewiß gern benutzen.

Schutz bei stürmischem Wetter

Der Hafen von Blanes hat bei Fahrtenseglern einen schlechten Ruf. Und er sieht ja, wenn man ihn sich auf der Karte ansieht, auch recht offen aus. Ich habe den Durchzug von 3 Spätnovember-Tiefs in Blanes mitgemacht. Eigentlich eher unabsichtlich. Aber ein bei stürmischem Wetter einlaufender Mallorca-Frachter hatte seinen Anker auf meinen gelegt und dann beim Auslaufen meinen Anker zusammen mit seinem hochgeholt. Da Starkwind war, gab es keine Möglichkeit, den Anker gleich zurückzubringen. So mußte ich also warten, bis das Schiff wieder nach Blanes kam. Da ich sowieso an diesem Buch zu schreiben hatte, war es letzten Endes egal.

Auf diese Weise habe ich einiges an bemerkenswert hartem Novemberwetter in Blanes miterlebt. So habe ich zum Beispiel bei Nordoststurm von der Mole aus das erste Mal im Mittelmeer gesehen, wie der Wind auf kilometergroßen Arealen den Gischt von den Wellen abhebt und als dichte, weiße Mischung aus Wasser und Luft 2 oder 3 Meter über dem Wasser dahinträgt. Nach Admiral Beaufort geschieht solches ab Windstärke 11.

Das Wichtigste vorweg: So offen Blanes aussieht, so steht doch kein direkter Seegang in den Hafen. Anscheinend wird hoher Seegang aus Südwest auf das flachere Ufer hin umgelenkt. Dort allerdings ist dann sagenhafte Brandung. Bis an die weit einwärts liegende Steinbegrenzung des Strandes steigt dann die See! Aber Dünung läuft an der Hafenmole entlang. Sie hebt und senkt das Boot um 1/4 bis 1/2 Meter. Vor allem aber versetzt sie es um 2 bis 3 Meter nach rechts und nach links. Man muß dem Boot unbedingt die Freiheit geben, um diese recht große Distanz mitzuschwingen. Dann ist eigentlich alles gut. Das Unangenehmste ist, wenn der Wind in der Kaltfront von Südwest auf Nordwest dreht. Dann weht er hier etwa 1/2 Stunde aus West. Das wirft Windsee auf. Und dann dümpelt es arg.

Nach einigem Herumexperimentieren bin ich zu der Ansicht gekommen, daß man es in der Tat machen soll, wie die einheimischen Boote. Die geben vom Bug aus zwei zuverlässige Leinen zur Kaje, aber nicht gespreizt, sondern fast parallel. Und nach achtern zwei zuverlässige Anker, auch wenig gespreizt. Wenn schweres Wetter ist, holt man das Boot 5 bis 8 Meter von der Mole weg. Dann kann es ungehindert mit dem Sog hin und her schwingen. Unter Deck merkt man dann gar nicht, wie hoch die Dünung ist, die an der Molenkaje entlang setzt. Schlimm würde es dann, wenn man versuchen wollte, das Boot an einer Stelle unbeweglich festzuhalten. Dann gäbe es in kürzester Zeit Schaden an Leinen oder Klampen und unruhiges Liegen obendrein.

Bleibt die Frage, wie man an Land kommt. Ich habe das Dingi mit langer Leine an einem der Gummifender der Mole festgemacht und mit der anderen Leine lose an Bord. Dann dient es als Fähre, und über die großen Gummifender der Hafenmole kommt man leicht an Land.

Den meisten Wind nimmt die etwa 7 Meter hohe Mole weg. Die hohen Berge bewirken das Gleiche. Dennoch soll man im Herbst gute Heckanker legen, denn bei einem der drei Tiefs hatte der Rückseiten-Tramontana auch im Hafen 7 Windstärken. Bei Cap Béar aber laut Radio Marseille Beaufort 11!

So meine ich also, daß Blanes bei Sturm nicht sehr viel ungemütlicher ist, als es dann andere Mittelmeerhäfen auch sind. Nur sehr viel Lose muß das Schiff dann haben. Darauf kommt alles an. Selbst bei Sommerdünung soll man dies vor Augen haben.

Praktische Hinweise

Unter der Felswand, welche den Hafen nach Nordosten abdeckt, liegen in Verlängerung der Mole zwei Werkstätten. Die eine davon ist für Reparatur an Holzbooten und für den Neubau kleiner Holzboote, die andere ist für Eisenarbeiten an Booten zuständig. Dort können Reparaturarbeiten gut und — wenn sie geringfügiger Art sind — auch rasch ausgeführt werden. Ein Slip gibt es nicht. Taucher können dort Preßluftflaschen füllen lassen.

Ein nettes Restaurant ist am Hafen neben der Fischhalle. Besonders an Sommerabenden sitzt man dort sehr gut. Natürlich gibt es auch sonst in Blanes Restaurants in jeder Menge. Wenn man ein Boot unabhängig vom Club Nautico vom Trailer direkt ins Wasser bringen will, so kann man dies am Strand am besten dort, wo Strand und Handelkaje zusammenstoßen. Die Straße hat zum Strand eine Anfahrt. Wasser kann man in kleineren Mengen bei der Fischhalle bekommen. Ein öffentlicher Brunnen steht hinter dem Strand (Plan). Größere Wassermengen gibt es auf der Kaje. Treibstoff ist beim Hafenkran.

Ein Markt findet an jedem Werktag am Strande ziemlich weit nach Westen statt. Große Auswahl ist vor allem an Obst und Gemüse. Der B a h n h o f, die „Estacion de Ferrocarril" ist etwa 2 Kilometer vom Hafen entfernt. Am besten nimmt man ein Taxi.

Lloret de Mar   (Plan S. 283)

Die Römer hatten dort Schiffswerften, deren Fahrzeuge einen ähnlich guten Ruf besaßen, wie zur Zeit Joseph Conrads die Schiffe von der Clyde. Später war es Fischerort. Heute ist Lloret de Mar eines der größten Touristenzentren an der Costa Brava. Es gibt etwa 3000 feste Einwohner und 7000 Hotelzimmer!

Günstige Liegeplätze für Boote gibt es — wenn man vom Strand absieht — nicht. So glaube ich nicht, daß Lloret de Mar für einen Wassersportler als Reiseziel besonders attraktiv ist. Ist man aber sowieso dort, so kann man mit dem Boot von der großen Wasserfläche vor dem Strand und in den benachbarten Felsenrevieren auch gut Gebrauch machen.

Ein Boot auf Wanderfahrt wird die geschützte Nebenbucht La Caleta meist voll besetzt vorfinden. So würde ich für die Nacht einen anderen Platz vorziehen.

Der Strand von Lloret de Mar ist auf seiner ganzen Länge dicht mit Hotels und Appartementshäusern bebaut. Eines davon ist mit seinen 18 Stockwerken doppelt so hoch wie die anderen und damit eine gute **Landmarke**. Auch das private „unechte" Kastell an der Ostseite des Strandes gibt eine gute Landmarke ab. — Das Hinterland von Lloret ist flach. Man fühlt, daß die Costa Brava zu ihrem Ende kommt.

Der Strand ist 1 Kilometer lang. Die Huken springen nur wenig vor. Bei schlechtem Wetter muß man den Strand als ungeschützte Küste ansehen. Hat man im Herbst erlebt, wie der Seegang bis an die Uferpromenade hochrollt, dann wundert man sich nicht mehr darüber, daß die Fischer ihre breiten, schweren Sardinenboote hoch auf die Uferstraße ziehen. Auch bei Herbsttramontana läuft Seegang auf den Strand, während der Wind ablandig ist und aus dem Tal heraus auch sehr stark sein kann.

An der **Ostseite des Strandes** beginnen Klippen. Sie trennen zuerst einen Nebenstrand ab. Dort ist eine sehr kleine B e t o n p i e r. Unter dem Kastell liegt die kleine **Bucht La Caleta**. Diese etwa 40 Meter breite, nicht klippenfreie Bucht ist der beste Liegeplatz, den Lloret für Boote bietet. Im Wasser ist für etwa 6 Boote Platz und für etwa 40 Boote auf dem Strand.

An der **Westseite des Strandes** wird es schon vor Ende des Sandstrandes im Wasser steinig. Eine blinde Klippe liegt etwa 30 Meter vor dem Strand und 30 Meter von der Westhuk! Im übrigen ist ein kleines Revier bei der Westhuk und in der anschließenden kleinen Bucht durch vorgelagerte Klippeninseln geschützt. In diesen freundlichen kleinen „Binnenrevieren" sind Schönwetter-Tagesliegeplätze für kleine Boote.

Im Sommer liegen kleine Boote in der Nähe der Huken an Grundgeschirr vor dem Hauptstrand. Zahllose leichte Boote sind auf den Strand geholt. Das Wasser vor dem Strand ist mit schwimmenden Untersätzen jeder Art dicht gefüllt. Es ist guter **Ankergrund** auf Sand, 3 bis 6 Meter tief, seewärts bald auf große Tiefe abfallend.

Das Revier zwischen Blanes und Lloret de Mar (Plan S. 290)

5 Kilometer lang ist die Küstenstrecke von Blanes bis zum Strand von Lloret de Mar. Ein freundliches, lachendes Revier mit vielen kleinen und großen Badeständen, einigen reizenden, Landtouristen unzugänglichen kleinen Einbuchtungen und zwei spannenden Durchfahrten in engen Kanälen zwischen Festland und Inseln.

Läuft man aus dem Hafen von Blanes aus, so soll man den Molenkopf in großer Distanz von etwa 50 Metern passieren. Nicht etwa, weil es dort flach wäre, sondern weil dort immer zahlreiche Angler sind, auch des Nachts, die ihre Leinen sehr weit seewärts auswerfen. Warum soll man sie stören?

Gleich an der Wurzel der Mole liegt ein kleiner Sandstrand. Er ist gut zum Baden, wenn das Boot im Hafen liegt, aber schlecht zum Anlanden mit dem Boot von See, denn er ist reich an Steinen und vorgelagerten Klippen.

Die seewärtige Huk von Blanes ist Punta de Santa Ana. Dies ist eine hohe Huk. Das Klostergebäude steht darauf. Durch den reichen Pflanzenwuchs ist es auch eine schöne Huk. — Seewärts davon liegen drei Inseln: Niel de la Punta und Niell de Freu sind hoch und steil. Etwa 60 Meter ostwärts liegt noch ein flaches Inselchen: Islote de Santa Ana. Sie schaut nur etwa ¼ Meter aus dem Wasser. Zwischen ihr und der hohen Niel de la Punta kann man passieren. Die ortskundigen Vedetten donnern oft sogar in der kaum 15 Meter breiten Durchfahrt zwischen den beiden Inseln hindurch.

Achtung! Etwa 150 Meter südsüdwest von der hohen Insel Niel de la Punta liegt die flache Stelle Laja de Santa Ana mit 2,1 Meter Wasser darüber (siehe Plan).
Tiefgehende Yachten müssen sie bei Seegang berücksichtigen.

Cala la Falconera (Plan S. 290)

La Falconera (oder catalanisch Cala Forcanera) ist eine schöne Felsbucht. Sie schneidet recht tief ins Land ein. Ihr Westteil gibt guten Schutz bei Sommerseegang aus Südwest. Die drei Nebenbuchten an der Ostseite bieten ruhige Liegeplätze bei östlichem Seegang. Da es keine Badebucht ist, liegt man dort recht einsam und ungestört. Merkzeichen für die Bucht ist das kleine, runde Säulentempelchen an ihrer Ostseite. Die Bucht ist etwa 150 Meter breit. Zwischen ihren Huken hat die Bucht Sandgrund mit nur vereinzelten großen Steinen darin. Auf ein Sandfeld können auch größere Yachten hier gut ihren Anker legen.

In der Südwestecke der Bucht gibt es einen kurzen Kiesstrand. Eine kleine Anlegekaje ist ganz im hintersten Winkel versteckt. Eine Treppe führt von Strand und Kaje herauf. Boote mit mehr als etwa 0,8 Meter Tiefgang müssen auf eine Unterwasserklippe etwa 40 Meter vor diesem Strand achten.

Im mittleren Teil der Bucht stehen auf dem Felsufer drei breite Gebäude mit modernen Kleinstwohnungen, die man wochen- oder monatsweise mieten kann (Appartamentos „El Delfin"). Eine kleine Kaje in der Bucht gehört dazu. Kleine und mittelgroße Boote können in La Falconera gut vor Grundgeschirr liegen. Ein Wassersportler sollte sich diese Unterkunftsmöglichkeit merken.

An der Ostseite der Bucht sind hinter langen Felsvorsprüngen gegen Osten geschützt drei tiefe Einschnitte, groß genug auch für mittelgroße Boote. Einer liegt seewärts, zwei landwärts von dem Tempelchen. In dem landwärtigen der drei Einschnitte ist recht geschützt die Kaje von „El Delfin".

Beschreibung der Küste La Illa ist eine sehr hohe, felsige Halbinsel. Vor allem an ihrer Landseite fällt sie steil ab. Sie ist ein guter Orientierungspunkt. Zwei Einbuchtungen liegen hinter La Illa: eine größere, aber an Klippen und Klippeninseln reiche Bucht ist nach Süden gerichtet. Ein sehr tief einschneidender, schmaler Fjord mit tiefem Wasser ist an der Nordseite von La Illa. Man kann in beide mit kleinen und mittelgroßen Booten vorsichtig einfahren und liegt dann recht geschützt.

Achtung Etwa 150 Meter ostwärts von La Illa liegt auf See die Klippe Piedra Niell de Cala Bona.

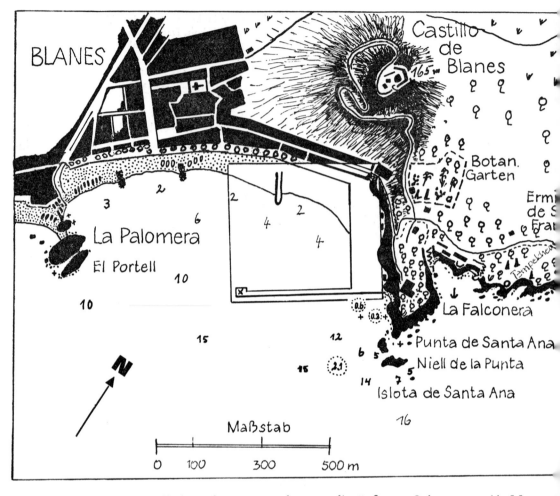

Piedra Niell de Cala Bona steckt nur die äußerste Spitze etwa ¼ Meter aus dem Wasser. Sie hat einen über 20 Meter seewärts und in Nord-Süd-Richtung ausgebreiteten Unterwassersockel. Landwärts fällt sie steil ab. Ein schönes Revier zum Tauchen! Sportboote jeder Größe auf Küstenfahrt passieren Piedra Niell gewöhnlich an der Landseite.

Cala Bona (Plan S. 291)

Diese schöne, gegen Südwesten ganz gut geschützte Bucht hat etwa 120 Meter Sandstrand. Der Strand wird durch eine Felsklippe, die aus dem Sand wächst, in zwei Abschnitte geteilt. Die Bucht ist unbewohnt. Das kleine Kirchlein Ermita de San Francisco steht auf einem Hügel an der Bucht. Ein Weg, der anfangs noch fahrbar ist, die letzten 200 Meter jedoch für Wagen nicht mehr passierbar ist, führt von Blanes zur Bucht. Im Sommer ist eine kleine Erfrischungsbude geöffnet. Das unmittelbare Hinterland ist flach und gut zugänglich. — Cala Bona hat in der Mitte der Bucht überwiegend Sandgrund, 3 bis 5 Meter tief, und ist als Ankerplatz auch für große Yachten geeignet. An den Seiten ist der Grund mit großen Steinen unrein.

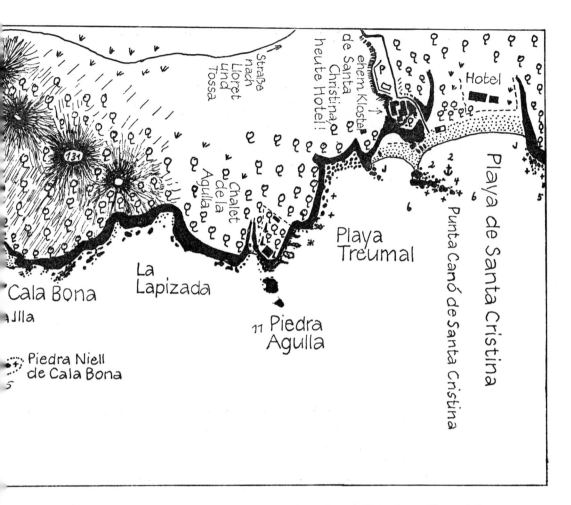

An der Südseite der Cala Bona liegt zwischen der Halbinsel La Illa und dem Festland ein tiefer Felseinschnitt. Er reicht etwa 30 Meter tief ins Land, ist 10 bis 6 Meter breit, hat steile Wände und tiefes Wasser. Seine Seiten sind schwer zugänglich. Im hintersten Ende aber sind flachere Steine. Eine Unterwasserklippe mit etwa 60 Zentimeter Wasser darüber an der Seeseite der Einfahrt muß beachtet werden.

Piedra Agulla ist eine überaus markante Landmarke 800 Meter von Cala Bona. Es ist eine aus weißem Fels gebildete, etwa 10 Meter hohe Steininsel mit steilen Seiten. Aus ihr ragt in der Mitte eine ganz auffällig geformte, steile Felsnadel hervor. Das Chalet de la Agulla mit seinen roten Ziegeldächern liegt in einem schönen Park auf der Festlandshuk.

Dicht seewärts von Piedra Agulla mit ihrer Felsnadel liegt in etwa 10 Meter Distanz noch eine weitere Insel. Sie ist kleiner, etwa rechteckig, 6 Meter hoch, aus massivem, auffällig weißem Gestein. Sie wird von Piedra Agulla durch einen 10 Meter breiten **Kanal** getrennt. Die Touristenvedetten donnern mit voller Fahrt höchst eindrucksvoll dort hindurch. Man kann, wenn man Spaß daran hat, diesen Kanal in der Tat auch mit großen Yachten befahren. Ich bin mit meinem 4 Meter breiten Schiff mehrmals hindurchgelaufen. Als Ortsfremder natürlich sehr langsam. Ein flacherer Stein liegt im Kanal dicht an der seewärtigen Insel. Man soll etwa 3 Meter Abstand von ihr halten. Alle anderen Steine erscheinen durch das sehr klare Wasser viel flacher als sie sind. Die Wassertiefe ist bei 5 Meter.

Zwischen Piedra Agulla und dem anschließenden Strand sind S c h ö n w e t t e r p l ä t z e für kleine und mittlere Boote unter vorgelagerten Klippen.

Playa Treumal (Plan S. 291)

Er bildet mit Playa de Santa Cristina eigentlich eine Einheit. Sein Westteil ist Geröllstrand und kommt nicht in Betracht. In seiner Mitte ragt eine Kette von Klippeninseln etwa 30 Meter ostwärts vor und bietet etwas Schutz. Da hier keine Vedetten landen und der Strand auch etwas leerer ist, würde ich bei gutem Wetter lieber vor Playa Treumal ankern als vor Playa de Santa Cristina. Von einem kleinen oder mittelgroßen Boot kann man hier oft auf die Klippenkette direkt übersteigen. Für eine große Yacht ist es vielleicht etwas eng. Aber für eine normale Fahrtenyacht, die man mit Heckleine am Schwoien hindert, sollte der Platz ausreichen.

Playa de Santa Cristina (Plan S. 291 und 283)

Dies ist einer der beliebtesten Strände von Blanes. In der Ferienzeit wird er etwa alle 15 Minuten von einer Vedette angelaufen. Ein Abzweig der Landstraße führt hierher. Beim ehemaligen Kloster Ermita de Santa Cristina, das jetzt Hotel ist, sind große Parkplätze. Tagsüber ist lebhafter Badebetrieb. Abends ist aber Ruhe. Sportboote mit festem Standquartier liegen auf dem Strand oder an der Ostseite vor Grundgeschirr.

Für den Wasserfahrer mit kleinerem Fahrzeug ist Playa de Santa Cristina auch deshalb wichtig, weil dort eine Kette von Klippeninseln vor dem Strand guten Schutz bei Seegang aus Süd und Südwesten gibt. Es ist fast die einzige Stelle in dieser Region, wo ein kleineres Fahrzeug bei stürmischen Süd- oder Südwestwinden guten Schutz findet.

Ich habe dieses selber erfahren, als ich mit meinem Dingi Mitte November bei fallendem Barometer und vorhergesagtem Tief dennoch losgefahren war. Vor Lloret de Mar begann es rasch heftig aus Südwest zu wehen. Es wäre bei der hohen See und dem weit seewärts brandenden Wasser nirgendwo an Anlanden zu denken gewesen. Aber hinter der Klippenreihe vor Playa de Santa Cristina war es ruhig genug, dort das Dingi zu lenzen und Treibstoff nachzufüllen. Auch auf den Strand hätte ich das Boot hier ohne Schaden aufholen können. So lohnt es, sich den Platz zu merken.

Das Wichtigste über den Strand zeigt der Plan. Eine Reihe von Klippeninseln, manchmal unterbrochen und meist nur wenige Meter hoch, ragt vom Strand aus etwa 120 Meter ostwärts vor. Etwa 15 Meter weit sind noch Unterwasserklippen vorgelagert. Die geschützte Bucht ist an der Mündung etwa 100 Meter breit. Zum Strand hin liegen etwa 10 bis 20 Meter von der Klippenkette noch Steine. Aber sonst ist bis in Strandnähe Sandgrund von 5 bis 3 Meter Tiefe. Es ist ein Ankerplatz auch für große Yachten. Man soll aber den Vedetten nicht im Wege sein. Sie laufen etwa 100 Meter von der Wurzel der Klippenkette entfernt mit dem Bug auf den Strand und brauchen Raum, sich rückwärts wieder frei zu manövrieren. Ein kleines Boot sollte man möglichst weit ins Innere der Bucht legen. Eine Yacht kann man mit einer Heckleine an die Klippeninseln heranholen.

Bei östlichem Seegang liegt man besser hinter der hohen, bewaldeten Osthuk Punta de Santa Cristina. Vor der Huk sind Überwasserklippen und einige Unterwasserklippen bis etwa 50 Meter vom Felsufer entfernt.

La Buadella (Plan S. 283)

La Buadella ist eine flache Bucht von etwa 500 Meter Breite. Auf ihrer Osthuk steht das sehr auffällige C h a l e t R u b i r a l t a mit seinen roten Ziegeldächern. Die Bucht Buadella hat überwiegend Sandstrand, der aber durch zahlreiche Felsnasen in viele kleine Strände unterteilt wird. Wald steht auf den nicht sehr hohen Felsufern dicht am Wasser. Die kleinen, felsigen Halbinselchen, welche die Bucht unterteilen, bringen eine neue und überaus freundliche Note in das Bild. Das Wasser ist glasklar. Da hier meist keine Vedetten landen, gehören diese kleinen Sandbuchten fast ungestört den Sportboot- leuten. Es ist nicht ohne Klippen, aber dennoch leicht zu befahren. Es lohnt unbedingt den Besuch.

Die Inselbucht (Plan S. 283)

Vom Chalet Rubiralta ostwärts bis zur Punta d'en Sureda ist in einer Felsbucht wieder eine ganz neue Land- schaft. Hier liegt hinter einigen größeren Klippeninseln eine ganze Welt kleiner, meist 5 bis 8 Meter hoher Fels- inseln. Etwa 300 Meter weit erstreckt sich dieser Archipel. Ein romantisches System schmaler Wasseradern ist dazwischen. Ein ideales Gebiet für kleine Boote. Mittelgroße Boote müssen sich mit Vorsicht bewegen. Größeren Yachten ist der Eintritt wohl versagt.
Die breiteste, sicherste Einfahrt ist von der Ostseite her. Dort läuft man in einen anfangs etwa 10 Meter breiten Kanal hinter eine der größeren vorgelagerten Inseln ein. Dann wird es schmaler und verzweigt sich. Es ist klar, daß man in diesem Klippen- und Inselsystem „Erkundungsfahrt" fahren muß. In der Ostseite findet man ein kleines Stückchen Strand und einen kleinen gemauerten Anleger. Ostwärts von Punta d'en Sureda öffnet sich der weite, weiße Sandstrand von Playa de Fanals.

Playa de Fanals (Plan S. 283)

Dies ist eine der typischen, großen Badebuchten. Etwa 800 Meter ist die Bucht zwischen den Huken breit. Fast 800 Meter weißer Sandstrand sind im Sommer von Badenden, Badebooten, Wassertretern, Motorflitzern und Jol- len bevölkert. Bei ruhigem Wasser ankern auch einige größere Yachten dort. Zahlreiche Kleinboote liegen vor Grundgeschirr. Der Club Nautico von Lloret hat hier in einem Holzhäuschen am Strand einen Ableger. Eine Stich- straße führt von der Chaussee hierher. Das Hinterland ist überwiegend privat und trägt viele große Appartementshäuser und einige Hotels.

Nautisch gesehen, ist die große Bucht doch recht offen. Die Huken springen zwar vor, aber zu schräg, als daß sie Schutz gäben. Vor dem Strand ist Sandgrund fast ohne Steine von 3 bis 6 Meter Tiefe. Yachten sollten hier außerhalb ruhigen Sommerwetters wohl nicht über Nacht liegen bleiben.

Die Westhuk von Playa de Fanals ist flach ansteigender Wald. Etwa in der Mitte des Strandes liegt eine Gruppe von Restaurants und Hotels unter Bäumen. Im flachen Hinterland stehen viele, sehr große Apparte- mentshäuser. Dort kann man auch Lebensmittel einkaufen. Die Osthuk, Punta Fanals, ist an der Landseite dicht mit grünenden Gärten bebaut, in denen einzelne Villen stehen. Schöne Wege führen auf die äußerste Spitze der dort wieder felsigen Huk. Eine 2 Meter hohe Klippeninsel liegt vor der Huk, und Unter- wasserklippen sind noch etwa 15 Meter seewärts davor. Ein Lieblingsplatz für Angler ist hier.

de Mar Küste bis Lloret

Bis Lloret de Mar, dem großen Touristenort, sind noch 700 Meter Felsküste mit zwei Buchten. — Mit der westlichsten Bucht kann man nichts anfangen. Hat man aber Punta de Banys passiert, so wird es hübsch. Von hier bis zum Strand von Lloret liegen mehrere flache Klippeninseln vor dem Felsufer und bilden dahinter geschützte Sommerplätze und kleine Naturhäfen. Hier sind im Sommer viele kleine Boote. Ein Landweg verbindet die Bucht mit Lloret de Mar. Das Broncestandbild einer entzückenden jungen Dame steht auf der Huk, und zahlreiche Wege führen zu ihr hin.

Ein nettes kleines Kaffeerestaurant liegt in dieser Bucht, und durch eine vorgelagerte Insel entstehen davor zwei kleine Naturhäfen. Auch an der Westseite des großen Strandes von Lloret de Mar ist nochmal ein nettes, geschütztes „Binnenrevier" hinter einer Klippeninsel.

Hier lasse ich das Revier von Blanes enden. Denn Lloret de Mar ist schon beschrieben worden. Es ist ein freundliches und schönes Revier. Ein Revier, das die Costa Brava würdig und angemessen beschließt.

Leuchtfeuer

Die Leuchtfeuer an der Costa Brava sind von Norden nach Süden aufgeführt. Die Angaben stammen aus dem Spanischen Leuchtfeuerverzeichnis. Für die nicht aufgeführten provisorischen Hafenfeuer von Ampuriabrava und Llafranch siehe Text.

Ort, Name, Position	Kennung, Wiederkehr Farbe	Farbe und Gestalt des Feuerträgers	Höhe (Meter)	Sichtweite (sm)
Collioure, Molenkopf	Gleichtakt, 4 sek, grün	grauer Steinturm mit grüner Laterne	13	7
Port Vendres Fort Fanal (Westseite Hafeneinfahrt)	Unterbr. 4 sek, weiß	weißer, rechteckiger Steinturm	29	12
Schutzmole (Ostseite Hafeneinfahrt)	Gruppe von 3 Unterbr. 12 sek rot		20	11
Oberfeuer	Gruppe von 2 Unterbr. 6 sek weiß	Turm rot/weiß	23	20
Unterfeuer	wie Oberfeuer	Bake	12	20
Cap Béar	Gruppe von 3 Blitzen, 20 sek, weiß	rechteckiger Turm, rot/grau	80	30
Cap Dosne (bei Banyuls)	Blitz, 4 sek, Sektoren weiß u. grün (siehe Plan)	grüner Pfosten auf weißem Podest	18	w 12 gn 6
Cerbère (Nordteil der Bucht)	Unterbr. 4 sek, weiß	grüner Pfosten	19	13
Puerto de la Selva Punta Sernella	Funkelf. 1,5 sek, weiß	rechteckiger Turm auf grauem Haus	22	15
Hafenmole	Fest, rot	weißer Pfahl		4
Cabo Creus (500 Meter landein der Kapspitze)	Gruppe von 2 Blitzen, 10 sek, weiß	Turm auf weißem Haus	87	30
Nebelsignale auf der Westspitze des Kaps (—·—·)				
Cadaques, Punta Cala Nans	Gruppe von 1 und 4 Blitzen, 25 sek, weiß	weißer Turm auf weißem Haus	33	10
Puerto de Rosas Punta de la Bateria	Gruppe von 4 Unterbr. 15 sek, weiß	weißer Turm auf weißem Haus	24	17
Schutzmole, Tonne vor der Mole	Gruppe von 2 Blitzen, grün, 6 sek	Leuchttonne		5
Handelsmole, Kopf	Gruppe von 2 Unterbr. 5 sek, rot	graue Metallsäule	6	5
Puerto La Escala Molenkopf	fest weiß (laut Leuchtfeuerverzeichnis aber rot)	Dreifuß	6	5
Isla Meda Grande	Gruppe von 4 Blitzen, 12 sek, weiß	runder Turm	80	15
El Estartit, Hafenmole, Kopf	Blitz, 4 sek, grün	kleiner Turm	10	4
Cabo San Sebastian (500 m nordwärts vom Kap)	Blitz, 5 sek, weiß	weißer, runder Turm bei weißem Haus	167	50
Palamós Leuchtturm Punta del Molino	Gruppe von 1 und 4 Unterbr. 20 sek, weiß	weißer Turm	22	10
Leuchttonne Bajo Pereira	Gruppe von 3 Blitzen, 12 sek, rot	Leuchttonne, rot	3	4
Schutzmole, Kopf	Blitz, 3 sek, grün	grauer Turm	9	5
Handelsmole, Kopf	Blitz, 2 sek, weiß	grauer Metallpfahl	8,5	8
San Feliu de Guixols Molenkopf	Fest, grün	Metallturm	9,5	10
Cabo Tossa	Gruppe von 1 und 3 Blitzen, weiß, 20 sek	Turm in weißem Haus	60	17
Blanes, Hafenmole, Kopf	Blitz, 3 sek, grün	grauer Steinturm	10	5

Sachregister

Viele Ortsnamen sind unter ihrem Gattungsbegriff aufgeführt, also die Namen von Inseln unter Isla ..., die Namen von Kaps unter Cabo ..., die von Calas unter Cala ... usw. Bei manchen Worten ist in Klammern die Übersetzung beigefügt.

Die detaillierte Beschreibung und der genaueste Plan sind jeweils durch Fettdruck gekennzeichnet. Die Übersichtspläne stehen auf S. 11, 51, 97, 127, 185, 232 f.

Weitere Bücher, die Ihnen
als Segler oder Motorbootfahrer
nützlich sein können:

Heut geht es an Bord
Einführung in den Segelsport von
GÜNTHER GRELL. 11. Auflage, 120 Seiten
mit 90 Zeichnungen, kartoniert DM 5,80

Segeln mit kleinen Kreuzern
Ratschläge für das Familiensegeln an der
Küste von TIM SEX. 224 Seiten mit
16 Fotos und 64 Zeichnungen,
Ganzleinen DM 22,80

Praxis des Segelns
Ein Buch, dessen Hauptgewicht auf der
praktischen Segeltechnik liegt, von
YVES-LOUIS PINAUD. 2. Auflage,
308 Seiten mit 210 Fotos und 150 Zeichnungen, Ganzleinen DM 29,—

Freude mit dem Schlauchboot
Richtig kaufen — fahren — pflegen,
von LUDWIG MERKLE. 150 Seiten mit
rund 80 Zeichnungen und Fotos,
kartoniert DM 12,80

Kleine Motorboot-Fibel
Die Grundbegriffe des Motorbootfahrens,
aufgezeichnet von HANS-GEORG
STREPP. 100 Seiten mit vielen Zeichnungen, kartoniert DM 7,80

Besser fahren mit dem Motorboot
Handbuch für Anfänger und Erfahrene
von ELMAR LANG. 3. Auflage,
384 Seiten mit 360 Fotos und Zeichnungen, 20 Farbtafeln, Ganzleinen
DM 29,—

Knoten, Spleißen, Takeln
Der fachgerechte Umgang mit Tauwerk
und Leinen mit vielen Abbildungen,
dargestellt von ERICH SONDHEIM.
6. Auflage, 168 Seiten mit 100 Abbildungen, kartoniert DM 10,80

Navigation leicht gemacht
Einführung in die Küstennavigation von
WALTER STEIN. 10. Auflage, 192 Seiten
mit 112 Zeichnungen und 24 Fotos,
kartoniert DM 12,80

Wetterkunde
Das Wetter, seine Entwicklung und seine
vielfältigen Erscheinungsformen von
WALTER STEIN. 3. Auflage, 164 Seiten
mit 82 Fotos und Zeichnungen, kartoniert DM 10,80

Sicherheit auf See
Alles, was das Thema Sicherheit berührt,
erschöpfend zusammengestellt von
ULRICH MOHR. 160 Seiten mit 9 Fotos
und 32 Zeichnungen, kartoniert DM 12,80

Segeln mit Kindern
Sicherheit und Beschäftigung von Kindern
an Bord von CONRAD DIXON /
EDWARD SEVIOUR. 96 Seiten mit
35 Zeichnungen, farbiger Einband
DM 8,80

Medizin an Bord
Ärztlicher Ratgeber für den Notfall von
Dr. med. KLAUS BANDTLOW.
100 Seiten mit 40 Zeichnungen, kartoniert
DM 10,80

8 x Wassersport
Ein Wörterbuch der wichtigsten Ausdrücke des Wassersports in 8 Sprachen
von BARBARA WEBB. 160 Seiten mit
36 Zeichnungen, Tafeln und Karten-
skizzen, kartoniert DM 9,80

Viele andere Bücher beschäftigen sich
neben diesen noch mit dem Segeln und
auch mit dem Motorbootfahren.
Verlangen Sie unser ausführliches Ver-
zeichnis über Ihre Buchhandlung oder
direkt vom Verlag (48 Bielefeld,
Postfach 4809).

Verlag Delius, Klasing + Co Bielefeld Berlin